古代汉语句型分类详解

董治国 著

南开大学出版社
天　津

图书在版编目(CIP)数据

古代汉语句型分类详解 / 董治国著. —天津：南开大学出版社，2016.4(2024.12 重印)
ISBN 978-7-310-05081-9

Ⅰ.①古… Ⅱ.①董… Ⅲ.①古汉语—句法—研究 Ⅳ.①H141

中国版本图书馆 CIP 数据核字(2016)第 071952 号

版权所有　侵权必究

古代汉语句型分类详解
GUDAI HANYU JUXING FENLEI XIANGJIE

南开大学出版社出版发行
出版人：刘文华
地址：天津市南开区卫津路 94 号　邮政编码：300071
营销部电话：(022)23508339　营销部传真：(022)23508542
https://nkup.nankai.edu.cn

天津午阳印刷股份有限公司印刷　全国各地新华书店经销
2016 年 4 月第 1 版　2024 年 12 月第 3 次印刷
210×148 毫米　32 开本　19.375 印张　2 插页　483 千字
定价：65.00 元

如遇图书印装质量问题，请与本社营销部联系调换,电话:(022)23508339

序

董治国同志花了好多年工夫，写成《古代汉语句型大全①》一书，这对初学古汉语的人是很有用处的。在古汉语教学上，就课文逐句分析其语法结构，当然是必要的；但如果同时从句型上进行综合的讲授，那么讲一课书，几乎可以收到讲十课书的效果了。当然，这仅仅是就对古汉语语法结构的领悟来说的。

所谓句型，就是对某一语言的近全部的句子的"句子成分"和句中的"语序"进行分析之后，从形式上区分出来的这一语言的句子的类型。各种语言使用的句型系列各不相同，所以理解某种语言的基本句法是语言教学上的重要问题。比如，英语里〔主语+动词谓语〕的叙述句（如 John is running）是"常用句"（favourite sentence），其他可以说是"非常用句"（minor sentence）；但古汉语的常用句，除叙述句外，还有〔主语+名词谓语〕的判断句（如："亚父者，范增也。"）和〔主语+形容词谓语〕的描写句（如："其罪小。"）。

学习古代汉语必然要利用"语法翻译法"（Grammar-translation Method）来进行语言教学。这不仅因为教师必须用现代汉语来讲解古汉语，而且还要通过翻译练习（甚至还可以采用小量的有限度的古汉语写作练习）来检查学生是否掌握了古汉语语法规则。那么学生通过每一句型的大量例句懂得了那些结构复杂的古汉语语句里各成分之间的关系，对理解句义、掌握相同的意思在古汉语和现代汉语的表达上却使用不同的句法结构这一事实是

---

① 本书系作者在其《古代汉语句型大全》一书基础上所作的更新版，此序为刑公畹先生为其原书所作，在本书中予以保留，序中书名为原书标题。

很有帮助的。董治国同志在这部书里分析每一句型后都列出今译法,初学者可以拿不同的句型结构跟现代汉语逐一对比;讲解时相同的结构从略,不同的结构详加分析,使初学者可以较快地掌握古汉语语句的全部结构型式,以便于深刻地理解具体语句的句义。

董治国同志在大多数的句型分析中还利用了"转换"的方法。这里所说的转换,只是一种有利于教学的句型之间的转换,不涉及"深层结构""表层结构"问题。本书所说的转换可以理解为两类:一类是古汉语句型跟现代汉语之间的转换,即刚才说的今译法;一类是古汉语句型彼此之间的转换。后一种转换不如现代活语言的句型转换容易得到验证。一个古汉语的句型,要说它可以转换为另一个句型,就必须在古典文献中(时代、地区相隔太远的还不行)找到这同一式相近句义的另一个句型的说法(包括语词之间的搭配关系),这才算是有了验证,所以是有局限性的。试看下面四句话:

A.马者/王之所爱也/。 (《史记·滑稽列传》)
B.吾/(何)爱(一)牛/? (《孟子·梁惠王上》)
C.吴王/好剑/。 (《韩非子·说林上》)
D.王/爱马/。

有BC为证,A句可以转换为D。但是C句是否可以用A为证,转换为"剑者/吴王之所好也/"呢?这还得看语词之间的搭配关系在古汉语中是否允许(如"所",跟"好",《论语·述而》:"从吾所好";《孟子·公孙丑上》:"汙不至阿其所好")。

董治国同志的这部书在古汉语分析方面是草创性的,不足的地方可以听听使用者的意见,将来慢慢修改,使它更完善。

邢公畹
1982年10月

前 言

本书原名为《古代汉语句型大全》;首版于1988年问世。

全书共有三编(单句上、单句下、复句),从秦汉时期的哲学历史典籍中,采摘数千个例句,经过认真筛选整理,借鉴了英语专著归纳句型的经验,共归纳出句型转换数十则,每则句型转换都标出了两套相应的公式,还介绍了添加、删除、移位和替换等转换方法以及转换中的条件限制。几乎囊括了古籍中各类句型,力图展示古代汉语全貌。书中采用了国内最新的语法体系,还借鉴了国外结构主义和转换生成语法中的有益经验,对于古代汉语内部特有规律做了深入的探索。该书对于学习者充分认识汉语句子的深层结构、表层结构及句型与句型之间的关系,乃至更深刻地认识古代汉语内部的特有规律都具有重大的指导意义。

本书第一版问世后,影响较大、延续至今:海内外十数所知名大学将该书列为参考书目至今;国家图书馆及国内外多所高校图书馆均设有该书的目录、索引等信息;中国学术期刊网络总库等10余家网站介绍及设置该书目录、索引、评介;另有多家网站销售此书或电子书下载。

当前国家大力提倡传统文化的新时代回归与借鉴,普及传统文化离不开古代汉语为基础的典籍阅读;该书对于古汉语教学的启发性指导能够使广大的中小学教师及大专院校相关专业师生直接受益,也非常及时地顺应了国家的文化战略和汉语规范化的要求;众多的中国典籍外译项目,有了此书就等于找到了跨语言、跨时代翻译的向导和指南；它还可以为古语英译搭建一种具有句型和语篇转换公式的双语适用模型。

鉴于此，本人将此书重新做了文字校正，对部分例句和引证的版本出处等进行了再次修订，以《当代汉语句型分类详解》这一更加贴切的书名面世，以飨读者。

下文所述均为首版前版中本人对古汉语句型的研究心得概述，特作保留。

近些年来，我国在外语教学中开展了句型教学，取得了显著的效果。人们都觉得这比原来的先讲课文，再讲语法的旧教法要好得多。著名的语言学家吕叔湘先生曾经说过："以学习语法为主，辅之以翻译练习，这个时代早已过去了。用直接教学法，以会话为主，反对系统地学习语法，这个时代也已经过去了。现在一般的做法是从句型也就是基础语法入手，逐渐过渡到读物（包括会话形式）为主，配合读物讲语法；有的就此结束，有的在适当的时候来一个总结性的语法复习。"（《英语语法自修课本》序）多少年来，我一直在想：这种句型教学也应该推广到汉语教学领域中去。

什么是句型呢？句型（Sentence Patterns）就是从无数具体句子中抽象出来的造句结构。汉语句型是以词或词组（其中包括许多虚词）做框架，结构比较固定，能表达一定语法意义的汉语表现型式。著名学者王引之、裴学海等人，在他们的有关虚字著作中，曾经用过"句法""文例"一类的词，实际上有的也就和"句型"的概念大致相当。这说明我国古代作家有时已经自发地在掌握和运用句型了。但是，到现在我们对于古汉语句型还没有进行系统的归纳和整理。

早在 1927 年，美国教育心理学家桑戴克（Thorndike）曾经对英语句式作过归纳整理，写成 *An Inventory of English Constructians*（《英语结构总表》）一书，着重统计了各种句式的使用率。美国结构主义学派弗里斯（C. C. Fries）和拉多（R. Lado）等人曾经编写了 *English Sentence Patterns*（《英语句型》）、*English Pattern Practice*（《英语句型练习》），英国学者荷恩毕（A. S. Hornby）编写了 *Guide to Patterns and Usage in English*（《英语句型和惯用法》）都系统地整理了英语的句型结构。美国麦克米兰公司出版的《英语九百句》对于英语句型的大量操练方法，在我国产生了很大的影响。至于日语、法语和俄语等其他语种也都有了关于句型的著作。为了更好地了解古代汉语的语法规律，掌握古汉语的造句方法和准确地译成现代汉语，我们有必要对古代典籍中浩如烟海的句子进行归纳整理，研究各种句型从而对开展句型教学起较大的作用。

句型教学至少有以下几个优点：第一，对于古汉语结构能够理解得更清楚，一目了然；第二，借助于句型结构公式，便于成串地记忆，并且也容易提高学习者的兴趣；第三，便于由浅入深地进行实践练习；第四，便于推理，收到举一反三的效果；第五，可以更好地了解、掌握符合古汉语习惯的语言。

本书所整理的是上古汉语的句型，例句主要选自先秦及秦汉时期哲学、历史散文著作；同时为了配合教学工作，有少量择取于中学语文课本。

在整理句型的同时，笔者对于句型转换做了初步的探索。保留句子的原意而把句中的某些成分加以变换，或者把一个句型结构变成另一个句型结构，这些统称为句型转换（the Transformation of Sentence Patterns），也叫句型变换。句子具有深层结构（Deep Structure）和表层结构（Surfiace Structure）。深层结构是人们在说话之前脑子里存在的一种概念结构，表层结构是说话时发出的声音。深层结构决定句子的意义，表层结构决定句子的形式。在邢公畹先生写的序言启迪之下，我对拙作做了进一步修改，注意到两个不同句型结构互相转换时，要和深层结构、表层结构有机地结合起来。

在撰写此书时，我的老师、著名语言学家邢公畹先生花费了许多宝贵时间，自始至终地给予了辛勤地指导，并在百忙中予以审阅、作序，谨致以衷心的敬意。另外，先师马汉麟先生生前曾指点过，并热情鼓励我早日写就此书，在此谨表缅怀之情。

归纳、整理出来的古汉语句型，要齐全而系统，是我多年努力追求的目标。但笔者学识疏陋，书里难免有不足或错谬之处，敬请各位前辈、同行与广大读者不吝指教，以便今后进一步补充修订。

董治国

2016年3月

凡 例

一、本书将不同句型分别划入各"编""部分"和"类"中。全书共归纳出句型 432 个。其中第一编 230 个,第二编 95 个,第三编 107 个。另外,在有的句型后面附列了"有关句型"。全书共有"有关句型"166 个。有"有关句型"做为补充,将能更充分地展示古汉语句型的全貌。

二、确立每个句型,都要依据充实的语言材料。很多句型都举了 10 个以上的例句,即使不太常见的句型,一般也要举 5 个左右的例句。

三、每个句型都有独具模式的结构式(公式)。有的句型根据动词的不同(及物、不及物)、充当句子成分的词性不同或有无省略成分等,将结构式又细分成几个支,并标以Ⅰ、Ⅱ、Ⅲ等数码。各分支仍隶属于一个句型。

四、第一、第二编中的例句都是以单句作单位。有些例句采自古书中复句所包含的分句,为了选取的例句简洁而完整,有时省略了分句之间的关联词语,如"而""则""故""于是""况"等;另外,还尽量依据上下文补出省略的主语,加方括号〔 〕标志。

五、每个句型的"说明",着重阐述这个句型所具有的特点。其中包括对某些重点词(词组)从词性、语法作用和意义等方面详加解释,还列举了与之语法作用相同可以互相替换的词语。有的句型在"说明"末尾,通过与其他句型互相比较,探讨了"句型转换"问题。

六、每个句型的题端都列了代表例句。在探讨句型的古今对译问题时,由于篇幅所限,只译了代表例句,以便读者能掌握、背诵它，从而收到举一反三的效果。

七、名词、名词词组或代词充当主语和宾语是最常见的。对于这种情况，除了在开始的句型中作了分析以外，以后为了避免重复，当出现相同情况时，不再分析。

八、古书中的句子大都是比较复杂的。经采摘作为例句的词语，一般是能够适合某个句型结构框架的，但也难免偶尔还有个别词语与该句型结构无关，不需要分析，加圆括号（　）标志。例如："齐将田忌（善而）客待之"中的"善而"，就是不分析的词语。

九、主谓词组可以充当主语、谓语或宾语，其中尤以充当宾语的情况较常见。主谓词组由主语和谓语两部分组成，两部分之间有着被陈述与陈述的关系。有时，主谓词组是可以把它提到句外，像分析单句一样，来分析它的句型结构的。在一些前辈著名学者的著作中，是有过这样情况的。例如："汝意谓长安何如日远？"（《世说新语·夙惠》）有的书就径引作"长安何如日远？"把它和其他单句放在一起来分析。本书在必要时，偶尔收了这种例句。

十、常见的语气词，放在某部分或某类的说明中介绍；不常见的语气词，当它在某句型出现时，加以阐释。

十一、有的句型只有一部分例句省略了主语（或宾语），省略的成分没有补出来。这种情况在结构式和例句中，对于省略成分没有加〔　〕符号。

十二、本书所用的符号：

（　）　　（1）表示注释。如：主语（形+名）+形谓　这里用来注释句子成分由哪类词充当。又如：前分句+后分句（并列关系）　这里用来注释前后分句的关系。

（2）表示可以互相替代的词语。如：主语+"与"（"赐""遗""馈""贻"）+间接宾语+直接宾语。

（3）用在例句中，表示不分析的词语。如：四人

	相视（而笑）。
〔 〕	表示省略了的成分。省略了的成分可以根据上下文补出来。如：〔项伯〕素善留侯张良。
〈 〉	表示可有可无的词语。如：主语+"非"+形容词〈+"也"〉
／	（1）用在圆括号内，表示可以互相替代的不同词性。如：主语（动／动宾词组／形+"者"）+及物动词+宾语 （2）表示对代表例句结构的切分。如：有礼者／敬／人／。
‖	用在单句各类的结构式中,表示划分主语和谓语。如：主‖动（及物）+宾
|	用在复句的代表例句中，表示隔开分句。如：得道者多助，|失道者寡助。
⇌	表示句型转换。也可以写作⇒ 如： 　　A．鲁仲连／三／辞让／。 ⇌B．鲁仲连辞让者／三／。
（Ⅰ、Ⅱ、Ⅲ……）	表示"部分"的号码。
（一、二、三……）	表示"类"的号码。

目 录

第一编 单 句（上）

第一部分 判断句

第一类 主‖名

1. 主语（名）〈+"者"〉+名谓（名）〈+"也"〉

   亚父者/，范增也/。(4)

2. 主语〈+"者"〉+名谓（名+名）〈+"也"〉

   陈胜者/阳城人也/。(5)

   主语〈+"者"〉+名谓（名+"之"+名）〈+"也"〉

   （夫）明堂者/王者之堂也/。(5)

3. 主语+名谓（形+名）〈+"也"（"耳"）〉

   滕/，小国也/。(6)

4. 主语+名谓（名〈+"之"〉+形+"者"）〈+"也"〉

   五谷（者）/，种之美者也/。(7)

5. 主语〈+"者"〉+名谓（名+"之"+形+名）〈+"也"（"耳"）〉

   二老者/，天下之大老也/。(9)

   〔主语〕+名谓+"也"　　隐者也/。(9)

6. 主语+名谓（数+名）　所击杀者/数十人/。(10)

7. 主语+名谓（动词词组/形+"者"）〈+"也"〉

   曾从子/善相剑者也/。(11)

8. 主语〈+"者"〉+名谓（名/代〈+"之"〉+"所"+动）〈+"也"〉　　粟者/，民之所种/。(13)

9. 主语〈+"者"〉+名谓（"所以"+动/动宾词组）

〈+"也"〉　　　　　　　笾豆／所以食也／。(15)
10. 主语（动词词组+"者"）+名谓〈+"也"〉
　　　　　　　　　　　起予者／，商也／。(17)
11. 主语（动词词组+"者"）+名谓（动词词组+"者"）
　　〈+"也"〉　　不知子都之姣者／，无目者也／。(18)
12. 主语（名／代+数+"者"）+名谓〈+"也"〉
　　　　　　　　　　　此五者／邦之蠹也／。(19)
13. 主语（名／代〈+"之"〉+"所"+动+"者"）+名谓
　　〈+"也"（"耳"）〉　　臣之所好者／，道也／。(20)
14. 主语（名／代+"之"+"所"+动）+名谓（名／代+
　　"之"+"所"+动）〈+"也"〉
　　　　　　　　　　　子之所难／，人之所易／。(21)
15. 主语（名+"之"+"于"+介词宾语）〈+"也"〉+名谓
　　+"也"　　　　　口之于味也／，……性也／。(22)
16. 主语（代／尊称／谦称）+名谓〈+"也"〉
　　　　　　　　　　　　　此／壮士也／。(23)
17. "此"（"是"）+名谓（名／代〈+"之"〉+"所"+动）
　　〈+"也"〉　　　　　　　此／子之所闻／。(24)
18. "此"+名谓（名／代〈+"之"〉+"所"+"谓"／
　　"为"+名／名词词组／动词词组／复句形式）〈+"也"〉
　　　　　　　　　　　此／所谓河北之军也／。(25)
19. "此"（"是"）+名谓（名〈+"之"〉+"所以"／"所
　　为"+动／动词词组／形）〈+"也"〉
　　　　　　　　　　　此／人之所以忧也／。(27)
20. 主语（动／动词词组）〈+"者"〉+名谓〈+"也"〉
　　　　　　　　　　　（夫）战／勇气也。(29)
21. 主语（形）+名谓〈+"也"〉　　仁／，人心也／。(29)
22. 主语（主谓词组／复句形式）+名谓〈+"也"〉

都城过百雉／，国之害也／。（30）
23．主语（名〈+"之"〉+"为"+名）+名谓
弈之为数／小数也／。（31）
24．主语+"是"〈+"也"〉　　武王／是也／。（32）

  第二类　主‖形（表判断）
 主语+形谓〈+"也"〉　居上位而不恤其下／，骄也／。（33）

  第三类　主‖动（表判断）
 主语〈+"者"（"也者"）〉+动谓〈+"也"〉
庠者／，养也／。（34）

  第四类　主‖动（判断）+宾
1．主语+"是"+宾语〈+"也"（"耳"）〉
巫妪弟子／是／女子也／。（35）
2．主语+"为"+宾语　　　余／为／伯鯈／。（36）
〔主语〕+"为"+宾语　　　　为／孔丘／。（36）
3．主语+"曰"（"谓""名""字"）+宾语
员父／曰／伍奢／。（38）
4．主语（名／名词词组／代）+"犹"（"若""如""似"）
+宾语（名／名词词组／代）　门庭／若／市／。（40）
 主语（名〈+"之"〉+"与"+名）+"犹"+宾语
（名〈+"之"〉+"与"+名）
（今）秦之与齐也／犹／齐之与鲁也／。（40）
 主语（动词词组／主谓词组）+"犹"（"如"）+宾语
（名／名词词组）　视天下悦而归己／犹／草芥也／。（41）
 主语（动词词组）+"犹"（"如""譬若"）+宾语
（动／动词词组）　　　　思贤／如／渴／。（41）

主语（主〈+"之"〉+动+宾）+"犹"（"如""譬如"
"譬若""当"）+宾语（主〈+"之"〉+动+宾）〈+"也"〉

　　　　　　　士之失位也／犹／诸侯之失国家也／。（42）
5. 主语+"若"（"如""似""似若"）+宾语（动／动宾词
　组／形+"然"／"者"）　善养生者／若／牧羊然／。（43）
　主语+"若"（"如"）+宾语（名／名词词组+"然"）

　　　　　　　　　　　其游／如／父子然／。（43）

　　第五类　主（"所以……"词组）‖谓（动词词组
／介词词组）
主语（名／代+"所以"／"所为"+动宾词组+"者"）
+谓语（动词词组／介词词组）〈+"也"〉

　　　　　　　魏王所以贵张子者／，欲得韩地也／。（45）

　　第六类　主‖状（否定副）+名
1. 主语+"非"+名词（名词词组）〈+"也"〉

　　　　　　　　　　　回也／，非助我者也／。（47）
　〔主语〕+"非"+名词（名词词组／代）〈+"也"〉

　　　　　　　　　　　　　　非／吾徒也／。（48）
2. 主语+"非"+形容词〈+"也"〉

　　　　　　　　　　　　　杀一无罪／非仁也／。（49）

　　第七类　主‖状（副）+名
1. 主语+"乃"（"即""则"）+名词（名词词组／代）
　〈+"也"（"矣""已矣"）〉　吕公女／乃／吕后也／。（50）
2. "此"（"是"）+"乃"+名词词组（名／代〈+"之"〉+
　"所以"+动／动词词组）〈+"也"〉

　　　　　　　是／乃／孟舒所以为长者也／。（51）

3. 主语+"诚"("真")+名词（名词词组）〈+"也"（"矣"）〉

　　　　　　　　　　　　　子／诚／齐人也／。（53）
4. 主语+"皆"（"尽"）+名词（名词词组）〈+"也"〉

　　　　　　　　　　　　　所推举／皆／廉士／。（53）
5. 主语+"皆"+名词词组〈+"也"〉

　　　　　　　　军大捷／皆／诸校尉力战之功也／。（54）
6. 主语+"必"+名词〈+"也"〉

　　　　　　　　　　　夺项王天下者／，必／沛公也／。（55）

第二部分　叙述句

第一类　主‖动（及物）+宾

1. 主语（名）+及物动词+宾语（名）　　晋／灭／虢／。（58）
2. 主语（名+名）+及物动词+宾语　　齐人／伐／燕／。（58）
3. 主语（形+名）+及物动词+宾语

　　　　　　　　明君（者）／，（必将先）治／其国／。（59）
　　主语（形+"之"+名）+及物动词+宾语

　　　　　　　　　　　　豪俊之士／（皆得）竭其智／。（59）
4. 主语（方位名+〔名〕）+及物动词+宾语

　　　　　　　　　　　　　　　　境内／（皆）言／兵／。（60）
5. 主语（名／名词词组+动／动词词组+"者"）+及物动词+宾语　　群臣吏民能面刺寡人之过者／受／上赏／。（61）
6. 主语（动／动宾词组／形+"者"）+及物动词+宾语

　　　　　　　　　　　　　　　　　　有礼者／敬／人／。（62）
7. 主语（代）+及物动词+宾语（名／名词词组）

　　　　　　　　　　　　　　　　　　吾／与／点也／。（64）
　　主语（代）+及物动词+宾语（代+名）

　　　　　　　　　　　　　　　　　　尔／爱／其羊／。（64）

5

8. "或"("莫")+及物动词+宾语　　　或／知／尔／。(65)
   先行词（名／名词词组）+"或"("莫")+及物动词
   +宾语　　　　　　　　　宋人或／得／玉／。(65)
9. 主语（名／代〈+"与"〉+名／代）+及物动词+宾语
   　　　　　　　（今）由与求也／相／夫子／。(66)
10. 主语（名／名词词组／形+"之"+"于"+介词宾语）
    〈+"也"〉+及物动词+宾语〈+"焉"("焉耳矣")〉
    　　　　　　寡人之于国也／，尽／心焉耳矣／。(67)
11. 主语（主〈+"之"〉+谓）〈+"也"〉+"以"+宾语
    　　　　　　　　　三代之得天下也／，以／仁／。(69)
12. 主语（"其"+"为"+名）〈+"也"〉+及物动词+宾语
    　　　　　　　　　　　其为人也／好／善／。(70)
13. 主语+及物动词+宾语（名+名）　　晋／焚／楚军／。(71)
    主语+及物动词+宾语（名+"之"+名）
    　　　　　　　　　　　　太后／好／黄老之言／。(72)
    主语+及物动词+宾语（"其"+名）
    　　　　　　　　　　　　　　天／有／其时／。(72)
14. 主语+及物动词+宾语（形+名）
    　　　　　　　　　　　　　　人主／有／大失／。(73)
    主语+及物动词+宾语（形+"之"+名）
    　　　　　　　　　　　（今）君／有／区区之薛／。(73)
15. 主语+及物动词+宾语（形+〔名〕）
    　　　　　　　　　　　　　〔舜〕／诛／（不）仁也／。(74)
16. 主语（形+〔名〕)+及物动词+宾语（形+〔名〕）
    　　　　　　　　　　　　　　　　少／事／长／。(76)
17. 主语+及物动词+宾语（动／动宾词组+"之"+名）
    　　　　　项王／有／倍约之名／，杀／义帝之负／。(76)
18. 主语+及物动词+宾语（名／名词词组+动／动词词组

／形+"者"）　　　　　　　求／人可使报秦者／。（77）
　　主语+及物动词+宾语（名／名词词组+"之"+动／
　　动词词组／形+"者"）　　　事／其大夫之贤者／。（78）
19. 主语+及物动词+宾语（数+名）
　　　　　　　　　　〔文王〕／获／三矢焉／。（79）
20. 主语+及物动词+宾语（数+量+名）
　　　　　　　　大王／（诚能）出捐／数万斤金／。（80）
　　主语+及物动词+宾语（数+量+"之"+名）
　　　　　　　　　　　　　　凿／八尺之牖／。（80）
21. 主语+及物动词+宾语（名+数+量）
　　　　　　　　　　　　　　我／持／白璧一双／。（81）
22. 主语+及物动词+宾语（动／动宾词组／形+"者"）
　　　　　　　　　　　　　　　臣／追／亡者／。（82）
23. 主语+及物动词+宾语（名／名词词组／代〈+"之"〉
　　+"所"+动）
　　　　　　　　庸主／赏／所爱／（而）罚／所恶／。（83）
24. 主语+及物动词+宾语（"所以"+动／动宾词组／形）
　　　　　　　　　　　　　　吾／知／所以距子矣／。（84）
25. 主语+及物动词+宾语（代）　　　无且／爱／我／。（86）
26. 主语（代）+及物动词+宾语（代）　若／笞／我／。（87）
27. 主语+及物动词+宾语（名+"与"／"及"+名）
　　　　　　　　平原君／相／赵惠文王及孝成王／。（87）
28. 主语+及物动词+宾语（动／动词词组）
　　　　　　　　　　　　荆卿／好／读书击剑／。（88）
29. 主语+"问"+宾语（名）　　司马牛／问／君子／。（89）
　　主语+"问"+宾语（动宾词组）
　　　　　　　　　　　　　　滕文公／问／为国／。（89）
30. 主语+及物动词+宾语（数）　不孝／有／三／。（90）

7

31. 主语+及物动词+宾词（主+名）〈+"也"〉
    吾／闻／二世少子也／。（91）
    主语+及物动词+宾语（主〈+"之"〉+动+宾）〈+"也"("矣")〉
    夫人／知／我爱新人也／。（92）
    主语+及物动词+宾语（主〈+"之"〉+形）
    楚威王／闻／庄周贤／。（93）

32. 主语+"以"+宾语（主+"为"+名）〈+"也"("焉")〉
    人／以／我为神君也／。（94）
    主语+"以"+宾语（主+"为"+动／动词词组）
    天下／（必）以／陛下为不忘功德／。（95）
    主语+"以"+宾语（主+"为"+形）
    匈奴／以／李牧为怯／。（95）
    主语+"以"+宾语（〔主〕+"为"+宾）
    天子／以／为老／。（95）

33. 主语+及物动词（名用如动）+宾语
    〔赤〕／衣／轻裘／。（97）

34. 主语+及物动词（形用如动）+宾语
    蒲／多／壮士／。（98）

35. 主语+及物动词（不及物动的使动用法）+宾语
    〔广〕／忿恚／尉／。（99）
    主语+及物动词（及物动的使动用法）+宾语
    〔宣子〕／食／之／。（100）

36. 主语+及物动词（形用如使动）+宾语
    君子／正／其衣冠／。（101）

37. 主语+及物动词（名用如使动）+宾语
    齐威王／（欲）将／孙膑／。（102）

38. 主语+及物动词（形用如意动）+宾语
    项梁／然／其言／。（103）

39. 主语+及物动词（名用如意动）+宾语
　　　　　　　　　〔云〕友／风／（而）子／雨／。（105）
40. 主语+及物动词（给宾语施动）+宾语
　　　　　　　　　邴夏／御／齐侯／。（106）
41. 主语+及物动词（为了宾语施动）+宾语
　　　　　　　　　提弥明／死／之／。（107）
42. 主语+及物动词（对宾语施动）+宾语
　　　　　　　　　〔武安侯〕／卑下／宾客／。（108）
43. 主语+"有"（"无"）+宾语　　寡人／有／疾／。（108）
44. 主语（处所名／名词词组／动词词组）+"有"（"无"）+宾语　　　　　　　　庖／有／肥肉／。（110）
45. 主语+"有"+宾语（动词词组+"者"）
　　　　　　　　　楚人／有／涉江者／。（111）
46. 主语+"有"（"无"）+宾语（"所"+动／动词词组）
　　　　　　　　　荆轲／有／所待／。（112）
47. 主语+"有"（"无""毋"）+宾语（"以"+动／动词词组）　　　　吾／（必）有／以（重）报母／。（113）

第二类　主‖宾+动（及物）
1. 主语+宾语+"之"（"是"）+及物动词
　　　　　　　　　〔晋〕／（将）虢／是／灭／。（115）
2. 主语+宾语+"之"+"谓"+"也"（"矣"）
　　　传曰："君者，舟也；庶人者，水也。水则载舟，
　　　　　　水则复舟。"／此／之／谓也／。（116）

第三类　主‖动（不及物）
1. 主语（名／名词词组）+不及物动谓　　项王／怒／。（117）
2. 主语（动／动宾词组／形+"者"）+不及物动谓

9

$$\text{从者}/\text{病}/。(118)$$

3. 主语（"所"+动）+不及物动谓

$$\text{所触}/（尽）\text{死伤}/。(119)$$

4. 主语+不及物动谓（方位名用如动）

$$\text{秦师}/（遂）\text{东}/。(120)$$

第四类　主‖动（不及物）+宾（非受事）

1. 主语+不及物动词+宾语（非受事宾语）

$$\text{子墨子}/（北）\text{之}/\text{齐}/。(122)$$

2. 主语+"在"+宾语（非受事宾语）

$$\text{晋师}/\text{在}/\text{敖鄗之间}/。(123)$$

3. 主语+不及物动词（名用如动）+宾语（非受事宾语）

$$\text{晋}/\text{军}/\text{函陵}/。(124)$$

第五类　主‖动（及物）+宾（间）+宾（直）

1. 主语+"与"（"赐""遗""馈""贻"）+间接宾语+直接宾语

$$\text{君}/\text{与}/\text{之}/\text{食}/。(125)$$

2. 主语+"赐"（"与"）+间接宾语+直接宾语（名+数+量）

$$\text{简子}/\text{赐}/\text{扁鹊}/\text{田四万亩}/。(126)$$

3. 主语+"告"（"示""语""问"）+间接宾语+直接宾语

$$\text{公}/\text{语}/\text{之}/\text{故}，（且）\text{告}/\text{之}/\text{悔}/。(127)$$

4. 主语+及物动词（动的为动用法）+间接宾语+直接宾语

$$\text{吾}/（不忍）\text{为}/\text{之}/\text{民}（也）/。(128)$$

第六类　宾（间）+主‖动（及物）+宾（直）

"此"（"是"）+"之"+"谓"+直接宾语

$$\text{此}/\text{之}/\text{谓}/\text{大丈夫}/。(129)$$

前置间接宾语+"之"+"谓"+直接宾语

反听 / 之 / 谓 / 聪 / 。（130）

第七类　主‖动+兼语+动+宾

1. 主语+"使"（"遣"、"命"）+兼语+及物动词+宾语

　　　　　　汉王 / 使 / 郦生 / 说 / 豹 / 。（132）

　　主语+"使"（"遣"）+兼语+不及物动词

　　　　　　信 /（乃）使 / 万人 /（先）行 / 。（133）

　　主语+"使"+兼语+及物动词+间接宾语+直接宾语

　　　　　　李斯 / 使 / 人 / 遗 / 非 / 药 / 。（133）

　　主语+"使"（"令"）+〔兼语〕+及物动词+宾语

　　　　　　上 / 使 /〔 〕/（外）将 / 兵 / 。（133）

　　主语+"使"（"呼"）+〔兼语〕+不及物动词

　　　　　　君 /（为我）呼 /〔 〕/ 入 / 。（134）

2. 主语+"拜"（"封""任"）+兼语（表人名）+"为"+宾语（表官职名）〔上〕/（乃）拜 / 婴 / 为 / 大将军 / 。（135）

3. "有"+兼语+及物动词+宾语

　　　　　　有 / 颜回（者）/ 好 / 学 / （137）

　　"有"+兼语+不及物动词　有 / 朋 /（自远方）来 / 。（137）

4. 主语+"有"+兼语+及物动词+宾语

　　　　　　楚人 / 有 / 卖其珠于郑者 / 为 / 木兰之柜 / 。（138）

5. 主语（人名）+"有"+兼语+"曰"（"名"）+宾语

　　　　　　卫灵公 / 有 / 宠姬 / 曰 / 南子 / 。（140）

　　主语（处所名）+"有"+兼语+"曰"（"名曰"）+宾语

　　　　　　魏 / 有 / 隐士 / 曰 / 侯嬴 / 。（140）

6. 主语+"谓"（"名""字""号""命"）+兼语+"曰"（"为"）+宾语　　　妇人 / 谓 / 嫁 / 曰 / 归 / 。（141）

7. 主语+"以"+兼语+"为"+"为"的宾语

　　　　　　禹 / 以 / 四海 / 为 / 壑 / 。（142）

11

第八类　主‖动+宾+动+宾

1. 主语+及物动词+宾语+及物动词+宾语

　　　　　　　　　汉王／辍／食／吐／哺／。（143）

　主语+及物动词+宾语+不及物动词

　　　　　　　　　周显王／闻／之／恐惧／。（144）

　主语+不及物动词+及物动词+宾语

　　　　　　　　　〔郑人〕／反归／取／之／。（144）

　主语+不及物动词+不及物动词

　　　　　　　　　嫂／委蛇／蒲服／。（144）

2. 主语+及物动词+宾语+"而"+及物动词+宾语

　　　　　　　御者／（因）揄刀／而／剌／美人／。（145）

　主语+及物动词+"而"+及物动词+"之"

　　　　　　　　　公／求／而／得之／。（146）

　主语+及物动词+宾语+"而"+不及物动词

　　　　　　　　　扁鹊／望／桓侯／而／还走／。（146）

　主语+不及物动词+"而"+及物动词+宾语

　　　　　　　　　绍绩昧／醉寐／而／亡／其裘／。（146）

3. 主语+及物动词+宾语+"以"（表目的）+及物动词+宾语

　　　〔诸郡县苦秦吏者〕／杀／之／以／应／陈涉／。（147）

4. 主语+及物动词+宾语+"以"（表结果）+及物动词+宾语

　　　　　　　　　圣人／见／微／以／知／萌／。（148）

第九类　主‖谓（动作谓语中心的主谓词组）

1. 主语+谓语（主+动+"之"）

　　　　　　　　　百亩之田／，匹夫耕之／。（149）

　主语+谓语（主+"不"+动）+〈"也"〉

　　　　　　　　　君子之所为／，众人（固）不识也／。（150）

2. 主语+谓语（主+动+宾（"其"+动／形〈+宾〉））

12

鸟／，吾知其能飞／。（151）

3. 主语+谓语（"谓"+"之"+直接宾语）

贼仁者／谓之贼（153）

4. 主语+谓语（"未"／"无"+"之"+及物动词）⟨+"也"⟩

不仁而得天下者／，未之有也／。（154）

第十类　主‖动（能愿）

主语（主谓词组）+"可"⟨+"也"（"矣"）⟩

小子鸣鼓而攻之／，可也／。（155）

第十一类　主‖状（能愿动）+动+宾

1. 主语+"可"（"可以""足以""能"）+及物动词+宾语

晋楚之从，不闻达者／，可／谓／无人／。（156）

主语+"可以"+不及物动词

夫子／可以／行矣／。（157）

2. 主语+"欲"（"愿""肯""敢""忍"）+及物动词+宾语

吾／欲／伐／吴／。（158）

3. 主语+"宜"（"当""须"）+及物动词+宾语

是／宜／为／君／。（159）

主语+"宜"+不及物动词

将军／（不）宜／入（闾巷）／。（160）

第十二类　主‖状（否定副）+动+宾

1. 主语+"不"（"未""弗"）+及物动词+宾语

周／不／纳／客／。（160）

主语+"不"+不及物动词　　　知者／不／惑／。（161）

2. 主语+"不"（"弗"）+不及物动词（名用如动）

晋灵公／不／君／。（162）

13

3. 主语+"弗"+及物动词　　　行道之人／弗／受／。(163)
4. 主语+"不"+"如"（"若"）+宾语

　　　　　　　　　　　　吾／不／如／老农／。(164)
5. 状语（名词词组／动词词组／主谓词组）+主语+"不"
　+"如"（"及"）+宾语

　　　　　（夫）被坚执锐／，义／不／如／公／。(165)
6. 主语+"未"（"未尝"）+及物动词+宾语〈+"也"〉

　　　　　　　　枉己者／未／有／能直人者也／。(167)
　主语+"未"（"未尝"）+不及物动词〈+"也"〉

　　　　　　　　　　　　　大父／未／死／。(168)
　主语+"未尝"+"不"+及物动词+宾语

　　　　　　　　　　　　高帝／未尝不／称／善。(168)
7. 主语+"非"+及物动词+宾语

　　　　　　　　　　　是叶公／非／好／龙也／。(169)
　主语+"非"+不及物动词

　　　　　　　　　　　假舟楫者／非／（能）水也／。(169)
8. 主语+"无"+"有"+宾语　　人／无／有／不善／。(170)
9. 先行词+"无"（"莫"）+"不"+及物动词+宾语

　　　　　　　　孩提之童无／不／知／爱其亲者／。(171)
　先行词+"无"（"莫"）+"不"+不及物动词

　　　　　　　　　　　　无／不／（膝）行而前／。(171)

　　　第十三类　主‖状（否定副）+宾（代）+动
　主语+"不"（"未"）+宾语（代）+及物动词〈+"也"〉

　　　　　　　　　　　　　岁／不／我／与／。(173)

　　　第十四类　主（否定性无定代）‖宾（代）+动
　"莫"+宾语（代）+及物动词〈+"也"（"也夫"）〉

莫／之／养也／。（174）
先行词+"莫"+宾语（代）+及物动词〈+"也"〉
时人莫／之／许也／。（174）

第十五类　主‖状（副）+动+宾

1. 主语+"甚"（"极""殊""颇""大""略""愈""益"
"愈益"）+及物动词+宾语
余／甚／恨／之／。（175）
主语+"甚"（"大""愈""益""愈益"）+不及物动词
帝／甚／喜／。（176）
2. 主语+"皆"（"咸""尽""悉""徒""独""但"）
+及物动词+宾语　　诸男／皆／尚／秦公主／。（177）
主语+"皆"（"具"）+不及物动词
诸侯／皆／至／。（178）
3. 主语+"相"（表互相、递相）+及物动词
季辛与爰骞／相／怨／。（179）
主语+"相"（"见"）（表称代受事者）+及物动词
〔公〕／（不肯）相／救／。（179）
4. 主语+"既"（"已""尝""方""将""且"）+及物动词
+宾语　　　　　　吴王／既／诛／伍子胥／。（181）
主语+"既"（"尝""方""将"）+不及物动词
悼王／既／葬／。（182）
5. 主语+"素"（"雅""俄""亟""稍"）+及物动词+
宾语　　　　　　　吴广／素／爱／人／。（183）
主语+"寻"（"亟"）+不及物动词
〔南阳刘子骥〕／寻／病终／。（183）
6. 主语+"复"（"数""亟""骤""再"）+及物动词+
宾语　　　　　　　广／复／为／后将军／。（184）

15

主语+"复"("骤""数""再")+不及物动词

　　　　　　　　　　　项伯／复／(夜)去／。(185)
7. 主语+"必"("固")+及物动词+宾语

　　　　　　　　　　　　　我／必／覆／楚／。(186)
　主语+"必"("固")+不及物动词〈+"矣"〉

　　　　　　　　　　　　　　齐／必／惧矣／。(187)
8. 主语+"请"("敬""幸""辱""敢""窃""伏")+
　及物动词+宾语　　　　臣／请／事／之／。(187)
　主语+"请"("窃")+不及物动词　臣／请／入／。(188)

　　　第十六类　主‖状(形)+动+宾
1. 主语+状语(形)+及物动词+宾语

　　　　　　　　　　　百姓／多／闻／其贤／。(189)
　主语+状语(形)+不及物动词　吾／徐／死／耳／。(190)
2. 主语+状语(形+"然"／"焉")+及物动词+宾语

　　　　　　　　　　　　　　天／油然／作／云。(191)
　主语+状语(形+"然"／"尔")+不及物动词

　　　　　　　　　　　苗／浡然／兴之矣／。(191)

　　　第十七类　主‖状(名)+动+宾
1. 主语+状语(名——表比喻)+及物动词+宾语

　　　　　　　(其后)秦／(稍)蚕／食／魏／。(193)
　主语+状语(名——表比喻)+不及物动词

　　　　　　　　　　　　　　老人／儿／啼／。(193)
2. 主语+状语(名——表对人的态度)+及物动词+宾语

　　　　　　　　　　　吾／(得)兄／事／之／。(194)
3. 主语+状语(名——表工具或方式)+及物动词+宾语

　　　　　　　〔朱亥〕／椎／杀／晋鄙／。(195)

4. 主语+状语（方位名）+及物动词+宾语
　　　　　　　　（夫）蚓／上／食／槁壤／。（196）
　主语+状语（方位名）+不及物动词
　　　　　　　　（昔）平王／东／迁／。（197）
5. 主语+状语（处所名）+及物动词+宾语
　　　　　　　　相如／廷／叱／之／。（198）
　主语+状语（处所名）+不及物动词
　　　　　　　　徒／（多）道／亡／。（198）
6. 主语+状语（时间名）+及物动词+宾语
　　　　　　　　吕泽／（立）夜／见／吕后／。（199）
　主语+状语（时间名）+不及物动词
　　　　　　　　宰予／昼／寝／。（199）
7. 主语+"日"（"月"、"岁"）+及物动词（表行动）+宾语
　　　　　　　　日／知／其所亡／。（200）
　主语+"日"+不及物动词（表行动）
　　　　　　　　毁／日／至（窦太后）／。（201）
8. 主语+"日"（"世"）+不及物动词（表发展）
　　　　　　　　燕／日／败亡／。（201）
9. 主语+状语（数+时间名）+及物动词+宾语
　　　　　　　　一日／暴之／。（203）
　主语+状语（数+时间名）+不及物动词
　　　　　　　　晋师／三日／谷／。（203）
10. 主语+状语（数+时间名）+"而"+及物动词+宾语
　　　　　　　　君子之泽／五世／而／斩／。（204）
　主语+状语（数+时间名）+"而"+不及物动词
　　　　　　　　〔公〕／三日／而／死／。（204）

17

第十八类　主‖状（数）+动+宾

主语+状语（数）+及物动词+宾语

〔齐王〕/ 四 / 欺 / 寡人 / 。（205）

主语+状语（数）+不及物动词

骐骥 / 一 / 跃 / 。（205）

第十九类　主‖状（动／动宾词组）+动+宾

1. 主语+状语（动）+及物动词+宾语

〔广〕/ 生 / 得 / 一人 / 。（207）

2. 主语+状语+（动／动宾词组）+"而"（"以"）+及物动词+宾语　　　　〔哙〕/ 立 / 而 / 饮 / 之 / 。（208）

主语+状语（动／动宾词组）+"而"（"以"）+不及物动词　　　　　　老妇 / 恃辇 / 而 / 行 / 。（208）

第二十类　主‖状（介词词组）+动+宾

1. 主语+"以"（引进工具或凭借）+介词宾语+及物动词+宾语　　　　　〔子〕/ 以杖 / 叩 / 其胫 / 。（210）

主语+"以"（引进工具）+介词宾语+"与"（"遗""授""告"）+宾语　　　安国 / 以五百金物 / 遗 / 蚡 / 。（210）

主语+"以"（引进凭借）+介词宾语+不及物动词

公山弗扰 / 以费 / 畔 / 。（211）

主语+"以"+〔"之"〕+及物动词+宾语

子服景伯 / 以〔　〕/ 告 / 子贡 / 。（211）

2. 主语+"以"（"为"）（表原因或目的）+介词宾语+及物动词+宾语　　〔仲子〕/ 以母 /（则不）食 / 。（213）

主语+"以"（"为"）（表原因或目的）+介词宾语+不及物动词　　　　　　子胥 / 以谏 / 死 / 。（214）

3. 主语+"以"（引进时间）+介词宾语+及物动词+宾语

〔韩说〕/ 以太初三年 / 为 / 游击将军 /。(215)
主语+"以"("于")（引进时间）+介词宾语+不及物动词
　　　　　　　　文 / 以五月五日 / 生 /。(215)

4. 主语+"以"（引进率领的对象）+介词宾语+及物动词
   +宾语　　栾书中行偃 / 以其党 / 袭捕 / 厉公 /。(216)
   主语+"使"("令")+兼语+"以"（引进率领的对象）
   +介词宾语+及物动词+宾语
   　　　　　　　晋 / 使 / 赵穿 / 以兵 / 伐 / 郑 /。(217)
   主语+"以"（引进率领的对象）+介词宾语+不及物动
   词　　　　　　宫之奇 / 以其族 / 去（虞）。(217)

5. 主语+"以"（表用……的名义）+介词宾语+及物动词
   +宾语　　　　孙膑 / 以刑徒 /〔阴〕见 /。(218)
   主语+"以"（表用……的名义）+介词宾语+不及物动
   词　　　　　　高祖 / 以吏 / 繇（咸阳）(218)

6. 主语+介词宾语+"以"+及物动词+宾语
   〔令尹子文〕/ 旧令尹之政（必）以 / 告 / 新令尹 /。(219)
   主语+介词宾语+"以"+不及物动词
   　　　　　　　　晋君 / 朝以 / 入 /。(219)

7. 主语+"于"+介词宾语+及物动词+宾语〈+"矣"("也"
   "而己矣""焉")〉
   　　　　　吾 / 于武成 / 取 / 二三策而己矣 /。(221)

8. 主语+"为"（引进效劳的对象）+介词宾语+及物动词
   +宾语　　　　冉子 / 为其母 / 请 / 粟 /。(222)
   主语+"为"（引进效劳的对象）+〔"之"〕+及物动词
   +宾语　　　〔巫〕/ 为〔 〕/ 治 / 新缯绮縠衣 /。(223)

9. 主语+"为"（引进行为的对象）+介词宾语+及物动词
   +宾语　　　　　　臣 /（请）为王 / 言 / 乐 /。(224)
   主语+"为"（引进行为的对象）+介词宾语+不及物动

19

词　　　　　　　　　如姬／为公子／泣／。（224）
10. 主语+"与"+介词宾语+及物动词+宾语
　　　　　　　　赵王／与大将军廉颇诸大臣／谋／。（225）
　　主语+"与"+介词宾语+不及物动词
　　　　　　　　田叔／（故）与任安／（相）善／。（226）
　　主语+"与"+〔"之"〕+及物动词+宾语
　　　　　　　　　　　余／与〔　〕／争／之／。（226）
　　主语+"与"+〔"之"〕+不及物动词
　　　　　　　　　　　君／与〔　〕／（俱）来／。（226）
11. 主语+"自"（"从"）+介词宾语+及物动词+宾语
　　　　　　　　　　吾／从北方／闻／子为梯／。（227）
　　主语+"自"（"由"）+介词宾语+不及物动词
　　　　　　　　　　　　吾／自卫／反（鲁）／。（228）
12. 主语+"无"+介词宾语+"皆"+及物动词+宾语
　　天下／无贤与不肖知与不知／皆／慕／其声／。（229）
　　主语+"无"+介词宾语+"皆"（"一"）+不及物动词
　　　　　食客数千人／无贵贱／一／（与文）等／。（229）

第二十一类　主‖状+宾+动（及物）

1. 主语+"唯"（"惟"）+宾语+"之"（"是"）+及物动词
　　　　　　　　　　　父母／唯／其疾／之／忧／。（230）
2. 主语+"惟"（"唯"）+宾语+"之"+"为"+及物动词
　　　　　　　　　〔其一人〕／惟／弈秋／之／为听／。（231）

第二十二类　状（副）+主‖动+宾

1. "唯"（"惟""唯独"）+主语+及物动词+宾语
　　　　　　　　　　　　惟／明主／爱／权／。（232）
　　　　　　　　　　　　　　　　　重／信／。

20

"唯"+主语+不及物动词

　　　　　　　　　　　唯／主人主妇／哭／。（233）
2．"最"+主语〈+"凡"〉+及物动词+宾语

　　　最／骠骑将军去病／凡／（六出）击匈奴／。（234）

第二十三类　状（名）+主‖动+宾

1．状语（时间名〈+"者"／"也"〉）+主语+及物动词
　　+宾语　　　　　　　　　　　初／公／筑／台／。（234）
　　状语（时间名〈+"者"／"也"〉）+主语+不及物动词

　　　　　　　　　　　　　　　　今者／臣／来／。（235）
2．状语（日期）+主语+及物动词+宾语

　　　　　　赵惠文王十六年／，廉颇／为／赵将／。（236）
　　状语（日期）+主语+不及物动词

　　　　　　　　　　　　　　八月乙亥／晋襄公／卒／。（237）

第二十四类　主‖动+宾+补（介词词组）

1．主语+及物动词+宾语+"以"+介词宾语

　　　　　　　　　　　　　　　　为／政／以德／。（237）
　　主语+不及物动词+"以"+介词宾语

　　　　　　　　　　　　　　　　孔子／进／以礼／。（238）
　　主语+及物动词+〔"之"〕+"以"+介词宾语

　　　　　　　　　〔陈胜吴广〕／祭〔　〕以尉首／。（238）
2．主语+及物动词+宾语+"于"（引进处所）+介词宾语

　　　　　　　　　　　　　　　　子／击／磬／于卫／。（240）
　　主语+不及物动词+"于"（"乎"）（引进处所）+介词
　　宾语　　　　　　　　　　　　子路／宿／于石门／。（240）
　　主语+不及物动词+〔"于"〕+介词宾语

　　　　　　　　　　　孔子／生／〔　〕鲁昌平乡陬邑／。（241）

3. "有"+宾语+"于"+"此"（"斯"）

　　　　　　　　　　　　（今）有／人于此／。（244）
4. 主语+"在"+"于"+介词宾语

　　　　　　　　安边境立功名／在／于良将／。（245）
5. 主语+不及物动词+"于"（引进原因）+介词宾语

　　　　　　　　　　　　　　文／倦于事。（246）
6. 主语+及物动词+宾语+"于"（引进行为的对象）+介词宾语　　　　　　　　逢蒙／学／射／于羿／。（247）
7. 主语+"异"（"同""比"）+"于"（"乎"）+介词宾语

　　　　　　　　　　吾党之直者／异／于是／。（248）
8. 主语+及物动词+"诸"+介词宾语

　　　　　　　　　　　　子张／书／诸绅／。（249）
9. 主语+及物动词+宾语+"焉"　　或／乞／醯／焉／。（250）
   主语+不及物动词+"焉"　　　　蛟龙／生／焉／。（251）

第二十五类　主‖动+宾+补（副）
主语+不及物动词+"甚"　　〔始皇帝〕／病／甚／。（252）

第二十六类　主‖动+宾+补（形）
1. 主语+及物动词+宾语+补语（形）

　　　　　　　　　　　　秦王／饮／酒／酣／。（253）
2. 主语+不及物动词+"之"+补语（形）

　　　　　　　　　　　　　子／哭／之／恸／。（254）

第二十七类　主‖动+宾+补（数+时名／数+量）
1. 主语+及物动词+宾语+补语（数+时间名）

　　　　　　　　　　　　如姬／资／之／三年／。（255）
   主语+不及物动词+补语（数+时间名）

　　　　　　　　　　赵王／（乃）斋戒／五日／。(255)
2. 主语+及物动词+宾语+补语1（"于"／"至"／"至
　于"+介词宾语）+补语2（数+时间名）
　　　　　　　　　　主／相／晋国／于今八年／。(256)
　主语+不及物动词+补语1（"于"／"至"+介词宾语）
　+补语2（数+时间名）
　　　　　　　　　　寡君／寝疾／于今三月矣／。(256)
3. 主语+及物动词+宾语+补语（数+量）
　　　　　　　　　　〔陈成子〕／违／谷／七里／。(257)
　主语+不及物动词+补语（数+量）
　　　　　　　　　　〔楚师〕／退／三十里／。(258)

　　　第二十八类　　主‖动+补（动）+宾
　主语+及物动词+补语（动）+宾语
　　　　　　　　　　齐／伐／取／我隆／。(259)

　　　第二十九类　　主‖动+补（形）+宾
　主语+及物动词+补语（形）+宾语
　　　　　　　　　　〔穰苴〕／申明／约束／。(260)

　　　第三十类　状（介词词组）+主‖动+宾
　"及"（"比""作""及至""比及"）+介词宾语
　〈+"也"〉+主语+及物动词+宾语
　　　　　　　　　　及父卒／，叔齐／让／伯夷／。(261)
　"及"（"于""迟"）+介词宾语〈+"也"〉+主语+不
　及物动词　　及小白立为桓公／，公子纠／死／。(261)

第三十一类　主‖动（被动）

1. 主语+及物动谓（被动）　　　　彼窃钩者／诛／。（263）
2. 主语+"见"（"被""为"）+及物动谓

　　　　　　　　　　　　　　盆成括／见杀／。（263）

第三十二类　主‖状（能愿动／形）+动（被动）

主语+"可"（"足""难""易""多""寡"）+及物动词
〈+"也"〉　　　　　　　　　　国／可／得也／。（265）

第三十三类　主‖状（介词词组）+动（被动）

1. 主语+"为"+介词宾语+及物动词（被动）

　　　　　　　　　　　〔怀王〕／为天下／笑／。（266）
2. 主语+"为"+介词宾语+"所"+及物动词

　　　　　　　　　　　如姬父／为人／所杀／。（267）

第三十四类　主‖动（被动）+补（介词词组）

1. 主语+及物动词（被动）+"于"+介词宾语

　　　　　　　　　　　　　　君／幸／于赵王／。（269）
2. 主语+"见"（"被"）+及物动词+"于"+介词宾语

　　　　　　　　　　　　　　蔡泽／见逐／于赵／。（270）

第三部分　描写句

第一类　主‖形

1. 主语（名）+形谓　　　　　　　　晋／强／。（272）
2. 主语（名+名）+形谓　　　　　秦王／老矣／。（273）
　　主语（名+"之"+名）+形谓　　禹之功／大矣／。（274）
　　主语（"其"+名）+形谓　　　　其文／约／。（274）

3. 主语（形+名）+形谓　　　　　　　顽夫／廉／。（275）
4. 主语（动／动词词组+"者"）+形谓〈+"矣"〉
　　　　　　　　　　　　　　知德者／鲜矣／。（276）
5. 主语（"所"+动）+形谓〈+"矣"〉　所盖／多矣／。（277）
6. 主语（代）+形谓〈+"矣"〉　　　　吾／老矣／。（278）
7. "莫"（"或"）+形谓　　　　　　　莫／（不）仁／。（278）
8. 主语（动／动宾词组）+形谓　　　灭燕／易矣／。（279）
9. 主语（主谓词组）〈+"也"〉+形谓〈+"矣"〉
　　　　　　　　　　　　　周公旦欲为乱／久矣／。（280）
10. 主语（名／代+"为"+名）（+"也"〉+形谓
　　　　　　　　　　　　　　　　尚为人／仁／。（281）
11. 主语+形谓（叠字形）　　　　　　公等／录录／。（282）
12. 主语+形谓（形+"如"／"然"／"若"）〈+"也"〉
　　　　　　　　　　　　　　　　海内／晏如／。（284）
　　主语+形谓（叠字形+"如"／"焉"）〈+"也"〉
　　　　　　　　　　　　　　〔闵子〕／訚訚如也／。（284）
13. 主语+"是"（"非"）〈+"也"〉　魏其言／是也／。（286）

第二类　主‖形+形
主语+形容词+"而"（"以""且"）+形容词
　　　　　　　　　　　　　　　　吴／强／而／富／。（286）
主语+形容词+"而"+"不"+形容词
　　　　　　　　　　　　　　关雎／乐／而／不淫／。（287）

第三类　主‖副
1. 主语（主谓词组）+"甚"（+"矣"）
　　　　　　　　　　　　　　　　王之好乐／甚／。（289）
2. 主语（动宾词组／主谓词组）+"必"〈+"矣"（"也"）〉

25

破秦军／必矣／。（290）

第四类　主‖数
1. 主语（名／名词词组）+数谓（基数）
诸侯之宝／三／。（291）
主语（主谓词组）+"者"+数谓（基数）
鲁仲连辞让者／三／。（291）
2. 主语+数谓（序数）〈+"也"〉　不祀／，一也／。（293）

第五类　主‖谓（形／数作谓语的主谓词组）
1. 主语+谓语（主+形）　　（今）吾君／德薄／。（295）
2. 主语+谓语（主+数）　　侯嬴／年七十／。（296）

第六类　主‖状（否定副）+形
1. 主语+"不"（"弗"）+形容词　　回也／不／愚／。（296）
2. 主语+"非"+"不"+形容词〈+"也"〉
城／非不／高也／。（298）

第七类　主‖状（副）+形
1. 主语+"甚"（"最""至""极""绝""益""滋"）
+形容词　　外黄富人女／甚／美／。（299）
2. 主语+"皆"（"咸""尽""毕"）+形容词
大夫／皆／富／。（300）
3. 主语+"必"（"固"）+形容词〈+"矣"（"也"）〉
事／必／危／矣／。（301）

第八类　主‖状（名）+形
主语+"日"+形容词　　游学者／日／众／。（302）

第九类　状（介词词组）+主‖形

"以"+介词宾语+主语+形容词

以贤／（则）去疾／（不）足／。(303)

第十类　主‖形+补（介词词组）

1. 主语+形容词+"于"（"以"）（引进范围）+介词宾语

夫子／（固）拙／于用大矣／。(304)

2. 主语+形容词+"于"（引进比较的对象）+介词宾语

季氏／富／于周公／。(306)

3. 先行词+"莫"+形容词+"于"（"乎"）+介词宾语

盗莫／大／于子／。(307)

4. 先行词+"莫"+形容词+"焉"　　善莫／大／焉／。(309)

第十一类　主‖形+补（副）

主语+形容词+"甚"　　　　　　　　君／美／甚／。(310)

第十二类　主‖形+补（数+量）

主语+形容词+补语（数+量）　荆之地／方／五千里。(311)

第二编　单　句(下)

第一部分　疑问句

第一类　是非问句

1. 主语+名谓+"与"（"邪"）　　　　是／鲁孔丘与／？(315)
2. 主语+及物动词+宾语+"乎"（"与""邪"）

冯公／有／亲乎／？(316)

主语+不及物动谓+"乎"　　　　〔晏子〕/死乎/？(316)
3. 主语+"可"（"可得""能""敢""足""足以""肯"
　　"当"）+及物动词+宾语+"乎"（"邪""与"）
　　　　　　　　　　此/可/谓/知义与不义之别乎/？(317)
4. 主语+"可"+"乎"　　　　臣弑其君/，可乎/？(319)
5. 主语+及物动词+"诸"　　　　　　子/闻/诸？(319)
6. 主语+谓语（"有"+"诸"）
　　　　　　　　　　　　文王之囿方七十里/有诸/？(320)
7. 主语+形谓+"乎"（"邪""矣乎""乎哉"）
　　　　　　　　　　　　　　　　　　管仲/俭乎/？(321)

　　　第二类　特指问句
1. "谁"+名谓（动词词组+"者"）　谁/为此计者乎/？(323)
2. "孰"（"谁"）+及物动词+宾语
　　　　　　　　　　　　孰/谓/鄹人之子知礼乎/？(324)
3. "孰"（"谁"）+"能"（"可以""敢"）+及物动词+宾语
　　　　　　　　　　　　　　　　　孰/能/一/之/？(325)
4. "何"（"奚""孰"）+及物动词+宾语
　　　　　　　　　　　　　　　　　　　何/谓/善/？(326)
5. 主语+"谁"（"孰谁""谁何""何"）〈+"也"（"邪"）〉
　　　　　　　　　　　　　　　　　　追我者/谁也/？(328)
6. 主语+"何"〈+"也"〉　吾所以有天下者/何/？(329)
7. 主语〈+"者"〉+"何"（"谁"）　　　元年者/何/？(330)
8. "何"+"哉"+主语　　　　何哉/，尔所谓达者/？(331)
9. 主语+"奈何"（"如何""何如""何若""奚若"）
　　　　　　　　　　　　　秦称帝之害/（将）奈何/？(332)
10. 主语+"如"（"若""奈""谓"）+宾语+"何"
　　　　　　　　　　　　　一薛居州/（独）如宋王何/？(334)

11. 主语+"无"("末")+"奈"("如""若")+宾语+
    "何"　　　　　　厉公／无／奈祭仲何／。(335)
12. 主语+"几何"　　　　　　年／几何矣／?(337)
13. 主语+"谁"("孰")+及物动词　吾／谁／欺／?(337)
14. 主语+"何"("奚""谁")+及物动词
    　　　　　　　　　　　女／何／问哉／?(339)
15. 主语+名谓("何"+"为"+"者")⟨+"也"⟩
    　　　　　　　　　　　客／何为者／?(340)
16. 主语+"安"("恶""奚""何""焉")+不及物动词
    　　　　　　　　　　　沛公／安／在／?(341)
17. 主语+"为"+"谁"　　夫执舆者／为／谁／?(342)
18. 主语+及物动词+"何"　　　子夏／云／何／?(343)
19. 主语+及物动词+"几"("几何""几所")
    　　　　　　　　　　　汝罪／有／几／?(344)
20. 主语+名谓("谁"⟨+"之"⟩+名)⟨+"也"("欤")⟩
    　　　　　　　　　　　是／谁／之／过欤／?(345)
21. 主语+名谓("何""奚""谁""何如"+名)⟨+"也"
    ("哉")⟩　　　　　　　是／何人也／?(346)
22. 主语+名谓("几何""几"+名)
    　　　　　　　　　　　渔者／几何家／?(347)
23. 主语+宾语("何""曷""奚""胡""谁"+名／
    形／动／动词词组)+"之"+及物动词
    　　　　　　　　　　　宋／何罪／之有／?(348)
24. 主语+〔"有"〕+宾语("何""奚"+名)
    　　　　　　　　　　　赵氏孤儿／何罪／?(351)
25. 主语+"何"("曷""奚""胡")+及物动词+宾语
    ⟨+"也"("哉""矣哉")⟩
    　　　　　　　　　　　夫子／何／哂／由也／?(352)

29

主语+"何"("曷")+不及物动词〈+"也"(哉)〉

〔公子〕／何／泣也／？（352）

26．主语+"何以"("奚以")+及物动词+宾语

何以／知／之／？（354）

主语+"何以"+不及物动词　　何以／战／？（354）

27．主语+"何为"("奚为""胡为""何以""何故")
　+及物动词+宾语　　夫子／何为／（不）执／弓／？（355）
　主语+"何为"("曷为""何以""何故")+不及物
　动词〈+"乎"("哉""也")〉

某子甲／何为／（不）来乎／？（356）

28．主语+"恶乎"("恶许""何自")+及物动词+宾语

〔君子〕／恶乎／成／名／？（357）

主语+"恶乎"("奚自")+不及物动词

学／恶乎／始／？（357）

29．主语+"谁"+"与"+及物动词+宾语

王／谁与／为／善／？（359）

主语+"谁"("孰")+"与"+不及物动词

吾／谁与／归／？（359）

30．主语+谓语（"何""安"+"所"+动）

客／何所为／？（360）

第三类　选择问句

1．先行词+"谁"("孰")+及物动词+宾语

人／谁无过／？（362）

2．先行词+"孰"+"为"+宾语　　事／孰为大／？（363）

3．先行词（名／代／动／动词词组+"与"+名／代／动
　／动词词组）+"孰"+形谓

师与商（也）／孰／贤／？（364）

4. 主语+"孰与"+补语（名／名词词组／代+形）
   吾／孰与／徐公美／？（365）
5. 主语（名／动词词组）+"孰与"（"何如"）+补语
   （名／动词词组）　　救赵／孰与／勿救／？（366）
6. 状语+主语+"孰与"+补语（名）
   将三军，使士卒乐死，敌国不敢谋／，子／孰与／起／？（367）
   状语+〔主语〕+"孰与"+补语（名）
   （君侯自料）能／孰与／蒙恬／？（367）

第四类　反复问句

主语+及物动词+宾语+"未"（"不""否""非"）
　　　　　　　　　　君／知／其解／未／？（369）
主语+不及物动词+"未"（"不""否"）
　　　　　　　　　　卿家痴叔／死／未？（369）

第五类　反问句

1. 主语+"非"+名词（名词词组）+"乎"（"与""欤"
   "邪"）　　　　　　若／非／吾故人乎／？（371）
2. 主语+"不"（"勿""未"）+及物动词+宾语+"乎"
   （"与""邪"）　　　君／不／闻／大鱼乎／？（373）
3. 主语+"独"+"不"（"未"）+及物动词+宾语+乎
   （"邪"）　　　　　王／独不／见／夫蜻蛉乎／？（374）
4. 主语+"不亦"+形容词+"乎"
   　　今人不知以其愚心而师圣人之智／，不亦／过乎／？（375）
5. 主语+"不亦"+不及物动词+"乎"
   　　　子以逐君成名，子孙不忘／，不亦／伤乎／？（376）
6. 主语+"岂"（"讵"）+名词（名词词组）+"哉"（"邪"
   "也""也哉"）　　　　吾／岂／匏瓜也哉／？（377）

31

7. 主语+"岂"("其""宁""独""庸""庸讵")+及
物动词+宾语〈+"哉"("乎""邪")〉
〔晋〕／岂／害／我哉／？（379）
8. 主语+"岂"("几""宁""庸""其庸")+"敢"
("可""足""能")+及物动词+宾语〈+"乎""哉"
"邪"〉〉　　　臣／岂敢／忘／君王之意乎／？（380）
主语+"岂"("巨""宁')+"敢"("能")+不及物动
词〈+"乎"〉　　　　公／岂敢／入乎／？（380）
9. 主语+"岂"("几")+"不"+形容词+"哉"("乎哉"
"矣哉")　　　此三臣者／岂不／忠哉／？（381）
10. 主语+"何"("奚""恶""安")+"以"("用")+
宾语+"为"("为哉""为乎")　何／以／文为／？（382）
主语+"何"+〔"以""用"〕+宾语+"为"
何／辞为／？（383）
"何"("奚")+"以"+〔宾语〕+"为"
何／以／为／？（383）
11. 主语+"何"("曷""盍""阖""胡")+"不"
+及物动词+宾语　　　何不／杀／张仪／？（384）
主语+"胡"+"不"+不及物动词
胡／不／已乎／？（385）
12. 主语+"盍"("盖")+及物动词+宾语
子／盍／诘／盗／？（386）
主语+"盍"("盖")+不及物动词〈+"邪"("乎"）〉
夫子／阖／行邪／？（386）
13. 主语+"焉"("安""恶""乌")+及物动词+宾语
焉／辟／害／？（387）
14. 主语+"焉"("恶")+"得"("能")+形容词
〔枨〕／焉得／刚／？（388）

15. 主语+"何"("安""恶""焉")+"敢"("能"
    "得")+及物动词+宾语〈+"乎"("哉""也")〉
    　　　　　　　　　　　赐／(也)／何敢／望回／？(389)
    主语+"何"("安""焉")+"敢"("能""得")
    +不及物动词〈+"乎"〉　　　　回／何敢／死／？(389)
16. 主语+"奈何"("若何""如之何""若之何")+及物
    动词+宾语　　　　　公／奈何／(众)辱／我／？(391)
17. 主语+"于"+介词宾语+"何有"
    　　　　　　　　　〔由〕／于从政(乎)／何有／？(393)
18. 主语+"何(奚)有"+"于"+介词宾语
    默而识之,学而不厌,诲人不倦／何有／于我哉／？(394)

第六类　测度问句

1. 主语+"无乃"+名词词组+"也乎"("欤")
    若以不孝令于诸侯／,(其)无乃／(非)德类也乎／？(395)
2. 主语+"得无"("得毋""得微""无乃""殆")
    +及物动词+宾语+"乎"("邪")
    　　　　　　　　　　先生／得无／诞／之乎／？(396)
    主语+"得无"("殆")+不及物动词+"乎"
    　　　　　　　　　　白公之乱／得无／遂乎／？(397)
3. 主语+"得毋"("得无""无乃""毋乃")+形容词
    +"乎"　　　　　　　　公／得毋／误乎／？(398)
4. 主语+"其"("岂")+名谓+"与"("也与""乎"
    "邪")　　　　片言可以折狱者／,其由也与／？(399)
5. 主语+"其"("岂""盖")+及物动词+宾语+"乎"
    ("邪")　　　　　　　子／其怨／我乎／？(399)
    主语+"其"+不及物动谓+"乎"("矣乎")
    　　　　　　　　　　　　吴／其亡乎／？(400)

33

6. 主语+"其"+形谓+"乎"("也与")

         泰山／其颓乎／？（401）

第二部分　祈使句

第一类　请求句

1. 主语+"请"+及物动词+宾语　　王／请／大／之／。（402）
2. 主语+"庶几"（"庶""幸""尚"）+及物动词+宾语

         庶几／赦／余／！（403）
3. 主语+"其"（"岂"）+及物动词+宾语

         君／其待／之／！（404）

 主语+"其"+不及物动词〈+"乎"（"也"）〉

         子／其行乎／！（404）
4. "唯"（"惟"）+主语+及物动词+宾语

         唯君／图／之／。（405）
5. "愿"+宾语（主谓词组）　　愿／子图之／。（406）
6. 主语+"勉"+"之"　　公子／勉／之矣／！（407）

第二类　命令句

1. 主语+及物动词+宾语　　　　小子／识／之／。（408）

 主语+不及物动谓　　　　　子／行矣／！（408）
2. 主语+"必"+及物动词+宾语　　必／掩／口／！（409）

 主语+"必"+"不及物动词　　子／必／来！（410）
3. 主语+"第"（"弟"）+及物动词+宾语

         君／第／（重）射／。（410）

 主语+"第"+不及物动词　　君／第／去／。（411）
4. 动词性非主谓句（动／动词词组）

         前！（411）

第三类　禁止句

1. 主语+"无"（"毋""勿"）+及物动词+宾语

　　　　　　　　　　　　王／无／罪／岁／！（413）

　　主语+"毋"+不及物动词　　　王／毋／行矣／！（413）

2. 主语+"慎"（"必""幸"）+"无"（"毋""勿"）+及物动词+宾语　　　　　　　慎无／反／。（414）

　　主语+"慎"（"必"）+"毋"（"勿"）+不及物动词

　　　　　　　　　　　　　　　慎毋／留／。（414）

3. "愿"+宾语（主+"毋""无""勿"+动+宾）

　　　　　　　　　　　愿／大王毋爱财物／。（415）

第三部分　感叹句

第一类　主谓倒置句

1. 形谓+"哉"（"夫""矣""哉乎"）+主语〈+"也"（"矣"）〉　　　　　　　野哉／，由也／！（418）
2. 形谓（叠字形）+"乎"+主语〈+"焉"（"也"）〉

　　　　　　巍巍乎／，舜禹之有天下而不与焉／！（419）
3. "甚"+"矣"+主语〈+"也"〉　　甚矣／，吾衰也／！（420）
4. 名谓+"哉"+主语〈+"也"〉　君子哉／，蘧伯玉／！（421）
5. 及物动词+宾语+"哉"+主语〈+"也"（"乎'〉

　　　　　　　　　　　　　尚／德哉／，若人／！（422）

　　不及物动谓+"矣"（"哉""夫""乎"）+主语〈+"也"〉

　　　　　　　　　　　　　死矣／，盆成括／！（422）

第二类　主谓顺序句

1. 主语〈+"之"〉+形谓+"矣"（"矣夫""也夫""哉""也"）　　　　　　　　　　　　　事／急矣／！（423）

2. 主语+名谓+〈"也"("哉""矣""夫""已夫""也夫""乎哉")〉
　　　　　　　　　　　　乱我家者／，太子也／！（424）
3. 主语〈+"之"〉+及物动词+宾语〈+"夫""也"〉
　　　　　　　　　　　　逝者／如／斯夫／！（425）
　主语+不及物动谓〈+"矣"("耳""矣夫")〉
　　　　　　　　　　　　由／死矣／！（426）

第三类　疑问词引导句

1. "何"("何如")+主语+"之"+形容词〈+"也"("耶")〉
　　　　　　　　　　　　何／德／之／衰／！（427）
2. 主语+"何"("何其""一何""壹何")+形容词〈+"也"〉
　　　　　　　　　　　　太子／何／忍也／！（428）
3. 主语+"何"+及物动词+"之"+补语〈+"也"〉
　　　　　　　　　　　　君／何／言／之误／！（429）

第四类　非主谓句

1. 形容词性非主谓句（形／形容词词组+"哉""夫""矣""欤""矣哉""矣夫"）　　　　　　善哉（431）
2. 名词性非主谓句（名／名词词组〈+"乎"〉）　参乎！（432）
3. 叹词句（叹）　　　　　　　　　　呜呼！（432）

第三编　复　句

第一类　并列关系

1. 前分句+后分句（并列关系）
　　　　　　　　　得道者多助，｜失道者寡助。（435）
2. 前分句+"而"+后分句　　　秦强｜而赵弱。（436）

3. 前分句（主语+"且""既""并"+谓语）+后分句（"且""并"+谓语） 上且怒｜且喜。（437）
4. 前分句+"且"+后分句 〔盾〕斗｜且出。（438）
5. 前分句+后分句（主语+"亦"+谓语中心及其他）
邦君树塞门，｜管氏亦树塞门。（439）
6. 前分句（主语+"亦"+谓语中心及其他）+后分句（主语+"亦"+谓语中心及其他）
秦亦不以城予赵，｜赵亦终不予秦璧。（440）
7. 前分句+后分句（主语+"又""而又"+谓语中心及其他） 今人有五子不为多，｜子又有五子。（441）
8. 前分句（主语+"既"+谓语）+后分句（主语+"又""又且""而复"+谓语中心及其他）
七十子既不问，｜世之学者亦不知难。（442）
9. 前分句（主语+"非""不"+谓语中心及其他）+后分句
非所谓踽也，｜贫富不同也。（443）
10. 前分句+后分句（主语+"非""不"+谓语中心及其他）
此天之亡我，｜非战之罪也。（444）
11. 前分句（主语+"皆"+谓语中心及其他）+后分句（主语+"独"+谓语中心及其他）
诸君子皆与骧言，｜孟子独不与骧言。（445）
12. 前分句+"独"（"唯""惟"）+后分句
莫敢难，｜独窦婴争之。（446）
13. 前分句（主语+"或""乍""一"+谓语中心及其他）+后分句（"或""乍""一"+谓语中心及其他）
其神或岁不至，｜或岁数来。（447）

第二类 连贯关系

1. 前分句+后分句（连贯关系）

　　　　　　　　　　子墨子闻之，｜起于鲁（448）
2. 前分句+后分句（主语+"乃""遂""则""因""安"
　"然后""而后""于是乎"+谓语中心及其他）
　　　　　　　　　相国从其计，｜高帝乃大喜。（449）
3. 前分句+后分句（主语+"则"+谓语）
　　　　　　　　其子趋而往视之，｜苗则槁矣。（450）
4. 前分句+"于是"（"于是焉"）+后分句
　　孟尝君使人给其食用，无使乏，｜于是冯谖不复歌。（451）
5. 前分句+后分句（主语+"即""辄""便""旋""寻"+
　谓语中心及其他）　　长子至，｜即立为皇帝。（452）
6. 前分句（主语+"壹""一""适""取"+谓语中心及
　其他）+后分句　　　壹引其纲，｜万目皆张。（454）
7. 前分句+后分句（主语+"适"+谓语中心及其他）
　　　　　　　　　夫身中大创十余，｜适有万金良药。（455）
8. 前分句（主语+"每"+谓语中心及其他）+后分句
　　　〔孝王〕每闻太后病，｜口不能食，居不安寝。（456）
9. 前分句（主语+"每"+谓语中心及其他）+后分句（主语
　+"常""辄""必"+谓语中心及其他）
　　　　　　　　　〔新人〕每见王，｜常掩鼻。（457）
10. 前分句（主语+"既""已"+谓语中心及其他）+后分
　　句　　　　　　孙武既死，｜后百余岁有孙膑。（458）
11. 前分句+后分句（"卒""终""竟""果"+谓语中心及
　　其他）　　　　头足异处，｜卒为天下笑。（459）

第三类　递进关系

1. 前分句+后分句（递进关系）
　　　　　　　　　乐岁终身苦，｜凶年不免于死亡。（460）
2. 前分句+"且"（"并"）+后分句

　　　　　　　　　　　公语之故，｜且告之悔。（461）
3. 前分句（主语+"犹""尚""且""尚犹""且犹"
   +谓语中心及其他）+"况"（"而况""况于"+"而
   况于""何乃"）+后分句
　　　　　　　　蔓草犹不可除，｜况君之宠弟乎？（462）
4. 前分句（"虽""自"+主语+"犹""犹亦""以"+谓语
   中心及其他）+"况"（"而况""而又况乎"）+后分句
　　　　　　　　虽舜禹犹亦困，｜而又况乎俗主哉？（464）
5. 前分句+"况"（"而况"）+后分句
　　　　　　　　　好善优于天下，｜而况鲁国乎？（465）
6. 前分句（主语+"且""犹""尚"+谓语中心及其他）
   +后分句　　　　　　身且不爱，｜安能爱君？（466）
7. 前分句（主语+"非徒""非特""非独""非直"+谓语
   中心及其他）+后分句（"又""又乃""又将""又且"
   "而又"+谓语中心及其他）
　　　　　　　　君非徒不达于兵也，｜又不明其时势。（468）
8. "非惟"（"不唯"）+前分句+后分句（"虽"+主语+
   "亦"+谓语中心及其他）
　　　　　　　非惟百乘之家为然也，｜虽小国之君亦有之．（469）
9. 前分句（主语+"犹""固""亦"+谓语中心及其他）
   +"微独"（"非但""非特"）+后分句
　　　　　　　　神农、黄帝犹有可非，｜微独舜、汤。（471）

　　第四类　选择关系
1. 前分句+后分句（选择关系）　　敬叔父乎？｜敬弟乎？（472）
2. 前分句+"抑"（"抑亦""且""将""其""其诸""忘
   其""妄其"）+后分句　　　　求之与？｜抑与之与？（474）
3. "抑"（"其"）+前分句+"亡其"（"其""抑""抑将"）

39

+后分句　　　　　抑固窭邪？│亡其略弗及邪？（475）
4. 前分句（主语+"宁""宁其"+谓语中心及其他）+后分句（"宁""宁其""其宁""将"+谓语中心及其他）
　　　　　　　人之情宁朝人乎？│宁朝于人也？（476）
5. 前分句+后分句（"不""非"+"邪""乎"）
　　　　　　　　　　欲破赵之军乎？│不邪？（477）
6. 前分句（主语+"非"+谓语中心及其他）+后分句（"则""即""乃"+谓语中心及其他）
　　　　　　　民死亡者非其父兄，│即其子弟。（478）
7. 前分句（主语+"非"+谓语中心及其他）+"而"（"其""如"）+后分句（"谁""何""奚"）
　　　　　　　　　　　　　　非子│而谁？（479）
8. "与"（"与其"）+前分句+后分句（"宁""宁其"+谓语中心及其他）　　　与人刃我，│宁自刃。（480）
9. 前分句（主语+"与""与其"+谓语）+后分句（"宁""无宁"+谓语中心及其他）
　　　　　　　　　　礼，与其奢也，│宁俭。（481）
10. "与"（"与其"）+前分句+后分句（"不如""不若"+宾语）
　　　与吾得革车千乘，│不如闻行人烛过之一言也。（482）
11. "与其"+前分句+"孰若"+后分句
　　　　　　　　　与其杀是童，│孰若卖之？（483）
12. 前分句（主语+"宁"+谓语中心及其他）+后分句（"无""不"+谓语中心及其他）
　　　　　　　　　　　宁信度，│无自信也。（485）
13. 前分句+"孰与"（"孰若"）+后分句
　　　　　　　大天而思之，│孰与物畜而制之。（486）

第五类　转折关系

1. 前分句+后分句（转折关系）

　　　　　　　今法律贱商人，｜商人已富贵矣。(486)

2. 前分句+"顾"（"但""抑""亦'）+后分句

　　　　　　　此在兵法，｜顾诸君不察耳。(487)

3. 前分句+"而"（"然""则"）+后分句

　　　　　　　吾力足以举百钧，｜而不足以举一羽。(488)

4. 前分句+"然而"（"然则""然且"）+后分句

　　七十者衣帛食肉，黎民不饥不寒，｜然而不王者，未
　　　　　　　　　　　之有也。(489)

5. 前分句+后分句（主语+"乃""徒""曾""顾""反"
　　"顾反"+谓语中心及其他）

　　　　　　　当改过自新，｜乃益骄溢。(491)

第六类　让步关系

1. 前分句（主语+"虽"+谓语）+后分句

　　　　　　　婴虽不仁，｜免子于厄。(493)

2. 前分句（主语+"虽"+谓语）+"然"（"而""然而"）
　　+后分句　　　　灌婴虽少，｜然数力战。(495)

3. 前分句（主语+"虽"+谓语）+后分句（主语+"犹"
　　"尚""亦"+谓语中心及其他）

　　　　　　　（今）君虽终，｜言犹在耳。(496)

4. 前分句（主语+"虽"+谓语）+后分句（主语+"必"
　　+谓语中心及其他）　　海水虽多，｜火必不灭矣。(497)

5. 前分句（"虽"+谓语）+后分句（"可"+"也"）

　　　　　　　虽与明争光，｜可也。(498)

6. 前分句（"虽然"）+后分句

　　　　　　　虽然，｜吾尝闻之矣。(499)

7. "纵"（"从""正""正使""弟令""藉第令"）+前分句
  +后分句
  　　　　　纵江东父兄怜而王我，｜我何面目见之？（500）
8. 前分句（动词／形容调+"则"+动词／形容词+"矣"）
  +后分句　　　　　治则治矣，｜非书意也。（501）
9. 前分句（形容词／动词+"则"+形容词／动词〈+"矣"〉）
  +"抑"（"然""而""然而"）+后分句
  　　　　　　　　　多则多矣，｜抑君似鼠。（502）

第七类　因果（目的）关系

1. 前分句+后分句（由因及果）
  　　　　　　　　　一夫不耕，｜或受之饥。（503）
2. 前分句+"而"（"则""斯""以至于"）+后分句
  　　　　　　　　　楚不用吴起，｜而削乱。（504）
3. 前分句+"故"（"是""是故""以故""然故""是以"
  "以是"）+后分句
  　　　　　　　　　西门豹之性急，｜故佩韦以自缓。（505）
4. 前分句+后分句（主语+"故""以故""是以""是用"
  +谓语）
  　　　　　范、中行氏皆众人遇我，｜我故众人报之。（507）
5. 前分句（主语+"以"+谓语）+后分句
  　　　　　　　　　左右以君贱之也，｜食以草具。（508）
6. 前分句（主语+"以""为""唯""惟"+谓语中心及
  其他）+"故"（"是以""以""以至于"）+后分句
  　怀王以不知忠臣之分，｜故内惑于郑袖，外欺于张仪。（509）
7. 前分后+后分句（由果溯因）
  　　　　　　　　　吾妻之美我者，｜私我也。（510）
8. 前分句+"以""为"（表原因）+后分句

　　　　　　　　　　上索我者，｜以我有美珠也。(512)
9. 前分句（"无他""此无他""是无它故""岂有他哉"）
　+后分句　　　　（父子不相见，兄弟妻子离散，）
　　　　　　　　　此无他，｜不与民同乐也。(514)
10. 前分句+"盖"+后分句
　　　　　　　　　　孔子罕称命，｜盖难言之也。(515)
11. 前分句+"以""为"（表目的）+后分句
　晋人归楚公子谷臣与连尹襄老之尸于楚，｜以求知罃。(515)

第八类　假设关系

1. 前分句+后分句（假设关系）
　　　　　　　　　　　　欲与大叔，｜臣请事之。(517)
2. 前分句+"则"（"斯"）（表结果与假设的相因）+后分句
　　　　　　　　　　　　谏而不入，｜则莫之继也。(518)
3. "若"（"如""苟""为""苟为""即""有如"
　"如有"）+前分句+后分句　若子死，｜将谁使代子？(519)
4. "若"（"如""为""有如"）+前分句+"则"（"斯"）
　+后分句　　若辩其辞，｜则恐人怀其文，忘其直。(520)
5. "苟"（"若""如""为""即""有"）+前分句+后分句
　（主语+"必"+谓语中心及其他）
　　　　　　　　　　　　苟有险，｜余必下推车。(521)
6. 前分句（主语+"若""苟""如""即""所"+谓语）
　+后分句　　　　寡人若朝于薛，｜不敢与诸任齿。(523)
7. 前分句（主语+"若""如""为""则"+谓语）+"则"
　+后分句　　　　公子若反晋国，｜则何以报不谷？(524)
8. 前分句（主语+"若""苟""如""即""为""则"
　+谓语）+后分句（"必"+谓语中心及其他）
　　　　　　　　　　　　我若获没，｜必属说与何忌于夫子。(525)

9. 前分句（主语+"而"+谓语）+后分句
　　　　　　　　人而无恒，｜不可以作巫医。（526）
10. "使"（"向使""若使""令""假令""设""假设"）
　　+前分句+后分句　　　使武安侯在者，｜族矣。（527）
11. "使"（"试使""向使""乡使"）+前分句+"则"+后
　　分句
　　　　　　　　使圣人预知微，能使良医得早从事，
　　　　　　　　｜则疾可已，身可活也。（528）
12. "使"（"若使""乡使"）+前分句+后分句（"必"+谓语
　　中心及其他）　使梁睹秦称帝之害，｜则必助赵矣。（529）
13. 前分句（"倘""党""尚""当""倘或""脱""脱其"
　　　"脱误"+谓语）+后分句
　　　　　　　　　　　倘能屈威，｜诚副其所望。（530）
14. 前分句（主语+"诚""审""果""必"+谓语中心及
　　其他）+后分句
　　　　　　　　楚诚能绝齐，｜秦愿献商于之地六百里。（531）
15. 前分句（主语+"诚""果"+谓语中心及其他）+后分
　　句（主语+"必"+谓语中心及其他）
　　　　　　　　　　赵诚发使尊秦昭王为帝，｜秦必喜。（533）
16. "今"+前分句+后分句
　　　　　　　　　　今王欲并诸侯，｜非终为韩不为秦。（534）
17. 前分句（主语+"一""壹""一旦"+谓语中心及其
　　他）+后分句
　　　　　　　　　　蔡许之君一失其位，｜不得列于诸侯。（535）
18. 前分句（主语+"愈""逾""兹""益""弥"+谓语
　　中心及其他）+后分句（主语+"愈""逾""兹""益"
　　"弥"+谓语中心及其他）
　　　　　　　　　　　所治愈下，｜得车愈多。（536）

19. "微"("诇非""自非")+前分句+后分句
　　　　　　　　　　微子之言，│吾亦疑之。(538)
20. 前分句("不"+"有"+宾语)+后分句
　　　　　　　　　　不有居者，│谁守社稷?(539)
21. 前分句("不""不者""否")+后分句(主语+"即"
　　"即遂""则""将""且"+谓语中心及其他)
　　　　　　　　　　　　　　　不│即立长。(539)
22. "苟"("信如""假令")+第一分句+第二分句(主语+
　　"虽"+谓语)+第三分句
　　　　　　　　　　苟子之不欲，│虽赏之不窃。(541)
23. "使"("即")+第一分句+第二分句("虽"+谓语)
　　+第三分句("犹""尚""又"+谓语中心及其他)
　　　　　　　　使其中有可欲者，│虽锢南山犹有隙。(542)
24. 第一分句+第二分句+第三分句+第四分句(正反假设
　　关系)　　信能死，刺我；│不能死，出我袴下。(543)
25. 第一分句+"则"+第二分句+第三分句+"则"+第四分
　　句(正反假设关系)
　　　　　　　贤而多财，则损其志；│愚而多财，则益其过。(544)

第九类　条件关系

1. 前分句+后分句(条件关系)　　君仁，│莫不仁。(546)
2. 前分句+"则"(表结果与条件的相因)+后分句
　　　　　　　　　　强本而节用，│则天不能贫。(546)
3. 前分句+"然后"("而后")+后分句
　　　　　　　　　　岁寒，│然后知松柏之后雕也。(547)
4. 前分句("然则")+后分句
　　　　　　　　　　然则，│吾将使秦王烹醢梁王。(548)
5. 前分句+后分句(主语+"乃"+谓语中心及其他)

45

必以长安君为质，｜兵乃出。(550)

6. 前分句（主语+"不"+谓语中心及其他）+后分句（主语+"不""无"+谓语中心及其他）

圣人不死，｜大盗不止。(550)

7. 前分句（主话+"非"+宾语）+后分句（"不"+谓语中心及其他）

五十非帛｜不暖。(552)

8. 前分句（"非"+谓语中心）+后分句（"不"+谓语中心）

非梧桐｜不止。(553)

9. 第一分句+"则"+第二分句+第三分句+"则"+第四分句（并列条件关系）

足下右投则汉王胜，｜左投则项王胜。(554)

10. 第一分句+"则"+第二分句+第三分句+"则"+第四分句（顶真条件关系）

仁义修则见信，｜见信则受事。(555)

第十类　时间关系

前分句（主语〈+"之"〉+谓语〈+"也"〉）+后分句

赤之适齐也，｜乘肥马，衣轻裘。(556)

第一编　单句（上）

　　单句分为主谓句和非主谓句两类。主谓句是由主谓词组构成的，非主谓句是由单个的词或主谓词组以外的其他词组构成的。
　　主谓句是最常见的句型。在分析主谓句时，首先要分成主语和谓语。充当主语和谓语的可以是词，也可以是词组。如果主语和谓语是由词组充当，就要对不同类型的词组作进一步分析。名词词组是以名词为主体，可以分解成定语和中心词；动词词组是以动词为主体，可以分解成动词、宾语、状语和补语；形容词词组是以形容词为主体，可以分解成形容词、状语和补语。
　　下面举例说明：
　　1．亚父者，‖范增也。
　　主语是名词"亚父"，谓语是名词"范增"。
　　2．其巫‖老女子也。
　　主语是名词词组"其巫"，其中名词"巫"是中心词，"其"是定语。谓语是名词词组"老女子"，其中名词"女子"是中心词，"老"是定语。
　　3．吕公女‖乃吕后也。
　　谓语是"乃吕后"，其中名词"吕后"作谓语中心，"乃"作状语。
　　4．项王‖怒。
　　谓语是不及物动词"怒"。

5.〔子〕‖以杖叩其胫。

谓语是动词词组"以杖叩其胫",其中及物动词"叩"作谓语中心,"其胫"作宾语,"以杖"作状语。

6. 晋‖强。

谓语是形容词"强"。

7. 君‖美甚。

谓语是形容词词组"美甚",其中形容词"美"作谓语中心,"甚"作补语。

在整理、归纳全部句型时,首先应该抓住基本句型。根据句子的主干——主语、谓语以及宾语的通常运用情况所确立的句型,叫做基本句型。基本句型是全部句型中的核心部分。基本句型有以下七类:

1. 主‖名　　　　　　　　　　(第一编、Ⅰ、一)
2. 主‖动(及物)+宾　　　　　(第一编、Ⅱ、一)
3. 主‖动(不及物)　　　　　　(第一编、Ⅱ、三)
4. 主‖动(及物)+宾(间)+宾(直)(第一编、Ⅱ、五)
5. 主‖动+兼语+动+宾　　　　(第一编、Ⅱ、七)
6. 主‖动+宾+动+宾　　　　　(第一编、Ⅱ、八)
7. 主‖形　　　　　　　　　　(第一编、Ⅲ、一)

基本句型以外的叫做一般句型。一般句型通常是与基本句型结构相比有所变化,或者是在基本句型结构基础上派生出来的。例如有变式句(主谓倒置、宾语前置)、扩展句(增加了定语、状语、补语)、省略句和被动句等。主谓谓语句根据充当谓语的主谓词组的不同类型,也分别划归各部分中的一般句型。

第一部分　判断句

　　判断句是表示判断的，多用于解释或注释，有时也用于表示比喻，或说明原因。判断句主要是以名词或名词词组作谓语。
　　在上古汉语中，肯定的判断句在主语和谓语之间不用表示判断的动词"是"字。
　　判断句常见的句中语气词是"者"字，表示提顿。例如：
　　南冥者，天池也。（一、句型2表一例6）
　　常见的句尾语气词是"也"字，帮助判断。例如：
　　墨子者，显学也。（一、句型3例2）
　　判断句常使用"者"和"也"前后照应，有四种形式：
　　1. 句中有"者"，句尾有"也"。这是判断句的典型结构。例如：
　　陈胜者，阳城人也。（一、句型2表一例1）
　　2. 句中没有"者"，句尾有"也"。这种情况较常见。例如：
　　滕，小国也。（一、句型3例1）
　　3. 句中有"者"，句尾没有"也"。这种情况较少见。例如：
　　陈婴者，故东阳令史。（一、句型2表一例4）
　　4. 句中的"者"和句尾的"也"都不用。这种情也较少见。例如：
　　荀卿，赵人。（一、句型2表一例7）
　　此外，"也"还用来肯定事情的因果关系。例如：
　　魏王所以贵张子者，欲得韩地也。（五、句型例1）

3

常见的句首语气词是"夫"字，表示要发议论。例如：
夫明堂者，王者之堂也。（一、句型2表二例1）

第一类　主‖名

句型1　亚父者／，范增也／。

〔结构式〕　主语（名）〈+"者"〉+名谓（名）〈+"也"〉
〔例句〕

	主语	"者"	名谓	"也"	引书
1	亚父	者	范增	也	史记项羽本记
2	诸葛孔明	者	卧龙	也	三国志诸葛亮传
3	夒		人	也	韩非子外储说左下
4	周公		弟	也	孟子公孙丑下
5	管叔		兄	也	同上

〔说明〕

1. 句型1到句型19是一组以名词、名词词组或代词作主语的句型。名词、名词词组或代词作主语是最常见的。

2. 本句型的主语和谓语都是名词。

3. 名词或名词词组作主语的句型一般用来注释，即说明人物的姓氏、身份、品格或事物的性质等。

4. 古代汉语肯定判断句在译成现代汉语时，要在主语后面加上"是"字，"者""也"可以不译。如"亚父者，范增也"可译为"亚父是范增"。

句型2　　陈胜者／阳城人也／。
　　　　（夫）明堂者／王者之堂也／。

〔结构式〕Ⅰ　主语〈+"者"〉+名谓（名+名）〈+"也"〉
〔例句〕（表一）

	主　语	"者"	名谓 名	名	"也"	引　书
1	陈　　胜	者	阳城	人	也	史记陈涉世家
2	淮阴侯韩信	者	淮阴	人	也	史记淮阴侯列传
3	梁　孝　王	者	孝景	弟	也	史记魏其武安侯列传
4	陈　　婴	者	故东阳	令史		史记项羽本纪
5	天　　下	者	高祖	天下		史记魏其武安侯列传
6	南　　冥	者	天	池	也	庄子逍遥游
7	荀　　卿		赵	人		史记荀卿列传
8	楚左尹项伯	者	项羽	季父	也	史记项羽本纪

〔结构式〕Ⅱ　主语〈+"者"〉+名谓（名+"之"+名）〈+"也"〉
〔例句〕（表二）

	主　语	"者"	名谓 名	"之"	名	"也"	引　书
1	（夫）明堂	者	王者	之	堂	也	孟子梁惠王下
2	书	者	政事	之	纪	也	荀子劝学
3	食	者	民	之	本	也	淮南子主术训
4	民	者	国	之	本	也	同上
5	韩		天下	之	咽喉		战国策秦策
6	虢		虞	之	表	也	左传僖公五年

5

〔说明〕

1. 本句型的谓语是个偏正词组,中心词是名词,定语是名词。在表二例句中,在定语和中心词之间有一个助词"之"字作标志,并起调谐音节的作用。

2. 表一例 8 的"楚左尹"和"项伯"是复指成分。

3. "陈胜者,阳城人也"可译为"陈胜是阳城人"。

句型 3　　滕／,小国也／。

〔结构式〕　　主语+名谓(形+名)〈+"也"("耳")〉

〔例句〕

	主语	名谓		"也"	引书
		形	名		
1	滕	小	国	也	孟子梁惠王下
2	墨子(者)	显	学	也	韩非子外储说左上
3	其巫	老	女子	也	史记滑稽列传附录
4	千金	重	币	也	战国策齐策
5	百乘	显	使	也	同上
6	白起	小	竖子	耳	史记平原君列传
7	其人	圣	儒		史记扁鹊列传
8	子产	仁	人		史记郑世家
9	其人	辩	士		史记范睢蔡泽列传
10	(夫)鲁	小	国		史记孙子吴起列传

〔说明〕

1. 本句型的谓语是个偏正词组,中心词是名词,定语是形容词。在定语和中心词之间,不用助词"之"字。

2. 语气词"耳"表示限止,即把事情往小处说,不把它当回事。

3．"滕，小国也"可译为"滕是小的国家"。"耳"译作"罢了"，"白起，小竖子耳"可译为"白起不过是小孩子罢了"。

4．有关句型：

①陈轸者，游说之士。(《史记张仪列传》)

这个句型的谓语是个偏正词组，中心词是名词，定语是动词或动宾词组。在中心词和定语之间有助词"之"字作标志。其结构式为：

主语〈+"者"〉+名谓（动／动宾词组+"之"+名）〈+"也"〉

②今秦，万乘之国。(《战国策赵策》)

这个句型的谓语是个偏正词组，中心词是名词，定语是数量词。在中心词和定语之间有助词"之"字作标志。其结构式为：

主语+名谓（数+量+"之"+名）

句型4　　五谷（者）／，种之美者也／。

〔结构式〕　主语+名谓（名〈+"之"〉+形+"者"）〈+"也"〉
〔例句〕

	主　语	名谓				"也"	引书
		名	"之"	形	"者"		
1	五谷（者）	种	之	美	者	也	孟子告子上
2	伯夷	圣	之	清	者	也	孟子万章下
3	伊尹	圣	之	任	者	也	同上
4	柳下惠	圣	之	和	者	也	同上
5	孔子	圣	之	时	者	也	同上
6	是	（则）罪	之	大	者		孟子离娄下
7	（予谓）菊	花	之	隐逸	者	也	周敦颐爱莲说
8	牡丹	花	之	富贵	者	也	同上
9	莲	花	之	君子	者	也	同上

〔说明〕

1. 本句型的谓语是个偏正词组,中心词是名词,定语一般是形容词(例9的定语"君子"是名词,这是用来表示比喻)。

2. 本句型的特点是:定语的位置在中心词的后面,以便使中心词突出。

3. "者"字是代词。定语放到中心词后面,一般要用"者"字煞尾。

4. "之"字是助词,放在中心词和后置定语之间,使中心词和定语具有全体和部分的关系。有的句子可以不加"之"字。

5. "之"字译作"的"。"五谷者,种之美者也"可译为"五谷是种子中的美好的"。

6. 句型转换:

A. 五谷者/,美种也/。

⇌B. 五谷者/,种之美者也/。(本句型例1)

"子产仁人"(第一编、I、一、句型3例8)中的"仁人"是以形容词"仁"作定语,这个定语放在中心词的前面。"五谷美种"和"子产仁人"结构相同。如果把"美"移到"种"的后面,并在两字当中加助词"之"字,"美"的后面加"者"字。这样就转换成B句型:"五谷者,种之美者也。"这是用把定语移位并添加"之"和"者"的方法转换成另一句型的。

"五谷者,美种也"经过上述改变句型结构,转换成"五谷者,种之美者也",而其表达的意思仍然基本相同,并没有大的变化。一个同样的意思,可以用不同的句型结构来表达,而其意思仍然保持基本相同或相近,就叫做句型转换(可参见"前言")。

A句型转换成B句型的条件是:只有表示限制性的定语可以移到中心词后面,而表示同一性和领属性的定语不能移到中心词后面。

A类与B类转换结构式是:

主语+名谓（形+名）⟨+"也"⟩
⇌ 主语+名谓（名⟨+"之"⟩+形+"者"）⟨+"也"⟩

句型 5　　二老者／，天下之大老也／。
　　　　　　隐者也／。

〔结构式〕Ⅰ　主语⟨+"者"⟩+名谓（名+"之"+形+名）⟨+"也"（"耳"）⟩

〔例句〕（表一）

	主语	"者"	名谓				"也"	引书
			名	"之"	形	名		
1	二老	者	天下	之	大	老	也	孟子离娄上
2	韩子卢	者	天下	之	疾	犬	也	战国策齐策
3	（夫）父之孝子		君	之	背	臣	也	韩非子五蠹
4	农		天下	之	大	业	也	盐铁论水旱
5	田横		齐	之	壮	士	耳	司马光赤壁之战
6	（吾闻）鲁仲连先生		齐国	之	高	士	也	史记鲁仲连列传

〔结构式〕Ⅱ　〔主语〕+名谓+"也"

〔例句〕（表二）

	〔主语〕	名谓	"也"	引书
1	（子曰）〔　〕	隐　者	也	论语微子
2	（对曰）〔　〕	翳桑之饿人	也	左传宣公二年
3	（今上山见虎）〔　〕	虎之室	也	晏子春秋
4	（下泽见蛇）〔　〕	蛇之穴	也	同上

〔说明〕

1. 本句型的谓语是个偏正词组。中心词是名词；定语是形容词，用来表示修饰。在形容词充当的定语和中心词之间不加"之"字。

2. 在这个偏正词组的前面，又加上一个定语，这个定语是名词，用来表示领属。在名词充当的定语和后面的偏正词组之间，要加上助词"之"字作标志。

3. 在表二例句中，承上文省略了主语，这类句型一般出现在人物的对话当中。

4. "二老者，天下之大老也"可译为"两位老人是天下最有声望的老人"。

句型6　　所击杀者／数十人／。

〔结构式〕　　主语+名谓（数+名）
〔例句〕

	主语	名谓		引书
		数	名	
1	所击杀者	数十	人	史记刺客列传
2	所杀伤	数十	人	史记魏其武安侯列传
3	所击杀者	（无虑）百十	人	徐珂冯婉贞
4	冠　者	五六	人	论语先进
5	童　子	六七	人	同上
6	列侯执珪死者	七十（余）	人	史记张仪列传
7	所诛者	数百	人	史记楚世家
8	所进者	数百	人	同上
9	海内悦其仁美其义而为服役者	七十	人	韩非子五蠹

〔说明〕

1. 本句型的谓语是个偏正词组,中心词是名词,定语是数词。
2. 本句型的主语是名词或名词词组,其中多为"者"字词组和"所"字词组。
3. 例 3 的"无虑"是副词,当"大约""大概"讲。例 4 的"五六"和例 5 的"六七"是连用了相邻的两个数词,表示约数。
4. 本句型在译成观代汉语时,可以在数词前面加上"有"字。如:"所击杀者数十人"可译为"被打死的有数十人"。

句型7 曾从子／善相剑者也／。

〔结构式〕 主语+名谓(动词词组／形+"者")〈+"也"〉

〔例句〕

	主语	名谓		"也"	引书
		动词词组／形	"者"		
1	曾从子	善相剑	者	也	韩非子说林上
2	弈 秋	通国之善弈	者	也	孟子告子上
3	是	助王息其民	者	也	战国策齐策
4	齐谐(者)	志 怪	者	也	庄子逍遥游
5	城北徐公	齐国之美丽	者	也	战国策齐策

〔说明〕

1. "者"字是特殊的指示代词,用在动词(动词词组)或形容词后面(前者如例 1"善相剑者",后者如例 5"齐国之美丽者"),组成一个名词性词组,表示某种人或某种事物。
2. 在本句型中,"者"字词组作谓语。
3. "者"字译作"……的人""……的事物",或者省略后面的"人""事物",直接译成"……的"。"曾从子善相剑者也"可译为"曾从子是善于鉴别剑的人"。

4．句型转换:

①A．曾从子／善／相剑／。

⇌B．曾从子／善相剑者也／。(本句型例1)

"叔喜剑"(第一编,Ⅱ,一、句型1例3)是主动宾句型,"曾从子善相剑"和"叔喜剑"结构相同。如果把"善相剑"后面加上代词"者"字,就成为"善相剑者",这个"者"字词组在句中作谓语。这样就转换成B句型:"曾从子善相剑者也。"这是用在动词及其宾语的后面添加"者"字的方法,使叙述句转换成判断句的。

判断句转换成叙述句是要具备一定条件的。这个条件是:这个判断句必须是由"动词词组+'者'"组成的"者"字词组充当主语或谓语才行。

A类与B类句型转换的结构式是:

<u>主语+及动物词+宾语</u>

⇌主语+名谓（动词词组+"者"）〈+"也"〉

②A．善相剑者／曾从子也／。

⇌B．曾从子／善相剑者也／。(本句型例1)

"知我者,鲍子也"(第一编,Ⅰ、一、句型10例5)是以"者"字词组作主语的判断句型,"善相剑者,曾从子也"和"知我者,鲍子也"结构相同。如果把"善相剑者"移到"曾从子"的后而,这个"者"字词组就成为全句的谓语,"曾从子"则成为全句的主语。这样就转换成B句型:"曾从子,善相剑者也。"这是用把"者"字词组移位的方法,使判断句中的主语转换成谓语的。

A类与B类句型转换的结构式是:

<u>主语（动词词组+"者"）+名谓</u>〈+"也"〉

⇌主语+名谓（动词词组+"者"）〈+"也"〉

句型8　　粟者／，民之所种／。

〔结构式〕　主语〈+"者"〉+名谓（名/代〈+"之"〉+"所"+动）〈+"也"〉

〔例句〕

	主语	"者"	名谓				"也"	引书
			名/代	"之"	"所"	动		
1	粟	者	民	之	所	种		汉书食货志
2	好色		人	之	所	欲		孟子万章上
3	富		人	之	所	欲		同上
4	贵		人	之	所	欲		同上
5	（夫）诚	者	君子	之	所	守	也	荀子不苟
6	鱼		我		所	欲	也	孟子告子上
7	田猎		虞人	之	所	事	也	马中锡中山狼传
8	仁陷于愚		（固）君子	之	所	（不）与	也	同上
9	马	者	王	之	所	爱	也	史记滑稽列传

〔说明〕

1．"所"字是特殊的指示代词，放在及物动词前面，组成一个名词性词组。"所"字具有指示和称代动作行为的对象的作用。

2．"所"字词组的前面是定语，这个定语是名词（如例1的"民"）、名词词组（如例7的"虞人"）或代词（如例6的"我"）。在定语和"所"字词组之间加助词"之"字作标志，但定语是代词时，后面一般就不加"之"字。

3．在本句型中，"所"字词组作谓语中心。

4．本句型的主语是名词（如例1的"粟"）、形容词（如例3

13

的"富")或主谓词组(如例8的"仁陷于愚")。

5."所"字译作"(所)……的人""(所)……的事物",或省略后面的"人""事物",直接译成"(所)……的"。"粟者,民之所种"可译为"粟是百姓所耕种的"。

6.适合本句型的特殊指示代词有"所""攸"("攸"多见于《诗经》《尚书》《易经》等书中)等。

7.有关句型:
和氏璧天下所共传宝也。(《史记廉颇蔺相如列传》)
这里"所"字词组后面还有名词,"所"字词组就成为这个名词的定语。其结构式为:
主语+名谓(名/代〈+"之"〉+"所"+动+名)〈+"也"〉

8.句型转换:
A.王/爱/马/。
⇌B.马者/,王之所爱也/。(本句型例9)
"叔喜剑"(第一编、Ⅱ、一、句型1例3)是主动宾句型,"王爱马"和"叔喜剑"结构相同。如果把"马"移到"王"字的前面,使它成为全句的主语,而在动词"爱"的前面加上代词"所"字,"所"字词组就成为谓语中心,"王"成为"所"字词组的定语。这样就转换成B句型:"马者,王之所爱也。"这是用把宾语提前,并在动词前面添加"所"字的方法,使叙述句转换成判断句的。

这里的B类句型一般可以转换为A类句型,但A类句型(Ⅱ、一、句型1、2等)并不是全部都能转换为B类句型的,这就要看是否具备一定的条件。转换的条件有两个:①转换的新句型,主语和谓语之间必须能构成判断关系,即这个句子能够起解释事物的涵义,或辨析事物的是非的作用。②转换的新句型,在语词之间的搭配上,必须符合古代汉语的语言习惯。在句型转换时,如不具备上述两个条件,则不能转换。

A类与B类句型转换结构式是。

主语+及动物词+宾语
⇌ 主语〈+"者"〉+名谓（名／代〈+"之"〉+"所"+动）〈+"也"〉

句型9　　笾豆／所以食也／。

〔结构式〕　　主语〈+"者"〉+名谓（"所以"+动／动宾词组）〈+"也"〉

〔例句〕

	主语	"者"	名 谓		"也"	引 书
			"所以"	动		
1	笾豆		所以	食	也	韩非子外储说左上
2	席蓐		所以	卧	也	同上
3	彼兵	者	所以	禁暴除害	也	荀子议兵
4	夫爵禄旗章		所以	异功伐别贤不肖	也	韩非子外储说左下
5	师	者	所以	传道受业解惑	也	韩愈师说
6	此矢		所以	志	也	韩愈张中丞传后叙
7	法	者	所以	爱民	也	商君书更法
8	礼	者	所以	便事	也	同上

〔说明〕

1. "所"字是特殊的指示代词，"以"字是介词。"所以"和后面的动词（或动宾词组），组成一个名词性词组。

2. 在本句型中，"以"表示"用""拿"。"所"字具有指示和称代这个动词表示的动作、行为、使用的工具（或方法、方式）的作用。

3．在本句型中，"所以……"词组作谓语。

4．"所以"译作"用来……的东西"或"用来……的办法"。"笾豆所以食也""席蓐所以卧也"可译为"笾和豆都是用来吃饭的东西""席和蓐都是睡觉的东西"。

5．有关句型：

①圣人（非）所与熙也。（《晏子春秋内篇杂下》）

这里"所"和介词"与"组成凝固结构，引进与动作行为有关的人物。其结构式为：

主语+名谓（"所与"+动／动宾词组）〈+"也"〉

②是吾剑之所从坠。（《吕氏春秋察今》）

这里"所"和介词"从"组成凝固结构，介绍动作行为发生的处所。其结构式为：

主语+名谓（名〈+"之"〉+"所从"+动／动宾词组）

③其北陵，父王之所避风雨也。（《左传僖公三十二年》）

在上古汉语里，"所"字可以直接放在动词或动宾词组前面，表示行为的处所，而不需要介词表示。其结构式为：

主语+名谓（名〈+"之"〉+"所"+动／动宾词组）

6．句型转换：

A、以彼兵／禁／暴／。

　　　　　除／害／。

⇌B、彼兵者／所以禁暴除害也／。（本句型例3）

"〔子〕以杖叩其胫"（第一编、Ⅱ、二十、句型 1 例 1）是个带"以"字介词词组的叙述句型，"以彼兵禁暴除害"和"〔子〕以杖叩其胫"结构相同，只是前者省略了主语。如果把"彼兵"移到"以"的前面，使它成为全句的主语，而在"以"字前面加上代词"所"字，"所以"和后面的动宾词组（"禁暴""除害"）就组成了名词性词组,这个名词性词组在句中作谓语。这样就转换成 B 句型:"彼兵者所以禁暴除害也。"这是用把"以"字的宾语提前,并在"以"字前面添加"所"字的方法,使叙述句转换成判断句的。

如果 A 句型例句中有主语,在转换成 B 句型时,这个主语就放在"所以"的前面作定语。

A 类与 B 类句型转换结构式是:

主语+"以"+介词宾语+及动物词+宾语+〈"也"〉
⇌主语〈+"者"〉+名谓+"所以"+动/动宾词组)〈+"也"〉

句型10　　起予者/,商也/。

〔结构式〕　主语(动词词组+"者")+名谓〈+"也"〉
〔例句〕

	主语		名谓	"也"	引书
	动词词组	"者"			
1	起予	者	商	也	论语八佾
2	(为渊)驱鱼	者	獭	也	孟子离娄上
3	(为丛)驱爵	者	鹯	也	同上
4	(为汤武)驱民	者	桀与纣	也	同上
5	生我	者	父母	也	史记管晏列传
6	知我	者	鲍子	也	同上

〔说明〕

1. "者"字是特殊的指示代词,用在动词或动词词组后面(也可以用在形容词后面),组成一个名词性词组,表示某种人或某种事物。

2．在本句型中，"者"字词组作主语。

3．带"者"字词组的判断句型，一般用来注释、说明从事某项活动的是某人或某物。

4．"者"字译作"……的人""……的事物"，或省略后面的"人""事物"，直接译成"……的"。"起予者，商也"可译为"启发我的人是卜商"。

句型11　　不知子都之姣者／，无目者也／。

〔结构式〕　主语（动词词组+"者"）+名谓（动词词组+"者"）
　　　　　　〈+"也"〉

〔例句〕

	主　语		名　谓		"也"	引　书
	动词词组	"者"	动词词组	"者"		
1	不知子都之姣	者	无目	者	也	孟子告子上
2	以大事小	者	乐天	者	也	孟子梁惠王下
3	以为无益而舍之	者	不耘苗	者	也	孟子公孙丑上
4	助之长	者	揠苗	者	也	同上

〔说明〕

1．"者"字是特殊的指示代词。在本句型中，"者"字用在动词（动词词组）后面，组成一个名词性词组，表示某种人或某种事物。

2．"者"字词组在句中分别作主语和谓语。

3．"者"字译作"……的人""……的事物"，或省略后面的"人""事物"，直接译成"……的"。"不知子都之姣者，无目者也"可译为"不知道子都美丽的，是没有眼睛的人"。

句型 12　　此五者／邦之蠹也／。

〔结构式〕　主语（名／代+数+"者"）+名谓〈+"也"〉
〔例句〕

	主　语			名　谓	"也"	引　书
	名／代	数	"者"			
1	此	五	者	邦之蠹	也	韩非子五蠹
2	此	数	者	用兵之患	也	司马光赤壁之战
3	农商官	三	者	国之常官	也	商君书去强
4	此	三	者	人主之所恃	也	吴子励士
5	此	五	者	知胜之道	也	孙子兵法谋攻

〔说明〕

1．"者"是特殊的指示代词。在本句型中，"者"字放在数词后面，组成一个名词性词组。"者"字具有称代作用，表示几个（种）人、几样东西或几件事情。"者"字词组作主语或主语中心。

2．在数词前面经常有指示代词"此""是"等，用来复指上文出现的人或物，并作"者"字词组的定语；也可以有名词词组（如例3的"农、商、官"），和"者"字词组构成重叠复指。

3．"数+者"译作"……个（种）人""……样东西"，或"……件事情"。"此五者，邦之蠹也"可译为"这五种人，是国家的蠹虫"。

4．适合本句型的指示代词有"此""斯"等。

句型 13　　臣之所好者∕，道也∕。

〔结构式〕　主语（名∕代〈+"之"〉+"所"+动+"者"）+名谓〈+"也"（"耳"）〉

〔例句〕

	主语				名谓	"也"	引书
	名∕代	"之"	"所"	动	"者"			
1	臣	之	所	好	者	道	也	庄子养生主
2	狄人	之	所	欲	者	吾土地	也	孟子梁惠王下
3	（昔）吾		所	亡	者	纺缁	也	吕氏春秋淫辞
4	君家		所	（寡）有	者	（以）义	耳	战国策齐策
5	丹		所	报				
	先生		所	言	者	国之大事	也	史记刺客列传
6	公	之	所	恶	者	张仪	也	史记韩世家

〔说明〕

1. "所"和"者"都是特殊的指示代词。本句型的主语是个偏正词组，中心词是"者"字，定语是"所"字词组。"所……者"组成一个名词性词组，"所"字具有指示动作行为的对象的作用，"者"字具有称代作用。

2. "所"字词组的前面是定语，这个定语是名词（如例 5 的"丹"）、名词词组（如例 2 的"狄人"）或代词（如例 3 的"吾"）。有的在定语和"所"字词组之间加助词"之"字作标志。

3. 语气词"耳"表示限止，和"而已"相当。

4. 带"所"字词组的判断句型，一般用来注释、说明人物动作行为的对象是某事物。

5. "所"字译作"（所）……的人""（所）……的事物"，

或省略后面的"人""事物",直接译成"(所)……的"。"臣之所好者道也"可译为"我所爱好的是道"。

6．有关句型：

龙之所言，世俗之言也。(《商君书更法》)

这里"所"字词组作主语。其结构式为：

主语(名／代〈+"之"〉)+"所"+动)+名谓+〈"也"〉

句型14　　子之所难／，人之所易／。

〔结构式〕　　主语(名／代+"之"+"所"+动)+名谓(名／代+"之"+"所"+动)〈+"也"〉

〔例句〕

	主语				名谓				"也"	引书
	名／代	"之"	"所"	动	名／代	"之"	"所"	动		
1	子	之	所	难	人	之	所	易		史记仲尼弟子列传
2	子	之	所	易	人	之	所	难		同上
3	道	之	所	存	师	之	所	存	也	韩愈师说
4	丘	之	所	言	(皆)吾	之	所	弃	也	庄子盗跖
5	乱	之	所	始	祸	之	所	集	也	史记赵世家

〔说明〕

1．"所"字是特殊的指示代词，放在及物动词前面，组成一个名词性词组。"所"字具有指示和称代动作行为的对象的作用。

2．在例1中，"所"字放在形容词前面(如"所难""所易")，这里形容词用如意动。

3．在本句型中，"所"字词组分别作主语中心和谓语中心。

4. "所"字词组的前面是定语,这个定语是名词(如例1的"人")或代词(如例4的"吾")。在定语和"所"字词组之间加助词"之"字作标志。

5. 本句型一般用来解释或注释,说明某人或某物的动作行为对象就是另外的人或物的动作行为对象。前者和后者往往形成对待关系。

6. "所"字译作"(所)……的人""(所)……的事物",或省略后面的"人""事物",直接译成"(所)……的"。"子之所难,人之所易"可译为"你认为难的,正是人家认为容易的"。

句型15　口之于味也／,……性也／。

〔结构式〕　主语(名+"之"+"于"+介词宾语)〈+"也"〉+名谓+"也"

〔例句〕

	主语				"也"	名谓	"也"	引书
	名	"之"	"于"	介词宾语				
1	口	之	于	味	也			
	目	之	于	色	也			
	耳	之	于	声	也			
	鼻	之	于	臭	也			
2	四肢	之	于	安佚	也	性	也	孟子尽心下
	仁	之	于	父子	也			
	义	之	于	君臣	也			
	礼	之	于	宾主	也			
	知	之	于	贤者	也			
	圣人	之	于	天道	也	命	也	孟子尽心下

续表

3	麒麟	之	于	走兽			
	凤凰	之	于	飞鸟			
	泰山	之	于	丘垤			
	河海	之	于	行潦	类	也	孟子公孙丑上
4	圣人	之	于	民	(亦)类	也	同上

〔说明〕

1. 在本句型中，主语是个偏正词组，定语是名词（如例1的"口"）或名词词组（如例2的"圣人"），中心词是"于"字介宾词组。

2. "于"字是介词，用来引进动作行为的对象。"于"字的宾语是名词（如例4的"民"）、名词词组（如例3的"走兽"）或形容词（如例1的"安佚"）。

3. "之"是助词，放在定语和中心词语之间作标志，同时舒缓语气，让读者等待下文。

4. "也"是语气词，用于句中的表示顿宕，用于句尾的表示帮助判断。句尾的"也"在本句型中不可缺少。

5. "于"可译为"对于"。"口之于味也……性也"可译为"口对于美味，……是天性"。

句型16　　此／壮士也／。

〔结构式〕　主语（代／尊称／谦称）+名谓〈+"也"〉
〔例句〕

	主　语	名　谓	"也"	引　书
1	此	壮士	也	史记淮阴侯列传
2	彼	丈夫	也	孟子滕文公上
3	我	丈夫	也	同上
4	余	而所嫁妇人之父	也	左传宣公十五年
5	是	胜之舍人	也	史记平原君列传
6	是	寡人之过	也	左传僖公三十年
7	君	纣	也	新序刺奢
8	（今）君	天子	也	韩非子说林上

〔说明〕

1. 本句型是以代词作主语。

2. 在代词充当主语的后面，不用语气词"者"字。

3. 指示代词"此"（"是"）有申辩事物是非的作用，说明是这种人或物，而不是其他的人或物。

4. "此壮士也"可译为"这是壮士"。

5. 适合本句型的代词有："吾""我""余""予""朕""台""卬"（以上第一人称代词）；"臣""走""仆"（以上是谦称，可代替第一人称代词使用）；"若""女（汝）""而""尔""戎"（以上第二人称代词），"子""吾子""公""君""夫子""卿""先生（以上是尊称，可代替第二人称代词使用，谦称和尊称都是名词）；"此""是""彼"（以上指示代词）等。

句型17　　此／子之所闻／。

〔结构式〕　　"此"（"是"）+名谓（名／代〈+"之"〉+"所"+动）〈+"也"〉

〔例句〕

	"此"	名谓				"也"	引书
		名/代	"之"	"所"	动		
1	此	子	之	所	闻		史记扁鹊列传
2	此	（则）滑厘		所	（不）识	也	孟子告子下
3	此	（实）吾		所	（自）为	也	吕氏春秋淫辞
4	此	五代	之	所	（不）变	也	礼记祭法
5	此	小人	之	所	务		
		（而）君子	之	所	（不）为	也	荀子荣辱
6	是	刑法	之	所	（不）舍	也	
		圣王	之	所	（不）畜	也	同上
7	是	人情	之	所	（同）欲	也	同上

〔说明〕

1．"所"字是特殊的指示代词，放在及物动词（或动宾词组）前面，组成一个名词性词组。"所"字具有指示和称代动作行为的对象的作用。

2．在本句型中，"所"字词组作谓语中心。

3．"所"字词组的前面是定语，这个定语是名词（如例2的"滑厘"）、名词词组（如例6的"圣王"）、代词（如例3的"吾"）。助词"之"字加在定语和"所"字词组之间作标志（但代词后面不加"之"字）。

4．指示代词"此"或"是"字作主语。

5．"所"字译作"（所）……的人""（所）……的事物"，或省略后面的"人""事物"，直接译成"（所）……的"。"此子之所闻"可译为"这就是您所听到的"。

句型18　　此／所谓河北之军也／。

〔结构式〕　　"此"+名谓（名/代〈+"之"〉+"所"+"谓"／

"为"+名／名词词组／动词词组／复句形式）
〈+"也"〉

〔例句〕

	"此"	名	"之"	"所"	"谓"	名／名词词组	"也"	引　书
1	此			所	谓	河北之军	也	史记项羽本记
2	此			所	谓	养虎自遗患	也	同上
3	此			所	谓	妇人之仁	也	史记淮阴侯列传
4	此			所	谓	战胜于朝廷		战国策齐策
5	此			所	谓	率土地而食人肉罪不容于死		孟子离娄上
6	此	臣	之	所	谓	传檄而千里定者	也	史记张耳陈余列传
7	此			所	为	"重人"	也	韩非子孤愤

〔说明〕

1. 本句型的谓语是个偏正词组，定语是"所"和"谓（为）"组成的"所"字词组。"所"字是特殊的指示代词；"谓""为"是及物动词，表示"称谓"。中心词是名词（如例7的"重人"）、名词词组（如例1的"河北之军"）、动词词组（如例4的"战胜于朝廷"）或复句形式（如例5的"率土地而食人肉罪不容于死"）。

2. 在"所"字词组前面，还可以加上名词或代词作定语。

3. "此"是指示代词，在句中作主语。

4. 本句型一般用来注释、说明人们对某人或某事的流行说法。

5. "谓"（"为"）译作"叫做""称做"，"所谓（为）"译作"叫做（称做）……的"。"此所谓河北之军也"可译为"这就是称做河北的军队的"。

6. 本句型的"所"字也可以跟及物动词组成"所字词组"，

充当定语,"所"字词组后面的名词充当中心词。例如:

此韩非之所著书也。(《史记韩非列传》)

这类句子较少见。其结构式为:

"此"+名谓(名/代〈+"之"〉+"所"+动+名)〈+"也"〉

7. 有关句型:

今之所谓良臣,古之所谓民贼也。(《孟子告子下》)

这里"所谓"分别用在主语和谓语当中,充当它后面名词词组的定语。其结构式为:

主语(名/代〈+"之"〉+"所"+"谓"+名/名词词组)+名谓(名/代〈+"之"〉+"所"+"谓"+名/名词词组)〈+"也"〉

句型19　此/人之所以忧也/。

〔结构式〕　"此"("是")+名谓(名+〈"之"〉+"所以"/"所为"+动/动词词组/形)〈+"也"〉

〔例句〕

	"此"	名谓				"也"	引书
		名	"之"	"所以"	动/形		
1	此	人	之	所以	忧	也	韩非子说林上
2	此	汤		所以	获天福	也	左传襄公二十六年
3	此	群下		所以	疑	也	资治通鉴淝水之战
4	此	世		所以	(不)传	也	苏轼石钟山记
5	此	圣人	之	所为	泣	也	韩非子外储说右下
6	是	天子	之	所以	取天下	也	荀子荣辱
7	是	诸侯	之	所以	取国家	也	同上
8	是	士大夫	之	所以	取田邑	也	同上
9	是	官人百吏	之	所以	取禄秩	也	同上
10	此	吾		所以	(不)受	也	庄子让王

续表

11	此	先汉		所以	兴隆	也	诸葛亮前出师表
12	是	世	之	所以	乱	也	韩非子五蠹
13	是	其	之	所以	危	也	荀子荣辱

〔说明〕

1．"所"是特殊的指示代词；"以"是介词，表示"因为"。"所"字放在"以"的前面，再接上动词、动词词组或形容词。组成一个名词性词组，用来表示某种动作行为或某种性质、状态的原因。

2．"所以"词组的前面是定语，这个定语是名词（如例1的"人"）、名词词组（如例5的"圣人"）或代词（如例13的"其"）。

3．在本句型中，"所以……"词组作谓语中心，指示代词"此"（"是"）作主语。

4．例5的"为"是介词，"所为……"用来表示行为的目的或原因。

5．"所以"译作"……的原因"或"……的缘故"。"此人之所以忧也"可译为"这就是人们忧愁的缘故"。

6．有关句型：

此商君之所以车裂于秦而吴起之所以枝解于楚者也。（《韩非子奸劫弑臣》）

此句型的谓语中心是"所以……者"词组，其中"者"是中心词，"所以……"是定语。其结构式为：

"此"（"是"）+名谓（名〈+"之"〉+"所以"+动／动词词组／形+"者"）〈+"也"〉

句型 20　　（夫）战／勇气也／。

〔结构式〕　主语（动／动词词组）〈+"者"〉+名谓〈+"也"〉
〔例句〕

	主语	"者"	名谓	"也"	引书
1	（夫）战		勇气	也	左传庄公十年
2	亲仁善邻		国之宝	也	左传隐公六年
3	（夫）听	者	事之侯	也	史记淮阴侯列传
4	计	者	事之机	也	同上
5	疑	者	事之害	也	同上
6	开火	者	军中发枪之号	也	徐珂冯婉贞

〔说明〕

1. 句型 20 到句型 23 是一组以动词、形容词或主谓词组作主语的句型。

2. 本句型是以动词或动词词组作主语。

3. 动词或形容词作主语的判断句型一般用来注释、说明这个动词或形容词的涵义；也有的用来表示比喻（如例 2 "亲仁善邻，国之宝也"）。

4. 有的判断句在字面上主语和谓语不能直接构成判断，如例 1 "夫战，勇气也"。这是内容压缩了的判断句。

5. "夫战，勇气也"可译为"战争是凭勇气（取胜）的"。

句型 21　　仁／，人心也／。

〔结构式〕　主语（形）+名谓〈+"也"〉
〔例句〕

29

	主 语	名 谓	"也"	引 书
1	仁	人心	也	孟子告子上
2	义	人路	也	同上
3	陋（也者）	天下之公患	也	
		人之大殃大害	也	荀子荣辱
4	仁（也者）	人	也	孟子尽心下

〔说明〕

    1．本句型是以形容词作主语。

    2．"也者"是语气词连用，放在主语后面，表示提顿。

    3．"仁，人心也"可译为"仁是人的心"。

句型22　　都城过百雉／国之害也／。

〔结构式〕　　主语（主谓词组／复句形式）+名谓〈+"也"〉

〔例句〕

	主 语	名 谓	"也"	引 书
1	都城过百雉	国之害	也	左传隐公元年
2	约束不明申令不熟	将之罪	也	史记孙子列传
3	既已明而不如法（者）	吏士之罪	也	同上
4	秦之用兵于燕赵	秦之危事	也	苏辙六国论
5	莒溃楚遂入郓	莒无备故	也	左传成公九年
6	小国争盟	祸	也	左传僖公二十一年
7	桓公九合诸侯不以兵车	管仲之力	也	论语宪问
8	孟尝君为相数十年无纤介之祸（者）	冯谖之计	也	战国策齐策

〔说明〕

    1．本句型的主语是主谓词组（如例5的"小国争盟"）或复句形式(如例2的"约束不明,申令不熟")用来表示某件事情或某种情况。

2. 在本句型中,有的句子用来解释原因(如"桓公九合诸侯,不以兵车,管仲之力也");有的表示判断,即解释、说明某件事情的性质(如"约束不明,申令不熟,将之罪也"。)

3. "都城过百雉,国之害也"可译为"都邑的城墙超过一百雉("雉",量词,长三丈,高一丈),是国家的祸害"。

句型23　　(今夫)弈之为数/小数也/。

〔结构式〕　　主语(名〈+"之"〉+"为"+名)+名谓

	主语			名谓	引书
	名	"之"	"为"	名		
1	(今夫)弈	之	为	数	小数(也)	孟子告子上
2	广		为	人	(长)猿臂	史记李将军列传
3	高祖		为	人	隆准(而)龙颜美须髯	史记高祖本纪

〔说明〕

1. 本句型是以主谓词组作主语。这个主谓词组中的主语和宾语都是名词,二者有着部分和全体的关系:作主语的名词是部分(如例1的"弈"),作宾语的名词是全体(如例1的"数")。"为"是动词,表示"作为"。"之"是助词,加在主谓词组之间,取消句子的独立性。

2. 本句型有的用于解释、说明人或物的性质(如例1的"弈之为数小数也"),有的用于说明人的相貌(如例3"高祖为人隆准而龙颜,美须髯"),有的用于打比喻(如例2的"广为人(长)猿臂")。

3．"（今夫）弈之为数，小数也"可译为"下棋这种技艺是一种小的技艺"。

4．句型转换：

A、弈／小数也／。

⇌B、弈之为数／小数也／。（本句型例1）

"滕小国也"（第一编、I、一、句型3例1）是以名词作主语的判断句型。"弈小数也"和"滕小国也，结构相同。如果把名词"弈"置换以主谓词组"弈为数"，并在主语和谓语之间加助词"之"字，这样就转换成B句型："弈之为数，小数也。"这是判断句中名词作主语与主谓词组作主语的转换。

A类与B类句型转换结构式是：

<u>主语（名）+名谓〈+"也"〉</u>

⇌<u>主语（名〈+"之"〉）+"为"+名）+名谓〈+"也"〉</u>

句型24　武王／是也／。

〔结构式〕　主语+"是"〈+"也"〉

〔例句〕

	主　语	"是"	"也"	引　书
1	（古之人有行之者）武王	是	也	孟子梁惠王下
2	（古之人有行之者）文王	是	也	同上
3	（仁之实）事亲	是	也	孟子离娄上
4	（义之实）从兄	是	也	同上
5	（智之实）知斯二者弗去	是	也	同上
6	（礼之实）节文斯二者	是	也	同上
7	（臣闻七十里为政于天下者）汤	是	也	同上

〔说明〕

1．本句型是以指示代词"是"字作谓语，"是"字用来复指上文的人或事。

2．本句型主语是名词（如例 7 的"汤"）或动词词组（如例 3 的"事亲"）。

3．本句型一般用于对上文提到的人或事，做举例说明。

4．"是"译作"这样"。"（古之人有行之者，）武王是也"可译为"（古人有做过的，）周武王就是这样"。

第二类　主‖形（表判断）

句型　　居上位而不恤其下／，骄也／。

〔结构式〕　　主语+形谓〈+"也"〉
〔例句〕

	主语	形谓	"也"	引书
1	居上位而不恤其下	骄	也	新序杂事
2	缓令急诛	暴	也	同上
3	非其鬼而祭之	谄	也	论语为政
4	政（者）	正	也	论语颜渊
5	彻（者）	彻	也	孟子滕文公上
6	学不厌	智	也	孟子公孙丑上
7	教不倦	仁	也	同上
8	无报人之志而令人疑之	拙	也	史记仲尼弟子列传
9	有报人之志使人知之	殆	也	同上
10	事未发而先闻	危	也	同上

〔说明〕

1. 本句型的主语是名词（如例4"政"）、主谓词组（如例6"学不厌"）或复句形式（如例8"无报人之志而令人疑之"）。

2. 本句型一般用于对某件事情或情况做定义性的注释。并且采用了"……者……也"或"……，……也"的判断句典型形式，所以应属于判断句。第三类动词作谓语的句型与此相同。

3. "居上位而不恤其下，骄也"可译为"居高的职位却不怜悯民众，这就是骄傲"。

第三类　主‖动（表判断）

句型　庠者／，养也／。

〔结构式〕　主语〈+"者"（"也者"）〉+动谓〈+"也"〉

〔例句〕

	主语	"者"	动　谓	"也"	引　书
1	庠	者	养	也	孟子滕文公上
2	校	者	教	也	同上
3	序	者	射	也	同上
4	助	者	藉	也	同上
5	见义不为		无勇	也	论语为政
6	庸	也者	用	也	庄子齐物论
7	用	也者	通	也	同上
8	通	也者	得	也	同上

〔说明〕

1. 本句型的主语是名词（如例1的"庠"）或动词（如例4的"助"）。

2. 例6-8的"也者"是连用的语气词，表示提顿。

3. "庠者，养也"可译为"庠是教养的意思"。

第四类 主‖动（判断）+宾

本类句型中的"是""为""曰"等是表示判断的动词。"犹""若""如"等虽与判断词相近，但不是真正的判断词，而是表示联系。"犹"字句也划归此类。

句型1 巫妪弟子/是/女子也/。

〔结构式〕 主语+"是"+宾语〈+"也"（"耳"）〉
〔例句〕

	主　语	"是"	宾　语	"也"	引　书
1	巫妪弟子	是	女子	也	史记滑稽列传附录
2	此	（必）是	豫让	也	史记刺客列传
3	风伯雨师雷公	是	群神	也	论衡祀义
4	余	是	所嫁妇人之父	也	论衡死伪
5	韩	是	魏之县	也	战国策魏策
6	此	是	家人言	耳	史记儒林列传

〔说明〕

1. "是"是动词，表示肯定判断，即断定主语和宾语之间是同一关系或者隶属关系。判断句中使用"是"字，在先秦时代开始萌芽，汉代以后逐渐增多。

2．"巫妪弟子是女子也"可译为"巫婆、徒弟是女人"。

句型2　　余／为／伯鯈／。
　　　　　　为／孔丘／。

〔结构式〕Ⅰ　主语+"为"+宾语
〔例句〕（表一）

	主语	"为"	宾语	引　书
1	余	为	伯鯈	史记郑世家
2	尔	为	尔	孟子公孙丑上
3	我	为	我	同上
4	（吾乃今日而知）先生	为	天下之士（也）	战国策赵策
5	知之	为	知之	论语为政
6	不知	为	不知	同上
7	民	为	贵	孟子尽心下
8	君	为	轻	同上
9	师直	为	壮	左传僖公二十八年
10	曲	为	老	同上
11	事亲	为	大	孟子离娄上
12	守身	为	大	同上
13	和	为	贵	论语学而
14	里仁	为	美	论语里仁

〔结构式〕Ⅱ　〔主语〕+"为"+宾语
〔例句〕（表二）

	主　语	"为"	宾　语	引　书
1	（　）	为	孔丘	论语微子
2	（　）	为	仲由	同上

〔说明〕

1. 本句型是采用叙述句形式的判断句。"为"是动词，表示判断，作谓语中心。

2. "为"的宾语是名词（如表一例1的"伯鯈"）、名词词组（如表一例4的"天下之士"）、代词（如表一例2的"尔"）、动词词组（如表一例5的"知之"）或形容词（如表一例7的"贵"）。

3. 本句型的主语是名词（如表一例7的"民"）、代词（如表一例1的"余"）、动词词组（如表一例5的"知之"）、形容词（如表一例13的"和"）或主谓词组（如表一例9的"师直"）。

4. 在上古汉语里，本句型比较罕见，一般用在主语和宾语指称同一事物（如表一例5的"知之为知之"）；作为主谓词组去充当某句话中的某个句子成分（如表一例4"先生为天下之士"作"知"的宾语）；或者宾语是形容词，用于表示对某种性质、状态的肯定（如表一例7的"民为贵"）。这种表示判断的"为"字，常用在前后相对待的两个句子中。

5. 本句型不用"也"字煞尾帮助判断（表一例4中的语气词"也"字，在"吾乃今日而知……"句末，表示确认某种事实，和本句型情况不同）。

6. 表二例句承上文省略了主语，这类句子一般出现在人物的对话当中。

7. "为"译作"是"。"余为伯鯈"可译为"我是伯鯈"。

8. 有关句型：

①蚩尤最为暴。（《史记五帝本记》）

在"为"的宾语是形容词的句子中，"为"的前面可以加程度

副词"最""极"等。其结构式为:

主语+"最"("极")+"为"+宾语(形)

②齐卿之位不为小矣。(《孟子公孙丑下》)

在"为"的宾语是形容词的句子中,"为"的前面可以加否定副词"不""未"等。

其结构式为:

主语+"不"("未")+"为"+宾语(形)

9. 句型转换

A. 民／贵／。

⇌B. 民／为／贵／。(本句型表一例7)

"晋强"(第一编,Ⅲ、一、句型1例1)是以形容词作谓语的描写句型,"民贵"和"晋强"结构相同。如果在"贵"的前面,加上动词"为"字,"为"就充当全句的谓语中心,而"贵"作"为"的宾语。这样就转换成B句型:"民为贵。"这是用添加动词"为"的方法,使描写句转换成判断句的。

A类与B类句型转换的条件是:A类句型的谓语和B类句型"为"的宾语必须是形容词。

A类与B类句型转换结构式是,

主语+形谓

⇌主语+"为"+宾语(形)

句型3　　员父／曰／伍奢／。

〔结构式〕　主语+"曰"("谓""名""字")+宾语
〔例句〕

	主　语	"曰"	宾　语	引　书
1	员父	曰	伍奢	史记伍子胥列传
2	春申君之正妻子	曰	甲	韩非子奸劫弑臣
3	文公之贱妾	曰	燕姞	史记郑世家
4	伤良	曰	谗	荀子修身
5	害良	曰	贼	同上
6	老而无妻	曰	鳏	孟子梁惠王下
7	老而无夫	曰	寡	同上
8	老而无子	曰	独	同上
9	幼而无父	曰	孤	同上
10	国无九年之蓄	曰	不足	礼记王制
11	天子适诸侯	曰	巡狩	孟子梁惠王下
12	一	曰	水	尚书洪范
13	二	曰	火	同上
14	三	曰	木	同上
15	四	曰	金	同上
16	五	曰	土	同上
17	此	谓	坐忘	庄子大宗师
18	是	谓	人主之道（也）	荀子君道
19	樗里子（者）	名	疾	史记樗里子列传
20	仲由	字	子路	史记仲尼弟子列传

〔说明〕

1. "曰"（"谓""名""字"）是及物动词，表示对人、物与事情的称谓，作谓语中心。本句型的形式是叙述句，实际表示判断。

2. 本句型的主语是名词（如例20的"仲由"）、名词词组（如例1的"员父"），代词（如例17的"此"）、动宾词组（如例4的"伤良"）、主谓词组（如例10的"国无九年之蓄"）或数词（如例12的"一"）。

3. "曰"("谓")译作"叫""叫做"。"员父曰伍奢"可译为"伍员(子胥)的父亲叫伍奢"。

4. 适合本句型的动词有:"曰""谓""为""名""字""号"等。

句型4 门庭／若／市／。

(今)秦之与齐也／犹／齐之与鲁也／。

视天下悦而归己／犹／草芥也／。

思贤／如／渴／。

士之失位也／犹／诸侯之失国家也／。

〔结构式〕Ⅰ 主语(名／名词词组／代)+"犹"("若""如""似")+宾语(名／名词词组／代)

〔例句〕(表一)

	主 语	"犹"	宾 语	引 书
1	门庭	若	市	战国策齐策
2	文	犹	质(也)	论语颜渊
3	质	犹	文(也)	同上
4	虎豹之鞟	犹	犬羊之鞟	同上
5	征舒	似	女	左传宣公十年
6	心	如	虎狼	荀子修身
7	行	如	禽兽	同上
8	肌肤	若	冰雪	庄子逍遥游
9	声	如	洪钟	苏轼石钟山记

〔结构式〕Ⅱ 主语(名〈+"之"〉+"与"+名)+"犹"+宾语(名〈+"之"〉+"与"+名)

〔例句〕(表二)

	主语			犹	宾语			引书
	名	"之"	"与"	名		名	"之"	"与"	名	
1	（今）秦	之	与	齐（也）	犹	齐	之	与	鲁（也）	史记张仪列传
2	（夫）秦卒		与	山东之卒	犹	孟贲	之	与	怯夫	同 上
3	中国		与	边境	犹	支体		与	腹心（也）	盐铁论诛秦

〔结构式〕Ⅲ 主语（动词词组/主谓词组）+"犹"（"如"）+
    宾语（名/名词词组）

〔例句〕（表三）

	主语	"犹"	宾语	引书
1	视天下悦而归己	犹	草芥（也）	孟子离娄上
2	少而好学	如	日出之阳	说苑建本
3	壮而好学	如	日中之光	同上
4	老而好学	如	炳烛之明	同上
5	老农亲我	犹	左右手	马中锡中山狼传

〔结构式〕Ⅳ 主语（动词词组）+"犹"（"如""譬若"）
    +宾语（动/动词词组）

〔例句〕（表四）

	主语	"犹"	宾语	引书
1	思贤	如	渴	三国志诸葛亮传
2	事君	犹	事父（也）	公羊传定公四年
3	今必俱死	如	以肉委饿虎	史记张耳列传
4	夫以秦卒之勇车骑之众以治诸侯	譬若	施韩卢而搏蹇兔（也）	史记范睢蔡泽列传

〔结构式〕V　主语（主〈+"之"〉+动+宾）+"犹"（"如""譬如""譬若""当"）+宾语（主〈+"之"〉+动+宾）〈+"也"〉

〔例句〕（表五）

	主语				"犹"	宾语				"也"	引书
	主	"之"	动	宾		主	"之"	动	宾		
1	士	之	失	位（也）	犹	诸侯	之	失	国家	也	孟子滕文公下
2	民	之	归	仁（也）	犹	水 兽	之 之	就 走	下 圹	也	孟子离娄上
3	仆	之	思	归	如	痿人 盲者		（不）忘 （不）忘	起 视	也 也	史记韩信列传
4	夫贤士	之	处	世（也）	譬若	锥	之	处	囊中	也	史记平原君列传
5	孤	之	有	孔明	犹	鱼	之	有	水	也	三国志诸葛亮传
6	秦	之	有	韩（也）	譬如	木 人	之 之	有 有	蠹 心腹 之病	也 也	史记范雎蔡泽列传
7	郑	之	有	原圃	犹	秦	之	有	具囿	也	左传僖公三十三年
8	燕	之	有	祖	当	齐 宋 楚	之 之 之	有 有 有	社稷 桑林 云梦	也	墨子明鬼

〔说明〕

1. "犹""若""如""似""譬若""譬如""当"等是动词，表示两个人或物之间的联系，作谓语中心。

2. 表二例句主语和宾语都是偏正词组，中心词是"与"字介词词组。"与"表示"跟……相比"或"对于"。

3. 表五例句主语和宾语都是主谓词组。例5-8在主谓词组中，包含动词"有"字，表示"领有""具有"。

4. 在表五例句中，助词"之"字加在主谓词组的主语、谓语之间，取消句子的独立性。

5. "犹"（"若""如"……）等译作"好像""如同""好比""跟……一样"，"当"译作"相当"。"门庭若市"可译为"门前和院子里人很多，像集市一样"。

6. 适合本句型的动词有："犹""由""若""如""似""类""譬若""譬如""譬犹""当"等。

句型5　善养生者／若／牧羊然／。
　　　　　其游／如／父子然／。

〔结构式〕Ⅰ　主语+"若"（"如""似""似若"）+宾语（动／动宾词组／形+"然"／"者"）

〔例句〕（表一）

	主语	"若"	宾语		引书
			动／形	"然"	
1	善养生者	若	牧羊	然	庄子达生
2	人之视己	如	见其肺肝	然	礼记大学
3	其视杀人	若	艾草菅	然	汉书贾谊传
4	今言王	若	易	然	孟子公孙丑上
5		如	不能言	者	汉书万石君传
6	〔孔子〕	似	不能言	者	论语乡党
7	旁	若	无人	者	史记刺客列传
8	貌	若	（甚）戚	者	柳宗元捕蛇者说
9	子之哭（也）	壹（似）	（重）有忧	者	礼记檀弓下
10	〔公子〕	似若	无所容	者	史记魏公子列传

〔结构式〕Ⅱ　主语+"若"（"如"）+宾语（名／名词词组+"然"）
〔例句〕（表二）

	主语	"若"	宾语		引书
			名	"然"	
1	其游	如	父子	然	史记魏其武安侯列传
2	(无)	若	宋人	然	孟子公孙丑上
3	山(见水中)	若	柱	然	水经注河水

〔说明〕

1."若""如""似""似若"等是及物动词,作谓语中心。

2."若""如""似""似若"的宾语是名词、名词词组(表二例句)或动词、动词词组、形容词(表一例句)。

3."然""者"是助词,和"若""如""似""似若"相呼应,构成固定格式,表示比况。

4.在"若('如''似''似若')……然"当中,可以嵌入名词、名词词组、形容词、动词或动宾词组等;在"若('如''似''似若')……者"当中,通常嵌入动词或动宾词组。

5.本句型的主语是名词、名词词组(如表一例1的"善养生者")表示人物,或者是主谓词组(如表一例2的"人之视己")表示事情。

6."若('如''似''似若')……然""若('如''似''似若')……者"都译作"好像……似的""好像……的样子"。"善养生者若牧羊然"可译为"善于养生的就像牧羊一样"。

第五类　主("所以……"词组) ‖ 谓(动词词组／介词词组)

句型　　魏王所以贵张子者／，欲得韩地也／。

〔结构式〕　主语(名／代+"所以"／"所为"+动宾词组+"者")
　　　　　+谓语(动词词组／介词词组)〈+"也"〉

〔例句〕

	主语				谓语	"也"	引书
	名／代	"所以"	动宾词组	"者"			
1	魏王	所以	贵张子	者	欲得韩地	也	史记张仪列传
2	〔吾〕	所以	遣将守关	者	备他盗之出入与非常	也	史记项羽本纪
3	臣	所以	去亲戚而事君	者	徒慕君之高义	也	史记廉颇蔺相如列传
4		所为	见将军	者	欲以助赵	也	战国策赵策
5	吾	所以	为此	者	以先国家之急而后私仇	也	史记廉颇蔺相如列传
6	夫燕	(之)所以	不犯寇被兵	者	以赵之为蔽于南	也	战国策燕策
7	政	所以	蒙污辱自弃于市贩之间	者	为老母幸无恙妾未嫁	也	史记刺客列传
8	孟尝君	所以	贷钱	者	为民之无者以为本业	也	史记孟尝君列传
9		所以	求息	者	为无以奉客	也	同上
10	秦	(之)所为	重王	者	以王之有齐	也	史记楚世家

〔说明〕

1. 本句型的主语是个偏正词组，中心词是"者"字，定语是"所以（为）……"词组。

2."所"是特殊的指示代词，"以"（"为"）是介词。"所"字放在"以"（"为"）的前面，再接上动宾词组，组成一个名词性词组，表示某种动作行为的原因或目的。

3."所以（为）……"词组前面的名词或代词，作它的定语。在名词充当定语和"所以（为）……"词组之间，可以加助词"之"字作标志。

4. 例1-4的谓语是动词词组。例5-10的谓语是"以"（"为"）字介词词组。"以"（"为"）表示"因为"（"为了"）。

5. 例1中的"贵"是形容词用如意动。

6."所以（为）"译作"……的原因""……的缘故"或"……的目的"。"魏王所以贵张子者，欲得韩地也"可译为"魏王尊重张仪的原因，是想要得到韩国的土地"。"所以（为）……者，以（为）……"译作"……的原因，是因为（为了）……"。"吾所以为此者，以先国家之急而后私仇也"可译为"我这样做的原因，是因为把国家的急务放在前头，把个人的仇怨放在后面"。

7. 适合本句型的"所"字词组有："所以""所谓""所为"等。

8. 有关句型。

田成子所以遂有齐国者，颜涿聚之力也。(《韩非子十过》)

这个句型的谓语是名词词组。其结构式为：主语（名／代+"所以"／"所为"+动宾词组+"者"）+名谓〈+"也"〉

第六类 主‖状（否定副）+名

句型1　　回也／，非助我者也／。
　　　　　　非／吾徒也／。

〔结构式〕Ⅰ　主语+"非"+名词（名词词组）〈+"也"〉
〔例句〕（表一）

	主　语	"非"	名　词	"也"	引　书
1	回（也）	非	助我者	也	论语先进
2	求	非	吾徒	也	孟子离娄上
3	我	非	生而知之者		论语述而
4	是	非	君子之道		孟子滕文公下
5	子	非	鱼		庄子秋水
6	公	非	长者		史记淮阴侯列传
7	是	非	汝所知	也	孟子离娄下
8	是	非	儿曹愚人所知	也	史记外戚世家
9	（夫）仁义辩智	非	所以持国	也	韩非子五蠹
10	（夫）合诸侯	非	吾所能	也	左传成公十六年
11	有国	非	吾节	也	左传襄公十四年
12	适夫人	非	所以事君	也	韩非子奸劫弑臣
13	适君	非	所以事夫人	也	同上
14	举烛	非	书意	也	韩非子外储说左上
15	劳师以袭远	非	所闻	也	左传僖公三十二年
16	城郭不完兵甲不多	非	国之灾	也	孟子离娄上
17	子有令闻而美其室	非	所望	也	左传襄公十五年

〔结构式〕Ⅱ 〔主语〕+"非"+名词(名词词组／代)〈+"也"〉
〔例句〕(表二)

	主语	"非"	名 词	"也"	引 书
1	( )	非	吾徒	也	论语先进
2	( )	非	我	也	孟子梁惠王上
3	( )	非	酒	也	韩非子十过
4	( )	非	吾所得制	也	韩非子孤愤
5	( )	非	求益者	也	论语宪问

〔说明〕

1．"非"是否定副词，表示否定谓语与主语的判断关系，作状语。

2．本句型的主语是名词(如表一例1的"回")、代词(如表一例3的"我")、形容词词组(如表一例9的"仁义辩智")动宾词组(如表一例10的"合诸侯")、主谓词组或复句形式(如表一例16的"城郭不完兵甲不多")。

3．表一例1的前一个语气词"也"，放在主语后面，表示顿宕。

4．在表二例句中，承上文省略了主语，这种情况多见于人物的对话。

5．"非"译作"不是"。"回也，非助我者也"可译为"颜回不是帮助我的人"。

6．句型转换：

A、是／君子之道／。

⇌B、是／非／君子之道／。(本句型表一例4)

"是胜之舍人也"(第一编、Ⅰ、一、句型16例4)是判断句型，"是君子之道"和"是胜之舍人"结构相同。如果在"君子之道"前面，加上一个否定副词"非"字，作状语，这样就转换成 B 句型："是非君子之道。"这是用添加否定副词的方法，使肯定句转换成否定句的。

A 类与 B 类句型转换结构式是：
主语+名谓
⇌ 主语+"非"+名词（名词词组）

句型 2   杀一无罪／非仁也／。

〔结构式〕   主语+"非"+形容词〈+"也"〉
〔例句〕

	主语	"非"	形容词	"也"	引书
1	杀一无罪	非	仁	也	孟子尽心上
2	非其有而取之	非	义	也	同上
3	介人之宠	非	勇	也	左传文公六年
4	损怨益仇	非	知	也	同上
5	以私害公	非	忠	也	同上
6	富贵不能快意	非	贤	也	史记栾布列传
7	公之追之	非	正	也	谷梁传僖公二十六年
8	君子崇人之德扬人之美	非	谄谀	也	荀子不苟
9	刚强猛毅靡所不信	非	骄暴	也	同上

〔说明〕

1."非"是否定副词，表示否定谓语与主语的判断关系，作状语。

2. 本句型的主语是动词词组（如例 4 的"损怨益仇"），主谓词组（如例 1 的"杀一无罪"，这个主谓词组的主语承上文省略）或复句形式（如例 8 的"君子崇人之德，扬人之美"）都表示某种动作行为或某事。

3."非"译作"不是"。"杀一无罪,非仁也"可译为"杀一个无罪的人,不是仁"。

4.有关句型:

正义直指,举人之过,非毁疵也。(《荀子不苟》)

这是以动词作谓语中心的否定判断句。其结构式为:

主语+"非"+动词词组〈+"也"〉

第七类　主‖状(副)+名

句型1　吕公女／乃／吕后也／。

〔结构式〕　主语+"乃"("即""则")+名词(名词词组/代)〈+"也"("矣""已矣")〉

〔例句〕

	主 语	"乃"	名 词	"也"	引 书
1	吕公女	乃	吕后	也	史记高祖本纪
2	臣	乃	市井鼓刀屠者		史记魏公子列传
3	嬴	乃	夷门抱关者	也	同上
4	当立者	乃	公子扶苏		史记陈涉世家
5	此	乃	恬之罪	也	史记蒙恬列传
6	此	乃	臣效命之秋	也	史记魏公子列传
7	梁父	即	楚将项燕		史记项羽本纪
8	吾翁	即	若翁		同上
9	济北谷城山下黄石	即	我	矣	史记留侯世家
10	此	则	寡人之罪	也	孟子公孙丑下

续表

11	此	则	距心之罪	也	同上
12	卿	则	州人		三国志太史慈传注
13	是	则	章子	已矣	孟子离娄下

〔说明〕

1. "乃"("则""即")是副词,有加强肯定的作用,使用"乃"("则""即")表示带有辩白或申明的语气,说明不是其他的人或物,作状语。

2. 本句型的谓语中心是名词(如例1的"吕后")、名词词组(如例10"寡人之罪")或代词(如例9的"我")。

3. 本句型的主语是名词(如例3的"嬴")、名词词组(如例1的"吕公女")或代词(如例5"此")。其中有"即"字句子的主语一般是名词或名词词组,有"则"字句子的主语常常是代词。

4. "矣""已矣"是语气词,"矣"表示报道今后将要发生的情况,"已矣"连用表示一种恳切的语气。

5. 本句型多用于注释、说明某人是什么人或某物为何物(如"臣乃市井鼓刀屠者");也有的用来表示一种决心(如"此乃臣效命之秋也")。

6. "乃""即""则"译作"便是""就是"。"吕公女乃吕后也"可译为"吕公的女儿就是吕后"。"乃"也译作"只是"。"嬴乃夷门抱关者也"可译为"侯嬴只是一个东门守城门的人"。

句型2　　是／乃／孟舒所以为长者也／。

〔结构式〕　　"此"("是")+"乃"+名词词组(名／代〈+"之"〉+"所以"+动／动词词组)〈+"也"〉

〔例句〕

	"此"	"乃"	名词词组			动/动词词组	"也"	引书
			名/代	"之"	"所以"			
1	是	乃	孟舒		所以	为长者	也	史记田叔列传
2	此	乃	信		所以	去	也	史记淮阴侯列传
3	此	乃	信	之	所以	(为陛下)禽	也	同上
4	此	乃	吾		所以	居子之上	也	史记孙子吴起列传

〔说明〕

1. "所"字是特殊的指示代词,"以"字是介词。"所以"和后面的动词(动词词组),组成一个名词性词组,作谓语中心。

2. 在本句型中,"以"表示"因为"。"所"字具有指示和称代某一动作行为产生原因的作用。

3. "所以……"词组前面的名词(如例2的"信")或代词(如例4的"吾"),作定语。

4. 指示代词"此"("是")作主语。

5. "乃"是副词,有加强肯定的作用,使用"乃"字带有辩白或申明的语气,说明不是其他的原因,作状语。

6. "乃"译作"便是""就是","所以"译作"……的缘故""……的原因"。"是乃孟舒所以为长者也"可译为"这就是孟舒是性情谨厚的人的缘故"。

7. 有关句型:

此乃将军所以不得侯者也。(《史记李将军列传》)

这里"所以……"词组后面有代词"者"字,"所以……"词组就作"者"字的定语。其结构式为:

"此"("是")+"乃"+名词词组(名/代〈+"之"〉+"所以"+动/动词词组+"者")〈+"也"〉

句型3　　子／诚／齐人也／。

〔结构式〕　主语+"诚"（"真"）+名词（名词词组）〈+"也"（"矣"）〉

〔例句〕

	主　语	"诚"	名　词	"也"	引　书
1	子	诚	齐人	也	孟子公孙丑上
2	士	诚	小人	也	孟子公孙丑下
3	若	真	鄙儒	也	史记叔孙通列传
4	吕后	真	而主	矣	史记留侯世家
5	淳于先生	诚	圣人	也	史记孟子列传
6	此	诚	危急存亡之秋	也	诸葛亮出师表
7	我	诚	邦士	也	新序刺奢

〔说明〕

1．"诚"（"真"）是表示肯定的情态副词，用来表示判断的确实性和真实性，作状语。

2．"矣"是语气词，表示报道一种将要出现的新情况。

3．"诚""真"译作"确实""实在"或"真正"。"子诚齐人也"可译为"你真是一个齐国人"。

4．适合本句型的副词有："诚""真""实"等。

句型4　　所推举／皆／廉士／。

〔结构式〕　主语+"皆"（"尽"）+名词（名词词组）〈+"也"〉

〔例句〕

	主　语	"皆"	名　词	"也"	引　书
1	所推举	皆	廉士		史记韩长孺列传
2	在于王所者长幼卑尊	皆	薛居州	也	孟子滕文公下
3	其子之贤不肖	皆	天	也	孟子万章上
4	而先	皆	季氏之良	也	左传定公八年
5	（臣闻）天子所与共六尺舆者	皆	天下豪英		史记袁盎列传
6	车旗	皆	帝所赐	也	史记韩长孺列传
7	（今）欲以先王之政治当世之民	皆	守株之类	也	韩非子五蠹
8	（今）天下	尽	桀	也	新序刺奢
9	守州城者	皆	赢老之卒		司马光李愬雪夜入蔡州
10	环村居者	皆	猎户		徐珂冯婉贞

〔说明〕

1．"皆""尽"都是范围副词，作状语。

2．本句型的主语是名词、名词词组（如例1的"所推举"）或主谓词组（如例3的"其子之贤不肖"，这里的"之"是助词，用于取消句子独立性）。

3．本句型多数用来解释或注释（如"所推举皆廉士"），也有的用来表示比喻（如"今天下尽桀也"）；而主谓词组作主语的句子，常用来表示原因（如"其子之贤不肖，皆天也"）。

4．"皆""尽"译作"都""全"。"所推举皆廉士"可译为"引荐的都是廉洁之士"。

5．适合本句型表示全部的副词有："皆""尽""悉""举"等。表示仅独的副词有："唯""惟""独""特""直"等。

句型5　　军大捷／皆／诸校尉力战之功也／。

〔结构式〕　主语+"皆"+名词词组〈+"也"〉

〔例句〕

	主语	"皆"	名词词组	"也"	引书
1	军大捷	皆	诸校尉力战之功	也	史记卫将军列传
2	计划所以全者	皆	陆生平原君之力	也	史记陆贾列传
3	秋毫	皆	高祖力	也	史记张耳列传
4	一丝一粟	皆	我力	也	马中锡中山狼传

〔说明〕

1. "皆"是范围副词，作状语。
2. 本句型的谓语中心常是"功""力"一类名词，定语是名词或代词。
3. 本句型的主语是名词、名词词组（如例3的"秋毫"）或主谓词组（如例1的"军大捷"）。
4. 本句型一般用来解释、说明事情的原因，并表示某人的功绩。
5. "皆"译作"都""全"。"军大捷皆诸校尉力战之功也"可译为"军队取得很大胜利，都是众校尉奋力作战的结果"。
6. 适合本句型的副词有："皆""尽""举"等。

句型6　夺项王天下者／，必／沛公也／。

〔结构式〕　主语+"必"+名词〈+"也"〉
〔例句〕

	主语	"必"	名词	"也"	引书
1	夺项王天下者	必	沛公	也	史记项羽本纪
2	破赵军者	必	括	也	史记廉颇蔺相如列传

续表

3	安刘氏者	必	勃	也	史记高祖本纪
4	亡吾爵者	必	显	也	汉书丙吉传
5	得我道以亡身者	必	京生	也	汉书京房传

〔说明〕

1．"必"是表示肯定的情态副词，用来表示判断的必然性，即说话人对这个判断有很大的把握。

2．"必"字放在名词前面，作状语。

3．本句型的主语经常是"者"字词组，谓语中心则是专有名词。

4．本句型一般用来判断做某件事情的一定是某人。

5．"必"译作"必定""一定"。"夺项王天下者，必沛公也"可译为"夺取项王天下的，必定是沛公"。

6．适合本句型的副词有："必""定""当"等。

7．有关句型：

①是故无贵无贱，无长无少，道之所存，师之所存也。（韩愈《师说》）

这类句型是把"无"字介词词组，放在主语"道之所存"的前面，作状语。其结构式为：

"无"+介词宾语+主语+名词（名词词组）〈+"也"〉

②以位，则子君也；我臣也。（《孟子万章下》）

　以德，则子事我者也。（同上）

这里的介词"以"字，表示论事标准，译作"以……论"。"以"字介词词组放在主语"子""我"的前面，作状语。其结构式为：

"以"+介词宾语+主语+名词（名词词组）〈+"也"〉

第二部分　叙述句

叙述句是用来叙述人或事物的行为、活动或变化过程的,以动词或动词词组作谓语。

叙述句常见的句中语气词有"者""也"等。

1. "者"表示顿宕。例如:

明君者,必将先治其国。(一、句型 3 例 1)

2. "也"表示顿宕,相当于现代汉语的语气词"啊"。例如:

今由与求也,相夫子。(一、句型 9 例 1)

常见的句尾语气词有"矣""也"等。

1. "矣"表示报道事物发展到一定阶段的状况(现在的、过去的、将来的),相当于现代汉语的语气词"了"。例如:

俎豆之事,则尝闻之矣。(九、句型 1 表一例 10)

2. "也"表示强调事情的真实性,即说话人对此深信不疑。例如:

吾见师之出,而不见其入也。(一、句型 31 表二例 13)

第一类　主‖动(及物)+宾

这类句型的谓语中心是及物动词,及物动词是指能带受事宾语的动词。受事宾语是动作行为支配的对象。

句型1　晋／灭／虢／。

〔结构式〕　主语（名）+及物动词+宾语（名）
〔例句〕

	主　语	及物动词	宾　语	引　书
1	晋	灭	虢	左传僖公五年
2	范蠡	事	越王勾践	史记越王勾践世家
3	叔	喜	剑	史记田叔列传
4	徐庶	见	先主	三国志诸葛亮传
5	犬戎	杀	周幽王	史记卫康叔世家

〔说明〕

　　1. 句型1到句型10是一组以名词、名词词组或代词作主语的句型，名词、名词词组或代词作主语是最常见的。
　　2. 本句型的主语是名词。
　　3. 本句型的宾语是名词。
　　4. "晋灭虢"可译为"晋国灭亡了虢国"。

句型2　齐人／伐／燕／。

〔结构式〕　主语（名+名）+及物动词+宾语
〔例句〕

	主　语		及物动词	宾　语	引　书
	名	名			
1	齐	人	伐	燕	孟子梁惠王下
2	宋	师	侵	郑	左传哀公七年

续表

3	齐	人	杀	无亏	左传僖公十八年
4	晋	人	围	朝歌	左传定公十四年
5	燕	将	见	鲁连书	史记鲁仲连列传

〔说明〕

1. 本句型的主语是个偏正词组，中心词是名词，定语是名词，定语和中心词之间具有领属关系。

2. "齐人伐燕"可译为"齐国人攻打燕国"。

句型3　　明君（者）／，（必将先）治／其国／。
　　　　　　豪俊之士／（皆得）竭其智／。

〔结构式〕Ⅰ　主语（形+名）+及物动词+宾语
〔例句〕（表一）

	主　语		及物动词	宾语	引　书
	形	名			
1	明	君（者）	（必将先）治	其国	荀子王霸
2	暗	君（者）	（必将急）逐（而缓）治	乐国人之	同上
3	（凡）奸（而）逆	声气	感应	人之	荀子乐论
4	正（而）顺	声气	感应	人之	同上

〔结构式〕Ⅱ　主语（形+"之"+名）+及物动词+宾语
〔例句〕（表二）

	主语			及物动词	宾语	引书
	形	"之"	名			
1	豪俊	之	士	（皆得）竭	其智	汉书贾山传
2	区区	之	心	（窃）慕	此（耳）	李陵答苏武书

〔说明〕

1. 本句型的主语是个偏正词组。中心词是名词，定语是形容词，形容词是用来修饰名词的。

2. 在表二例句中，"之"是助词，放在定语和中心词之间作标志，并起调谐音节的作用。

3. "明君者必将先治其国"可译为"贤明的君主一定要首先治理他的国家"。

句型4　　境内／（皆）言／兵／。

〔结构式〕　　主语（方位名+〔名〕）+及物动词+宾语
〔例句〕

	主语		及物动词	宾语	引书
	方位名	〔名〕			
1	境内	〔　〕	（皆）言	兵	韩非子五蠹
2	四海之内	〔　〕	（皆）曰		孟子滕文公下
3	左右	〔　〕	（皆）掩	口（而笑）	韩非子外储说左下
4	中外	〔　〕	服从		后汉书宦者传
5	上下	〔　〕	屏	气	同上

〔说明〕

1. 本句型的主语是一个偏正词组，中心词是名词，定语是方位名词（这个方位名词前面，往往还有普通名词充当的定语，如例1的"境")。在一定的上下文中,这个中心词可以省略,而用修饰中心词的定语来代替这个偏正词组(如例1省略了中心词"人",这个偏正词组就是"境内之人")。

2. 在古代汉语中,表示某种性质或特征的词可以代表具有那种性质或特征的人与事物。

3. 本句型在译成现代汉语时,要根据上下文把省略的中心词补出来,如"境内皆言兵"可译为"国内的人都在谈论军事"。

4. 适合本句型作定语的,除方位名词外还可以是形容词。常见的有:"内""外""上""下""中""左""右""大""小""智""愚""壮""弱""勇""怯""众""寡""长""短""贤""不肖""老""幼""清""浊""疾""徐""哀""乐""坚""锐""孝""悌""仁""义""富""贵""贫""穷""殆""衰"等。

句型5　群臣吏民能面刺寡人之过者／受／上赏／。

〔结构式〕　主语(名／名词词组+动／动词词组+"者")+及物动词+宾语

〔例句〕

	主　语			及物动词	宾　语	引　书
	名	动	"者"			
1	群臣吏民	能面刺寡人之过	者	受	上赏	战国策齐策
2	群臣	侍殿上	者	(不得)持	尺寸兵	战国策燕策
3	士卒	亡	者	过	半(矣)	史记孙子吴起列传
4	(太子及)宾客	知其事	者	(皆白衣冠以)送	之	史记刺客列传
5	村中少年	好事	者	驯养	一虫	蒲松龄促织

〔说明〕

1. 本句型的主语是个偏正词组，中心词是名词或名词词组，定语是动词或动词词组。定语的位置是在中心词的后面，这样不仅使中心词突出，而且定语字数虽多却不显得累赘。

2. 这种定语后置的情况，必须用代词"者"字煞尾。

3. 本句型有些句子,在中心词和后置定语之间。加了助词"之"字，使中心词和定语具有全体和部分的关系。如：

人之救火死者，比死敌之赏。（《韩非子内储说上》）

其结构式为：

主语（名／名词词组+"之"+动／动词词组+"者"）+及物动词+宾语

4. 在古代汉语中，表示限制性的定语可以移到中心词后面，而表示同一性和领属性的定语不能移到中心词后面。

5. 例4的"太子"也是主语。这里"知其事"只是用作"宾客"的定语。

6. 本句型在译成现代汉语时，要把定语放到中心词前面。如："群臣吏民能面刺寡人之过者受上赏"可译为"能够当面指责我的过错的所有的大臣、官吏、老百姓，得头等奖赏"。

句型6　　有礼者／敬／人／。

〔结构式〕　　主语（动／动宾词组／形+"者"）+及物动词+宾语

〔例句〕

	主　语		及物动词	宾　语	引　书
	动／形	"者"			
1	有礼	者	敬	人	孟子离娄下
2	乐天	者	保	天下	孟子梁惠王下

续表

3	畏天	者	保	其国	同上
4	窃国	者	为	诸侯	庄子胠箧
5	恭	者	(不)侮	人	孟子离娄上
6	俭	者	(不)夺	人	同上
7	仁	者	爱	人	孟子离娄下
8	知	者	乐	水	论语雍也
9	仁	者	乐	山	同上

〔说明〕

1．"者"字是特殊的指示代词，用在动词、动宾词组或形容词后面，组成一个名词性词组，表示某种人或某种事物。

2．"者"字词组作主语。

3．"者"字译作"……的人""……的事物"，或省略后面的"人""事物"，直接译成"……的"。"有礼者敬人"可译为"有礼的人尊敬别人"。

4．有关句型：

①所刺讥皆中诸侯之疾。(《史记孔子世家》)

这里特殊的指示代词"所"字放在及物动词前面，组成一个名词性词组，作主语。此句型罕见。其结构式为：

主语（"所"+动）+及物动词+宾语

②所子者为王。(《史记吕不韦列传》)

这里"所子"后面有代词"者"字，"所"字词组就作"者"字的定语（"所子"中的"子"是名词用如使动，即"使之为子"）。其结构式为：

主语（"所"+动+"者"）+及物动词+宾语

③其所置遣侯王将相竟亡秦。(《史记陈涉世家》)

这里"所置遣"后面有名词词组"侯王将相"，"所"字词组就作名词词组的定语。其结构式为：

主语+（名／代+"所"+动+名）+及物动词+宾语

句型7　　吾／与／点也／。
　　　　　尔／爱／其羊／。

〔结构式〕Ⅰ　主语（代）+及物动词+宾语（名／名词词组）
〔例句〕（表一）

	主语	及物动词	宾语	引书
1	吾	与	点（也）	论语先进
2	吾	执	御（矣）	论语子罕
3	吾	（未）见	刚者	论语公冶长

〔结构式〕Ⅱ　主语（代）+及物动词+宾语（代+名）
〔例句〕（表二）

	主语	及物动词	宾语		引书
			代	名	
1	尔	爱	其	羊	论语八佾
2	我	爱	其	礼	同上
3	吾	受	其	赐	史记晋世家
4	余	嘉	乃	勋	左传僖公十二年
5	余	嘉	乃	德	尚书微子之命
6	我	（不）盗	而	璧	史记张仪列传

〔说明〕

　　1. 本句型是以人称代词作主语。
　　2. 在表一例句中，宾语是名词或名词词组。
　　3. 在表二例句中，宾语是偏正词组，中心词是名词，定语是代词。在上古汉语里，第二人称代词"而"和"乃"，只能用作定语。第三人称代词"其"和"之"不用作主语。

4．"吾与点也"可译为"我同意曾点的主张"。

5．适合本句型的人称代词有："吾""我""余""予""朕""台"（以上第一人称），"臣""走""仆"（以上是谦称，可以代替第一人称代词），"若""女""而""尔""乃""戎"（以上第二人称），"子""吾子""公""君""夫子""卿""先生"（以上是尊称，可以代替第二人称代词）。

句型8 或／知／尔／。

宋人或／得／玉／。

〔结构式〕I　"或"（"莫"）+及物动词+宾语
〔例句〕（表一）

	"或"	及物动词	宾语	引书
1	或	知	尔	论语先进
2	或	告	之（曰）	孟子滕文公下
3	莫	知	谁子	史记刺客列传
4	莫	（能）陷（也）		韩非子难一
5	莫	（敢不）听		同上
6	莫	（敢不）从（也）		同上

〔结构式〕II　先行词（名／名词词组）+"或"（"莫"）+及物动词+宾语
〔例句〕（表二）

	先行词	"或"	及物动词	宾语	引书
1	宋人	或	得	玉	左传襄公十五年
2	人	或	益	之	吕氏春秋察今
3	人		莫	救	之	韩非子内储说上

65

续表

4	天下	莫	（敢不）服	史记吴王濞列传
5	众	莫	（不）知	史记屈原列传
6	世	莫	（能）知	史记魏公子列传
7	天下	莫	（不）闻	同上
8	宋	莫	（能）守	墨子公输
9	人	莫	（敢）娶	史记陈丞相世家

〔说明〕

1．"或"是肯定性无定代词，"莫"是否定性无定代词，通常用来指人，也可以指物。

2．"或""莫"在句中作主语（这两个字只用作主语）。

3．在表二例句中，"或"（"莫"）字前面有先行词。先行词是名词或名词词组，来表示范围；"或""莫"指代其中的某个人（物）或某些人（物）。

4．"或"译作"有人"，"莫"译作"没有谁""没有什么"。"或知尔"可译为"有人了解你们"。

句型9　　（今）由与求也／相／夫子／。

〔结构式〕　主语（名／代〈+"与"〉+名／代）+及物动词+宾语

〔例句〕

	主语			及物动词	宾语	引书
	名	"与"	名			
1	（今）由	与	求（也）	相	夫子	论语季氏
2	我	与	若	知	之	庄子知北游
3	工尹商阳	与	陈弃疾	追	吴师	礼记檀弓下
4	蜩	与	学鸠	笑	之（曰）	庄子逍遥游
5	晋侯	与	秦伯	围	郑	左传僖公三十年

66

〔说明〕

1. 本句型中，主语是由两个名词（如例1的"由""求"）或代词（如例2的"我""若"）组成的联合词组。

2. 连词"与"放在两个实词之间，起连接作用，有些句子也可以不用连词。

3. "与"译作"和"。"由与求也相夫子"可译为"仲由和冉求辅佐季孙"。

4. 适合本句型的连词有："与""及""爰""以""为""之""暨""如"等。

句型10　　寡人之于国也／，尽／心焉耳矣／。

〔结构式〕　　主语（名／名词词组／形+"之"+"于"+介词宾语）〈+"也"〉+及物动词+宾语〈+"焉"（"焉耳矣"）〉

〔例句〕

	主语			"也"	及物动词	宾语	"焉"	引书
	名／形	"之"	"于"	介词宾语				
1	寡人	之	于	国	也	尽	心	焉耳矣	孟子梁惠王上
2	君子	之	于	物	也	爰	之（而弗仁）		孟子尽心上
3			于	民	也	仁	之（而弗亲）		同上
4	仁人	之	于	弟	也	（不）藏	怒	焉	孟子万章上
						（不）宿	怨	焉	
5	君子	之	于	禽兽	也	见	其生		孟子梁惠王上
						（不忍）见	其死		
6	（夫）寒	之	于	衣		（不）待	轻暖		晁错论贵粟疏
7	饥	之	于	食	不	（待）	甘旨		同上
8	口	之	于	味	也	有	同耆	焉	孟子告子上
9	耳	之	于	声	也	有	同听	焉	同上
10	目	之	于	色	也	有	同美	焉	同上

〔说明〕

1. 本句型的主语是偏正词组,定语是名词(如例8的"口")、名词词组(如例4的"仁人")或形容词(如例6、7的"寒""饥"),中心词是"于"字介词词组。

2. "于"字是介词,用来引进行动的对象。"于"的宾语是名词(如例1的"国")、名词词组(如例5的"禽兽")。

3. "之"是助词,放在定语和中心词之间作标志,同时舒缓语气让读者等待下文。

4. 本句型的谓语中心是及物动词,带的宾语是名词(如例1的"心")、代词(如例2的"之")、动词(如例4的"怒")、形容词(如例6的"轻暖")或主谓词组(如例5的"其生")。

5. "焉"是语气词,放在句末表示陈述的重点所在。"焉耳矣"连用,起加强肯定的作用,并表示一种恳切的语气。

6. "于"译作"对于"。"寡人之于国也,尽心焉耳矣"可译为"我对于国家,真是费尽心力了啊"!

7. 适合本句型的介词有"于""那"等。

8. 句型转换:

A. 寡人／于国也／尽／心焉耳矣／。

⇌B. 寡人之于国也／尽／心焉耳矣／。

(本句型例1)

"(始)吾于人也听其言……"(第一编,Ⅰ,二十,句型7例2)是个带"于"字介词词组的句型,"于"字介词词组作状语。"寡人于国也尽心焉耳矣"和"(始)吾于人也听其言"结构相同。如果在"寡人"和"于"字介词词组之间加上助词"之"字,那么"寡人之于国"就成了偏正词组,这个词组在句中作主语,而"于"字介词词组在这个偏正词组中作中心词。这样就转换成 B 句型:"寡人之于国也尽心焉耳矣。"这是用添加"之"字的方法,转换成另一句型的。

A 类与 B 类句型转换的结构式是：

主语+"于"+介词宾语〈+"也"〉+及物动词+宾语
⇌ 主语（名／名词词组／形+"之"+"于"+介词宾语）〈+"也"〉+及物动词+宾语

句型 11　三代之得天下也／，以／仁／。

〔结构式〕　主语（主〈+"之"〉+谓）〈+"也"〉+"以"+宾语

〔例句〕

	主　语			"也"	"以"	宾　语	引　书
	主	"之"	谓				
1	三代	之	得天下	也	以	仁	孟子离娄上
2	其		失天下	也	以	不仁	同上
3	君子	之	爱人	也	以	德	礼记檀弓上
4	细人	之	爱人	也	以	姑息	同上

〔说明〕

1．句型 11、12 是一组以主谓词组作主语的句型。

2．"以"是及物动词，表示"凭借""使用""由于"等义，作谓语中心。

3．"以"字的宾语是名词（如例 3 的"德"）或动词（如例 4 的"姑息"）。

4．"之"是助词，放在主谓词组的主语和谓语之间，取消句子独立性。

5．例 2 的"其"是第三人称代词，等于"名词+'之'"，"其失天下"就是"三代之失天下"。

6. "以"译作"用""凭""由于"。"三代之得天下也以仁"可译为"夏、商、周三代取得天下是凭借仁"。

7. 适合本句型的动词有"以""将"等。

8. 句型转换：
   A．三代／以仁／得／天下／。
⇌B．三代之得天下也／以／仁／。（本句型例1）

"文吏以法绳之"（第一编、Ⅱ、二十、句型1表一例4）是个带有"以"字介词词组的叙述句型。"以"字介词词组放在谓语中心"绳"的前面，作状语。"三代以仁得天下"和"文吏以法绳之"结构相同。如果把"以"字介词词组移到句尾，"以"字就转换成为动词，去充当谓语中心，而"得天下"和"三代"组成了主谓词组充当主语，并在主谓词组当中加"之"字，在主语后面加"也"字，这样就转换成B句型："三代之得天下也，以仁。"这是单句中状语和谓语的转换。

A类与B类句型转换结构式是：
<u>主语</u>+"以"+<u>介词宾语</u>+及物动词+宾语
⇌<u>主语（主谓词组）</u>〈+"也"〉+"以"+宾语

句型 12　　其为人也／好／善／。

〔结构式〕　主语（"其"+"为"+名）〈+"也"〉+及物动词+宾语
〔例句〕

	主语			"也"	及物动词	宾语	引书
	"其"	"为"	名				
1	其	为	人	也	好	善	孟子告子下
2	其	为	人	也	(小)有发	才	孟子尽心下
3	其	为	人	也	忘食	愤	论语述而

〔说明〕

1. 本句型是以主谓词组作主语。这个主谓词组中的主语是人称代词"其";谓语中心是动词"为",表示"做为";宾语是名词。

2. "其"等于"名词+'之'",如例2的"其为人",就是"盆成括之为人"。所以名词也可以充当本句型中的主谓词组的主语。

3. 主谓词组中的主语和宾语之间存在着部分和全体的关系:前者是部分,后者是全体。

4. 本句型的谓语中心是及物动词,带的宾语是名词(如例2的"才"),形容词(如例1的"善")或动词(如例3的"愤""食")。

5. "其为人也好善"可译为"他这个人啊,喜欢听取善言"。

句型13　　晋／焚／楚军／。
　　　　　　太后／好／黄老之言／。
　　　　　　天／有／其时／。

〔结构式〕Ⅰ　主语+及物动词+宾语(名+名)
〔例句〕(表一)

| | 主语 | 及物动词 | 宾语 | | 引书 |
			名	名	
1	晋	焚	楚	军	史记晋世家
2	〔越王勾践〕	破	吴	兵	史记伍子胥列传
3	〔楚得臣〕	击	晋	师	史记晋世家
4	晋侯	逆	秦	师	左传僖公十五年
5	〔息〕	行	君	事	史记鲁周公世家

〔结构式〕Ⅱ　主语+及物动词+宾语（名+"之"+名）
〔例句〕（表二）

	主　语	及物动词	宾语 名	宾语 "之"	宾语 名	引　书
1	太后	好	黄老	之	言	史记魏其武安侯列传
2	赵简子	上	羊肠	之	坂	新序杂事
3	偃	言	万世	之	功	史记晋世家
4	〔吴兵〕	辱	平王	之	墓	史记楚世家
5	〔甘茂〕	学	百家	之	术	史记甘茂列传

〔结构式〕Ⅲ　主语+及物动词+宾语（"其"+名）
〔例句〕（表三）

	主语	及物动词	宾语 "其"	宾语 名	引　书
1	天	有	其	时	荀子天论
2	地	有	其	财	同上
3	〔虎〕	断	其	喉	柳宗元黔之驴
4		尽	其	肉	同上

〔说明〕

1. 句型13到句型27是一组以名词、名词词组或代词作宾语的句型，名词、名词词组或代词作宾语是最常见的。

2. 名词作宾语可参见本类句型1。

3. 在本句型中，宾语是个偏正词组，中心词是名词，表一、二例句中的定语是名词。

4. 在表二例句中，定语和中心词之间加助词"之"字作标志，并起调谐音节的作用。

5. 在表三例句中,中心词是名词,定语是代词"其"字。

6. 在偏正词组中,定语和中心词有的是领属关系(如表二例1的"黄老之言");有的是同一关系(如表二例2的"羊肠之坂");有的是修饰关系(如表二例3的"万世之功")。

7. "天有其时"可译为"天有四时的变化"。

8. 有关句型:

①楚骑追汉王。(《史记项羽本纪》)

在这个句型中,主语和宾语都是偏正词组,中心词和定语都是名词。又如:

②墨子之说传先王之道。(《韩非子外储说左上》)

这里在中心词和定语之间加助词"之"字作标志。这个句型的结构式为:

主语(名〈+"之"〉+名)+及物动词+宾语(名〈+"之"〉+名)

句型14　　人主／有／大失／。
　　　　　　（今）君／有／区区之薛／。

〔结构式〕Ⅰ　主语+及物动词+宾语(形+名)

〔例句〕(表一)

	主　语	及物动词	宾　语		引　书
			形	名	
1	人主	有	大	失	韩非子孤愤
2	人臣	有	大	罪	同上
3	荆王	(新)得	美	女	韩非子内储说下
4	(今)陛下	创	大	业	史记秦始皇本纪

〔结构式〕Ⅱ　主语+及物动词+宾语(形+"之"+名)

〔例句〕（表二）

	主语	及物动词	宾语			引书
			形	"之"	名	
1	（今）君	有	区区	之	薛	战国策齐策
2	（今）将军	（欲）举	倦罢	之	兵	史记淮阴侯列传
3		（东）割	膏腴	之	地	贾谊过秦论
4	〔陈涉〕	率	罢散	之	卒	史记秦始皇本纪
5		有	狡猾	之	民	同上

〔说明〕

1. 在本句型中，动词后面宾语是个偏正词组，中心词是名词，定语是形容词，用以修饰名词。

2. 在表二例句中，"之"是助词，放在定语和中心词之间作标志，并起调谐音节的作用。

3. "今君有区区之薛"可译为"现在您占有了小小薛城"。

4. 有关句型：

太子豫求天下之利匕首。（《史记刺客列传》）

匈奴匿其壮士肥牛马。（《史记刘敬叔孙通列传》）

这类句型是在偏正词组"利匕首""壮士"等前面，又加上一个名词或代词作定语，用来表示领属。其结构式为：

主语+及物动词+宾语（名／代〈+"之"〉+形+名）

句型15　　〔舜〕／诛／（不）仁也／。

〔结构式〕　主语+及物动词+宾语（形+〔名〕）

〔例句〕

	主语	及物动词	宾语 形	宾语 （名）	引 书
1	〔舜〕	诛	（不）仁	〔 〕（也）	孟子万章上
2	晋	有	（三不）殆	〔 〕	左传昭公四年
3	将军	（身）披	坚	〔 〕	
		执	锐	〔 〕	史记陈涉世家
4		选	贤良	〔 〕	荀子王制
5		举	笃敬	〔 〕	同上
6		兴	孝悌	〔 〕	同上
7		收	孤寡	〔 〕	同上
8		补	贫穷	〔 〕	同上
9		（多）行	（不）义	〔 〕	左传隐公元年
10	〔君子〕	嘉	善	〔 〕	
		（而）矜	（不）能	〔 〕	论语子张

〔说明〕

1. 本句型动词的宾语是一个偏正词组，中心词是名词，定语是形容词。在一定的上下文中，这个中心词可以省略，而用修饰中心词的定语来代替这个偏正词组（如：例9省略了中心词"事"，这个偏正词组就是"不义之事"）。

2. 古代汉语常用表示某种性质或特征的词来代表具有那种性质或特征的人与事物。

3. 本句型在译成现代汉语时，要根据上下文，把省略的中心词补出来。如："〔舜〕诛不仁也"可译为"〔舜〕讨伐不仁的人"。

4. 适合本句型的常见形容词有："大""小""智""愚""壮""弱""勇""怯""众""寡""长""短""贤""不肖""老""幼""清""浊""疾""徐""哀""乐""坚""锐""孝""悌""仁""义""富""贵""贫""穷""殆"

"衰"等。

句型 16   少／事／长／。

〔结构式〕   主语（形+〔名〕）+及物动词+宾语（形+〔名〕）
〔例句〕

	主语		及物动词	宾语	主语	引书
	形	〔名〕		形	〔名〕	
1	少	（　）	事	长	（　）	荀子仲尼
2	贱	（　）	事	贵	（　）	同上
3	（不）肖	（　）	事	贤	（　）	同上
4	众	（　）	掩	寡	（　）	汉书贾谊传
5	智	（　）	欺	愚	（　）	同上
6	勇	（　）	威	怯	（　）	同上
7	壮	（　）	陵	衰	（　）	同上
8	大	（　）	（毋）侵	小	（　）	左传襄公十九年

〔说明〕

1. 本句型的主语和宾语都是偏正词组，中心词是名词，定语是形容词。在一定上下文中，这个中心词被省略，而用修饰中心词的定语来代替这个偏正词组（如：例8的"大"和"小"就是"大国"和"小国"）。

2. "少事长"可译为"年少的人侍奉年长的人"。

句型 17   项王／有／倍约之名／，
　　　　　　杀／义帝之负／。

〔结构式〕   主语+及物动词+宾语（动／动宾词组+"之"+名）

〔例句〕

	主语	及物动词	动/动宾词组	"之"	名	引书
1	项王	有	倍约	之	名	史记郦生陆贾列传
			杀义帝	之	负	
2	忠臣	有	死名	之	义	史记刺客列传
3	（今）秦	有	贪利	之	心	同上
4	（明主）	掩	驰说	之	口	史记李斯列传
5	（夫）民	有	好恶	之	情	
		（而）无	喜怒	之	应	荀子乐论
6		有	（不）虞	之	誉	孟子离娄上
7		有	求全	之	毁	同上

〔说明〕

1. 本句型的谓语中心多数是表示领有的"有"（或"无"）字。

2. 宾语是个偏正词组，中心词是名词或动词（如例5的"应"），定语是动词（如例4的"驰说"）或动宾词组（如例1的"倍约"）。

3. "之"是助词，放在定语和中心词之间作标志，并起调谐音节的作用。

4. "项王有倍约之名，杀义帝之负"可译为"项王有违背盟约的名声和杀害楚怀王的背弃行为"。

句型18　求／人可使报秦者／。
　　　　事／其大夫之贤者／。

〔结构式〕I　　主语+及物动词+宾语（名／名词词组+动／动词词组／形+"者"）

〔例句〕（表一）

	主　语	及物动词	宾　语			引　书
			名	动/形	"者"	
1		求	人	可使报秦	者	史记廉颇蔺相如列传
2		（今）有	同室之人	斗	者	孟子离娄下
3		（请）益	其车骑壮士	可为足下辅翼	者	史记刺客列传
4		收	其兄呼屠吾斯	在民间	者	汉书匈奴传
5	杞国	有	人	忧天地崩坠身无所寄	者	列子天瑞
6	〔严仲子〕	游求	人	废寝食可以报侠累	者	史记刺客列传
7	巫	行视	小家女	好	者	史记滑稽列传附录

〔结构式〕Ⅱ　主语+及物动词+宾语（名／名词词组+"之"+动／动词词组／形+"者"）

〔例句〕（表二）

	主　语	及物动词	宾　语				引　书
			名	"之"	动/形	"者"	
1		事	其大夫	之	贤	者	论语卫灵公
2		友	其士	之	仁	者	同上
3		集	谢庄少年	之	精技击	者	徐珂冯婉贞
4	〔且鞮侯单于〕	（尽）归	汉使	之	不降	者	史记匈奴列传

〔说明〕

1．本句型的宾语是个偏正词组，中心词是名词或名词词组，定语是动词、动词词组或形容词。定语的位置是在中心词的后面，这样不仅使中心词突出，而且定语字数虽多，却不显得累赘。

2．定语放在中心词后面，必须用代词"者"字煞尾。

3．表二例句，在中心词和后置定语之间，加助词"之"字，使中心词和定语具有全体和部分的关系。

4．定语后置的偏正词组充当宾语的情况较常见，充当主语的情况较少见。

5．本句型在译成现代汉语时，要把定语移到中心词前面，如："求人可使报秦者"可译为"找一个可以作为使臣去答复秦国的人"。

句型19　　〔文王〕／获／三矢焉／。

〔结构式〕　　主语+及物动词+宾语（数+名）
〔例句〕

	主　语	及物动词	宾　语		引　书
			数	名	
1	〔文王〕	获	三	矢（焉）	左传宣公四年
2	沛公	将	数千	人	史记留侯世家
3		（凡）投	三	弟子	史记滑稽列传附录
4	子	杀	二	君	
			（与）一	大夫	左传僖公十年
5	殽	有	二	陵（焉）	左传僖公三十二年
6		有	三	罪（焉）	左传成公十六年

〔说明〕

1. 本句型的宾语是个偏正词组，中心词是名词，定语是数词。在古代汉语中，数词可以直接放在名词前面而不用量词。

2. 例1的"焉"是兼词，表示"于是（在那里）"；例5、6中的"焉"是语气词，表示指点引人注意的语气。

3. 本句型较常见。

4. 本句型在译成现代汉语时，要在数词后面加上适当的量词，如："〔文王〕获三矢焉"可译为"〔文王〕在那里得到三枝箭"。

5. 有关句型：

丧车五百。（《左传襄公十五年》）

这里数词放在名词后面，而不用量词。这个句型较少见。其结构式为：

主语+及物动词+宾语（名+数）

句型20　大王／（诚能）出捐／数万斤金／。
　　　　凿"八尺之牖／。

〔结构式〕Ⅰ　主语+及物动词+宾语（数+量+名）
〔例句〕（表一）

	主语	及物动词	宾语			引书
			数	量	名	
1	大王	（诚能）出捐	数万	斤	金	史记陈丞相世家
2	吾	（以布衣）提	三	尺	剑（取天下）	史记高祖本纪
3		（不）用	一	领	甲	战国策秦策

〔结构式〕Ⅱ　主语+及物动词+宾语（数+量+"之"+名）
〔例句〕（表二）

	主语	及物动词	宾语			引书
			数	量	"之"	名	
1		凿	八	尺	之	牖	韩非子外储说左上
2		用		咫尺	之	木	同上
3	圣人	（不）贵		尺	之	璧	淮南子原道
		（而）重		寸	之	阴	
4		道	千	乘	之	国	论语学而

〔说明〕

1. 本句型的宾语是个偏正词组，中心词是名词，定语是数量词。

2. 在表二例句中，在数量词与名词之间，加助词"之"字作标志，并起调谐音节的作用。

3. 表二例3中的"贵"是形容词用如意动。"尺之璧"和"寸之阴"的前面都省略了数词"一"。表二例4的"道"，动词，当"治理"讲。"千乘之国"是"具有一千辆兵车的国家"。

4. "凿八尺之牖"可译为"凿一个八尺的窗户"。

句型21　我／持／白璧一双／。

〔结构式〕　主语+及物动词+宾语（名+数+量）

〔例句〕

	主语	及物动词	宾语			引书
			名	数	量	
1	我	持	白璧	一	双	史记项羽本纪
2	〔我〕	［持］	玉斗	一	双	同上
3	〔赵王〕	赐	白璧	一	双	
			黄金	百	镒	史记范雎蔡泽列传

81

续表

4	齐威王	（乃）益赍	黄金 白璧 车马	千 十 百	镒 双 驷	史记滑稽列传
5	〔周天子〕	（皆）赐	玉	五	珏	左传庄公十八年
6	汉	发	车	二万	乘	史记汲郑列传

〔说明〕

1. 本句型的宾语是个偏正词组，中心词是名词，定语是数量句，而数量词放在名词后面。

2. 本句型在译成现代汉语时，要把数量词移到名词前面。如："我持白璧一双"。可译为："我带来一对白璧"。

句型22　　臣／追／亡者／。

〔结构式〕　主语+及物动词+宾语（动／动宾词组／形+"者"）
〔例句〕

	主语	及物动词	宾语		引书
			动／动宾词组／形	"者"	
1	臣	追	亡	者	史记淮阴侯列传
2	仲尼之徒	无	道桓文之事	者	孟子梁惠王上
3		有	（能）信之	者	孟子告子上
4	君子	（务）知	大 远	者 者	左传襄公三十一年
5	小人	（务）知	小 近	者 者	同上
6	〔肃〕	（并）慰劳	（其军中）用事	者	司马光赤壁之战

〔说明〕

1．"者"字是特殊的指示代词，用在动词、动宾词组或形容词后面，组成一个名词性词组，表示某种人或某种事物。

2．在本句型中，"者"字词组作宾语。

3．"者"字译作"……的人""……的事物"，或省略后面的"人""事物"，直接译成"……的"。"臣追亡者"可译为"我去追回逃亡的人"。

句型23　　庸主／赏／所爱／
　　　　　　（而）罚／所恶／。

〔结构式〕　主语+及物动词+宾语（名／名词词组／代〈+"之"〉+"所"+动）

〔例句〕

	主语	及物动词	宾语				引书
			名／代	"之"	"所"	动	
1	庸主	赏			所	爱	
		（而）罚			所	恶	史记范睢蔡泽列传
2	吾	（不）知			所	之	列子说符
3	吾	（将）瞷	良人	之	所	之（也）	孟子离娄下
4	彼	（将）夺	其		所	憎	
		（而）与	其		所	爱	战国策赵策
5	南荣趎	召	其		所	好	
		去	其		所	恶	庄子庚桑楚

〔说明〕

1．"所"字是特殊的指示代词，通常放在及物动词前面，组成一个名词性词组。"所"字具有指示和称代动作行为对象的

83

作用。

2. "所"字词组的前面是定语，这个定语是名词、名词词组（如例3的"良人"）或代词（如例4的"其"）。在名词充当的定语和中心词之间，可以加助词"之"字作标志。

3. 在本句型中"所"字词组作宾语。

4. 在本句型中"所"字也可以用在形容词前面，起指示和称代形容词描述对象的作用。这个"所"字词组作宾语。如：

杀所不足（而争所有余，不可谓智。）（《墨子公输》）

其结构式为：

主语+及物动词+宾语（"所"+形）

5. "所"字译作"（所）……的人""（所）……的事物"。或省略后面的"人""事物"，直接译成"（所）……的"。"庸主赏所爱而罚所恶"可译为"平庸的君主奖赏所宠爱的人，罚惩所憎恶的人"。

6. 有关句型：

①取舞阳所持地图。（《史记刺客列传》）

这里"所持"后面有名词"地图"，"所"字词组就作这个名词的定语。其结构式为：

主语+及物动词+宾语（名／代+"所"+动+名）

②视吾家所寡有者。（《战国策齐策》）

这里"所寡有"后面有代词"者"字，"所"字词组就作"者"字的定语。其结构式为：

主语+及物动词+宾语（名／代+"所"+动+"者"）

句型24　　吾／知／所以距子矣／。

〔结构式〕　主语+及物动词+宾语（"所以"+动／动宾词组／形）
〔例句〕

	主语	及物动词	宾　　语		引　书
			"所以"	动／动宾词组	
1	吾	知	所以	距子（矣）	墨子公输
2	吾	知	（子之）所以	距我	同上
3	臣	（昔者不）知	所以	治邺	韩非子外储说左下
4	吾	（乃今）知	所以	亡	左传哀公二十七年
5	〔彼〕	（不）知	（矉之）所以	美	庄子天运
6		法	（其）所以	为法	吕氏春秋察今

〔说明〕

1. "所"字是特殊的指示代词，"以"字是介词。"所"字放在"以"的前面，再接上动词、动宾词组或形容词，组成一个名词性词组，表示动作行为的方式方法或原因（或产生某种性质、状态的原因）。

2. 本句型的谓语中心多数是表示心理活动的动词，如"知"等。"所以……"词组作宾语。

3. 例2的"子"是尊称（代替第二人称代词），例5的"矉"是动词，当"皱眉"讲，例6的"其"是代词，都用作"所以……"词组的定语。

4. "所以……"译作"用来……的办法"或"……的原因"。"吾知所以距子矣"可译为"我知道用来抵御您的办法了"。

5. 有关句型。

〔人〕皆知所以养之者。（《孟子告子上》）

此句型中，动词的宾语是"所以……者"词组，其中代词"者"是中心词，"所以……"是定语。其结构式为：

主语+及物动词+宾语（"所以"+动／动宾词组+"者"）

句型25　　无且／爱／我／。

〔结构式〕　主语+及物动词+宾语（代）
〔例句〕

	主　语	及物动词	宾　语	引　书
1	无且	爱	我	史记刺客列传
2	天	赞	我（也）	左传僖公二十二年
3	如意	类	我	史记吕太后本纪
4	（今）儿	（乃）毁	我	汉书爰盎传
5	子墨子	闻	之	墨子公输
6	先主	器	之	三国志诸葛亮传
7	豹	视	之	史记滑稽列传附录
8	公子	（亲数）存	之	史记魏公子列传
9	（窃闵公之将死）	（故）吊	之	汉书蒯通传

〔说明〕

1. 本句型是以代词作宾语。

2. 在上古汉语里，第一人称代词"吾"一般不用作宾语（只有在否定句里，代词宾语前置时，可以用"吾"。参见本编Ⅱ、十三类句型）。

3. 第三人称代词"之"和"其"可以灵活运用于指代第一人称和第二人称。如例8"公子亲数存之"等于说"公子亲数存我"，这里"之"字活用于指代第一人称。例9"故吊之"意思是"所以警告你"，这里"之"字活用于指代第二人称。

4. "子墨子闻之"可译为"墨子听到这件事"。

5. 适合本句型的人称代词有："我""余""予""朕""台"（以上第一人称）。"臣""走""仆"（以上是谦称，可代替第一人称代词）。"若""女""尔""戎"（以上第二人称）。"子""吾子""公""君""夫子""卿""先生"（以上是尊称，可代替第二人称代词）。"之"（以上第三人称）等。

句型 26　若／笞／我／。

〔结构式〕　主语（代）+及物动词+宾语（代）
〔例句〕

	主　语	及物动词	宾　语	引　书
1	若	笞	我	史记张仪列传
2	（今者）吾	丧	我	庄子齐物论
3	我	（又）立	若	史记越王勾践世家
4	（今）若	（反以谗）诛	我	同上
5	吾	（并）斩	若属（矣）	史记魏其武安侯列传
6	吾	舍	之（矣）	左传僖公三十三年

〔说明〕

1. 本句型是以代词作主语和宾语。
2. 在古代汉语中，"吾"一般不用作宾语，"其"和"之"不用作主语。
3. "若笞我"可译为"你打我"。

句型 27　平原君／相／赵惠文王及孝成王／。

〔结构式〕　主语+及物动词+宾语（名+"与"／"及"+名）
〔例句〕

	主　语	及物动词	宾　语			引　书
			名	"与"	名	
1	平原君	相	赵惠文王	及	孝成王	史记平原君列传
2	子	（罕）言	利	与	命	论语子罕
				与	仁	
3	〔汤〕	得	盗鼠	及	余肉	史记酷吏列传
4	〔武姜〕	生	庄公	及	共叔段	左传隐公元年

〔说明〕

1. 在本句型中，是由两个以上的名词（或名词词组）组成的联合词组作宾语，名词与名词之间用连词"与""及"等连接。

2. "与（及）"译作"和"。"平原君相赵惠文王及孝成王"可译为"平原君辅佐赵惠文王和孝成王"。

3. 适合本句型的连词有："与""及""爰""以""为""之""暨""如"等。

句型28　　荆卿／好／读书击剑／。

〔结构式〕　　主语+及物动词+宾语（动／动词词组）

〔例句〕

	主　语	及物动词	宾　语	引　书
1	荆卿	好	读书击剑	史记刺客列传
2	鲁人	（身）善	织屦	韩非子说林上
3	管仲	善	制割	新序杂事
4	〔霍去病〕	善	骑射	史记卫将军列传
5	陈康肃公尧咨	善	射	欧阳修卖油翁
6	陈平	惧	诛	史记陈丞相世家
7	君子	病	无能（焉）	论语卫灵公

〔说明〕

1．句型 28 到句型 32 是一组以动词、数词或主谓词组作宾语的句型。

2．本句型的谓语中心，通常是表示心理活动或具有某种特长的动词。

3．本句型的宾语是动词（如例 6 的"诛"）、动词词组（如例 1 的"读书击剑"）。

4．"荆卿好读书击剑"可译为"荆轲喜好读书和击剑"。

5．适合本句型的动词有："好""善""喜""恶""学""习""惧""思""闻""见""乘""病""求""任"等。

句型29　　司马牛／问／君子／。
　　　　　　滕文公／问／为国／。

〔结构式〕Ⅰ　主语+"问"+宾语（名）
〔例句〕（表一）

	主　语	"问"	宾　语	引　书
1	司马牛	问	君子	论语颜渊
2	叶公	问	政	论语子路
3	齐宣王	问	卿	孟子万章下

〔结构式〕Ⅱ　主语+"问"+宾语（动宾词组）
〔例句〕（表二）

	主　语	"问"	宾　语	引　书
1	滕文公	问	为国	孟子滕文公上
2	子贡	问	为人	论语卫灵公
3	季路	问	事鬼神	论语先进
4	子张	问	崇德辨惑	论语颜渊

〔说明〕

1. "问"是及物动词，作谓语中心。"问"可带双宾语或其中之一。在本句型中，"问"的后面只带了直接宾语，而没有间接宾语，即只有询问的内容，而没有询问的对象。

2. "问"的直接宾语是名词（表一例句）或动宾词组（表二例句）。

3. 本句型"问"的直接宾语也可以是主谓词组，如：
由问鲁大夫练而床，礼邪？（《荀子子道》）
其结构式为：
主语+"问"+宾语（主谓词组）

4. 本句型的主语是名词，代表人。

5. 本句型在译成现代汉语时，要把"问"的宾语按询问的内容来理解，如："司马牛问君子"可译为"司马牛问怎样去做一个君子"。

句型30　　不孝／有／三／。

〔结构式〕　　主语+及物动词+宾语（数）
〔例句〕

	主 语	及物动词	宾 语	引　书
1	不孝	有	三	孟子离娄上
2	安术	有	七	韩非子安危
3	危道	有	六	同上
4	汝罪	有	三（耳）	史记范雎蔡泽列传
5	晋公子	有	三（焉）	左传僖公二十三年
6	我	无	一（焉）	左传宣公十二年
7	是	知（而不）知	二五十（也）	史记越王勾践世家

〔说明〕

1．在本句型中，数词作宾语。

2．本句型作谓语中心的动词一般有两类：一类是表示存在的，如："有""无"等；一类是表示心理或感官活动的，如："闻""知"等。

3．本句型的主语是名词（如例5的"晋公子"）、名词词组（如例4的"汝罪"）、代词（如例7的"是"）或形容词（如例1的"孝"）。

4．语气词"耳"放在句尾，表示肯定的语气。

5．本句型在译成现代汉语时，在数词后面要加上适当的量词。"不孝有三"可译为"不孝顺的事情有三种"。

6．适合本句型的动词有："有""无""闻""见""观""知""思""恐""惧""忧""患"等。

7．有关句型：

今其室十无二三焉。（柳宗元《捕蛇者说》）

这是以数词作主语和宾语的句型。其结构式为：

主语（数）+及物动词+宾语（数）

句型31　　吾／闻／二世少子也／。

　　　　　夫人／知／我爱新人也／。

　　　　　楚威王／闻／庄周贤／。

〔结构式〕Ⅰ　主语+及物动词+宾语（主+名）〈+"也"〉

〔例句〕（表一）

	主语	及物动词	宾语		"也"	引书
			主	名		
1	吾	闻	二世	少子	也	史记陈涉世家
2	吾	闻	穰侯	智士	也	史记范雎蔡泽列传
3	吾	闻	鲁连先生	齐国之高士	也	战国策赵策
4	臣	观	晋公子	(非)常人	也	韩非子十过
5	吾	观	晋公子	万乘之主	也	同上
6	吾	知	公	长者		史记项羽本纪
7	长桑君	(亦)知	扁鹊	(非)常人	也	史记扁鹊列传
8	吾	(乃今然后)知	君	(非)天下之贤公子	也	战国策赵策
9	〔富人公乘氏〕	(亦)知	陈余	(非)庸人	也	史记张耳陈余列传
10	上	以为	绾	长者		史记万石君列传
11	臣	(窃)以为	其人	勇士		史记廉颇蔺相如列传

〔结构式〕II 主语+及物动词+宾语（主〈+"之"〉+动+宾）〈+"也"（"矣"）〉

〔例句〕（表二）

	主语	及物动词	宾语				"也"	引书
			主	"之"	动	宾		
1	夫人	知	我		爱	新人	也	韩非子内储说下
2	余	欲	君	之	弃	其妻	也	韩非子奸劫弑臣
3	荆文公	恐	其		害	己	也	韩非子五蠹
4	上	恐	太后		诛	夫		史记魏其武安侯传
5	魏王	怒	公子	之	盗	其兵符		史记魏公子列传
6	王	(甚)喜	人	之	掩	口	也	韩非子内储说下
7	〔虎〕	以为			(且)噬	己	也	柳宗元黔之驴

续表

	主语							引书
8	君子	谓	郑庄公		失	政刑	矣	左传隐公十一年
9	吾	闻	宋君		无	道		韩非子外储说左上
10	我	闻	吴王		筑	如皇之台		同上
11	嬴	闻	晋鄙之兵符	之	（常）在	王卧内		史记魏公子列传
12	楚昭王	见	吴		有	内乱		史记伍子胥列传
13	吾	见	师		出			
		（而不）见	其		入		也	左传僖公三十二年
14	孔子	（亦）瞰	其		亡		也	孟子滕文公下

〔结构式〕Ⅲ　主语+及物动词+宾语（主〈+"之"〉+形）
〔例句〕（表三）

	主语	及物动词	宾语			引书
			主	"之"	形	
1	楚威王	闻	庄周		贤	史记老子韩非列传
2	楚悼王	（素）闻	起		贤	史记孙子吴起列传
3	百姓	（多）闻	其		贤	史记陈涉世家
4	臣	闻	戎王之居		僻陋（而道远）	韩非子十过
5	吾	视	其辙		乱	左传庄公十年
6	人	谓	子产		（不）仁	左传襄公三十一年
7	诸侯	忠	楚	之	强	史记孙子吴起列传

〔说明〕

1. 本句型是以主谓词组作宾语。

2. 本句型的谓语中心,常是表示感官活动或心理活动的动词。

3. 表一例句的宾语是以名词作谓语的主谓词组,表二例句的宾语是以动词作谓语中心的主谓词组,表三例句的宾语是以形容词作谓语的主谓词组。

4. "之"是助词,放在主谓词组的主语和谓语之间,取消句子的独立性。表一例句中不用"之"字。

5. 代词"其"等于"名+'之'","其"的后面不用"之"字。

6. "谓""以为"译作"认为"。"欲"译作"要""想"。"瞰"译作"窥伺"。"吾闻二世少子也"可译为"我听说秦二世是小儿子"。

7. 适合本句型的动词有:"知""欲""恐""谓""以为""患""喜""怒""悲""爱""恶""思""度""惮""闻""见""观""望""视""瞰""瞷""窥"等。

句型32　　人／以／我为神君也／。
　　　　　　天下／(必)以／陛下为不忘功德／。
　　　　　　匈奴／以／李牧为怯／。
　　　　　　天子／以／为老／。

〔结构式〕Ⅰ　主语+"以"+宾语(主+"为"+名)〈+"也"
　　　　　　("焉")〉

〔例句〕(表一)

	主 语	"以"	宾语			"也"	引 书
			主	"为"	名		
1	人	以	我	为	神君	也	韩非子说林上
2	市人	(皆)以 而(以)	嬴	为	小人		史记魏公子列传
3	(始)吾	以	公子 君	为 为	长者(能下士) 天下之贤公子	也 也	战国策赵策
4	吾	(必)以	仲子	为	巨擘	焉	孟子滕文公下
5	楚(也)	以	夫人	为	天		史记吕不韦列传
6	君人(者)	以	百姓	为	天		说苑建本

〔结构式〕Ⅱ 主语+"以"+宾语（主+"为"+动／动词词组）
〔例句〕（表二）

	主 语	"以"	宾语 主	宾语 "为"	宾语 动／动词词组	引 书
1	天下	（必）以	陛下	为	（不）忘功德	汉书张敞传
2	吾	以	夫子	为	无所不知	荀子子道
3	臣	以	王之攻宋（也）	为	与此同类	墨子公输
4	百姓	（皆）以	王	为	爱（也）	孟子梁惠王上

〔结构式〕Ⅲ 主语+"以"+宾语（主+"为"+形）
〔例句〕（表三）

	主 语	"以"	宾语 主	宾语 "为"	宾语 形	引 书
1	匈奴	以	李牧	为	怯	史记廉颇蔺相如列传
2	子	以	我	为	（不）信	战国策楚策
3	人	（乃）以	妪	为	（不）诚	汉书高帝纪
4	鲍叔	（不）以	我	为	贪	史记管晏列传
5	鲍叔	（不）以	我	为	愚	同上
6	鲍叔	（不）以	我	为	怯	同上
7		（始）以	薛公	为	魁然（也）	史记孟尝君列传
8	王	以	其言	为	然	史记张仪列传

〔结构式〕Ⅳ 主语+"以"+宾语（〔主〕+"为"+宾）
〔例句〕（表四）

	主 语	"以"	宾 语			引 书
			〔主〕	"为"	宾	
1	天子	以	（ ）	为	老	史记李将军列传
2	天子	以	（ ）	为	勇	同上
3	纣	以	（ ）	为	恶	战国策赵策
4	吴广	以	（ ）	为	然	史记陈涉世家
5	赵王	以	（ ）	为	然	史记张耳列传
6	或	以	（ ）	为	死	史记陈涉世家
7	或	以	（ ）·	为	亡	同上

〔说明〕

1．"以"是及物动词，表示在意念上对人或事物看作应当如此，而不是实际上如此，所以含有"意谓"的意思。

2．"以"的宾语是主谓词组。"为"是动词，在主谓词组中作谓语中心，表示判断（参看第一部分第四类句型 2）。"为"的宾语是名词（表一例句），动词、动词词组（表二例句）或形容词（表三例句）。

3．在表四例句中，"以"字后面省略了主谓词组中的主语，这个主语可以用代词"之"字代替。

4．"以……为……"译作"认为（觉得）……是……"。"匈奴以李牧为怯"可译为"匈奴认为李牧胆小"。表四例句在译成现代汉语时，要把省略的部分补出来，如"天子以为老"可译为"天子认为李广老了"。

5．适合本句型的动词有："以……为……""谓……为……"等。

6．句型转换：

A．人／以为／我神君也／。

⇌B．人／以／我为神君也／。（本句型表一例1）

"臣（窃）以为其人勇士"（第一编、Ⅱ、一、句型31表一例11）是带有"以为"的叙述句型，"人以为我神君"和"臣（窃）以为其人勇士"结构相同。如果把"以为"拆开，将"为"移到"我"的后面，这样就转换成B句型："人以我为神君也。"A、B句型不同之处是：A句型是以"以为"在句中作谓语中心，B句型是以"以"在句中作谓语中心，宾语是个主谓词组，"为"在主谓词组中作谓语中心。

A类与B类句型转换结构式是：

主语+"以为"+宾语（主+名）〈+"也"〉
⇌ 主语+"以"+宾语（主+"为"+名）〈+"也"〉

句型33　　〔赤〕/衣/轻裘/。

〔结构式〕　主语+及物动词（名用如动）+宾语
〔例句〕

	主　语	及物动词	宾　语	引　书
1	〔赤〕	衣	轻裘	论语雍也
2	马童	面	之	史记项羽本纪
3	范增	（数）目	项王	同上
4	左右	（欲）兵	之	史记伯夷叔齐列传
5	左右	（欲）刃	相如	史记廉颇蔺相如列传

〔说明〕

1. 句型33到句型42是一组谓语中心词类活用的句型。
2. 本句型的谓语中心是名词用如及物动词。
3. 名词用如及物动词在译成现代汉语时，要根据原有的名词意义，再增加以适当的动词意义。如："〔赤〕衣轻裘"可译为

"〔公西赤〕穿着轻暖的皮袍"。

4．常见的名词用如动词的有："刑""法""席""兵""甲""鼓""人""妻""水""树""材""沼""刃""卒""德""衣""冠""履""带""袜""肘""手""口""脉""脯""目""蹄""火""物""网""囊""蚕""器""式""年""国"等。

5．有关句型：

①我不可以后之。(《左传隐公十一年》)

这个句型的谓语中心是方位名词用如动词。"后之"的意思是"在他后面"。其结构式为：

主语+及物动词（方位名用如动）+宾语

②人一能之，己百之，人十能之，己千之。(《礼记中庸》)

这个句型的谓语中心是数词用如动词。"己百之、己千之"的意思是"自己学它一百次""自己学它一千次"。其结构式为：

主语+及物动词（数用如动）+宾语

③（见公卿不为礼，无贵贱，）皆汝之。(《隋书杨伯丑传》)

这类句型的谓语中心是人称代词用如动词，"汝之"的意思是"用'你'来称呼他"。其结构式为：

主语+及物动词（代用如动）+宾语

句型34　蒲／多／壮士／。

〔结构式〕　主语+及物动词（形用如动）+宾语
〔例句〕

	主　语	及物动词	宾　语	引　书
1	蒲	多	壮士	史记仲尼弟子列传
2	客	多	以谏者	韩非子说林下

续表

| 3 | 士卒 | 多 | 为用者 | 史记陈涉世家 |
| 4 | 山 | 多少 | 石土 | 姚鼐登泰山记 |

〔说明〕

1．"多"（"少"）是形容词，在本句型中用如动词，表示存在，作谓语中心。

2．本句型的主语是名词或名词词组，有的表示人（如例 2 的"客"）；有的表示处所（如例 1 的"蒲'）。

3．例 2"客多以谏者"中的"以"是介词，后面省略代词"之"字，"以"当"拿"讲。例 3"士卒多为用者"中的"为"是介词，后面省略代词"之"字，"为"当"给"讲。

4．"蒲多壮士"可译为"蒲有很多壮士"。

5．适合本句型的形容词有："多""少""远""近"等。

句型35　　〔广〕／忿恚／尉／。

　　　　　　〔宣子〕／食／之／。

〔结构式〕Ⅰ　　主语+及物动词（不及物动的使动用法）+宾语

〔例句〕（表一）

	主　语	及物动词	定　语	引　书
1	〔广〕	忿恚	尉	史记陈涉世家
2	〔庄公〕	惊	姜氏	左传隐公元年
3	〔成王〕	反	周公	史记鲁周公世家
4	臣	（能）生	之	史记扁鹊列传
5	臣	活	之	史记项羽本纪
6	嬴	（故久）立	公子车骑（市中）	史记魏公子列传
7	〔公子〕	走	蒙骜	同上
8	〔王翦〕	降	越君	史记秦始皇本纪

99

〔结构式〕Ⅱ　主语+及物动词（及物动的使动用法）+宾语
〔例句〕（表二）

	主　语	及物动词	宾　语	引　　书
1	〔宣子〕	食	之	左传宣公二年
2	〔吴王〕	（欲）从	闽越	史记东越列传
3		尝	人	吕氏春秋上德
4		食	狗	同上

〔说明〕

1. 本句型作谓语中心的动词是使动用法，就是使宾语所代表的人或物施行这个动词所表示的行为。

2. 表一例句中是不及物动词的使动用法，较常见；表二例句中是及物动词的使动用法，较少见。

3. 本句型要按照"使宾语怎么样"来翻译，"惊姜氏"就是"使姜氏惊"，"走蒙骜"就是"使蒙骜走"。"〔广〕忿恚尉"可译为"〔吴广〕使将尉生气"。

4. 常见的不及物动词用作使动的有："活""生""存""死""起""立""走""归""反""还""进""退""来""坐""入""仕""沈""浮""逃""亡""寝""醉""鸣""出""病""惊""笑""怒""忿恚""泣""愁"等。常见的及物动词用作使动的有："食""饮""见""朝""尝""降""负""禽""从""疑"等。

5. 句型转换：

A．〔公子〕／使／蒙骜／走／。

⇌B．〔公子〕／走／蒙骜／。（本句型例7）

"信（乃）使万人（先）行"（第一编、Ⅱ、七、句型1表二例1）是使令类兼语式句型，"〔公子〕使蒙骜走"和"信（乃）

使万人（先）行"结构相同。如果去掉"使"字，将兼语"蒙骜"后面的动词移到兼语前面，来充当谓语中心，这样就转换成 B 句型："〔公子〕走蒙骜。"这里的 B 类句型一般可以转换为 A 类句型，但 A 类句型并不是全部都能转换为 B 类句型的。能够转换的条件有两个：①兼语后面一般是不及物动词，或者是"食""饮"等少数及物动词，而未带宾语。②转换的新句型在词语之间的搭配上，必须符合古代人们的语言习惯。

A 类与 B 类句型转换结构式是：

主语+"使"+兼语+动词
⇌ 主语+及物动词（动的使动用法）+宾语

句型36　　君子／正／其衣冠／。

〔结构式〕　　主语+及物动词（形用如使动）+宾语

〔例句〕

	主　语	及物动词	宾　语	引　书
1	君子	正	其衣冠	论语尧曰
2	君子	远	庖厨（也）	孟子梁惠王上
3	工	（欲）善	其事	
		（必先）利	其器	论语卫灵公
4	欲富国者	（务）广	其地	史记张仪列传
5	欲强兵者	（务）富	其民	同上
6	欲王者	（务）博	其德	同上
7	（今）媪	尊	长安君之位	战国策赵策
8		高	其闬闳	左传襄公三十一年

〔说明〕

1. 本句型的谓语中心是形容词用如使动，就是使宾语所代表的人或物具有这个形容词所表示的性质或状态。

2. 本句型要按照"使宾语怎么样"来翻译,"远庖厨"就是"使庖厨远","广其地"就是"使其地广","君子正其衣冠"可译为"君子使他的衣冠整齐"。

3. 常见的形容词用如使动的有:"固""正""博""广""厚""薄""实""虚""远""近""大""小""老""幼""强""弱""长""短""黑""白""多""少""疾""迟""美""齐""直""善""诚""活""智""愚""安""危""高""低""轻""重""尊""足""众""寡""孤""独""温""甘""苦""明""富""贵""贫""弊""劳""顿""痛""平""便""和""笃""睦"等。

4. 句型转换:
A. 君子／使／其衣冠／正／。
⇌B. 君子／正／其衣冠／。(本句型例1)

"孟尝君(使人给其食用,)无使乏"。(第一编、Ⅱ、七、句型1有关句型①)是使令类兼语式句型。这句的兼语是省略了的代词"之"字,兼语后面是形容词。"君子使其衣冠正"和"孟尝君……无使乏"结构相同。如果去掉"使"字,将兼语"其衣冠"后面的形容词移到兼语前面,来充当全句的谓语中心,这样就转换成B句型:"君子正其衣冠。"这是用删除"使"字,并移动形容词的位置的方法,转换成另一句型的。

A类与B类句型转换结构式是:
主语+"使"+兼语+形
⇌ 主语+及物动词(形用如使动)+宾语

句型37　　齐威王／(欲)将／孙膑／。

〔结构式〕　主语+及物动词(名用如使动)+宾语
〔例句〕

	主　语	及物动词	宾　语	引　书
1	齐威王	（欲）将	孙膑	史记孙子列传
2	江东父兄	（怜而）王	我	史记项羽本纪
3	〔桓公〕	（解管仲之束缚而）相	之	韩非子难一
4	齐桓公	（合诸侯而）国	异姓	史记晋世家
5	〔人〕	（皆）鱼肉	之（矣）	史记魏其武安侯列传
6	孟尝君	客	我	战国策齐策

〔说明〕

1．本句型的谓语中心是名词用如使动，就是使宾语所代表的人或物成为这个名词所表示的人或物。

2．本句型要按照"使宾语怎么样"来翻译．"王我"就是"使我为王"，"相之"就是"使之为相"，"齐威王欲将孙膑"可译为"齐威王想要使孙膑为将"。

3．常见的名词用如使动的有："帝""王""×（国名）王""侯""将""相""臣""臣妾""客""××（人名）""国""肉""鱼肉""鄙"等。

4．有关句型：

（遂）东太子光。（《左传襄公十九年》）

此句型的谓语中心是方位名词用如使动，就是使宾语所代表的人或物向着这个方位名词所表示的方位行动。"东太子光"就是"使太子光东"。此句型罕见。其结构式为：

主语+及物动词（方位名用如使动）+宾语

句型38　　项梁／然／其言／。

〔结构式〕　主语+及物动词（形用如意动）+宾语
〔例句〕

103

	主　语	及物动词	宾　语	引　书
1	项梁	然	其言	史记项羽本纪
2	陈余	然	之	史记张耳陈余列传
3	滕公	奇	其言	
		壮	其貌	史记淮阴侯列传
4	〔诸公〕	贤	王生	
		重	张廷尉	史记张释之列传
5	主爵都尉汲黯	是	魏其	史记魏其武安侯列传
6	上	（自魏其时不）直	武安	同上
7	将军	壮义	之	同上
8	孔子	贤	之	孟子离娄下
9	吾	大	天地	
		（而）小	毫末	庄子秋水
10	上	老	之	汉书赵充国辛庆忌传
11	明君	贵	五谷	
		（而）贱	金玉	晁错论贵粟疏

〔说明〕

　　1．本句型的谓语中心是形容词用如意动，就是主观上认为宾语所代表的人或物具有这个形容词所表示的性质和状态。

　　2．本句型要按照"认为宾语怎么样"来翻译，"奇其言"就是"以其言为奇"，"壮其貌"就是"以其貌为壮"，"项梁然其言"可译为"项梁认为他的话是对的"。

　　3．常见的形容词用如意动的有："固""奇""异""美""甘""苦""安""乐""圣""贤""愚""拙""大""小""轻""重""难""易""贵""贱""壮""老""弱""幼""多""少""强""智""巧""善""劣""狂""勇""卑""怪""远""近""安""危""黑""白""然""是""非"等。

　　4．句型转换：

A．项梁／以／其言／为／然／。
⇌B．项梁／然／其言。（本句型例1）
　　"王以其言为然"（第一编、Ⅱ、一、句型32表三例8）是带有"以"和"为"的叙述句型，"项梁以其言为然"和"王以其言为然"结构相同。如果去掉动词"以"和"为"两个字，将"为"的宾语形容词"然"字移到"以"的宾语"其言"的前面，来充当全句的谓语中心，这样就转换成B句型："项梁然其言。"这是用删除"以"和"为"，并改变这两个词的宾语的词序的方法，转换成另一句型的。
　　A类与B类句型转换结构式是：
　　主语+"以"+宾语（主+"为"+形）
⇌主语+及物动词（形用如意动）+宾语

句型39　　〔云〕友／风／
　　　　　　　（而）子／雨／。

〔结构式〕　　主语+及物动词（名用如意动）+宾语
〔例句〕

	主　语	及物动词	宾　语	引　书
1	〔云〕	友	风	
		（而）子	雨	荀子赋
2	（今也）小国	师	大国	孟子离娄上
3	人	（不独）亲	其亲	
		（不独）子	其子	礼记礼运
4	公子	（乃自骄而）功	之	史记魏公子列传
5		夫人	之	谷梁传僖公八年
6	吾	（从而）师	之	韩愈师说
	〔邑人〕	（稍稍）宾客	其父	王安石伤仲永

〔说明〕

1. 本句型的谓语中心是名词用如意动,就是主观上把宾语所代表的人或物看成为这个名词所表示的人或物。

2. 本句型在译成现代汉语时,要按照"把宾语看作什么"来翻译,"夫人之"就是"以之为夫人","师之"就是"以之为师","〔云〕友风而子雨"可译为"〔云〕把风看成自己的朋友,把雨看成自己的子女"。

3. 常见的名词用如意动的有:"友""子""夫人""师""客""宾客""功""药""夷""中国"等。

句型 40　邴夏/御/齐侯/。

〔结构式〕　主语+及物动词(给宾语施动)+宾语

〔例句〕

	主语	及物动词	宾语	引书
1	邴夏	御	齐侯	左传成公二年
2	文嬴	请	三帅	左传僖公三十三年
3	伯氏	(不出而)图	吾君	礼记檀弓上
4	夫人	(将)启	之	左传隐公元年

〔说明〕

1. 本句型的谓语中心是动词的为动用法,其特点是:表示给(替)宾语施行某一行动。

2. 本句型的谓语中心一般是及物动词。

3. 宾语是名词、名词词组(如例2的"三帅")或代词(如例4"之"),一般指人。

4. 本句型在译成现代汉语时,可以在宾语前面加"给(替)",

如:"邴夏御齐侯"可译为"邴夏给齐侯驾车"。

句型 41　　提弥明／死／之／。

〔结构式〕　主语+及物动词(为了宾语施动)+宾语
〔例句〕

	主　语	及物动词	宾　语	引　书
1	提弥明	死	之	左传宣公二年
2	〔民〕	死	其长(矣)	孟子梁惠王下
3	伯夷	死	名(于首阳之下)	庄子骈拇
4	盗跖	死	利(于东陵之上)	同上
5	贪夫	殉	财	柳宗元辨鹖冠子
6	〔灌夫〕	争	杯酒	史记魏其武安侯列传
7	二人	争	之	韩非子内储说上

〔说明〕

1. 本句型的谓语中心是动词的为动用法,其特点是:表示宾语是施行某一行动的目的或原因。

2. 本句型的谓语中心一般是不及物动词,如"死""殉"等,但也有的是及物动词,如"争"等。

3. 宾语是名词、名词词组(如例 2 的"其长")或代词(如例 1 的"之"),大都指物,也有的指人。

4. 本句型在译成现代汉语时,可以在宾语前面加"为"或"为了",如:"提弥明死之"可译为"提弥明为赵宣子而死。"

107

句型 42　　〔武安侯〕／卑下／宾客／。

〔结构式〕　主语+及物动词（对宾语施动）+宾语
〔例句〕

	主　语	及物动词	宾　语	引　书
1	〔武安侯〕	卑下	宾客	史记魏其武安侯列传
2	君	（三）泣	臣（矣）	左传襄公二十二年
3	公子为人	（仁而）下	士	史记魏公子列传
4	〔公子〕	（不敢以其富贵）骄	士	同上
5	〔齐人〕	骄	其妻妾	孟子离娄下

〔说明〕

1. 本句型的谓语中心是动词的为动用法，其特点是：表示对（向）宾语施行某一行动。

2. 本句型的谓语中心是不及物动词，如"泣"等，或形容词用如动词，如"骄"等。

3. 宾语是名词（如例2的"臣"）或名词词组（如例5的"其妻妾"），都指人。

4. 本句型在译成现代汉语时，可以在宾语前面加"对（向）"，如："〔武安侯〕卑下宾客"可译为"〔武安侯〕对宾客卑下"。

句型 43　　寡人／有／疾／。

〔结构式〕　主语+"有"（"无"）+宾语
〔例句〕

	主　语	"有"	宾　语	引　书
1	寡人	有	疾	孟子梁惠王下
2	〔成公姊〕	有	遗腹	史记赵世家
3	克	有	罪	孟子离娄上
4	（昔）沈犹	有	负刍之祸	孟子离娄下
5	（今）君	有	区区之薛	战国策齐策
6	君子	有	终身之忧	孟子离娄下
7	邻人京城氏之孀妻	有	遗男	列子汤问
8	人	无	远虑	论语卫灵公
9	蚓	无	爪牙之利筋骨之强	荀子劝学
10	〔君子〕	无	一朝之患（也）	孟子离娄下
11	禽兽	无	知	马中锡中山狼传

〔说明〕

1．句型 43 到句型 47 是一组"有（无）"字句。

2．"有"是及物动词，表示领有、具有，即宾语所代表的人或物为主语所代表的人或物所领有。动词"无"是"有"的否定形式。"有""无"在句中作谓语中心。

3．本句型的主语是名词（如例 3 "克"）、名词词组（如例 7 的"邻人京城氏之孀妻"）或代词（如例 1 的"寡人"是代替第一人称代词的谦称），通常代表人，有时也可以代表物。

4．"有"的宾语是名词（如例 3 的"罪"），名词词组（如例 5 的"区区之薛"），动词词组（如例 6 的"终身之忧"）或形容词词组（如例 9 的"爪牙之利""筋骨之强"），可以代表人，也可以代表物。

5．"寡人有疾"可译为"我有病"。

6．适合本句型的动词有："有""无""毋""亡""罔""靡""末""莫""曼"等。

句型44　庖／有／肥肉／。

〔结构式〕　主语（处所名／名词词组／动词词组）+"有"（"无"）
　　　　　+宾语
〔例句〕

	主　语	"有"	宾　语	引　书
1	庖	有	肥肉	孟子梁惠王上
2	野	有	饿莩	同上
3	田中	有	株	韩非子五蠹
4	魏	有	信陵君	史记吕不韦列传
5	楚	有	春申君	同上
6	齐	有	孟尝君	同上
7	去村四里	有	森林	徐珂冯婉贞
8	炉上	有	壶	魏学洢核舟记
9	冀之南汉之阴	无	陇断（焉）	列子汤问
10	〔江以南〕	无	麦禾	徐光启甘薯疏序
11	（今）中国	无	狗吠之惊	史记平津侯主父列传
12	邦	无	道	论语公冶长

〔说明〕

1. "有"是及物动词，表示存在，即某个处所存在着什么人或物。动词"无"是"有"的否定形式。

2. "有""无"在句中作谓语中心。

3. 本句型的主语是名词（如例1的"庖"），名词词组（如例3的"田中"）或动词词组（如例7的"去村四里"，这种动词词组实际上相当于一个处所名词），表示处所。

4. "有"的宾语是名词（如例3的"株"），名词词组（如例1的"肥肉"),可以代表人,也可以代表物。

5. 语气词"焉",表示一种夸张的语气,是把事情往大处说,以便令人重视。

6. "庖有肥肉"可译为"厨房里有膘肥的肉"。

7. 适合本句型的动词有:"有""无""毋""亡""罔""靡""末""莫""曼"等。

句型 45　　楚人／有／涉江者／。

〔结构式〕　　主语+"有"+宾语(动词词组+"者")
〔例句〕

| | 主语 | "有" | 宾语 | | 引书 |
			动词词组	"者"	
1	楚人	有	涉江	者	吕氏春秋察今
2	军人	有	病疽	者	韩非子外储说左上
3	客	有	教燕王为不死之道	者	同上
4	王之臣	有	托其妻子于其友而之楚游	者	孟子梁惠王下
5	郑人	有	相与争年	者	韩非子外储说左上
6	宋人	有	耕	者	韩非子五蠹

〔说明〕

1. "有"是动词,作谓语中心。

2. "有"的宾语是由动词词组和代词"者"字组成的名词词组,用来表示人。

3. 本句型的主语是名词(如例3的"客")或名词词组(如例1的"楚人"),都表示人。

4. 本句型的主语和宾语之间有着全体和部分的关系:前者是

111

全体，后者是部分。所以可以在"有"字前面加"之中"来理解。

5．"……有……者"译作"……当中有个……的人"。"楚人有涉江者"可译为"楚国当中有个过江的人"。

句型46　　荆轲／有／所待／。

〔结构式〕　主语+"有"（"无"）+宾语（"所"+动／动词词组）

〔例句〕

	主语	"有"	宾语		引书
			"所"	动／动词词组	
1	荆轲	有	所	待	史记刺客列传
2		（亦不能）有	所	中伤	列子天瑞
3	患	有	所	（不）避（也）	孟子告子上
4	狷者	有	所	（不）为（也）	论语子路
5	人	（皆）有	所	（不）忍	孟子尽心下
6	人	（皆）有	所	（不）为	同上
7	秋毫	（不敢）有	所	近	史记项羽本纪
8	盗贼	有	所	劝	汉书食货志
9	公	无	所	追	史记淮阴侯列传
10	夫	无	所	发怒	史记魏其武安侯列传
11	秋毫	无	所	害	史记淮阴侯列传
12	财物	无	所	取	史记项羽本纪
13	妇女	无	所	幸	同上
14	君子	无	所	争	论语八佾
15	〔成〕	（又）无	所	赔偿	蒲松龄促织

〔说明〕

1．"有""无"是动词，在句中作谓语中心。

2．"所"字是特殊的指示代词，放在及物动词前面，组成一个名词性词组，以表示行为的对象或者表示行为赖以实现的工具、凭借、方式、方法、原因、处所等。

3．"所"字词组作"有"（"无"）的宾语。

4．本句型在译成现代汉语时，应根据"所"字所指代的动作行为的对象是什么，作适当的翻译。有时"所"字指代的是和行为有关的某一不必明言或不可明言的人或事物，大致表示虚指的"谁"或"什么"。如："荆轲有所待"可译为"荆轲等待谁"，"公无所追"可译为"你没有追谁"。

5．适合本句型的凝固结构有："有所……""无所……""靡所……""亡所……""多所……""少所……"（"多""少"是动词）。此外在《易经》《尚书》《诗经》中，还可以见到"有攸（逌）……""无攸（逌）……""罔攸（逌）……"等。

句型47　吾／（必）有／以（重）报母／。

〔结构式〕　主语+"有"（"无""毋"）+宾语（"以"+动／动词词组）

〔例句〕

	主 语	"有"	宾 语		引 书
			"以"	动／动词词组	
1	吾	（必）有	以	（重）报母	史记淮阴侯列传
2		（必）有	以	报王	史记吴王濞列传
3	臣	有	以	知陛下之不能（也）	汉书贾谊传
4	吾	（终当）有	以	活汝	马中锡中山狼传
5	项王	（未）有	以	应	史记项羽本纪

续表

6	〔平原君〕	（未）有	以	发丧	史记郦生陆贾列传
7	河曲智叟	无	以	应	列子汤问
8	汉军	无	以	渡	史记项羽本纪
9		无	以	供牺牲（也）	孟子滕文公下
10		无	以	供粢盛（也）	同上
11		无	以	谢天下	史记韩长孺列传
12		无	以	至千里	荀子劝学
13		无	以	成江海	同上
14		毋	以	填之	史记秦始皇本纪

〔说明〕

1．"有以……""无（毋）以……"是"有所以……"和"无（毋）所以……"的习惯性的省略。"有以……""无以……"已成为凝固结构。

2．"有""无"是动词，作谓语中心。

3．被省略的"所"和介词"以"字，再接上动词或动宾词组，组成名词词组，作"有（无）"的宾语。

4．"有以……"的意思是"有什么可以拿来"，"无以……"的意思是"没有什么可以拿来"。"吾必有以重报母"可译为"我一定有什么可以拿来厚厚地报答您老人家"。

第二类　主‖宾+动（及物）

这类句型的谓语中心是及物动词。为了强调宾语，把宾语提到动词前面，用"是"字或"之"字复指。

句型1　〔晋〕／（将）虢／是／灭／。

〔结构式〕　主语+宾语+"之"（"是"）+及物动词
〔例句〕

	主语	宾语	"之"	及物动词	引书
1	〔晋〕	（将）虢	是	灭	左传僖公五年
2		（曾）由与求	之	问	论语先进
3		先君之好	是	继	左传僖公四年
4	寡君	其罪	之	恐	左传昭公三十一年
5	（君）	群臣	是	忧	左传僖公十五年
6		戎狄	是	膺	孟子滕文公上
7		荆舒	是	惩	同上
8	子	是	之	学	同上
9	君	亡	之	（不）恤	左传僖公十五年
10		德	之	（不）修	
		学	之	（不）讲	论语述而
11	吾	斯	之	（未能）信	论语公冶长
12		句读	之	（不）知	韩愈师说
13		惑	之	（不）解	同上

〔说明〕

1. 在本句型中，宾语是名词（如例1的"虢"）、名词词组（如例4的"其罪"）、代词（如例11的"斯"）或动词（如例9的"亡"）。

2. "之"（"是"）是代词，放在前置宾语的后面。表示复指。

3. 有些例句在动词前面有否定副词"不""未"等。"不"表示否定动作行为，"未"表示否定某种事实的历程。"不""未"

作状语。

4. 宾语前置的句型在译成现代汉语时，要把前置宾语移到动词后面。"之""是"不必翻译。如："〔晋〕将虢是灭"可译为"〔晋国〕将要灭掉虢国"。

5. 适合本句型表示复指的代词有："之""是""焉""斯""于""实"等。

句型2　　传曰："君者，舟也；庶人者，水也。水则载舟，水则复舟。"／此／之／谓也／。

〔结构式〕　主语+宾语+"之"+"谓"+"也"（"矣"）
〔例句〕

	主　语	宾　语	"之"	"谓"	"也"	引　书
1	传曰君者舟也庶人者水也水则载舟水则复舟	此	之	谓	也	荀子王制
2	诗曰匪交匪舒天子所予	此	之	谓	也	荀子劝学
3	传曰君子两进小人两废	此	之	谓	也	荀子不苟
4	野语有之曰闻道百以为莫己若者	我	之	谓	也	庄子秋水
5	谚所谓室于怒市于色者	楚	之	谓	矣	左传昭公十九年

〔说明〕

1. "谓"是及物动词，表示"说"，作谓语中心。

2. "谓"的宾语是代词（如例1的"此"）或名词（如例5的"楚"）。

3. "之"是代词，放在前置宾语的后面，表示复指。

4. 本句型的主语是名词词组（如例5的"谚所谓室于怒市于色者"）、主谓词组或复句形式（如例1的"传曰：'君者，舟也；

庶人者，水也。水则载舟，水则复舟。'") 一般都是援引古代经传中的格言或民间谚语。

5. 本句型在译成现代汉语时，要把前置宾语移到动词后面，如："传曰：'君者，舟也；庶人者，水也。水则载舟，水则复舟。'此之谓也。"可译为"有句人们流传的话说：'君主是船，百姓是水。水能载船，水也能翻船。'说的就是这个"。

6. 适合本句型充当前置宾语的代词有："此""我""女""若"等。

第三类　主‖动（不及物）

这类句型的谓语是不及物动词，不及物动词指不能带宾语和不能带受事宾语的动词。很多不及物动词可以带非受事宾语。

同一个动词，由于词汇意义不同，可以既是及物动词，又是不及物动词。如"口言善，身行恶，国妖也"（《韩非子外储说左上》）中的"行"是"做""执行"的意思，是及物动词；而"三人行，必有我师焉"（《论语述而》）中的"行"是"走"的意思，是不及物动词。

句型1　项王／怒／。

〔结构式〕　主语（名／名词词组）+不及物动谓
〔例句〕

	主　语	不及物动谓	引　书
1	项王	怒	史记项羽本纪
2	魏王豹	惊	史记淮阴侯列传

续表

3	信	喜	同上
4	文帝	悦	史记冯唐列传
5	上	病	史记留侯世家
6	周舍	死	史记赵世家
7	武王	薨	韩非子和氏
8	其妻	归	孟子离娄下
9	简子	出	史记赵世家
10	屠	惧	蒲松龄狼
11	鸡	鸣	司马光李愬雪夜入蔡州
12	虎	啸	范仲淹岳阳楼记
13	猿	啼	同上

〔说明〕

1. 本句型的主语是名词（如例1的"项王"）或名词词组（如例8的"其妻"）。

2. "项王怒"可译为"项羽愤怒"。

3. 适合本句型的常见动词有："怒""惊""恐""忧""惧""忿恚""喜""笑""说""泣""哭""憾""叹惋""愁""惭""愧""病""伤""死""薨""崩""出""来""归""行""生""卧""反""走""起""入""进""退""还""遁""居""处""活""生""存""仕""始""兴""逃""亡""寝""醉""沈""浮""飞""鸣""啼""啸""立""寐"等。

句型2　　从者／病／。

〔结构式〕　　主语（动／动宾词组／形+"者"）+不及物动谓
〔例句〕

	主　语		不及物动谓	引　书
	动／形	"者"		
1	从	者	病	史记孔子世家
2	从之	者	存	荀子礼论
3	（不）从	者	亡	同上
4	聚敛	者	亡	荀子王制
5	友诸侯	者	霸	同上
6	言归	者	死	韩非子十过
7	（后）至	者	败	史记廉颇蔺相如列传
8	大	者	伤	史记张仪列传
9	小	者	死	同上
10	大	者	王	汉书高帝纪
11	小	者	侯	同上

〔说明〕

1．"者"字是特殊的指示代词，用在动词、动宾词组或形容词后面，组成一个名词性词组，表示某种人或某种事物。

2．在本句型中，"者"字词组作主语。

3．例10、例11中的"王""侯"是名词用作不及物动词。

4．"者"字译作"……的人""……的事物"，或省略后面的"人""事物"，直接译成"……的"。"从者病"可译为"随从的人病了"。

句型3　　所触／（尽）死伤／。

〔结构式〕　主语（"所"+动）+不及物动谓
〔例句〕

	主　语		不及物动谓	引　书
	"所"	动		
1	所	触	（尽）死伤	史记田单列传
2	所	欲	（必）成	左传哀公元年
3	所	当（无）	（不）披靡	徐珂冯婉贞
4	所	杀亡	（不可胜）计	史记淮阴侯列传

〔说明〕

1．"所"字是特殊的指示代词，放在及物动词前面，组成一个名词性词组。"所"字具有指示和称代动作行为的对象的作用。

2．在本句型中，"所"字词组作主语。

3．例3中的"无"是否定性无定代词，表示"没有谁"，充当主语。

4．"所"字译作"（所）……的人""（所）……的事物"，或省略后面的"人""事物"，直接译成"（所）……的"。"所触尽死伤"可译为"所撞击的都死了，或者受了伤"。

5．有关句型：

①我死。（《左传哀公七年》）

这个句型是以代词作主语。其结构式为：

主语（代）+不及物动谓

②群臣莫对。（《战国策楚策》）

这个句型是以无定代词作主语。其结构式为：

先行词+"或"（"莫"）+不及物动谓

句型4　　秦师／（遂）东／。

〔结构式〕　主语+不及物动谓（方位名用如动）
〔例句〕

	主　语	不及物动谓	引　书
1	秦师	（遂）东	左传僖公三十二年
2	吾	（亦欲）东（耳）	汉书韩信传
3	楚兵	（不能）西	同上
4	善者	左	韩非子外储说左下
5	不善者	右	同上
6	南之人	（不得）北	墨子贵义
7	北之人	（不得）南	同上
8	孟尝君	（不）西（则已）	史记孟尝君列传

〔说明〕

1. 本句型的谓语是方位名词用如动词。

2. 本句型可以根据方位名词的原有意义，再增加以适当的动词意义来翻译，如："秦师遂东"可译为"秦国的军队就向东进军"。

3. 适合本句型的方位名词有："东""西""南""北""左""右""上""下""前""后""中"等。

4. 有关句型：

秦人（闻之），悉甲而至。（《史记廉颇蔺相如列传》）

这个句型的谓语是名词用如不及物动词，"甲"的意思是"穿上铠甲"。其结构式为：

主语+不及物动谓（名用如动）

第四类　主‖动（不及物）+宾（非受事）

句型1　　子墨子/（北）之/齐/。

〔结构式〕　主语+不及物动词+宾语（非受事宾语）
〔例句〕

	主　语	不及物动词	宾　语	引　书
1	子墨子	（北）之	齐	墨子贵义
2	（伍子胥）	如	吴	史记刺客列传
3	晋师	入	曹	史记晋世家
4	（初）陈王	至	陈	史记陈涉世家
5	一	厝	朔东	列子汤问
6	一	厝	雍南	同上

〔说明〕

　　1. 有些不及物动词可以带非受事宾语，非受事宾语一般用来表示行为的处所。

　　2. 本句型的主语是名词（如例1的"子墨子"）、名词词组（如例3的"晋师"）或数词（如例5的"一"）。

　　3. "之""如"译作"到……去"，"厝"译作"放置"。"子墨子北之齐"可译为"墨子往北到齐国去"。

　　4. 适合本句型的不及物动词有："之""如""适""至""入""走""亡""归""厝"等。

句型 2　　晋师／在／敖鄗之间／。

〔结构式〕　主语+"在"+宾语（非受事宾语）
〔例句〕

	主　语	"在"	宾　　语	引　书
1	晋师	在	敖鄗之间	左传宣公十二年
2	参之肉	（将）在	晋军	同上
3	项王军	在	鸿门下	史记项羽本纪
4	沛公军	在	霸上	同上
5	息壤	在	彼	战国策秦策
6	张鲁	在	北	三国志诸葛亮传
7	余	在	岐山	苏轼方山子传
8	白黑	在	前	荀子解蔽

〔说明〕

1．"在"是不及物动词，表示人或物存在于某处所，作谓语中心。

2．"在"可以带非受事宾语，这个宾语是名词（如例 4 的"霸上"）、名词词组（如例 1 的"敖鄗之间"）或代词（如例 5 的"彼"），都表示处所。

3．本句型的主语是名词（如例 6 的"张鲁"）、名词词组（如例 1 的"晋师"）、代词（如例 7 的"余"）或形容词词组（如例 8 的"白黑"）。

4．"晋师在敖鄗之间"可译为"晋国军队驻在敖、鄗两山之间"。

5．适合本句型的动词有："在""坐""立"等。

句型3　　晋／军／函陵／。

〔结构式〕　主语+不及物动词（名用如动）+宾语（非受事宾语）
〔例句〕

	主　语	不及物动词	宾　语	引　书
1	晋	军	函陵	左传僖公三十年
2	秦	军	氾南	同上
3	沛公	（欲）王	关中	史记项羽本纪
4	一狼	洞	其中	蒲松龄狼
5	（方今唯）秦	雄	天下	战国策赵策

〔说明〕

　　1. 本句型的谓语中心是名词用如不及物动词，后面带非受事宾语。非受事宾语一般用来表示行为的处所。

　　2. 名词用如不及物动词在译成现代汉语时，要根据原有的名词意义再增加以适当的动词意义。如："军"译作"驻扎"，"王"译作"称王"，"雄"译作"称雄"，"洞"译作"掏洞"。"晋军函陵"可译为"晋国军队驻扎在函陵"。

　　3. 常见的名词用如不及物动词的有："王""雄""军""洞""巢""馆""墓""舍""室""壁"等。

第五类　主‖动（及物）+宾（间）+宾（直）

　　这类是双宾语句型，有些动词可以带两个宾语，指人的是间接宾语（近宾语），指物的是直接宾语（远宾语）。

　　一般是间接宾语在前，直接宾语在后。

句型1　　君／与／之／食／。

〔结构式〕　主语+"与"（"赐""遗""馈""贻"）+间接宾语+直接宾语

〔例句〕

	主　语	"与"	间接宾语	直接宾语	引　书
1	君	与	之	食	韩非子说林上
2	赵	（亦终不）予	秦	璧	史记廉颇蔺相如列传
3	文公	与	之	处	孟子滕文公上
4	吾	赐	之	田	史记赵世家
5	〔上〕	赐	魏其	食	史记魏其武安侯列传
6		赐	之	卮酒	史记项羽本纪
7	魏王	贻	我	大瓠之种	庄子逍遥游
8	〔阳货〕	馈	孔子	蒸豚	孟子滕文公下
9	魏王	遗	荆王	美人	韩非子内储说下
10	〔魏绛〕	授	仆人	书	左传襄公三年

〔说明〕

1．本句型的谓语中心是表示"赐与"意义的动词。

2．间接宾语是名词、名词词组（如例9的"荆王"）或代词（如例1的"之"），直接宾语是名词（如例4的"田"）、名词词组（如例8的"蒸豚"）。

3．"与""赐"译作"给"或"送给"。"君与之食"可译为"中山君赏给他食物"。

4．适合本句型的动词有"与""予""赐""遗""贻""馈""授""供""奉""献""偿""封""付""借""赠""分""匄""赍""厘""锡""投""送""反""归""输""属"

125

"受"等。

5．有关句型：

范痤献书魏王。（《战国策赵策》）

这个句型的语序和本句型的相反，直接宾语在前，间接宾语在后。

又如：

〔大王〕传之美人（以戏弄臣）。（《史记廉颇蔺相如列传》）

如果双宾语句中的直接宾语是代词"之"字，则这个直接宾语必须放在间接宾语前面。以上是特殊语序的双宾语句，比较少见。其结构式为：

主语+及物动词+直接宾语+间接宾语

句型2　简子／赐／扁鹊／田四万亩／。

〔结构式〕　主语+"赐"（"与"）+间接宾语+直接宾语（名+数+量）

〔例句〕

	主语	"赐"	间接宾语	直接宾语			引书
				名	数	量	
1	简子	赐	扁鹊	田	四万	亩	史记扁鹊列传
2	慎夫人	赐	盎	金	五十	斤	史记袁盎列传
3	汉王	赐	良	金珠	百二	镒斗	史记留侯世家
4		与	之			釜	论语雍也
5		与	之			庾	同上
6	冉子	与	之	粟	五	秉	同上

〔说明〕

1. 本句型的直接宾语是个偏正词组,中心词是名词,定语是数量词,而数量词放在名词后面。

2. 例4、5承上文省略了名词"粟",并省略了数词"一"。

3. 本句型在译成现代汉语时,要把数量词移到名词前面,如:"简子赐扁鹊田四万亩"可译为"赵简子赏赐扁鹊四万亩田地"。

4. 有关句型:

〔孔子〕与之粟九百。(《论语雍也》)

这里把数词放在名词后面,而不用量词,这种情况较少见,其结构式为:

主语+"赐"("与")+间接宾语+直接宾语(名+数)

句型3　　公／语／之／故,
　　　　　(且)告／之／悔／。

〔结构式〕　主语+"告"("示""语""问")+间接宾语+直接宾语

〔例句〕

	主　语	"告"	间接宾语	直接宾语	引　书
1	公	语	之	故	
		(且)告	之	悔	左传隐公元年
2	〔西门豹〕	问	之	民所疾苦	史记滑稽列传附录
3	文侯	示	之	谤书(一箧)	战国策秦策
4	〔费〕	(袒而)示	之	背	左传庄公八年
5		示	之	弱(也)	左传僖公八年

〔说明〕

1. 本句型的谓语中心是表示"告示"意义的动词。

2．间接宾语通常是代词"之"字，也可以是名词；直接宾语是名词（如例1的"故"）、名词词组（如例3的"民所疾苦"）、动词（如例1的"悔"）或形容词（如例5的"弱"）。

3．"语"译作"告诉"。"公语之故，且告之悔"可译为"郑庄公把缘故告诉他，而且把心里后悔的事也告诉他"。

4．适合本句型的动词有："告""语""问""言""报""示""教""诲""褒""贬""讼"等。

5．有关句型：

楚人谓乳谷，谓虎于菟。（《左传宣公四年》）

这是表示"称谓"意义的双宾语句，"乳""虎"是间接宾语，"谷""于菟"是直接宾语。此句型可译成"把……（间接宾语代表的名称）叫做……（直接宾语代表的名称）"。其结构式为：

主语+"谓"+间接宾语+直接宾语

句型4　　吾／（不忍）为／之／民（也）／。

〔结构式〕　主语+及物动词（动词的为动用法）+间接宾语+直接宾语

〔例句〕

	主语	及物动词	间接宾语	直接宾语	引书
1	吾	（不忍）为	之	民（也）	战国策赵策
2	〔平原君〕	（以千金）为	鲁连	寿	同上
3	〔圣人〕	（因）为	之	备	韩非子五蠹
4		（不如早）为	之	所	左传隐公元年
5	〔宣子〕	为	之	箪食与肉	左传宣公二年
6	君	（尝）为	晋君	赐（矣）	左传僖公三十年
7	叔孙	为	孟	钟	左传昭公四年

续表

8	天	（生民而）立	之	君	左传襄公十四年
9		避	贤者	路	汉书万石君传
10	〔天〕	作	之	君	尚书泰誓
11	〔天〕	作	之	师	同上

〔说明〕

1. 本句型是为动双宾语句，谓语中心是动词的为动用法，即对直接宾语来说，是受动词支配的一般用法，对间接宾语来说，是"为动"用法。

2. 在为动双宾语句中，最常使用的动词是"为"字。"为"在不同的上下文中，有不同的具体涵义，如表示"作""做""造""治""处理""安排"等。

3. 间接宾语是名词（如例 2 的"鲁连"）或代词（如例 1 的"之"）；直接宾语是名词（如例 1 的"民"）或名词词组（如例 5 的"箪食与肉"）。

4. 本句型可以按照"给（替）某人做（作、当、造、安排……）"来译，如"吾不忍为之民也"可译为"我不忍于给他当老百姓"。

5. 适合本句型的动词有："为""闭""夺""立""生""责""罚""作""避"等。

第六类 宾（间）+主‖动（及物）+宾（直）

句型　　此／之／谓／大丈夫／。
　　　　反听／之／谓／聪／。

〔结构式〕Ⅰ "此"（"是"）+"之"+"谓"+直接宾语

〔例句〕（表一）

	"此"	"之"	"谓"	直接宾语	引 书
1	此	之	谓	大丈夫	孟子滕文公下
2	（夫）是	之	谓	道德之极	荀子劝学
3	此	之	谓	不知类（也）	孟子告子上
4	此	之	谓	自谦	礼记大学
5	此	之	谓	用民	墨子亲士
6	此	之	谓	圣治	庄子天地
7	此	之	谓	八德	庄子齐物论
8	是	之	谓	政令行风俗美	荀子王霸
9	（夫）是	之	谓	德操	荀子劝学
10	（夫）是	之	谓	成人	同上

〔结构式〕Ⅱ 前置间接宾语+"之"+"谓"+直接宾语

〔例句〕（表二）

	前置间接宾语	"之"	"谓"	直接宾语	引 书
1	反听	之	谓	聪	史记商君列传
2	内视	之	谓	明	同上
3	自胜	之	谓	强	同上
4	可欲	之	谓	善	孟子尽心下
5	有诸己	之	谓	信	同上
6	充实	之	谓	美	同上
7	生	之	谓	性	孟子告子上
8	博爱	之	谓	仁	韩愈原道
9	行而宜之	之	谓	义	同上
10	由是而之焉	之	谓	道	同上
11	足乎己无待于外	之	谓	德	同上
12	礼义	之	谓	治	荀子不苟

〔说明〕

1. 本句型的谓语中心是表示"称谓"的动词"谓"字,"谓"带双宾语。为了使间接宾语突出,或者由于间接宾语字数较多,需要避免累赘、拗口,就把间接宾语提到"谓"的前面,并用代词"之"字复指前置间接宾语,如"此之谓大丈夫"就是"谓此大丈夫"。

2. 在表一例句中,前置间接宾语是指示代词"此"或"是"。"此(是)之谓"有复指上文和概括、总结上文的作用。在表二例句中,前置间接宾语是名词、名词词组(如表二例12的"礼义")、动词、动词词组(如表二例8的"博爱")或形容词(如表二例6的"充实")。

3. "谓"后面的直接宾语是名词、名词词组(如表一例1的"大丈夫")、动词词组(如表一例5的"用民")、形容词(如表二例3的"强")或主谓词组(如表一例8的"政令行")。

4. "谓"译作"称做""叫做"。"此(是)之谓"译作"把这个叫做"。"此之谓大丈夫"可译为"把这样做叫做大丈夫"。

5. 适合本句型的动词有:"谓""为"等。

6. 句型转换:

    A. 谓／自胜／强／。

⇌B. 自胜之／谓／强／。(本句型表二例3)

"楚人谓乳谷"(第一编Ⅰ、五、句型3有关句型)是双宾语句,"乳"是间接宾语,"谷"是直接宾语。"谓自胜强"和"楚人谓乳谷"结构相同(只是前者省略了主语),其中"自胜"是间接宾语,"强"是直接宾语。如果把"自胜"提到"谓"的前面,用代词"之"复指,这样就转换成B句型:"自胜之谓强。"这是用移动间接宾语的位置转换成另一句型的。

A句型都可转换为B句型,而B句型如果前置间接宾语字数多,则不能转换为A句型。

A类与B类句型转换的结构式是：
"谓"+间接宾语+直接宾语
⇌ 前置间接宾语+"之"+"谓"+直接宾语

第七类　主‖动+兼语+动+宾

这类是兼语式句型。所谓兼语就是"宾语兼主语"。这类句型的谓语中心包含不止一个动词，兼语既作前一个动词的宾语，同时又兼作后一个动词的主语。

前一个动词与全句主语存在主谓关系，后一个动词与全句主语不存在主谓关系，即兼语句谓语的两个动词不共用一个主语。

句型1　汉王／使／郦生／说／豹／。
　　　　信／（乃）使／万人／（先）行／。
　　　　李斯／使／人／遗／非／药／。
　　　　上／使／〔　〕／（外）将／兵／。
　　　　君／（为我）呼／〔　〕入／。

〔结构式〕Ⅰ　主语+"使"（"遣""命"）+兼语+及物动词+语

〔例句〕（表一）

	主语	"使"	兼语	及物动词	宾语	引书
1	汉王	使	郦生	说	豹	史记淮阴侯列传
2	厉王	使	玉人	相	之	韩非子和氏
3	〔大长公主〕	（乃）使	人	捕	青	史记卫将军列传
4	〔冯谖〕	使	人	属	孟尝君	战国策齐策

132

续表

	主语	"使"	兼语			引书
5	桓侯	（故）使	人	问	之	韩非子喻老
6	〔桓侯〕	使	人	索	扁鹊	同上
7	〔帝〕	命	夸娥氏二子	负	二山	列子汤问
8	西门豹	（即）发	民	凿	十二渠	史记滑稽列传附录
9	愬	遣	李进诚	攻	牙城	司马光李愬雪夜入蔡州
10	王	使	屈平	为	令	史记屈原列传
11		使	魏其侯	为	太子傅	史记魏其武安侯列传
12	孝王	使	安国及张羽	为	将	史记韩长孺列传

〔结构式〕Ⅱ　主语+"使"（"遣"）+兼语+不及物动词
〔例句〕（表二）

	主语	"使"	兼语	不及物动词	引书
1	信	（乃）使	万人	（先）行	史记淮阴侯列传
2		遣	郦生	行	史记郦生列传
3	子展	使	印段	往	左传襄公二十九年

〔结构式〕Ⅲ　主语+"使"+兼语+及物动词+间接宾语+直接宾语
〔例句〕（表三）

	主语	"使"	兼语	及物动词	间接宾语	直接宾语	引书
1	李斯	使	人	遗	非	药	史记韩非列传
2	〔秦昭王〕	使	人	遗	赵王	书	史记廉颇蔺相如列传
3	嗣公	（还）令	人	遗	之	席	韩非子内储说下

〔结构式〕Ⅳ　主语+"使"（"令"）+〔兼语〕+及物动词+宾语
〔例句〕（表四）

	主 语	"使"	〔兼语〕	及物动词	宾 语	引 书
1	上	使	（ ）	（外）将	兵	史记陈涉世家
2	广	令	（ ）	辱	之	同上
3	（民）	使	（ ）	王	天下	韩非子五蠹
4		（愿）令	（ ）	（得）补	黑衣之数	战国策赵策

〔结构式〕V 主语+"使"（"呼"）+〔兼语〕+不及物动词

〔例句〕（表五）

	主 语	"使"	〔兼语〕	不及物动词	引 书
1		君	(为我)呼	（ ）	入	史记项羽本纪
2		(必勿)使	（ ）	反	战国策赵策
3		(无)使	（ ）	滋蔓	左传隐公元年
4	〔彼〕	使	（ ）	(不得)耕耨	孟子梁惠王上
5		使	（ ）	来前	庄子盗跖

〔说明〕

1. 这是使令类兼语式句型，谓语中心是含有"使令"意义的动词，即表示派遣和命令某人去做某件事情。

2. 兼语是名词、名词词组，都指人。

3. 表一例句兼语后面是及物动词，表二例句兼语后面是不及物动词，表三例句兼语后面是表示"赐与"意义的动词，可带双宾语，其中指人的是间接宾语，指物的是直接宾语。表四、五例句"使"的后面承上省略了兼语，省略的兼语可用代词"之"或"其"来代替。

4. "使""遣""发"译作"派遣"，"命""令"译作"命令"。"汉王使郦生说豹"可译为"汉王派郦食其劝说魏王豹"。

5. 适用本句型的动词有："使""命""令""遣""发""举""俾""送""护""延""劝""助""呼""待""教""责""要（邀）"

"挑""引""留"等。另外本句型也包括表示否定意义的动词，有："禁""止""诫""阻"等。

6．有关句型：

①孟尝君（使人给其食用），（无）使乏。（《战国策齐策》）

这句是在"使"的后面，省略了兼语"之"字。这个句型是在兼语后面跟形容词。其结构式为：

主语+"使"+〔兼语〕+形容词

②魏王使客将军辛垣衍令赵帝秦。（《战国策赵策》）

这是兼语式连套的句型，即在第一个兼语后面，又使用了"使""令"一类动词，因之又出现了第二个兼语。按照这样的结构形式，可以继续连套下去。其结构式为：

主语+"使"（"命""令"）+兼语$_1$+"使"（"命""令"）+兼语$_2$+及物动词+宾语

③晋郤芮使夷吾重赂秦（以）求入。（《左传僖公九年》）

这是兼语式和连动式套在一起的句型，即兼语后面是由两个或两个以上的动词构成的连动式。其结构式为：

主语+"使"（"命""令"）+兼语+及物动词+宾语+及物动词+宾语

④令壮者无取老妇，令老者无取壮妻。（《国语越语》）

这是兼语式和祈使句套用的句型，即在兼语后面使用了"毋"（"勿""无"）等否定副词，表示禁止兼语所代表的人物做某种事情。其结构式为：

主语+"使"（"命""令"）+兼语+"毋"（"勿""无"）+及物动词+宾语

句型2　〔上〕／（乃）拜／婴／为／大将军。

〔结构式〕　主语+"拜"（"封""任"）+兼语（表人名）

+"为"+宾语（表官职名）

〔例句〕

	主 语	"拜"	兼语	"为"	宾 语	引 书
1	〔上〕	（乃）拜	婴	为	大将军	史记魏其武安侯列传
2		封	吕马童	为	中水侯	史记项羽本纪
3		封	王翳	为	杜衍侯	同上
4		封	杨喜	为	赤泉侯	同上
5		任	光	为	郎	汉书霍光传
6	丞相	娶	燕王女	为	夫人	史记魏其武安侯列传
7	〔魏其武安〕	推毂	赵绾	为	御史大夫	同上

〔说明〕

1. 这是拜封类兼语式句型，谓语中心是含有"拜封"意义的动词，即表示拜封某人任某官职。

2. 兼语是名词（如例1的"婴"）或名词词组（如例6的"燕王女"），都指人。

3. 兼语后面是及物动词"为"字，表示"担当""担任"。"为"的宾语是表示官职或身份的名词。

4. 本句型在"拜"的后面的兼语，可以承上省略，如：拜〔　〕为上卿（《史记廉颇蔺相如列传》）。其结构式为：

主语+"拜"+〔兼语〕+及物动词+宾语

5. "拜"译作"封""任"，"推毂"译作"推荐"。"〔上〕拜婴为大将军"可译为"〔汉景帝〕任窦婴做大将军"。

6. 适合本句型的动词有"拜""封""任""立""除""推""举""迁""调""征""召""推毂""娶"等。

句型3　　有／颜回（者）／好／学／。
　　　　　有／朋／（自远方）来／。

〔结构式〕Ⅰ　　"有"+兼语+及物动词+宾语
〔例句〕（表一）

	"有"	兼语	及物动词	宾语	引　书
1	有	颜回（者）	好	学	论语雍也
2	有	蒋氏（者）	专	其利（三世矣）	柳宗元捕蛇者说
3	有	人	荷	畚	公羊传宣公六年
4	有	一老父	衣 冠	粗衣 白冠	说苑敬慎
5	有	梓人	款	其门	柳宗元梓人传
6	有	华阴令	（欲）媚	上官	蒲松龄促织

〔结构式〕Ⅱ　　"有"+兼语+不及物动词
〔例句〕（表二）

	"有"	兼　语	不及物动词	引　书
1	有	朋	（自远方）来	论语学而
2	有	王者	起	孟子滕文公上
3	有	父兄	在	论语先进
4	有	澹台灭明（者）	行（不由径）	论语雍也

〔说明〕

1. 句型3-5是"有"字类兼语式句型，谓语中心是动词"有"字。

2. 本句型是非主谓句，多用于叙事的开始，是用"有"字来介绍上文没有出现过的人物，以便突出叙述对象。

3. 兼语是名词（如表二例1的"朋"）或名词词组（如表一例4的"一老父"），都指人。有些例句的兼语是表示人名的专有名词（如表一例1的"颜回"），在这类兼语后面都要用语气词"者"字，表示停顿。

4. 表一例句兼语后面是及物动词，带的宾语是名词（如表一例3的"畚"）、名词词组（如表一例4的"粗衣"）或动词（如表一例1的"学"）。表二例句兼语后面是不及物动词。

5. "有颜回者好学"可译为"有个名叫颜回的人爱好学习"。

6. 句型转换：

A．颜回／好／学／。

⇌B．有／颜回者／好／学／。（本句型表一例1）

"荆卿好读书、击剑。"（第一编、Ⅰ、一、句型28例1）是主动宾句型，"颜回好学"与"荆卿好读书、击剑"结构相同。如果在"颜回"的前面加上动词"有"字，"颜回"就由主语转换成为兼语。这样就由A句型转换成为B句型："有颜回者好学。"这是用在主语前面添加"有"字（如果兼语是专有名词，还要在后面加上"者"字）的方法，使主动宾句型转换成兼语式句型的。

这两类句型在作用上的区别是：A句型用于一般叙事，B句型则强调介绍人物。

A类与B类句型转换的结构式是：

<u>主语</u>+及物动词+宾语

⇌"有"+<u>兼语</u>+及物动词+宾语

句型4　　楚人／有／卖其珠于郑者／为／木兰之柜／。

〔结构式〕　　主语+"有"+兼语+及物动词+宾语

〔例句〕

	主 语	"有"	兼 语	及物动词	宾 语	引 书
1	楚人	有	卖其珠于郑者	为	木兰之柜	韩非子外储说左上
2	人	有	亡铁者	意	其邻之子	吕氏春秋去尤
3	淮阴屠中少年	有	侮信者	曰		史记淮阴侯列传
4	郑	有	叔詹、堵叔、师叔三良	为	政	左传僖公七年
5	郢人	有	遗燕相国书者	(夜)书		韩非子外储说左上
6	宋	有	澄子(者)	亡	缁衣	吕氏春秋淫辞
7	邑	有	成名(者)	操	童子业	蒲松龄促织
8	中	有	鲁人冯三保(者)	精	技击	徐珂冯婉贞

〔说明〕

1. 本句型的兼语是名词，一般是专有名词（如例6的"澄子"）或名词词组（如例1的"卖其珠于郑者"），都指人。在专有名词后面常用语气词"者"字，表示停顿。这里的"者"和"卖其珠于郑者"的"者"不同，后者是代词，表示"……的人"。

2．在主语和兼语之间有着全体和部分的关系：主语是全体，兼语是部分。因此，可以在主语的后面加"之中"来理解。

3．"楚人有卖其珠于郑者为木兰之柜"可译为"楚国有个人在郑国卖宝珠，做了一个木兰的匣子"。

4．比较：

A．楚人有涉江者。（本编、Ⅱ、一、句型45）

B．楚人有卖其珠于郑者，为木兰之柜。（本句型例1）

A句型是主动宾句，"有"字作谓语中心，表示存在；B句型是兼语式句。二者的区别在于：A句型的后面是另一个句子，如"楚人有涉江者"的后面是"其剑自舟中坠于水"，"其剑"作主语，"坠"作谓语中心。B句型在"……有……者"后面是

139

个动词,如"楚人有卖其珠于郑者"后面是动词"为"字,"卖其珠于郑者"作"有"的宾语,又兼作"为"的主语。

句型5　卫灵公／有／宠姬／曰／南子／。
　　　　　魏／有／隐士／曰／侯嬴／。

〔结构式〕Ⅰ　主语(人名)+"有"+兼语+曰("名")+宾语
〔例句〕(表一)

	主　语	"有"	兼语	"曰"	宾语	引　书
1	卫灵公	有	宠姬	曰	南子	史记仲尼弟子列传
2	赵简子	有	臣	曰	周舍	史记赵世家
3	(昔)金天氏	有	裔子	曰	昧	史记郑世家
4	楚庄子之弟春申君	有	爱妾	曰	余	韩非子奸劫弑臣
5	皇太后	有	爱女	曰	修成君	史记齐悼惠王世家
6	修成君	有	女	名	娥	同上

〔结构式〕Ⅱ　主语(处所名)+"有"+兼语+"曰"("名曰")
　　　　　　　+宾语
〔例句〕(表二)

	主语	"有"	兼　语	"曰"("名曰")	宾　语	引　书
1	魏	有	隐士	曰	侯嬴	史记魏公子列传
2	南方	有	鸟(焉)	名曰	蒙鸠	荀子劝学
3	西方	有	木(焉)	名曰	射干	同上
4	齐	有	处士	曰	钟离子	战国策齐策
5	明	有	奇巧人	曰	王叔远	魏学洢核舟记

〔说明〕
1. 本句型谓语中心是动词"有"字。表一例句的"有"表示

"领有""具有"。表二例句的"有"表示"存在"。

2. 表一例句的主语是指人的名词,表二例句的主语是处所名词(国名、地名等)。

3. 兼语是名词或名词词组,可以指人,也可以指物。

4. 兼语后面是及物动词"曰""名"等,表示"叫做""取名"。"曰""名"的宾语是专有名词。

5. "曰"译作"叫做","名"译作"取名"或"名字叫做"。"卫灵公有宠姬曰南子"可译为"卫灵公有一个宠幸的姬妾,名叫南子"。

6. 适合本句型兼语后面的动词有:"曰""名""名曰""字""号"等。

句型6　　妇人／谓／嫁／曰／归／。

〔结构式〕　　主语+"谓"("名""字""号""命")+兼语+
　　　　　　"曰"("为")+宾语

〔例句〕

	主语	"谓"	兼语	"曰"	宾语	引书
1	妇人	谓	嫁	曰	归	公羊传隐公二年
2	楚人	谓	姊	为	嫇	说文引贾逵说
3		谓	其台	曰	灵台	孟子梁惠王上
4		谓	其沼	曰	灵沼	同上
5		号	其书	曰	新语	史记陆贾列传
6		号	之	曰	有巢氏	韩非子五蠹
7		号	之	曰	燧人氏	同上
8		名	余	曰	正则(兮)	离骚
9		字	余	曰	灵均	同上
10	〔晋穆侯之夫人姜氏〕	命	之	曰	仇	左传桓公二年

〔说明〕

1．这是命名类兼语式句型，谓语中心是表示"称谓""命名"的动词。

2．兼语是名词（如例2的"姊"）、名词词组（如例3的"其台"）、代词（如例8的"余"）或动词（如例1的"嫁"）。

3．兼语后面是及物动词"曰"（"为"），表示"叫做"。"曰"的宾语是名词（如例3的"灵台"，多数是专有名词）或动词（如例1的"归"）。

4．"谓"译作"称谓"，"名""字""号"译作"取名""取字""取号"。本句型在译成现代汉语时，有的用"把……"式，如"妇人谓嫁曰归"可译为"妇人把出嫁叫做归"；有的用"给……"式．如"名余曰正则兮"可译为"给我取名叫做正则"。

句型7　　禹／以／四海／为／壑／。

〔结构式〕　主语+"以"+兼语+"为"+"为"的宾语

〔例句〕

	主语	"以"	兼语	"为"	"为"的宾语	引书
1	禹	以	四海	为	壑	孟子告子下
2	〔今〕吾子	以	邻国	为	壑	同上
3	臣	（请）以	雕玉	为	棺	史记滑稽列传
4		以	银	为	钱	史记大宛列传
5	〔子墨子〕	以	牒	为	械	墨子公输
6		（必）以	长安君	为	质	战国策赵策
7	〔赵简子〕	以	虎会	为	上客	新序杂事
8	〔权〕	（遂）以	周瑜程晋	为	左右督	司马光赤壁之战
9		以	鲁肃	为	赞军校尉	同上

〔说明〕

1. 这是"以……为……"类兼语式句型,谓语中心是含有"致使"意义的动词"以"字,表示"以此为彼"。

2. 在"以"字的后面是兼语。这类兼语是名词或名词词组,可以表物,也可以表人。

3. 兼语后面是及物动词"为"字,表示"做""做为"或"担任"。

4. "为"的宾语是名词,可以表物,也可以表官职或身份。

5. "以……为……"译作"拿……做……"或"任……当……"。"禹以四海为壑"可译为"禹拿四海做为流注水的沟谷"。

第八类 主‖动+宾+动+宾

这类是连动式句型,谓语由两个或两个以上连用的动词或动词词组构成。连动句的两个动词或动词词组共用一个主语。

连动句中动词或动词词组之间的次序是固定的,不能颠倒。这类句型在动词中间没有语音停顿(在书面上不用逗号)。

句型1　　汉王／辍／食／吐／哺／。
　　　　　周显王／闻／之／恐惧／。
　　　　　〔郑人〕／反归／取／之／。
　　　　　嫂／委蛇／蒲服／。

〔结构式〕Ⅰ　主语+及物动词+宾语+及物动词+宾语
〔例句〕（表一）

	主 语	及物动词	宾 语	及物动词	宾 语	引 书
1	汉王	辍	食	吐	哺	史记留侯世家
2	卒	买	鱼	烹食		史记陈涉世家
3	婉贞	挥	刀	（奋）斫		徐珂冯婉贞
4	〔婉贞〕	率	众	袭	之	同上

〔结构式〕Ⅱ　主语+及物动词+宾语+不及物动词
〔例句〕（表二）

	主 语	及物动词	宾 语	不及物动词	引 书
1	周显王	闻	之	恐惧	史记苏秦列传
2	〔韩王〕	按	剑	（仰天）太息	同上
3	哙	（即）带	剑		
		拥	盾	入（军门）	史记项羽本纪
4	楼缓	闻	之	亡去	史记平原君虞卿列传
5	〔陈涉〕	辍	耕	之（垄上）	史记陈涉世家

〔结构式〕Ⅲ　主语+不及物动词+及物动词+宾语
〔例句〕（表三）

	主 语	不及物动词	及物动词	宾 语	引 书
1	〔郑人有且置履者〕	反归	取	之	韩非子外储说左上
2	秦王	坐（章台）	见	相如	史记廉颇蔺相如列传
3	楚王	（大）怒	兴	兵	
			袭	秦	史记张仪列传

〔结构式〕　Ⅳ主语+不及物动词+不及物动词
〔例句〕（表四）

	主语	不及物动词	不及物动词	引书
1	嫂	委蛇	蒲服	史记苏秦列传
2	坐者	（皆）起	（再）拜	史记孟尝君列传
3	燕军	大骇	败走	史记田单列传
4	〔先生〕	拜跪	啼泣	马中锡中山狼传

〔说明〕

  1．在表一例句中，连用的两个动词都是及物动词；在表二例句中，前一个动词是及物动词，后一个动词是不及物动词；在表三例句中，前一个动词是不及物动词，后一个动词是及物动词；在表四例句中，连用的两个动词都起不及物动词。

  2．连动式句型的主语是名词、名词词组或代词，大都指人。

  3．"汉王辍食吐哺"可译为"汉王停止进食，吐出了口中的食物"。

句型2　　御者／（因）揄／刀／而／剌／美人／。

　　　　　　公／求／而／得之／。

　　　　　　扁鹊／望／桓侯／而／还走／。

　　　　　　绍绩昧／醉寐／而／亡／其裘／。

〔结构式〕Ⅰ　主语+及物动词+宾语+"而"+及物动词+宾语

〔例句〕（表一）

	主语	及物动词	宾语	"而"	及物动词	宾语	引书
1	御者	（因）揄	刀	而	剌	美人	韩非子内储说下
2	广	夺	薇	而	杀	尉	史记陈涉世家
3	〔伯夷叔齐〕	采	薇	而	食	之	史记伯夷列传
4	〔宋人有耕田者〕	（因）释	其耒	而	守	株	韩非子五蠹

〔结构式〕Ⅱ　主语+及物动词+"而"+及物动词+"之"
〔例句〕（表二）

	主语	及物动词	"而"	及物动词	"之"	引书
1	公	求	而	得	之	史记樗里子甘茂列传
2	平公	呼	而	进	之	礼记檀弓下
3	予	（既）烹	而	食	之	孟子万章上
4	公孙支	书	而	藏	之	史记扁鹊列传
5	〔中射之士〕	（因）夺	而	食	之	韩非子说林上
6	我	诈	而	（尽）坑	之	史记白起王翦列传

〔结构式〕Ⅲ　主语+及物动词+宾语+"而"+不及物动词
〔例句〕（表三）

	主语	及物动词	宾语	"而"	不及物动词	引书
1	扁鹊	望	桓侯	而	还走	韩非子喻老
2	〔子路〕	（遂）结	缨	而	死	史记仲尼弟子列传
3	苏秦	闻	之	而	惭	史记苏秦列传
4	苴	发	疾	而	死	史记司马穰苴列传
5	余	闻		而	（愈）悲	柳宗元捕蛇者说
6	〔丈人〕	植	其杖	而	芸	论语微子

〔结构式〕Ⅳ　主语+不及物动词+"而"+及物动词+宾语
〔例句〕（表四）

	主语	不及物动词	"而"	及物动词	宾语	引书
1	绍绩昧	醉寐	而	亡	其裘	韩非子说林上
2	乐羊	坐（于幕下）	而	啜	之	同上
3	晏子	怪	而	问	之	史记管晏列传
4	孟尝君	（必）喜	而	受	之	史记孟尝君列传

〔说明〕

1. "而"是连词,放在两个动词或动词词组之间,表示在时间上有先后相继的两种行为的联系。连动式如果是连用了两个及以上的动词,"而"字则放在最后一个动词的前面。

2. 在表一例句中,连用的前后都是及物动词;在表二例句中,连用的前后都是及物动词,但其特点是,这两个动词共同支配一个宾语,宾语是代词"之"字;在表三例句中,前一个动词是及物动词,后一个动词是不及物动词;在表四例句中,前一个动词是不及物动词,后一个动词是及物动词。

3. "而"字可以不译。"御者因揄刀而劓美人"可译为"随从的人于是拔出刀来,割了美女的鼻子"。

句型3　　〔诸郡县苦秦吏者〕/杀/之/以/应/陈涉/。

〔结构式〕　主语+及物动词+宾语+"以"(表目的)+及物动词+宾语

〔例句〕

	主　语	及物动词	宾　语	"以"	及物动词	宾　语	引　书
1	〔诸郡县苦秦吏者〕	杀	之	以	应	陈涉	史记陈涉世家
2	〔起〕	学	兵法	以	事	鲁君	史记孙子吴起列传
3	起	杀	妻	以	求	将	同上
4		率	士卒	以	诛	暴秦	史记张耳列传
5	楚人	伐	宋	以	救	郑	左传僖公二十二年
6	百工	居	肆	以	成	其事	论语子张
7	君子	学		以	致	其道	同上
8	吾	(必)尽	吾力	以	拯	吾村	徐珂冯婉贞
9	老农	卖	一刀	以	易	我	马中锡中山狼传

〔说明〕

1．"以"是连词，放在两个动词（或动宾词组）之间，表示后面的动作行为是前面动作行为的目的。

2．"以"译作"来"或"以便"。"诸郡县苦秦吏者杀之以应陈涉"可译为"各郡县苦于秦朝官吏统治的人们都杀死他们来响应陈涉"。

3．适合本句型的连词有："以""而"等。

句型4　圣人/见/微/以/知/萌/。

〔结构式〕　主语+及物动词+宾语+"以"（表结果）+及物动词+宾语

〔例句〕

	主语	及物动词	宾语	"以"	及物动词	宾语	引书
1	圣人	见	微	以	知	萌	韩非子说林上
2		见	端	以	知	末	同上
3	回（也）	闻	一	以	知	十	论语公冶长
4	赐（也）	闻	一	以	知	二	同上
5	太公	相	文武	以	王	天下	盐铁论刺复
6		为	畔逆	以	忧	太后	史记吴王濞列传
7	（昔）秦缪公	（不）从	百里奚蹇叔之言	以	败	其师	汉书息夫躬传

〔说明〕

1．"以"是连词，放在两个动词(或动宾词组)之间，表示后面的动作行为是前面的动作行为的结果。

2．这里连用的都是及物动词，后面带的宾语是名词(如例 2

的"端"和"末"），名词词组(如例 7 的"百里奚、蹇叔之言"和"其师")或数词(如例 3 的"一"和"十")。

3. 例 5 的"王"是名词用如动词，例 6 的"忧"是不及物动词的使动用法。

4. "以"译作"才""就""以致""终于"。"圣人见微以知萌"可译为"圣人看见微小的现象，就知道事物的苗头"。

5. 适合本句型的连词有："以""而"等。

第九类　主‖谓（动作谓语中心的主谓词组）

由主谓词组充当谓语的句子叫主谓谓语句。本类句型中的全句主语与谓语中某一词语在意义上有被复指和复指关系。

句型1　百亩之田／，匹夫耕之／。
　　　　君子之所为／，众人（固）不识也／。

〔结构式〕Ⅰ　主语+谓语（主+动+"之"）
〔例句〕（表一）

	主　语	谓　语			引　书
		主	动	"之"	
1	百亩之田	匹夫	耕	之	孟子尽心上
2	身已贵而骄人者	民	去	之	说苑敬慎
3	位已高而擅权者	君	恶	之	同上
4	爱人者	人	（恒）爱	之	孟子离娄下
5	敬人者	人	（恒）敬	之	同上
6	其所善者	吾	（则）行	之	左传襄公三十一年
7	其所恶者	吾	（则）改	之	同上

续表

			谓语		引书
8	险阻艰难		（备）尝	之（矣）	左传僖公二十八年
9	民之情伪		（尽）知	之（矣）	同上
10	俎豆之事		（则尝）闻	之（矣）	论语卫灵公
11	贤士大夫 有肯从我游者	吾	（能）尊显	之	汉书高帝纪
12	赵孟之所贵	赵孟	（能）贱	之	孟子告子上
13	是说（也）	人	（常）疑	之	苏轼石钟山记

〔结构式〕Ⅱ　主语+谓语（主+"不"+动）+〈"也"〉
〔例句〕（表二）

	主语	谓语			"也"	引书
		主	"不"	动		
1	君子之所为	众人	（固）不	识	也	孟子告子下
2	（夫）心之精微	口	不	（能）言	也	汉书张敞传
3	言之微眇	书	不	（能）文	也	同上

〔说明〕

1. 本句型在充当谓语的主谓词组中，有个代词"之"字。"之"在主谓词组中作宾语，而且用来复指全句的主语。如例1"百亩之田，匹夫耕之"中的后一"之"，是"耕"的宾语，而且复指"百亩之田"。

2. 表二例句是表一例句的否定形式。否定副词"不"放在主谓词组中的谓语前面。这类句子，在主谓词组中一般不用"之"字。

3. 例11的"尊显"和例12的"贱"都是形容词用如使动。

4. "之"表示"他（她、它）"，可不翻译。"百亩之田，匹夫耕之"可译为"百亩的土地，男子去耕种"。

5. 句型转换：

A、匹夫／耕／百亩之田／。
⇌B、百亩之田／匹夫耕之／。（本句型表一例1）
　　"偃言万世之功"（第一编、I，一，句型13表例3）是主动宾句型，"匹夫耕百亩之田"和"偃言万世之功"结构相同。如果把宾语"百亩之田"提到句首，在原来的位置上置换以代词"之"字，这样就转换成B句型："百亩之田，匹夫耕之。"
　　这里的A类句型，一般可以转换为B类句型；但B类句型并不是全部都能转换为A类句型的。转换的条件是：B类句型的主语的字数要较少些，否则转换成A类句型中主谓词组的宾语，就会显得累赘、拗口。
　　A类与B类句型转换的结构式是：
　　主语+及物动词+宾语
⇌主语+谓语（主+动+"之"）

句型2　　鸟／，吾知其能飞／。

〔结构式〕　主语+谓语（主+动+宾（"其"+动／形〈+宾〉））
〔例句〕

	主语	谓语			引书
		主	动	宾	
1	鸟	吾	知	其（能）飞	史记老子列传
2	鱼	吾	知	其（能）游	同上
3	兽	吾	知	其（能）走	同上
4	角（者）	吾	知	其为牛	韩愈获麟解
5	匡章	通国	（皆）称	（不）孝（焉）	孟子离娄下

〔说明〕

1．本句型是以主谓词组作谓语。这个主谓词组中的谓语中心常是表示心理活动或称谓的动词，如"知""称"等。它的宾语又是一个主谓词组，代词"其"字在这个主谓词组中作主语，并且用来复指全句的主语。如：例1"鸟，吾知其能飞"中的"吾知其能飞"是个主谓词组，而"知"的宾语"其能飞"又是主谓词组，"其"在主谓词组中作主语，而且复指全句主语"鸟"。"其"等于"名词+'之'"。

2．例5"称"字后面省略了"其"字。

3．"其"译作"他（她、它）"等。"鸟，吾知其能飞"可译为"鸟，我知道它会飞"。

4．本句型中的"其"字后面，也可以是名词，则"其"作名词的定语。如：

三军，可夺帅也；匹夫，不可夺志也。（《论语子罕》）

这里主谓词组中的主语因泛指省略，宾语中心"帅""志"前面又省略了"其"字，等于说"夺〔其〕帅"，"夺〔其〕志"。其结构式为：

主语+谓语（主+动+宾〈"其"+名〉）

5．有关句型

回也，其心三月不违仁。（《论语雍也》）

这也是以主谓词组作谓语的句型。"其"的后面是名词，"其"作名词的定语。"其"和名词组成名词词组，在主谓词组中作主语。其结构式为。

主语+谓语（主〈"其"+名〉+动+宾）

6．句型转换：

A．吾／知／鸟能飞。

⇌B鸟／吾知／其能飞。（本句型例1）

"夫人知我爱新人也"（第一编、Ⅱ、一、句型31、表二例1）是主动宾句型，"知"的宾语是主谓词组"我爱新人"。"吾知鸟能飞"和"夫人知我爱新人"结构相同。如果把主谓词组中的主语

"鸟"提到句首，在原来的位置上置换以代词"其"字，这样就转换成 B 句型："鸟，吾知其能飞"。

A 类与 B 类句型转换的结构式是：

主语+及物动词+宾语（主+动+宾）

⇌ 主语+谓语（主+动+宾（"其"+动〈+宾〉））

句型 3　　贼仁者／谓之贼／。

〔结构式〕　主语+谓语（"谓"+"之"+直接宾语）
〔例句〕

	主　语	谓　语			引　书
		"谓"	"之"	直接宾语	
1	贼仁者	谓	之	贼	孟子梁惠王下
2	贼义者	谓	之	残	同上
3	未可与言而言	谓	之	傲	荀子劝学
4	可与言而不言	谓	之	隐	同上
5	是是非非	谓	之	知	荀子修身
6	非是是非	谓	之	愚	同上
7	若是者	谓	之	羽属	周礼冬官考工记梓人
8	若是者	谓	之	裸属	同上
9	既毕献斯扬觯	谓	之	杜举	礼记檀弓下

〔说明〕

1. 本句型的谓语是个主谓词组，主谓词组中的主语通常不出现，谓语中心是表示"称谓"的动词"谓"字。"谓"带双宾语。间接宾语是代词"之"字，用来复指全句的主语；直接宾语是名词、名词词组（如例 7 的"羽属"）或形容词（如例 6 的"愚"）。

2. 全句的主语是名词词组（如例 1 的"贼仁者"）、动词词组（如例5的"是是""非非"，其中前面的"是"和"非"都是形容词用如意动）或复句形式（如例9的"既毕献，斯扬觯"）。

3．"谓"译作"称做""叫做"。"贼仁者谓之贼"，可译为"破坏仁爱的人叫做贼"。

4．适合本句型的动词有："谓""为""与"等。

5．有关句型：

五亩之宅，树之以桑。（《孟子梁惠王上》）

这里的谓语是个主谓词组。主谓词组中的主语通常不出现，宾语是代词"之"字，用来复指全句的主语。如"树之以桑"中的"之"字，是"树"的宾语，而且复指主语"五亩之宅"。"以"字介词词组放在动词后面，作补语。这种句型较少见。其结构式为：

主语+谓语（〔主〕+动+宾+"以"+介词宾语）

句型4　　不仁而得天下者／，未之有也／。

〔结构式〕　主语+谓语（"未"／"无"+"之"+及物动词）〈+"也"〉

〔例句〕

	主 语	谓 语			"也"	引 书
		"未"	"之"	及物动词		
1	不仁而得天下者	未	之	有	也	孟子尽心下
2	老者衣帛食肉黎民不饥不寒然而不王（者）	未	之	有	也	孟子梁惠王上
3	使医除疾而曰必遗类焉（者）	未	之	有	也	左传哀公十一年
4	甲兵之事	未	之	闻	也	同上
5	外重物而不内忧者	无	之	有	也	荀子正名

〔说明〕

1．本句型的谓语是个主谓词组。主谓词组中的主语通常不出现；状语是否定副词"未""无"等字，用来否定某种事实的历程；宾语是代词"之"字，用来复指全句的主语。如例1"不仁而得天下者，未之有也"中的"之"，是"有"的宾语，而且复指"不仁而得天下者"。

2．本句型是否定句，动词的宾语是代词，这个代词要放在动词的前面，如："未之有也"中的"之"要放在"有"的前面。"未之有也"就是"未有之也"。

3．"未""无"译作"没""不曾"。本句型在译成现代汉语时，要把提前的宾语移到动词后面。如："不仁而得天下者，未之有也"可译为"不仁爱却能得到天下的，不曾有过这样的事"。

4．适合本句型的否定副词有："未""末""无"等。

第十类　主‖动（能愿）

句型　小子鸣鼓而攻之／，可也／。

〔结构式〕　主语（主谓词组）+"可"〈+"也"（"矣"）〉
〔例句〕

	主　语	"可"	"也"	引　书
1	小子鸣鼓而攻之	可	也	孟子离娄上
2	帝令废之	可	也	汉书贾谊传
3	退之	可	也	同上
4	赐之死	可	也	同上

155

续表

5	灭之	可	也	同上
6	〔诸君〕瞻予马首	可	也	徐珂冯婉贞
7	士无事而食	（不）可	也	孟子滕文公下
8	夕死	可	矣	论语里仁

〔说明〕

1. "可"是能愿动词，表示客观情况容许，作谓语。
2. 本句型的主语是主谓词组，用来表示某件事情。
3. "可"译作"可以"。"小子鸣鼓而攻之，可也"可译为"你们敲着鼓去攻击他，是可以的"。

第十一类　主‖状（能愿）+动+宾

句型1　　晋楚之从，不闻达者／，可／谓／无人／。
　　　　　夫子／可以／行矣／。

〔结构式〕Ⅰ　主语+"可"（"可以""足以""能"）+及物动词+宾语

〔例句〕（表一）

	主语	"可"	及物动词	宾语	引书
1	晋楚之从不闻达者	可	谓	无人	左传昭公十三年
2	族尽亲叛	可	谓	无主	同上
3	无衅而动	可	谓	无谋	同上
4	若仓公（者）	可	谓	近之（矣）	史记仓公列传
5	杀所不足而争所有余	（不）可	谓	智	墨子公输

156

续表

	主语	"可以"			引书
6	五十者	可以	衣	帛（矣）	孟子梁惠王上
7	七十者	可以	食	肉（矣）	同上
8		可以	托	六尺之孤	论语泰伯
9		可以	寄	百里之命	同上
10	吾力	足以	举	百钧	
		（而不）足以	举	一羽	孟子梁惠王上
11	死	（不）足以	为	臣患	史记范雎列传
12	亡	（不）足以	为	臣忧	同上
13	力	（不）足以	事	二主	韩非子奸劫弑臣
14	君	能	补	过	左传宣公二年

〔结构式〕Ⅱ 主语+"可以"+不及物动词
〔例句〕（表二）

	主语	"可以"	不及物动词	引书
1	夫子	可以	行（矣）	史记孔子世家
2	秦	可以	霸	左传僖公十五年
3	学	（不）可以	已	荀子劝学
4	毛羽不丰满者	（不）可以	（高）飞	战国策秦策

〔说明〕

1．"可""可以""足以""能"等是能愿动词，表示动作行为的可能，作状语。

2．本句型的主语和宾语通常是名词、名词词组或代词。在"可"和"谓"连在一起的句子中，主语可以是动宾词组（如表一例4的"若仓公"）、主谓词组（如表一例1的"晋楚之从，不闻达者"）或复句形式（如表一例2的"族尽亲叛"）；宾语可以是动宾词组（如表一例1的"无人"）或形容词（如表一例5的"智"）。

3．表二例2的"霸"是名词用如动词。

4．"可"译作"可以"，"足以"译作"能够"或"足够"。

"晋楚之从,不闻达者,可谓无人"可译为"晋国楚国跟从他的人,没有听到知名之士,可以说没有贤人"。

5. 适合本句型的能愿动词有:"可""可以""足""足以""能""而""耐""能以""得""克""任"等。

6. 有关句型

马蹄可以践霜雪,毛可以御风寒。(《庄子马蹄》)

这里的"可"和"以"是两个词。"以"是介词,用来引进动作行为的工具,在"以"的后面省略了代词"之"。"可"译作"可以","以"译作"用"。适合本句型的还有:"足以""能以"等。

此句型的结构式为:

主语+"可"("足""能")+"以"+〔"之"〕+及物动词+宾语

句型2　吾／欲／伐／吴／。

〔结构式〕　主语+"欲"("愿""肯""敢""忍")+及物动词+宾语

〔例句〕

	主 语	"欲"	及物动词	宾 语	引 书
1	吾	欲	伐	吴	韩非子内储说上
2	吾	欲	知	之	同上
3	工	欲	善	其事	论语卫灵公
4	王	欲	行	王政	孟子梁惠王下
5	公输子之意	(不过)欲	杀	臣	墨子公输
6		愿	请	先王之祭器	战国策齐策
7	臣	(乃)敢	上	璧	史记廉颇蔺相如列传
8	余	(不)敢	言	之(也)	史记大宛列传

续表

9	余	（不）忍	（益）也		左传成公十七年
10	我	（不）忍	杀		史记司马相如列传
11	〔两人〕	（不）肯	见	公子	史记魏公子列传

〔说明〕

1．"欲""愿""敢""忍""肯"是能愿动词。"欲""肯""忍"表示愿望和意志，"敢"表示有胆量做某事，作状语。

2．例3中的"善"是形容词用如使动。

3．"欲"译作"要""想要"。"吾欲伐吴"可译为"我要攻打吴国"。

4．适合本句型的能愿动词有："愿""欲""敢""肯""忍""屑"等。

句型3　是／宜／为／君／。

　　　　　将军／（不）宜／入（闾巷）／。

〔结构式〕Ⅰ　主语+"宜"（"当""须"）+及物动词+宾语
〔例句〕（表一）

	主　语	"宜"	及物动词	宾语	引　书
1	是	宜	为	君	左传庄公十一年
2	孤	当	（续）发	人众	三国志周瑜传
3		（不）宜	（倨）见	长者	史记郦生列传
4	宗庙之祀	未（当）	绝（也）		史记秦始皇本纪
5	臣	宜	从	之	史记留侯世家
6	〔公〕	宜	知	大将	史记田叔列传
7		不（须）	（复）烦	血	汉书冯奉世传
8	王	当	歃（而）定	从驾之	史记平原君列传
9	将军	宜	枉顾		三国志诸葛亮传

〔结构式〕Ⅱ　主语+"宜"+不及物动词
〔例句〕（表二）

	主　语	"宜"	不及物动词	引　书
1	将军	（不）宜	入（闾巷）	汉书楼护传
2	（今）大王	（亦）宜	斋戒（五日）	史记廉颇蔺相如列传

〔说明〕

　　1."宜""当""须"是能愿动词，表示动作行为的必要或必然，作状语。

　　2.表二例1的"闾巷"是不及物动词"入"的非受事宾语。

　　3."宜""当""须"译作"应该""应当"。"是宜为君"可译为"这个人应该做国君"。

　　4.适合本句型的能愿动词有："宜""当""应""须""如""合"等。

第十二类　主‖状（否定副）+动+宾

句型1　周／不／纳／客／。
　　　　知者／不／惑／。

〔结构式〕Ⅰ　主语+"不"（"未""弗"）+及物动词+宾语
〔例句〕（表一）

	主　语	"不"	及物动词	宾　语	引　书
1	周	不	纳	客	韩非子说林上
2	远水	不	救	近火（也）	同上

续表

3	吾	不	知	其美（也）	同上
4	吾	不	知	其恶（也）	同上
5	夫	不	喜	文学	史记魏其武安侯列传
6	孤	不	度量	德力	三国志诸葛亮传
7	贾	不	（敢复）读	天下之书	
		不	（敢复）与	天下之事	史记范雎列传
8	眸子	不	（能）掩	其恶	孟子离娄上
9	网	不	（能）止		韩非子说林下
10	缴	不	（能）绁（也）		同上
11	〔肉食者〕	未	（能远）谋		左传庄公十年
12		弗	若	之（矣）	孟子告子上
13	长安中诸公莫	弗	称	之	史记魏其武安侯列传

〔结构式〕Ⅱ　主语+"不"+不及物动词
〔例句〕（表二）

	主　语	"不"	不及物动词	引　书
1	知者	不	惑	论语子罕
2	仁者	不	忧	同上
3	勇者	不	惧	同上
4	孟尝君	不	悦	战国策齐策
5	桓侯	不	应	韩非子喻老
6	商旅	不	行	范仲淹岳阳楼记

〔说明〕

1. "不"是否定副词，起否定动词所表示的动作行为的作用，作状语。

2. 在本句型中的否定副词"弗""未"的语法作用、意义都与"不"相同,但这不是它们的常见用法。"弗"后面动词带宾语的情况,在先秦极为少见,两汉以后逐渐增多。

3."知者不惑"可译为"聪明人不疑惑"。

4.适合本句型的否定副词有:"不""弗""未""蔑""靡""无""罔""匪"等。

5.句型转换

A.周／纳／客／。

⇌B.周／不纳／客／。(本句型表一例1)

"范蠡事越王勾践"(第一编、Ⅱ、一、句型1例2)是主动宾句型,"周纳客"和"范蠡事越王勾践"结构相同。如果在"纳"的前面,加上一个否定副词"不"字,这样就转换成B句型:"周不纳客。"这是用添加否定副词的方法,使肯定句转换成否定句的。

A类与B类句型转换的结构式是:

主语+及物动词+宾语

⇌主语+"不"+及物动词+宾语

句型2　　晋灵公／不／君／。

〔结构式〕　主语+"不"("弗")+不及物动词(名用如动)
〔例句〕

	主　语	"不"	不及物动词	引　书
1	晋灵公	不	君	左传宣公二年
2	君子	不	器	论语为政
3	主	不	神(矣)	韩非子外储说右上
4	神	弗	福(也)	左传庄公十年
5	〔客〕	不	冠	
		不	袜	魏禧大铁椎传

〔说明〕

1．"不"（"弗"）是否定副词，起否定动词所表示的动作行为的作用，作状语。

2．在本句型中，"不"后面的名词用如不及物动词，作谓语。

3．本句型在译成现代汉语时，可以在用作不及物动词的名词前面，补出适当的动词，如："晋灵公不君"可译为"晋灵公不行君道"。

句型3 　行道之人／弗／受／。

〔结构式〕　主语+"弗"+及物动词

〔例句〕

	主　语	"弗"	及物动词	引　书
1	行道之人	弗	受	孟子告子上
2	太宰	（因）弗	（复）见（也）	韩非子说林上
3	桓公	（乃）弗	救	同上
4	魏宣子	弗	予	同上
5	民	弗	从（也）	左传宣公十年
6	公	弗	许	左传隐公元年
7	项王	弗	听	史记项羽本纪
8	〔陛下〕	弗	（能）用（也）	史记冯唐列传

〔说明〕

1．"弗"是否定副词，起否定动词所表示的动作行为的作用，作状语。

2．在先秦时，"弗"与"不"在用法上是有区别的："弗"字后面一般是及物动词，而这个及物动词后面常不带宾语。"弗"

等于"不……之","之"是语义上的宾语,指代上文的人或物。"不"既能否定动词,又能否定形容词;"不"字后面既可以是及物动词,又可以是不及物动词;既可以带宾语,又可以不带宾语(详见"不"字句型)。

3."弗"译作"不"。但译时,有时要补出"之"所指代的语义上的宾语,有时也可以不补。如:"行道之人弗受"可译为"过路的饿人都不会接受〔一筐饭,一碗羹〕"。

句型4 吾／不／如／老农／。

〔结构式〕 主语+"不"+"如"("若")+宾语
〔例句〕

	主 语	"不"	"如"	宾 语	引 书
1	吾	不	如	老农	论语子路
2	吾	不	如	老圃	同上
3	千羊之皮	不	如	一狐之腋	史记赵世家
4	知之者	不	如	好之者	论语雍也
5	好之者	不	如	乐之者	同上
6	徐公	不	若	君之美(也)	战国策赵策
7	吾尝跂而望(矣)	不	如	登高之博见(也)	荀子劝学
8	夷狄之有君	不	如	诸夏之亡(也)	论语八佾
9	猛虎之犹豫	不	若	蜂虿之致螫	史记淮阴侯列传
10	骐骥之跼躅	不	如	驽马之安步	同上
11	孟贲之狐疑	不	如	庸夫之必至(也)	同上

〔说明〕

1."不"是否定副词,作状语。"如("若")是动词,用于两个人物或两件事情之间相比较,作谓语中心。本句型是比较句,表示前者赶不上后者。

2．本句型的主语是名词（如例6的"徐公"）、名词词组（如例3的"千羊之皮"）、代词（如例1的"吾"）或主谓词组（如例8的"夷狄之有君"）。

3．本句型的宾语是名词词组（如例1的"老农"）、动词词组（如例7的"登高之博见"）或主谓词组（如例8的"诸夏之亡"）。

4．"之"是助词，放在主谓词组的主语和谓语之间，取消句子独立性。

5．"不如（若）"译作"赶不上""比不上"。"吾不如老农"可译为"我赶不上老农民"。

6．适合本句型的否定副词有："不""未"等，动词有："如""若""及"等。

7．有关句型：
（相人多矣）无如季相。（《汉书高帝纪》）
"无"是否定性无定代词，当"没有人"讲，作主语。"无"可以用"莫"替换。
其结构式为：
"无"（"莫"）+"如"+宾语

句型5　（夫）被坚执锐／，义／不／如／公／。

〔结构式〕　状语（名词词组／动词词组／主谓词组）+主语+"不"+"如"（"及"）+宾语

〔例句〕

	状　语	主语	"不"	"如"	宾语	引　书
1	（夫）被坚执锐	义	不	如	公	史记项羽本纪
2	坐而运策	公	不	如	义	同上

续表

3	（夫）用贫求富	农工	不不	如如	工商	史记货殖列传
4	（夫）运筹策帷帐之中决胜千里外	吾	不	如	子房	史记留侯世家
5	兵甲之事	种	不	如	蠡	史记越王勾践世家
6	填抚国家亲附百姓	蠡	不	如	种	同上
7	辩察于辞清洁于货习人情	夷吾	不	如	弦商	韩非子外储说左下
8	登降肃让以明礼待宾	臣	不	如	隰朋	同上
9	提桴鼓立军门使士大夫乐死战斗	仁	不	及	任安	史记田叔列传
10	（夫）决嫌疑定是非辩治官使百姓无怨心	安	不	及	仁（也）	同上

〔说明〕

1. "不"是否定副词，作状语。"如"（"及"）是动词，用于两个人（也可以是物）之间相比较，作谓语中心。本句型是比较句，表示前者赶不上后者。

2. 本句型的状语是表示比较范围的词语，因为字数多，放在主语前面。充当状语的是名词词组（如例5的"兵甲之事"）、动词词组（如例1的"被坚执锐"）。

3. "不如（及）"译作"赶不上""比不上"。"夫被坚执锐义不如公，坐而运策公不如义"可译为"披坚固铠甲、持锐利武器，我宋义赶不上您，筹划策略，您赶不上我宋义"。

4. 有关句型：

①吾不如为车輗者巧也。（《韩非子外储说左上》）

这里表示比较范围的词语是形容词，放在动词后面，作补语。其结构式为：

主语+"不"+"如"+宾语+补语（形）

②余庶子无如兰贤。（《史记郑世家》）

这里的主语是无定代词"无"字。"无"的前面是可以代替它的名词或名词词组，作先行词。在动词后面是形容词，表示比较范围，作补语。其结构式为：

先行词+"无"+"如"+宾语+补语（形）

句型6　**枉己者／未／有／能直人者也／。**
　　　　　大父／未／死／。
　　　　　高帝／未尝不／称／善／。

〔结构式〕Ⅰ　主语+"未"（"未尝"）+及物动词+宾语〈+"也"〉

〔例句〕（表一）

	主　语	"未"	及物动词	宾　语	"也"	引　书
1	枉己者	未	有	能直人者	也	孟子滕文公下
2	（今夫）天下之人牧	未	有	不嗜杀人者	也	孟子梁惠王上
3		未	有	封侯之赏		史记项羽本纪
4	吾	未	知	所税驾	也	史记李斯列传
5	〔百姓〕	未	知	其死	也	史记陈涉世家
6	吾	未	见	好德如好色者	也	论语子罕
7	吾	未	见	其明	也	韩愈师说
8		未	闻	君子之大道	也	孟子尽心下
9		未	闻	弑君		孟子梁惠王下
10	秦自缪公以来二十余君	未尝	有	坚明约束者	也	史记廉颇蔺相如列传
11	〔吾〕	未尝	见		也	战国策齐策
12		未尝	见	全牛	也	庄子养生主
13	臣	未尝	闻		也	战国策魏策
14	吾	（他日）未尝	学问			孟子滕文公上

〔结构式〕Ⅱ　主语+"未"("未尝")+不及物动词+〈"也"〉
〔例句〕（表二）

	主　语	"未"	不及物动词	"也"	引　书
1	大父	未	死		韩非子五蠹
2	国利	未	立		同上
3	事	未	成		同上
4	〔知悼子〕	未	葬		礼记檀弓下
5	食其	未	行		史记留侯世家
6	〔逝者〕	未尝	往	也	苏轼前赤壁赋
7	先君	未尝	适（楚）		左传昭公七年

〔结构式〕Ⅲ　主语+"未尝"+"不"+及物动词+宾语
〔例句〕（表三）

	主　语	"未尝"	"不"	及物动词	宾　语	引　书
1	高帝	未尝	不	称	善	史记陆贾列传
2	〔余〕	未尝	不	垂	涕	史记屈原列传
3	工商	未尝	不	为	患	左传定公八年

〔说明〕

1."未"是否定副词，用来否定动作行为已经发生；"未尝"是由"未"和副词"尝"组成的词组，表示对"曾经"的否定。"未""未尝"作状语。

2.表一例句的谓语中心是及物动词，后面带的宾语是名词、名词词组（如表一例8的"君子之大道"）、动宾词组（如表一例9的"弑君"）或主谓词组（如表一例5的"其死"）；表二例句的谓语中心是不及物动词。

3.在表三例句中，"未尝"和"不"连用，构成双重否定，实际上表达肯定。

4. 表二例7不及物动词"适"后面的楚,是非受事宾语。

5. "未"译作"没有"或"不曾","未尝"译作"从来没有"或"从来不曾"。"枉己者未有能直人者也"可译为"自己不正直的人没有能够使别人正直的"。

6. 适合本句型的否定副词或词组有:"未""未尝""未曾"等。

句型7　　是叶公／非／好／龙也／。
　　　　　　假舟楫者／非／(能)水也／。

〔结构式〕Ⅰ　主语+"非"+及物动词+宾语
〔例句〕(表一)

	主　语	"非"	及物动词	宾　语	引　书
1	是叶公	非	好	龙(也)	新序杂事
2	我	非	忘	诸校尉功(也)	史记卫将军列传
3	吾	非	爱	死(也)	左传襄公二十三年
4	臣	非	(敢)哭	君师	公羊传僖公三十三年
5	臣	非	(能)动	地	晏子外篇重而异者
6		非	曰	能之	论语先进

〔结构式〕Ⅱ　主语+"非"+不及物动词
〔例句〕(表二)

	主　语	"非"	不及物动词	引　书
1	假舟楫者	非	(能)水(也)	荀子劝学篇
2		非	(敢)后(也)	论语雍也

〔说明〕

1．"非"是否定副词，表示对动作行为的否定，亦即否认某一事实，具有排除或撇开的作用，作状语。

2．表二例1的"水"是名词用如动词，表二例2的"后"是方位名词用如动词。

3．"非"译作"不是"。"是叶公非好龙也"可译为"这个叶公不是喜欢龙啊"。

4．有关句型：

彼非不爱其弟。（《史记越王勾践世家》）

这里用"非"和"不"构成双重否定，实际上表示肯定，能起到申辩的作用。其结构式为：

主语+"非"+"不"+及物动词+宾语

我非不能死。（《史记赵世家》）

这里也用"非"和"不"构成双重否定。

其结构式为：

主语+"非"+"不"+不及物动词

句型8　人／无／有／不善／。

〔结构式〕　主语+"无"+"有"+宾语

〔例句〕

	主语	"无"	"有"	宾语	引书
1	人	无	有	不善	孟子告子上
2	水	无	有	不下	同上
3		无	有	二心	左传成公三年
4		无	有	质	左传隐公三年
5	我	（独）无	有		左传昭公十二年
6	此	（独）无	有		庄子应帝王

〔说明〕

1. "无"是否定副词,作状语。
2. "有"是动词,表示领有、具有,作谓语中心。
3. "有"的宾语是名词(如例4的"质")、名词词组(如例3的"二心")、形容词(如例1的"善")或动词(如例2的"下",是方位名词用如动词)。"有"的宾语常承上文省略(如例5、6)。
4. 本句型较罕见。
5. "无有"译作"没有"。"人无有不善"可译为"人没有不善良的"。

句型9　孩提之童无／不／知／爱其亲者／。
　　　　无／不／(膝行而)前／。

〔结构式〕Ⅰ　先行词+"无"("莫")+"不"+及物动词+宾语
〔例句〕(表一)

	先行词	"无"	"不"	及物动词	宾语	引　书
1	孩提之童	无	不	知	爱其亲(者)	孟子尽心上
2	(及其长也)	无	不	知	敬其兄(也)	同上
3	楚战士	无	不	(一以)当	十	史记项羽本纪
4	〔诸将〕	无	不	(一)当	百	后汉书光武帝纪
5	(袖所言)	无	不	从(者)		史记楚世家
6	天下	莫	不	称	君之贤	史记刺客列传
7	人迹所至舟楫所通	莫	不	为	郡县	淮南子兵略训

〔结构式〕Ⅱ　先行词+"无"("莫")+"不"+不及物动词
〔例句〕(表二)

	先行词	"无"	"不"	不及物动词	引　书
1		无	不	（膝行而）前	史记项羽本纪
2	秦	莫	不	慴	国语晋语
3		莫	不	响应	汉书张耳陈余传
4	天下	莫	不	（延颈欲为太子）死（者）	史记留侯世家

〔说明〕

1．"无"（"莫"）是否定性无定代词，作主语。"无"（"莫"）的前面是先行词，即它所代替的名词或名词词组。

2．"不"是否定副词，起否定动词所表示的动作行为的作用，作状语。

3．"无"（"莫"）和"不"构成双重否定，实际上表达肯定，并兼表范围，有"没有例外"的意思。

4．表一例句的谓语中心是及物动词，带的宾语是名词、名词词组（如表一例7的"郡县"）、数词（如表一例3的"十"）、动宾词组（如表一例1的"爱其亲"）或主谓词组（如表一例6的"君之贤"）；表二例句的谓语中心是不及物动词。

5．"无""莫"译作"没有谁""没有什么"。"孩提之童无不知爱其亲者"可译为"两三岁的小孩儿没有谁不知道爱他父母的"。

6．否定词连用表示双重否定的有："无不""莫不""靡不""蔑不""罔不"等。

第十三类　主‖状（否定副）+宾（代）+动

本类和第十四类都是否定句，动词的宾语是代词，这种代词宾语一般要放在动词的前面。

句型　　岁/不/我/与/。

〔结构式〕　主语+"不"（"未"）+宾语（代）+及物动词〈+"也"〉

〔例句〕

	主语	"不"	宾语	及物动词	"也"	引书
1	岁	不	我	与		论语阳货
2	上	不	我	用		史记淮阴侯列传
3	我	不	若	胜		庄子齐物
4		不	吾	知	也	论语先进
5	古之人	不	余	欺	也	苏轼石钟山记
6	丘	未	之	逮	也	礼记礼运
7	我	未	之	（能）易	也	礼记檀弓上
8	楚	未	之	重	也	史记张仪列传
9	我	未	之	见	也	论语里仁
10	狼	未	之	知	也	马中锡中山狼传
11	臣	未	之	闻	也	孟子梁惠王上

〔说明〕

1．"不""未"是否定副词。"不"用来否定动词所表示的动作行为，"未"用来否定某种事实的历程。"不""未"作状语。

2．本句型在译成现代汉语时，要把提前的宾语移到动词后面，如："岁不我与"可译为"时间不等待我"。

3．适合本句型的否定副词有："不""未""无""末"等。

4．有关句型

（求簪，三日）不得之。（《转非子内储说上》）

这是代词宾语放在动词后面的句型，这个句型在古代汉语中

173

罕见。其结构式为：
　　主语+"不"+及物动词+宾语（代）

第十四类　主（否定性无定代）‖宾（代）+动

句型　莫／之／养也／。
　　　　时人莫／之／许也／。

〔结构式〕Ⅰ　"莫"+宾语（代）+及物动词〈+"也"（"也夫"）〉
〔例句〕（表一）

	"莫"	宾语	及物动词	"也"	引书
1	莫	之	养	也	韩非子五蠹
2	莫	之	怨	也	淮南子说林
3	莫	之	疾	也	同上
4	莫	我	知	也夫	论语宪问
5	莫	己	知	也	同上
6	莫	之	（能）一		史记秦始皇本纪
7	莫	之	继	也	左传宣公二年
8	莫	之	（能）御	也	孟子梁惠王上
9	莫	之	（或）欺		孟子滕文公上

〔结构式〕Ⅱ　先行词+"莫"+宾语（代）+及物动词〈+"也"〉
〔例句〕（表二）

	先行词	"莫"	宾语	及物动词	"也"	引书
1	时人	莫	之	许	也	三国志诸葛亮传
2	天下	莫	之	（能）害	也	史记范雎列传
3	二三子	莫	之	如	也	左传昭公十五年

〔说明〕

1. "莫"是否定性的无定代词,表示排除一切对象,作主语。

2. 在表二例句中,在"莫"的前面有先行词,即它所代替的名词或名词词组。

3. 在表一例句中,例6的谓语中心"一"是数词用如动词,表示"统一";例9的"或"是语气词。

4. "莫"译作"没有谁""没有东西"。"时人莫之许也"可译为"当时的人没有谁承认他"。

第十五类 主‖状(副)+动+宾

句型1 余／甚／恨／之／。
　　　　 帝／甚／喜／。

〔结构式〕Ⅰ 主语+"甚"("极""殊""颇""大""略""愈""益""愈益")+及物动词+宾语

〔例句〕（表一）

	主 语	"甚"	及物动词	宾 语	引 书
1	余	甚	恨	之	史记游侠列传
2	秦王	甚	爱	张仪	史记楚世家
3	〔西门豹〕	甚	简	左右	韩非子外储说左下
4	〔高祖〕	甚	慢易	之	史记张耳陈余列传
5	孤	极	知	燕小力少	史记燕召公世家
6	臣	（愿）颇	采	古礼	史记刘敬叔孙通列传
7	盎	颇	有	力	史记袁盎列传

续表

8	老臣	（今者）殊	（不欲）食		战国策赵策
9	武安	（由此）大	怨	灌夫魏其	史记魏其武安侯列传
10	襄子	大	义	之	史记刺客列传
11	〔籍〕	略	知	其意	史记项羽本纪
12	〔大将军〕	愈	贤	黯	史记汲郑列传
13	〔少年〕	愈益	慕	解之行	史记游侠列传
14	天下士郡诸侯	愈益	附	武安	史记魏其武安侯列传
15	赵盾	益	专	国政	史记赵世家

〔结构式〕Ⅱ　主语+"甚"（"大""愈""益""愈益"）+不及物动词

〔例句〕（表二）

	主语	"甚"	不及物动词	引书
1	帝	甚	喜	史记赵世家
2	余	甚	惑（焉）	史记伯夷列传
3	〔虎〕	甚	恐	柳宗元黔之驴
4	汉王	大	惊	史记项羽本纪
5	项羽	大	怒	同上
6	虎	大	骇	柳宗元黔之驴
7	夫	愈	怒	史记魏其武安侯列传
8	栗姬	愈	恚恨	史记外戚世家
9	成	益	愕	蒲松龄促织
10	民	（又）益	喜	汉书高帝纪

〔说明〕

1. "甚"等是程度副词。"甚""极""殊""大"等表示动作行为程度高，"略"等表示程度低；"颇"可以表示程度高（如表一例7的"盎颇有力"），也可以表示程度低（如表一例6的"臣愿颇采古礼"），"愈""益""愈益"表示程度上的进一步发展。

2．"甚"等放在动词的前面，作状语。

3．本句型的谓语中心多数是表示心理活动的动词。

4．表一例 3 中的"左右"是定语代替以名词为中心词的偏正词组，"左右"就是"左右之臣"。表一例 12 的"贤"是形容词用如意动。

5．"甚""极""殊""大"译作"很""非常"，"略""颇"译作"稍微"，"颇"在表示程度高时译作"很""特别"，"愈""益""愈益"译作"更加""越发""越来越……"。"余甚恨之"可译为"我很怨恨他"。

6．适合本句型表示程度高的副词有："甚""至""极""最""殊""绝""孔""太""泰""良""颇"等。表示程度低的副词有："少""略""颇"等。表示在程度上进一步发展的副词有："愈""益""愈益""弥""差""兹""滋""稍""加""渐""浸""寝""尤"等。

句型2　诸男／皆／尚／秦公主／。
　　　　　诸侯／皆／至／。

〔结构式〕Ⅰ　主语+"皆"（"咸""尽""悉""徒""独""但"）+及物动词+宾语

〔例句〕（表一）

	主语	"皆"	及物动词	宾语	引　书
1	诸男	皆	尚	秦公主	史记李斯列传
2	女	悉	嫁	秦诸公子	同上
3	群臣	皆	推	车	新序杂事
4	举齐国	皆	慕	其家行	史记万石君列传
5	关中民	咸	知	之	史记淮阴侯列传

续表

6	范蠡	尽	散	其财	史记越王勾践世家
7	楚之贵戚	尽	（欲）害	吴起	史记孙子吴起列传
8	〔愬〕	尽	杀	其戍卒	司马光李愬雪夜入蔡州
9	王	徒	好	其言	史记孙子吴起列传
10	女	独	（不）庆	寡人	左传宣公十一年
11		但	见	老弱及羸畜	史记刘敬列传

〔结构式〕Ⅱ　主语+"皆"（"具"）+不及物动词
〔例句〕（表二）

	主语	"皆"	不及物动词	引书
1	诸侯	皆	至	史记留侯世家
2	诸灌氏	皆	亡匿	史记魏其武安侯列传
3	长老吏傍观者	皆	惊恐	史记滑稽列传附录
4	坐者	皆	喜	韩非子十过
5	〔熊与罴〕	皆	死	史记赵世家
6	众	皆	感奋	徐珂冯婉贞
7	百废	具	兴	范仲淹岳阳楼记

〔说明〕

1．"皆"等是范围副词。"皆""悉""尽""咸""具"表示全部，"徒""独""但"表示限定（限制在一定的范围之内）。

2．"皆"等放在动词的前面，作状语。

3．"皆""悉""尽""咸""具"译作"都""全都"，"徒""独""但"译作"仅""只"。"诸男皆尚秦公主，女悉嫁秦诸公子"可译为"许多男子都娶了秦国的公主，女子都嫁给秦国众公子"。

4．适合本句型表示全部的副词有："皆""尽""悉""举"

"俱（具）""咸""毕""备""凡""率""一""佥""索""齐""通""胥""遍""都""并""比"等。表示限定的副词有："仅""廑""堇""止""直""特""第""但""亶""徒""唯""惟""独""裁""财""才""在""乃""取""顾"等。表示共同的副词有"共""同"等。表示各自的副词有"每""各""别"等。

句型3　季辛与爱骞／相／怨／。
　　　　〔公〕／（不肯）相／救／。

〔结构式〕Ⅰ　主语+"相"（表互相、递相）+及物动词
〔例句〕（表一）

	主语	"相"	及物动词	引书
1	季辛与爱骞	相	怨	韩非子内储说下
2	父子	相	夷	孟子离娄上
3	四人	相	视（而笑）	庄子大宗师
4	秦王与群臣	相	视（而嘻）	史记廉颇蔺相如列传
5	公私	（之）相	背（也）	韩非子五蠹
6	邻国	相	望	老子八十章
7	鸡犬之声	相	闻	同上
8	教学	相	长（也）	礼记学记
9	父子	相	传	史记魏其武安侯列传
10	前后	相	随	老子二章
11	五帝	（不）相	复	史记秦始皇本纪
12	三代	（不）相	袭	同上
13	大小	相	含	列子汤问
14	亡国破家	相	随	史记屈原列传

〔结构式〕Ⅱ　主语+"相"（"见"）（表称代受事者）+及物

179

动词

〔例句〕（表二）

	主语	"相"	及物动词	引书
1	〔公〕	（不肯）相	救	史记张耳陈余列传
2		（以此）相	贺	诸葛亮谢贺者
3	慈父	见	背	李密陈情表
4	秀才	（时）见	咨	柳宗元报袁君陈秀才避师名书
5	孤	（持鞍下马）相	迎	三国志鲁肃传
6		（今一切）相	救	后汉书冯鲂传
7		（杂然）相	许	列子汤问
8	生物	（之以息）相	吹（也）	庄子逍遥游
9		（不）相	得	汉书高帝纪
10	人马冻死者	相	望	司马光李愬雪夜入蔡州

〔说明〕

1. "相"是指代性副词，在表一例1—8中，表示互相，即某一动作行为的施事者，同时又是这一动作行为的受事者。如"秦王与群臣相视"的意思就是"秦王视群臣，群臣亦视秦王"。"相"在表一例9—14中，表示递相，即作主语的两者或数者，前者为施事，后者为受事，接着后者又成为施事，使动作行为接连传递下去。如"父子相传"的意思是"父传子，子传孙"。

2. 表二例句中，"相"表示指代动作行为受事者。表二例1、2指代的是第一人称，如"相救"就是"救我"；表二例5、6指代的是第二人称，如"相迎"就是"迎你"；表二例7—10指代的是第三人称，如"相许"就是"赞同他"。"见"也是指代性副词，多数指代第一人称（见表二例3、4），如"见背"就是"背我"。

3．"相"（"见"）放在动词前面，作状语。

4．本句型的谓语中心一般是及物动词，少数也有是不及物动词的，表示"共同"。如：

〔其妻与其妾〕相泣于中庭。（《孟子娄离下》）

其结构式为：

主语+"相"（表共同）+不及物动词

5．本句型的主语是名词词组（如表一例2的"父子"）或动词词组（如表一例14的"亡国破家"）。

6．在表一例句中"相"根据具体的上下文，可译作"互相"或"递相"。"季辛与爰骞相怨"可译为"季辛跟爰骞互相怨恨"。表二例句中，"相"可以按照所指代的人称，译成"我（我们）""你（你们）"或"他（他们）"。"〔公〕不肯相救"可译为"〔您〕不肯援救我"。

句型4　　吴王／既／诛／伍子胥／。
　　　　　　悼王／既／葬／。

〔结构式〕Ⅰ　主语+"既"（"已""尝""方""将""且"）
　　　　　　+及物动词+宾语

〔例句〕（表一）

	主语	"既"	及物动词	宾语	引书
1	吴王	既	诛	伍子胥	史记伍子胥列传
2	齐王	既	闻	此计	史记齐悼惠王世家
3	田生	已	得	金	史记荆燕世家
4	孔子	尝	为	委吏（矣）	孟子万章下
5	〔孔子〕	尝	为	乘田（矣）	同上
6	〔犀首〕	尝	佩	五国之相印	史记张仪列传
7	羌	尝	反		史记李将军列传

181

续表

8	汉王	方	食		史记留侯世家
9	是时（上）	方	乡	文学	史记酷吏列传
10	赵	方	（西）忧	秦	史记陈涉世家
11	齐桓公	将	救	之	韩非子说林上
12	靖郭君	将	城	薛	韩非子说林下
13	〔桓公〕	将	伐	蔡	韩非子外储说左上
14	楚国君臣	且	苦	兵（矣）	史记伍子胥列传
15	吾	方	图	子之功	史记黥布列传

〔结构式〕Ⅱ 主语+"既"（"尝""方""将"）+不及物动词
〔例句〕（表二）

	主语	"既"	不及物动词	引书
1	悼王	既	葬	史记吴起列传
2	（吾）	尝	（与鲍叔）贾	史记管晏列传
3	蚌	方	出曝	战国策燕策
4	守门卒	方	（熟）寐	司马光李愬雪夜入蔡州
5	〔屠〕	方	（欲）行	蒲松龄狼
6	公	将	战	左传庄公十年
7	吾	将	仕（矣）	论语阳货
8	仇液	将	行	史记穰侯列传
9	鲁平公	将	出	孟子梁惠王下
10	子	将	隐（矣）	史记老子列传

〔说明〕

1. "既""已"等是时间副词。"既""已""尝"表示动作行为过去发生，"方"表示动作行为正在发生（有时表示将要发生，如表一例15），"将""且"表示动作行为将要发生。

2. "既"等放在动词前面，作状语。

3．"既""已"译作"已经"，"尝"译作"曾经"，"方"译作"正在"（有时译作"将要"），"将""且"译作"将要"。"吴王既诛伍子胥"可译为"吴王已经杀掉伍子胥"。

4．适合本句型表示过去的时间副词有："既""已""以""既已""业""业已""尝""曾"等，表示正在的时间副词有："方""正""适""见""鼎""属"等，表示未来的时间副词有："将""且""为""欲""垂""行""行将""其""方"等。

句型5　**吴广／素／爱／人／。**
　　　　〔**南阳刘子骥**〕／**寻／病终／。**

〔结构式〕Ⅰ　主语+"素"（"雅""俄""亟""稍"）+及物动词+宾语

〔例句〕（表一）

	主语	"素"	及物动词	宾语	引书
1	吴广	素	爱	人	史记陈涉世家
2	〔项伯〕	素	善	留侯张良	史记项羽本纪
3	〔单于〕	素	闻	其家声	史记李将军列传
4	天下士	素	归	之	史记魏其武安侯列传
5	太伯同母弟王游公	素	嫉	涉	汉书游侠传
6	太后	雅	爱信	之	汉书元后传
7	安帝	雅	闻	衡善术学	后汉书张衡传
8		俄	见	小虫跃起	蒲松龄促织
9	（其后）秦	稍	（蚕）食	魏	史记魏公子列传
10	君	亟	定	变法之虑	商君书更法

〔结构式〕Ⅱ　主语+"寻"（"亟"）+不及物动词
〔例句〕（表二）

183

	主　语	"寻"	不及物动词	引　书
1	〔南阳刘子骥〕	寻	病终	陶渊明桃花源记
2	子	亟	去	史记老子韩非列传

〔说明〕

1. "素""雅"等是表示时间频率的副词。"素""雅"表示动作的时间恒常，"亟""俄""寻"表示动作的时间急促，"稍"表示动作时间的变化。

2. "素"等放在动词的前面，作状语。

3. 表一例句的谓语中心是及物动词，带的宾语是名词（如表一例1的"人"）、代词（如表一例4的"之"）或主谓词组（如表一例7的"衡善术学"）。表二例句的谓语中心是不及物动词。

4. "素""雅"译作"平素""向来"，"亟"译作"迅速""赶快"，"俄""寻"译作"不久""一会儿"，"稍"译作"渐渐地"。"吴广素爱人"可译为"吴广平素爱护别人"。

5. 适合本句型的副词有："素""雅""宿""常""恒"（以上表示恒常），"旋""还""俄""俄而""寻""随""急""亟""速""遽""遄""趣""猥""暴""递""立""顿""卒""欻""忽"（以上表示急速），"傥""姑""且""暂""少""聊"（以上表示暂且），"渐""稍""寖""浸"（以上表示时间变化），"终""竟""卒""迄""遂""归"（以上表示终了），"先""早""夙""前""豫""晚""后""末"（以上表示先后）等。

句型6　　广／复／为／后将军／。
　　　　　项伯／复（夜）去／。

〔结构式〕Ⅰ　主语+"复"（"数""亟""骤""再"）+及物动词+宾语

〔例句〕（表一）

	主　语	"复"	及物动词	宾　语	引　书
1	广	复	为	后将军	史记李将军列传
2	〔忌〕	复	问	其妾(曰)	战国策齐策
3	扁鹊	复	见		韩非子喻老
4	烈侯	复	问		史记赵世家
5	公子	（亲）数	存	之	史记魏公子列传
6	〔武姜〕	亟	请（于武公）		左传隐公元年
7	宣子	骤	谏		左传宣公二年
8	〔孤〕	再	辱	楚国之师	史记楚世家
9	襄子	（迎孟谈而）再	拜	之	韩非子十过
10	田忌	（一不胜而）再	胜		史记孙子吴起列传
11		（再战而）再	胜	秦	战国策齐策

〔结构式〕Ⅱ　主语+"复"（"骤""数""再"）+不及物动词
〔例句〕（表二）

	主语	"复"	不及物动词	引书
1	项伯	复	（夜）去	史记项羽本纪
2		（乃）复	入	左传昭公二十一年
3		（明日）复	战	左传成公十六年
4		骤	战	吕氏春秋适威
5	晋	（能）骤	来	左传襄公十一年
6	信	数	（与萧何）语	史记淮阴侯列传
7	曾子	再	仕	
	（而）心	再	化	庄子寓言
8	智者	（不）再	计	史记鲁仲连列传
9		再	呼（而不闻）	庄子山木
10		再	战（而烧夷陵）	史记平原君列传

〔说明〕

1. "复""再""数""亟""骤"等是时间副词。"复""数""亟""骤"表示动作行为的频数和重复,"再"表示动量,指同一动作行为进行了两次或同一动作行为的第二次。

2. "复"等副词放在动词前面,作状语。

3. "复"译作"又""再","数""亟""骤"译作"屡次""多次","再"译作"两次"或"第二次"(在古代汉语中"再"不可以译成"再次")。"广复为后将军"可译成"李广又当了后将军"。"〔孤〕再辱楚国之师"可译为"〔我〕使楚国军队受辱两次"。

4. 适合本句型的副词有:"复""重""再""数""亟""屡""娄""累""骤""频""历""比""荐""比比""仍""辄""动""每""连"等。

句型7　我／必／覆／楚／。
　　　　　齐／必／惧矣／。

〔结构式〕Ⅰ　主语+"必"("固")+及物动词+宾语
〔例句〕(表一)

	主　语	"必"	及物动词	宾　语	引　书
1	我	必	覆	楚	史记伍子胥列传
2	我	必	存	楚	同上
3	其主	必	杀	之	吕氏春秋贵因
4	新沐者	必	弹	冠	史记屈原列传
5	新浴者	必	振	衣	同上
6	有德者	必	有	言	论语宪问
7	仁者	必	有	勇	同上
8	古之学者	必	有	师	韩愈师说
9	臣	固	知	王之不忍(也)	孟子梁惠王上
10	小	固	(不可以)敌	大	同上
11	寡	固	(不可以)敌	众	同上
12	弱	固	(不可以)敌	强	同上

〔结构式〕Ⅱ　主语+"必"("固")+不及物动词〈+"矣"〉
〔例句〕（表二）

	主语	"必"	不及物动词	"矣"	引　书
1	齐	必	惧	矣	史记范睢列传
2	子	必	（不）生	矣	韩非子说林上
3	太后	必	喜		史记吕太后本纪
4	北军	必	败	矣	后汉书彭宠传
5	〔楚〕	固	（将）退	矣	左传成公二年

〔说明〕

1. "必""固"等是表示肯定的情态副词。"必"表示动作行为的必然性，或主观愿望及决心，"固"表示本来如此或理应如此。"必""固"等作状语。

2. 表一例句的谓语中心是及物动词，带的宾语是名词（如表一例1的"楚"）、代词（如表一例3的"之"）、形容词（如表一例7的"勇"）或主谓词组（如表一例9的"王之不忍"）。

3. 本句型的主语是名词（如表二例1的"齐"）、名词词组（如表一例3的"其主"）、代词（如表一例1的"我"）或形容词（如表一例10的"小"）。

4. "必"译作"必定""一定"或"必须"，"固"译作"本来"或"固然"。"我必覆楚"可译为"我必定倾覆楚国"。

5. 适合本句型的副词有："必""固""故""顾""乃"等。

句型8　臣／请／事／之／。
　　　　　臣／请／入／。

〔结构式〕Ⅰ　主语+"请"（"敬""幸""辱""敢""窃""伏"）

187

+及物动词+宾语
〔例句〕（表一）

	主语	"请"	及物动词	宾语	引书
1	臣	请	事	之	左传隐公元年
2		请	问	其目	论语颜渊
3		请	轻	之	孟子滕文公下
4		请	损	之	同上
5		敬	受	命	史记陈涉世家
6		敬	闻	命（矣）	史记郦生陆贾列传
7	大王	（亦）幸	赦	臣	史记廉颇蔺相如列传
8		辱	收	寡君	左传僖公四年
9		敢	问	天籁	庄子齐物论
10		敢	问	死	论语先进
11		敢	问	何谓浩然之气	孟子公孙丑上
12		敢	布	腹心	左传宣公十二年
13	臣	窃	矫	君命	战国策齐策
14	臣	窃	以为	殆（矣）	汉书蒯通传
15	臣	伏	计	之	汉书文帝纪
16	臣青翟臣汤博士臣将行等	伏	闻	康叔亲属有十	史记三王世家

〔结构式〕Ⅱ　主语+"请"（"窃"）+不及物动词
〔例句〕（表二）

	主语	"请"	不及物动词	引书
1	臣	请	入	史记项羽本纪
2		请	（以战）喻	孟子梁惠王上
3	臣	窃	惧（矣）	吴子图国

〔说明〕

1. "请"("敬""幸""辱""敢""窃""伏")等是谦敬副词,作状语。"请""敬""幸""辱""敢"等用于表示对人的尊敬、客气。其中"幸"用于表示对方这样做,使说话人感到幸运;"辱"用于表示这样做使对方蒙受了耻辱。"窃""伏"等用于表示自谦。

2. 本句型的主语多数是第一人称代词,少数是第二人称代词(常出现在有"幸""辱"等字的句中),而这些主语常省略。

3. 表一例句的谓语中心是及物动词,带的宾语是名词、名词词组(如表一例2的"其目"),代词(如表一例3的"之"),动词(如表一例10的"死"),形容词(如表一例14的"殆")或主谓词组(如表一例16的"康叔亲属有十");表二例句的谓语中心是不及物动词。

4. 表一例3中的"轻"是形容词用如使动。

5. "请"译作"请允许我","敬"译作"恭敬地","敢"译作"冒昧地","窃"译作"私下",但"请"等字一般都可以不译。"臣请事之"可译为"请允许我去侍奉他"。

6. 适合本句型的副词有:"请""敬""谨""幸""惠""辱""敢""窃""伏""猥""愚""忝"等。

第十六类　主‖状(形)+动+宾

句型1　百姓／多／闻／其贤／。
　　　　吾／徐／死耳／。

〔结构式〕Ⅰ　主语+状语(形)+及物动词+宾语
〔例句〕(表一)

	主语	状语	及物动词	宾语	引书
1	百姓	多	闻	其贤	史记陈涉世家
2	今世学者	多	似	此类	韩非子外储说左上
3	门人	厚	葬	之	论语先进
4	反国之王	难	（与）守	城	史记高祖本纪
5	饥者	易	为	食	孟子公孙丑上
6	渴者	易	为	饮	同上

〔结构式〕Ⅱ 主语+状语（形）+不及物动词
〔例句〕（表二）

	主语	状语	不及物动词	引书
1	吾	徐	死（耳）	史记赵世家
2	汝	（可）疾	去（矣）	史记商君列传
3	牛羊	茁壮	长（而已矣）	孟子万章下
4	〔虎〕	远	遁	柳宗元黔之驴
5	〔老臣〕	（曾不能）疾	走	战国策赵策

〔说明〕

1. 在本句型中，形容词放在动词的前面，作状语。

2. 表一例句的谓语中心是及物动词，带的宾语是名词、名词词组（如表一例2的"此类"），代词（如表一例3的"之"），动词（如表一例5的"食"）或主谓词组（如表一例1的"其贤"）；表二例句的谓语中心是不及物动词。

3. "徐"译作"慢"，"疾"译作"快"，"厚"译作"丰厚"。"百姓多闻其贤"可译为"老百姓大都听说他很贤良"。

4. "耳""矣"是语气词，"而已矣"是语气词连用。"耳"表示决定或肯定，"矣"表示祈使，"而已矣"表示限止。

5. 适合本句型的常见形容词有："多""寡""少""难"

"易""善""恶""高""下""低""厚""薄""远""近"
"疾""徐""壮""弱""新""故""直""邪""轻""重"
"实""虚""空""明""暗""纯""杂"等。

句型2　　天／油然／作／云／。
　　　　　　苗／浡然／兴之矣／。

〔结构式〕Ⅰ　主语+状语（形+"然"／"焉"）+及物动词+宾语
〔例句〕（表一）

	主　语	状语		及物动词	宾　语	引　书
		形	"然"			
1	天	油	然	作	云	孟子梁惠王上
2		沛	然	下	雨	同上
3		斐	然	成	章	论语公冶长
4	夫子	循循	然	（善）诱	人	论语子罕
5	〔东郭先生〕	徐徐	焉	实	狼（其中）	马中锡中山狼传

〔结构式〕Ⅱ　主语+状语（形+"然"／"尔"）+不及物动词
〔例句〕（表二）

	主　语	状语		不及物动词	引　书
		形	"然"		
1	苗	浡	然	兴（之矣）	孟子梁惠王上
2	曾西	艴	然	（不）悦	孟子公孙丑上
3		攸	然	（而）逝	孟子万章上
4		填	然	鼓（之）	孟子梁惠王上
5	〔吾〕	弛	然	（而）卧	柳宗元捕蛇者说
6	一癞头蟆	猝	然	跃去	蒲松龄促织
7	〔柳下惠〕	由由	然	（不忍）去（也）	孟子万章下
8	〔鱼〕	傲	尔	（远）逝	柳宗元至小丘西小石潭记

〔说明〕

1."然""焉""尔"等粘附在形容词后面,作形容词的词尾,用来加强描绘动作行为的形象性。

2.带词尾的形容词放在动词的前面,作状语。

3."然"("焉""尔")译作"地"。"天油然作云"可译为"天空黑压压地起了乌云"。

4.适合本句型的常见形容词带词尾的有:"填然""喟然""悖然""歆然""块然""萧然""屑然""吭然""蹶然""愀然""欣然""泫然""汪然""猝然""卒然""怅然""驰然""悄然""肃然""浡然""艴然""斐然""攸然""哗然""杂然""浡然""油然""沛然""傀然""芒芒然""喁喁然""由由然""汹汹然""欣欣然""循循然""欢然""怼焉""忽焉""纷纷焉""徐徐焉""谆谆焉""潸然""率尔""呼尔""蹴尔""椒尔""卓尔""铿尔""莞尔""从从尔""扈扈尔""纵纵尔""折折尔""确乎""焕乎""伊乎""茫乎""凛乎""荡荡乎""巍巍乎""默默乎""沛若""欢若","超若""沃若""匆匆诸""言言斯"等。

5.有关句型:

恢恢乎,其于游刃必有余地矣。(《庄子养生主》)

这里的"乎"作叠字形容词的词尾,"恢恢乎"放在句首作状语。

其结构式为:

状语(形+"乎")+主语+及物动词+宾语

第十七类　主‖状（名）+动+宾

句型1　（其后）秦／（稍）蚕／食／魏／。
　　　　老人／儿／啼／。

〔结构式〕Ⅰ　主语+状语（名——表比喻）+及物动词+宾语
〔例句〕（表一）

	主　语	状　语	及物动词	宾　语	引　书
1	（其后）秦	（稍）蚕	食	魏	史记魏公子列传
2	〔范睢〕	（令两黥徒夹而）马	食	之	史记范睢列传
3		狼	噬	梁岐	世说新语识鉴
4		虎	视	淮阴（矣）	同上

〔结构式〕Ⅱ　主语+状语（名——表比喻）+不及物动词
〔例句〕（表二）

	主　语	状　语	不及物动词	引　书
1	老人	儿	啼	史记循吏列传
2	天下之士	云	合	
		雾	集	史记淮阴侯列传
3	豕	人	立	
			（而）啼	左传庄公八年
4	嫂	蛇	行（匍伏）	战国策秦策
5	三辅盗贼	麻	起	汉书王莽传
6	其一	犬	坐（于前）	蒲松龄狼
7	寨中人	（又）鹜	伏（矣）	徐珂冯婉贞

〔说明〕

1. 本句型是名词用作状语来表示比喻，即用名词所表示的人或事物行动的特征，来形象地描绘动词所表示的动作行为的状态。

2. 本句型的谓语中心多数为不及物动词。

3. 充当状语的名词，译作"像……一样地"或"像……似的"。"老人儿啼"可译为"老人像小孩一样地啼哭"。

4. 常见的名词用作状语与动词搭配举例，如："人立""儿啼""子来""匹夫行"（以上的名词是表人的），"龟息""蛇盘""犬坐""蛇行""狐凭""鼠窃""翼蔽""鼠伏""猱进""鹜击""兽聚""鸟散""狗偷""虎争""蜂起""蚕食""豕突""狼奔""马食"（以上的名词是表动物的），"云合""风飚""电激""云集""响应""景从""土崩""瓦解""席卷""麻起""云布""雾散""风生""焱逝""雷同""霆击"（以上的名词是表天然事物的）等等。

句型2　吾／（得）兄／事／之／。

〔结构式〕　主语+状语（名——表对人的态度）+及物动词+宾语

〔例句〕

	主　语	状　语	及物动词	宾　语	引　书
1	吾	（得）兄	事	之	史记项羽本纪
2	〔楚田仲〕	父	事	朱家	史记游侠列传
3	先母之子	（皆）奴	畜	之	汉书卫青传
4	〔彼秦〕	虏	使	其民	战国策赵策
5	齐将田忌	（善而）客	待	之	史记孙子吴起列传
6	范中行氏	（皆）众人	遇	我	史记刺客列传
7	智伯	国士	遇	我	同上

〔说明〕

1. 本句型是名词用作状语来表示对人的态度，即把动词的宾语所代表的人，当成用作状语名词所表示的人或事物来对待。

2. 用作状语的名词可以表示各种不同的身份：有的表示尊贵的身份，如"国士""客"等；有的表示卑贱的身份，如"犬马""奴虏"等；有的表示亲近的身份，如"父""兄""儿子"等。

3. 本句型的谓语中心一般是及物动词。

4. 充当状语的名词译作"像对待……一样地"或"把……当作……"。"吾得兄事之"可译为"我可以像对待哥哥一样地侍奉他"。

5. 常见的名词用作状语与动词搭配举例，如："客待""奴畜""犬马畜""民畜""儿子畜""兄事""长事""父事""虏使""奴虏使""庸臣遇""众人遇""国士遇""众人报""国士报"等。

句型3　〔朱亥〕／椎／杀／晋鄙／。

〔结构式〕　主语+状语（名——表工具或方式）+及物动词+宾语
〔例句〕

	主语	状语	及物动词	宾语	引书
1	〔朱亥〕	椎	杀	晋鄙	史记魏公子列传
2		（将）杖	杀	汝	马中锡中山狼传
3	秦惠王	车	裂	商君（以徇）	史记商君列传
4	臣	（请）剑	斩	之	汉书霍光传
5	上	目	送	之	汉书周勃传
6	十九人	（相与）目	笑	之	史记平原君列传
7	万石君	（必）朝服	见	之	汉书万石君传

续表

8	〔豪贼〕	布	囊	其口	柳宗元童区寄传
9	市中游侠儿	(得佳者)笼	养	之	蒲松龄促织
10	〔彼秦者〕	权	使	其士	战国策赵策
11	〔太后〕	面	质	吕媭(于陈平)	史记陈丞相世家
12	〔九百人〕	(失期)法	(皆)斩		史记陈涉世家

〔说明〕

1. 本句型是名词用作状语，主要来表示动作行为的工具（如"朱亥椎杀晋鄙"），也有的用来表示动作行为的方式（如"太后面质吕媭于陈平"。"面"，当面）或依据（如"法皆斩"。"法"，按照法律）。

2. 本句型在译成现代汉语时，可以在名词前面加上"用""拿"或"按照"。"〔朱亥〕椎杀晋鄙"可译为"〔朱亥〕用铁锥击杀晋鄙"。"法皆斩"可译为"按照法令都要杀头"。

3. 常见的名词用作状语与动词搭配举例，如："锥杀""朝服见""丹书""船载""箕畚运""布囊""笼养""车裂""剑斩""鞭笞""木格贮""杖杀""目送""目挑""目论""目摄""目见""目笑""耳语""耳闻""面刺""面问""面折""面谀""面质""心招""心害""心谤""心非""手执""手抚""腹诽""户说""权使""法斩"等。

句型4　（夫）蚓／上／食／槁壤／。
　　　　　（昔）平王／东／迁／。

〔结构式〕Ⅰ　主语+状语（方位名）+及物动词+宾语
〔例句〕（表一）

	主语	状语	及物动词	宾语	引书
1	（夫）蚓	上	食	槁壤	孟子滕文公下
2		下	饮	黄泉	同上
3	（公）	上	（不能）褒	先帝之功业	史记汲郑列传
4		下	（不能）抑	天下之邪心	同上
5	（是时）汉	（方）南	诛	两越	史记万石君列传
6		东	击	朝鲜	同上
7		北	逐	匈奴	同上
8		西	伐	大宛	同上
9	〔将军〕	西	和	诸戎	三国志诸葛亮传
10		南	抚	夷越	同上
11		外	结好	孙权	同上
12		内	修	政理	同上
13	尉	左右	视		史记张释之列传

〔结构式〕Ⅱ　主语+状语（方位名）+不及物动词
〔例句〕（表二）

	主语	状语	不及物动词	引书
1	（昔）平王	东	迁	左传襄公十年
2		东	至（于海）	左传僖公四年
3	魏子	南	面	左传昭公三十二年

〔说明〕

1. 在本句型中，方位名词放在动词前面，表示动作行为活动的空间或趋向，作状语。

2. 本句型在译成现代汉语时，一般可在方位名词前面加上"向"或"往"等。"夫蚓上食槁壤，下饮黄泉"可译为"蚯蚓向上就吃乾土，向下就喝泉水"。

3. 适合本句型的方位名词有："东""西""南""北""上""下""左""右""内""外""前""后""中"等。

句型5 相如／廷／叱／之／。
　　　　　徒／（多）道／亡／。

〔结构式〕Ⅰ　主语+状语（处所名）+及物动词+宾语
〔例句〕（表一）

	主语	状语	及物动词	宾语	引书
1	相如	廷	叱	之	史记廉颇蔺相如列传
2		廷	见	相如	同上
3		廷	辩	之	史记魏其武安侯列传
4	〔先生〕	（俨然不远千里而）庭	教	之	战国策秦策
5	公子	道	闻	王疾（而还）	史记楚世家
6	君王	（宜）郊	迎		史记陆贾列传
7		郊	败	之	国语越语

〔结构式〕Ⅱ　主语+状语（处所名）+不及物动词
〔例句〕（表二）

	主语	状语	不及物动词	引书
1	徒	（多）道	亡	汉书高帝纪
2	童子	隅	坐（而执烛）	礼记檀弓上
3	舜	（勤民事而）野	死	国语鲁语
4	冥	（勤其官而）水	死	同上
5	稷	（勤百谷而）山	死	同上
6	〔陆生〕	（乃病免）家	居	史记陆贾列传
7		中道	（而）废	论语雍也

〔说明〕

1. 在本句型中，处所名词放在动词前面，表示动作行为发生的处所，作状语。

2. 表一例句的谓语中心是及物动词，带的宾语是代词（如表一例1的"之"）或主谓词组（如表一例5的"王疾"）。

3. 本句型在译成现代汉语时，可在处所名词前面加上"在……""在……上"或"在……里"。"相如廷叱之"可译为"蔺相如在朝廷上叱责他"。

4. 适合本句型的处所名词有："野""郊""山""水""谷""地""穴""道""庙""廷""庭""隅""家、"窗"等。

句型6　吕泽／（立）夜／见／吕后／。
　　　　宰予／昼／寝／。

〔结构式〕Ⅰ　主语+状语（时间名）+及物动词+宾语
〔例句〕（表一）

	主语	状语	及物动词	宾语	引　书
1	吕泽	（立）夜	见	吕后	史记留侯世家
2		朝	闻	道	论语里仁
3		宵	犯	齐师	左传襄公十七年
4		夜	获	之	左传桓公三年
5	〔吾〕	日夜	望	将军至	史记项羽本纪

〔结构式〕Ⅱ　主语+状语（时间名）+不及物动词
〔例句〕（表二）

	主语	状语	不及物动词	引书
1	宰予	昼	寝	史记仲尼弟子列传
2	咎犯	（闻之而）夜	哭	韩非子外储说左上
3	一屠	晚	归	蒲松龄狼
4	蚁	冬	居（山之阳）	韩非子说林上
5		夏	居（山之阴）	同上

〔说明〕

1．本句型中，时间名词放在动词前面，表示动作行为发生的时间，作状语。

2．表一例句的谓语中心是及物动词，带的宾语是名词（如表一例1的"吕后"），名词词组（如表一例3的"齐师"）或主谓词组（如表一例5的"将军至"）。

3．本句型在译成现代汉语时，可在时间名词前面加上"在……"或"在……时候"，也可以不加。如"吕泽立夜见吕后"可译为"吕泽立刻在夜里进见吕后"。

4．适合本句型的时间名词有："春""夏""秋""冬""昼""夜""宵""朝""夕""旦""暮"等。

句型7　日／知／其所亡／。

　　　　　毁／日／至（窦太后）／。

〔结构式〕Ⅰ　主语+"日"（"月""岁"）+及物动词（表行动）
　　　　　+宾语

〔例句〕（表一）

	主语	"日"	及物动词	宾语	引书
1		日	知	其所亡	论语子张
2	秦	日	出	兵（山东）	同上

续表

3	吾	日	（三）省	吾身	论语学而
4	魏其	日	（默默不）得	志	史记魏其武安侯列传
5	良庖	岁	更	刀	庄子养生主
6	族庖	月	更	刀	同上
7		月	（无）忘	其所能	论语子张
8	邺三老廷橡	岁	赋敛	百姓	史记滑稽列传附录

〔结构式〕Ⅱ 主语+"日"+不及物动词（表行动）
〔例句〕（表二）

	主 语	"日"	不及物动词	引 书
1	毁	日	至（窦太后）	史记魏其武安侯列传
2	太子	日	造（门下）	史记刺客列传
3		日	出田猎	南史陈宗室诸王列传

〔说明〕

1. "日""月""岁"等是时间名词，表示行动的频数或经常，作状语。

2. 本句型的谓语中心是具有行动性的动词。

3. 表二例1中的"窦太后"是非受事宾语。

4. "日"译作"日日"（"每天"），"月"译作"月月"（"每月"），"岁"译作"岁岁"（"每年"）。"日知其所亡"可译为"每天知道所未知的"。

5. 适合本句型的时间名词有："日""月""岁""时""世"等。

句型8 燕／日／败亡／。

〔结构式〕 主语+"日"（"世"）+不及物动词（表发展）

201

〔例句〕

	主　语	"日"	不及物动词	引　书
1	燕	日	败亡	史记田单列传
2	秦俗	日	败	汉书贾谊传
3	晋国	（且）世	衰	史记赵世家
4	大将军青	日	退	史记卫将军骠骑列传
5	伺候于门墙者	日	（益）进	韩愈与陈给事书

〔说明〕

1．"日"（"世"）等是时间名词，表示情况在逐渐发展，作状语。

2．本句型的谓语中心是表示发展变化的动词，多数为不及物动词，有少数是及物动词并带有宾语，如："诸从者日益畏之。"（《史记高祖本纪》）其结构式为：

主语+"日"+及物动词（表发展）+宾语

3．"益"是程度副词，表示"更加""越发"，作状语。

4．"日"译作"一天一天地"或"一天天地"。"月""岁""世"等译法与此相同。"燕日败亡"可译为"燕国军队一天一天地失败、逃散"。

5．适合本句型的时间名词有："日""月""岁""世"等。适合本句型的常见动词有："进""退""衰""败""亡""削"等。

6．有关句型：

楚日以削。（《史记屈原列传》）

这里在充当状语的时间名词和动词之间，加连词"以"字。其结构式为：

主语+"日"+"以"+不及物动词（表发展）

句型9　　一日／暴之／。
　　　　晋师／三日／谷／。

〔结构式〕Ⅰ　主语+状语（数+时间名）+及物动词+宾语
〔例句〕（表一）

	主语	状语		及物动词	宾语	引书
		数	时间名			
1		一	日	暴	之	孟子告子上
2		十	日	寒	之	同上
3	适千里者	三	月	聚	粮	庄子逍遥游
4		七	日	（不）克		左传襄公十年
5	〔王〕	数	日	（不能自）克		左传昭公十二年
6	〔齐侯〕	七	年	（不）饮	酒	
				（不）食	肉	公羊传成公八年
7	越	十	年	生聚		
		（而）十	年	教训		左传哀公元年

〔结构式〕Ⅱ　主语+状语（数+时间名）+不及物动词
〔例句〕（表二）

	主语	状语		不及物动词	引书
		数	时间名		
1	晋师	三	日	谷	左传宣公十二年
2	〔贾大夫妻〕	三	年	（不）言	
				（不）笑	左传昭公二十八年
3	吴子	三	日	哭（于军门之外）	左传哀公十年

〔说明〕
　　1. 在本句型中，数词和时间名词合在一起表示时段（动作经

历的时间长短），作状语。

2．表二例1的"谷"是名词用如动词。

3．"一日暴之，十日寒之"可译为"晒它一天，冷它十天"。

4．适合本句型的时间名词有："日""月""年""岁""载""世"等。

句型10　　君子之泽／五世／而／斩／。
　　　　　　　〔公〕／三日／而／死／。

〔结构式〕Ⅰ　主语+状语（数+时间名）+"而"+及物动词+宾语

〔例句〕（表一）

	主语	状语		"而"	及物动词	宾语	引书
		数	时间名				
1	君子之泽	五	世	而	斩		孟子离娄下
2	小人之泽	五	世	而	斩		同上
3	子之持戟之士	一	日	而	（三）失	伍	孟子公孙丑下
4		三	年	而	复	之	左传庄公十六年
5		三	年	而	治	兵	左传隐公五年

〔结构式〕Ⅱ　主语+状语（数+时间名）+"而"+不及物动词

〔例句〕（表二）

	主语	状语		"而"	不及物动词	引书
		数	时间名			
1	〔公〕	三	日	而	死	韩非子外储说左上
2		六	日	而	苏	左传宣公八年
3		五	日	而	还	左传隐公四年
4	〔南宫万〕	一	日	而	至	左传庄公十二年
5	〔木鸢〕	三	年	而	成	韩非子外储说左上
6	〔卫〕	半	岁	而	亡	韩非子五蠹

〔说明〕

　　1. 在本句型中，数词和时间名词合在一起表示时段，作状语。本句型常表示经历了若干时间以后，出现了某种动作行为的结果。

　　2. "而"是连词，连接状语和谓语中心。

　　3. "而"译作"就"，也可不译。"君子之泽，五世而斩"可译为"君子的恩泽，五代以后就断绝了"。

第十八类　主‖状（数）+动+宾

句型　　〔齐王〕/四/欺/寡人/。
　　　　骐骥/一/跃/。

〔结构式〕Ⅰ　主语+状语（数）+及物动词+宾语
〔例句〕（表一）

	主语	状语	及物动词	宾语	引书
1	〔齐王〕	四	欺	寡人	史记苏秦列传
2	公输盘	九	设	攻城之机变	墨子公输
3	子墨子	九	距	之	同上
4	〔禹〕	三	过	其门（而不入）	孟子滕文公上
5	鲁丹	三	说	中山之君	韩非子说林上

〔结构式〕Ⅱ　主语+状语（数）+不及物动词
〔例句〕（表二）

205

	主语	状语	不及物动词	引 书
1	骐骥	一	跃	荀子劝学
2	驽马	十	驾	同上
3	范蠡	三	徙	史记越王勾践世家
4	齐人	三	鼓	左传庄公十年
5	令尹子文	三	仕	论语公冶长
6	季文子	三	思（而后行）	同上
7	〔项羽〕	九	战	史记平项羽本纪
8	〔人言〕	三	至	史记淮阴侯列传
9		（始）一	反（焉）	列子汤问
10	〔先主〕	（凡）三	往	三国志诸葛亮传
11	〔魏绛〕	三	让	史记魏世家

〔说明〕

1．本句型是用数词来表示动作行为的数量，作状语。

2．古代汉语在表示动作行为的数量时，一般是把数词直接放在动词的前面，而不用表示动量的量词。

3．有些句子常用"三""九""百""千"等数词，来表示多数的虚数，不是实指。对于这些表示虚数的数词，要根据上下文来确定，如表一例 2"公输般九设攻城之机变"中的"九"，就是表示多次，而不是"九次"。

4．本句型在译成现代汉语时，要把数词移到动词后面，并且加上适当的动量词。如"〔齐王〕四欺寡人"可译为"〔齐王〕欺骗我四次"。

5．适合本句型常见的数词有："一""三""九""十""百""千"等。

第十九类 主‖状（动／动宾词组）+动+宾

句型1 〔广〕／生／得／一人／。

〔结构式〕 主语+状语（动）+及物动词+宾语
〔例句〕

	主　语	状　语	及物动词	宾　语	引　书
1	〔广〕	生	得	一人	史记李将军列传
2		生	得	广	汉书李广传
3		争	割	地（而赂秦）	贾谊过秦论
4	（是时）富豪	（皆）争	匿	财	汉书卜式传
5	操军吏士	（皆出营）立	观		司马光赤壁之战
6			折	藏	蒲松龄促织

〔说明〕

1. 在本句型中，动词（一般是不及物动词）表示动作行为的方式或状态，作状语。这种句型很罕见。

2. 本句型的谓语中心也有是不及物动词的，如：

（邻人京城氏之孀妻有遗男，始龀，）跳往助之。（《列子汤问》）

这里的"跳"是状语，用来修饰不及物动词"往"。其结构式为：

主语+状语（动）+不及物动词

3．本句型在译成现代汉语时，可以在用作状语的动词后面加上"着"或"地"，也可以不加。"〔广〕生得一人"可译为"〔李广〕活捉一人"。

4．适合本句型的动词有："生""死""争""立""坐""跳""折""动""试"等。

句型2　　〔哙〕／立／而／饮／之／。
　　　　　　老妇／恃辇／而／行／。

〔结构式〕Ⅰ　主语+状语（动／动宾词组）+"而"（"以"）
　　　　　　+及物动词+宾语。

〔例句〕（表一）

	主语	状语	"而"	及物动词	宾语	引　书
1	〔哙〕	立	而	饮	之	史记项羽本纪
2	〔蹇叔〕	哭	而	送	之	左传僖公三十二年
3	吾	（尝）跂	而	望	（矣）	荀子劝学
4	康肃	笑	而	遣	之	欧阳修卖油翁
5	〔鸱〕	仰	而	视	之	庄子秋水
6	〔刿〕	登轼	而	望	之	左传庄公十年
7		尽心力	而	为	之	孟子梁惠王上
8		箕踞	以	骂		战国策燕策
9		挟太山	以	超	北海	孟子梁惠王上

〔结构式〕Ⅱ　主语+状语（动／动宾词组）+"而"（"以"）
　　　　　　+不及物动词

〔例句〕（表二）

	主　语	状　语	"而"	不及物动词	引　书
1	老妇	恃辇	而	行	战国策赵策
2	子路	拱	而	立	论语微子
3	〔宣子〕	坐	而	假寐	左传宣公二年
4		咏	而	归	论语先进
5	〔钮麑〕	触槐	而	死	左传宣公二年
6	项王	按剑	而	跽	史记项羽本纪
7	〔先生〕	匍匐	以	进	马中锡中山狼传
8	谒者	操	以	入	战国策楚策
9	各各	（竦）立	以	听	蒲松龄促织

〔说明〕

1．在本句型中，动词或动宾词组放在动词前面，表示动作行为的方式或状态，作状语。

2．"而""以"是连词，起连接状语和谓语中心的作用。

3．"而""以"译作"着"或"地"，也可以不译。"老妇恃辇而行"可译为"我靠车子行动"。

4．比较：

A．广夺而杀尉。（第一编、Ⅱ、八、句型2例2）

B．〔哙〕立而饮之。（本句型表一例1）

A句型是连动式，连用的两个动词（或动宾词组）表示一先一后的动作行为。这两个动词都用作谓语（或谓语中心），二者不分主次。

B句型中的两个动词（或动宾词组）有主次之分，前面的动词（或动宾词组）表示动作行为的方式，用作状语来修饰后面的动词；后面的动词（或动宾词组）为主，是全句的谓语（或谓语中心）。

第二十类　主‖状（介词词组）+动+宾

句型1　　〔子〕/以杖/叩/其胫/。
　　　　　安国/以五百金物/遗/盼/。
　　　　　公山弗扰/以费/畔/。
　　　　　子服景伯/以〔　〕/告/子贡/。

〔结构式〕Ⅰ　主语+"以"（引进工具或凭借）+介词宾语+及物动词+宾语

〔例句〕（表一）

	主语	"以"	介词宾语	及物动词	宾语	引　书
1	〔子〕	以	杖	叩	其胫	论语宪问
2	〔丈人〕	以	杖	荷	蓧	论语微子
3		以	君之力	（曾不能）损	魁父之丘	列子汤问
4	文吏	以	法	绳	之	史记冯唐列传
5	〔重耳〕	以	戈	逐	子犯	左传僖公二十三年
6	〔项伯〕	（常）以	身	翼蔽	沛公	史记项羽本纪
7	儒	以	文	乱	法	韩非子五蠹
8	侠	以	武	犯	禁	同上
9		以	身	殉	道	孟子尽心上
10	臣	以	神	遇		
		（而不）以	目	视		庄子养生主
11	寡人	以	五百里之地	易	安陵	战国策魏策

〔结构式〕Ⅱ　主语+"以"（引进工具）+介词宾语+"与"（"遗" "授" "告"）+宾语

〔例句〕（表二）

	主语	"以"	介词宾语	"与"	宾语	引书
1	安国	以	五百金物	遗	蚡	史记韩长孺列传
2	吕不韦	（乃）以	五百金	与	子楚	史记吕不韦列传
3	秦	（亦不）以	城	予	赵	史记廉颇蔺相如列传
4	天子	（不能）以	天下	与	人	孟子万章上
5	齐侯	以	许	让	公	左传隐公十一年
6	子犯	以	璧	授	公子	左传僖公二十四年
7	陈子	以	时子之言	告	孟子	孟子公孙丑下
8	〔董安于〕	以	扁鹊言	告	简子	史记扁鹊列传
9	〔中庶子〕	（乃）以	扁鹊言	入报	虢君	同上

〔结构式〕Ⅲ　主语+"以"（引进凭借）+介词宾语+不及物动词
〔例句〕（表三）

	主语	"以"	介词宾语	不及物动词	引书
1	公山弗扰	以	费	畔	论语阳货
2	佛肸	以	中牟	叛	同上
3	桀纣	以	天下	亡	战国策楚策

〔结构式〕Ⅳ　主语+"以"+〔"之"〕+及物动词+宾语
〔例句〕（表四）

	主语	"以"	〔"之"〕	及物动词	宾语	引书
1	子服景伯	以	〔　〕	告	子贡	论语子张
2	〔子〕	（将）以	〔　〕	攻	宋	墨子公输
3		（将）以	〔　〕	衅	钟	孟子梁惠王上
4	〔壮者〕	（入）以	〔　〕	事	其父兄	同上

续表

5	〔壮者〕	〔出〕以	〔　〕	事	其长上	同上
6		以	〔　〕	宣告	人	韩非子外储说左上
7	夫人	以	〔　〕	告	公子	史记魏公子列传

〔说明〕

1. "以"字是介词，用来引进动作行为的工具或凭借。

2. "以"的宾语是名词（如表一例4的"法"）或名词词组（如表一例11的"五百里之地"），多数表示具体的事物，也有的表示抽象的事物（如表一例7的"文"和例8的"武"等）。

3. "以"字介词词组放在动词前面，作状语。

4. 表二例句的谓语中心是表示"赐与"或"告示"意义的动词，后面带的宾语是名词或代词，都代表人。

5. 在表四例句中，介词"以"的宾语是代词"之"字，承上省略。

6. "以"字译作"拿""用"或"凭""凭借"。"〔子〕以杖叩其胫"可译为"〔孔子〕用拐杖敲他的小腿"。

7. 适合本句型的介词有："以""用"等。适合表二例句的动词有："与""予""遗""贻""馈""赐""赠""授""偿""供""奉""献""封""付""借""分""投""送""反""归""输""属""让""告""报""语""问""言""示""教""诲"等。

8. 句型转换：

①A．文吏／法／绳／之／。

⇌B．文吏／以法／绳／之／。（本句型表一例4）

"上目送之"（第一编、Ⅱ、十七、句型3例5）是以名词作状语的叙述句型，"文吏法绳之"和"上目送之"结构相同。如果用介词词组"以法"去置换名词"法"，这样就转换成B句型："文吏以法绳之。"这是用置换的方法转换成另一句型的。

A类与B类句型转换结构式是：

主语+<u>状语（名）</u>+及物动词+宾语
⇌主语+"以"+介词宾语+及物动词+宾语

②A. 安国／遗／蚡／五百金物／。
⇌B. 安国／以五百金物／遗／蚡／。（本句型表二例1）

"简子赐扁鹊田四百亩"（第一编、Ⅱ、五、句型2例1）是双宾语句型，"安国遗蚡五百金物"和"简子赐扁鹊田四百亩"结构相同。其中"蚡"是动词"遗"的间接宾语，"五百金物"是直接宾语。如果把"五百金物"前面加上介词"以"字，并提到"遗"的前面作状语，而"遗"的后面，就只有"蚡"作宾语。这样就转换成B句型："安国以五百金物遗蚡。"这是用把直接宾语提前，并加介词的方法，使双宾语句转换成单宾语句的。注意：B句型仅限于本句型的表二例句。

A类与B类句型转换结构式是：

主语+"与"（"赐""遗"）+间接宾语+<u>直接宾语</u>
⇌主语+<u>"以"+介词宾语</u>+"与"（"赐""遗"）+宾语

句型2 〔仲子〕／以母／（则不）食／。
　　　　　子胥／以谏／死／。

〔结构式〕Ⅰ　主语+"以"（"为"）（表原因或目的）+介词宾语+及物动词+宾语

〔例句〕（表一）

	主语	"以"	介词宾语	及物动词	宾语	引书
1	〔仲子〕	以	母	（则不）食		孟子滕文公下
2	〔仲子〕	以	妻	（则）食	之	同上
3	桀	以	醉	亡	天下	韩非子说林上
4		（乃欲）以	一笑之故	杀	吾美人	史记平原君列传

续表

	主语	"以"	介词宾语			引书
5		(夫)以	人言	善	我	韩非子说林上
		(必)以	人言	罪	我	
6	(今)主君	以	白雁之故	(而欲)杀	人	新序杂事
7	项羽	以	故	疑	范增	汉书项籍传
8	君子	(不)以	言	举	人	
		(不)以	人	废	言	论语卫灵公
9	梁王	以	此	怨	盎	史记袁盎列传
10	(直不疑)	以	此	称为	长者	史记万石君列传
11	天	(不)为	人之恶寒(也)	辍	冬	荀子天论
12	地	(不)为	人之恶辽远(也)	辍	广	同上

〔结构式〕Ⅱ　主语+"以"（"为"）（表原因或目的）+介词宾语+不及物动词

〔例句〕（表二）

	主　语	"以"	介词宾语	不及物动词	引　书
1	子胥	以	谏	死	史记仲尼弟子列传
2	吾	以	捕蛇	(独)存	柳宗元捕蛇者说
3	子	以	之	死	韩非子奸劫弑臣
4	(天行有常)	(不)为	尧	存	荀子天论
5		(不)为	桀	亡	同上
6	人主	为	之	(夙夜不)宁	盐铁论忧边
7	睢水	为	之	(不)流	史记项羽本纪

〔说明〕

1."以""为"是介词。"以"表示动作行为的原因，"为"表示动作行为的原因或目的。

2．"以"字的宾语是名词（如表一例2的"妻"）、名词词组（如表一例5的"人言"）、代词（如表一例9的"此"）、动词（如表一例3的"醉"）或动宾词组（如表二例2的"捕蛇"）。

3．"以"字介词词组放在动词前面，作状语。

4．"以""为"后面的宾语代词"之"字，可以承上省略，如：

君因信妾余之诈，为〔　　〕弃正妻。（《韩非子奸劫弑臣》）
其结构式为：
主语+"以"（"为"）+〔"之"〕+及物动词+宾语

5．"以"译作"因为"，"为"译作"因为"或"为了"。"〔仲子〕以母则不食"可译为"〔仲子〕因为是母亲的食物就不吃"。

6．适合本句型的介词有："以""用""为"等。

句型3　　〔韩说〕／以太初三年／为／游击将军／。
　　　　　文／以五月五日／生／。

〔结构式〕Ⅰ　主语+"以"（引进时间）+介词宾语+及物动词+宾语
〔例句〕（表一）

	主　语	"以"	介词宾语	及物动词	宾　语	引　书
1	〔韩说〕	以	太初三年	为	游击将军	史记卫将军骠骑列传
2	帝	以	今日	杀	黑龙（于北方）	墨子贵义

〔结构式〕Ⅱ　主语+"以"（"于"）（引进时间）+介词宾语
　　　　　　+不及物动词
〔例句〕（表二）

	主 语	"以"	介词宾语	不及物动词	引 书
1	文	以	五月五日	生	史记孟尝君列传
2	武	以	始元六年春	至（京师）	汉书苏武传
3	安国	以	元朔二年中	卒	史记韩长孺列传
4	〔悼惠王〕	以	惠帝六年	卒	史记齐悼惠王世家
5	斧斤	以	时	入（山林）	孟子梁惠王上
6	礼法	以	时	（而）定	商君书更法
7	子	于	是日	哭	论语述而

〔说明〕

　　1."以""于"是介词，用来表示时间。

　　2."以"字的宾语是表示日期的名词或名词词组。

　　3."以""于"字介词词组放在动词前面，作状语。

　　4.表二例2不及物动词"至"后面的"京师"是非受事宾语。

　　5."以""于"译作"在"。"文以五月五日生"可译为"田文在五月五日出生"。"以"的宾语是名词"时"字，"以"译作"按照""根据"。"礼、法以时而定"可译为"礼和法都要按照当时具体情况来制定"。

句型4　栾书中行偃／以其党／袭捕／厉公／。
　　　　　晋／使／赵穿／以兵／伐／郑／。
　　　　　宫之奇／以其族／去（虞）／。

〔结构式〕Ⅰ　主语+"以"（引进率领的对象）+介词宾语+及物动词+宾语

〔例句〕（表一）

	主 语	"以"	介词宾语	及物动词	宾 语	引 书
1	栾书中行偃	以	其党	袭捕	厉公	史记晋世家
2		以	三公子之徒	作	乱	同上

216

〔结构式〕Ⅱ　主语+"使"（"令"）+兼语+"以"（引进率领的对象）+介词宾语+及物动词+宾语

〔例句〕（表二）

	主语	"使"	兼语	"以"	介词宾语	及物动词	宾语	引书
1	晋公	使	赵穿	以	兵	伐	郑	史记郑世家
2		令	胥童	以	兵八百人	袭攻杀	三郤	史记晋世家
3		使	龙骧将军胡彬	以	水军五千	援	寿阳	资治通鉴淝水之战

〔结构式〕Ⅲ　主语+"以"（引进率领的对象）+介词宾语+不及物动词

〔例句〕（表三）

	主语	"以"	介词宾语	不及物动词	引书
1	宫之奇	以	其族	去（虞）	史记晋世家
2	宫之奇	以	其族	行	左传僖公五年
3	〔公子〕	（欲）以	客	往赴（秦军）	史记魏公子列传

〔说明〕

1. "以"是介词，用来引进率领的对象。
2. "以"字的宾语都是表示人的名词或名词词组。
3. "以"字介词词组放在动词前面，作状语。
4. 表一、二例句中的谓语中心常是表示讨伐、攻杀一类的及物动词；表三例句中的谓语中心常是表示往赴或离开的不及物动词，后面可以带非受事宾语（如表三例1的"虞"）。
5. "以"译作"率领"或"带领"。"宫之奇以其族去虞"

可译为"宫之奇率领他的族人离开虞国"。

句型5　　孙膑／以刑徒／（阴）见／。
　　　　　高祖／以吏／繇（咸阳）／。

〔结构式〕Ⅰ　主语+"以"（表用……的名义）+介词宾语+及物动词+宾语

〔例句〕（表一）

	主语	"以"	介词宾语	及物动词	宾语	引书
1	孙膑	以	刑徒	（阴）见		史记孙子列传
2	〔韩说〕	以	校尉	从	大将军（有功）	史记卫将骠骑列传
3	将军曹襄	以	平阳侯	为	后将军	同上
4	〔赵食其〕	以	主爵	为	右将军	同上
5	〔韩说〕	以	待诏	为	横海将军	同上

〔结构式〕Ⅱ　主语+"以"（表用……的名义）+介词宾语+不及物动词

〔例句〕（表二）

	主　语	"以"	介词宾语	不及物动词	引　书
1	高祖	以	吏	繇（咸阳）	史记萧相国世家
2	魏其武安	（由此）以	侯	（家）居	史记魏其武安侯列传

〔说明〕

1. "以"是介词，表示所用的名义或资格。
2. "以"的宾语是名词或名词词组，一般表示官职或某种身份。

3．"以"字介词词组放在动词前面，作状语。

4．"以"译作"用（凭）……名义"或"用（凭）……资格（身份）"。"孙膑以刑徒阴见"可译为"孙膑以罪犯的身份暗中去见齐使"。

5．适合本句型的介词有："以""用"等。

句型6　〔令尹子文〕/旧令尹之政（必）以/告/新令尹/。
　　　　晋军/朝以/入/。

〔结构式〕Ⅰ　主语+介词宾语+"以"+及物动词+宾语
〔例句〕（表一）

	主　语	介词宾语	"以"	及物动词	宾　语	引　书
1	〔令尹子文〕	旧令尹之政	（必）以	告	新令尹	论语公冶长
2	〔厉〕	（晚）食	以	当	肉	战国策齐策
3		（安）步	以	当	车	同上
4		无罪	以	当	贵	同上
5	楚战士无	（不）一	以	当	十	史记项羽本纪
6	〔周公〕	夜	以	继	日	孟子离娄下
7		市朝	以	一	其求	盐铁论本议
8	〔仲尼〕	孝悌	以	化	之（也）	荀子儒效
9		江汉	以	濯	之	孟子滕文公上
10		秋阳	以	暴	之	同上

〔结构式〕Ⅱ　主语+介词宾语+"以"+不及物动词
〔例句〕（表二）

	主　语	介词宾语	"以"	不及物动词	引　书
1	晋君	朝	以	入	左传僖公十五年
2	婢子	夕	以	死	同上

〔说明〕

1. "以"字是介词,用来引进动作行为的工具或凭借。

2. 在古代汉语中,有时为了强调"以"字的宾语,可以无条件地把它提到"以"字前面。

3. "以"字的宾语是名词(如表一例6的"夜")、名词词组(如表一例1的"旧令尹之政")、动词(如表一例2的"食")、动宾词组(如表一例4的"无罪")或数词(如表一例5的"一")。

4. "以"字介词词组放在动词前面,作状语。

5. 本句型的谓语中心是及物动词,带的宾语是名词(如表一例2的"肉")。名词词组(如表一例1的"新令尹")、代词(如表一例8的"之")、形容词(如表一例4的"贵")或数词(如表一例5的"十")。

6. 表一例5中的"无"是无定代词,作主语。"楚战士"是"无"的先行词。

7. "以"译作"拿""用"或"把"。表二例句中的"以"用来引进动作行为的时间,译作"在"。本句型在译成现代汉语时,要把提前的介词宾语移到"以"字后面。如"〔令尹子文〕旧令尹之政必以告新令尹"可译为"〔令尹子文〕一定把自己旧令尹的政事,都告诉给新令尹"。

8. 句型转换:

A.〔周公〕/ 以夜 / 继 / 日 / 。

⇌B.〔周公〕/ 夜以 / 继 / 日 / 。(本句型表一例6)

"〔子〕以杖叩其胫"。(第一编、Ⅱ、二十、句型1表一例1)是带有"以"字介词词组的句型,"〔周公〕以夜继日"和"〔子〕以杖叩其胫"结构相同。如果把"以"的宾语"夜"提到"以"的前面,这样就转换成 B 句型。"〔周公〕夜以继日。"这是用移动介词宾语位置的方法转换成另一句型的。

A 类与 B 类句型转换的结构式是:

主语+"以"+介词宾语+及物动词+宾语
⇌ 主语+介词宾语+"以"+及物动词+宾语

句型 7　　吾／于武成／取／二三策而已矣／。

〔结构式〕　主语+"于"+介词宾语+及物动词+宾语〈+"矣"（"也""而已矣""焉"〉〉

〔例句〕

	主语	"于"	介词宾语	及物动词	宾语	"矣"	引　书
1	吾	于	武成	取	二三策	而已矣	孟子尽心下
2	（始）吾	于	人（也）	听（而）信	其言其行		论语公冶长
3	吾	于	子思	（则）师	之	矣	孟子万章下
4	吾	于	颜般	（则）友	之	矣	同上
5	吾矛之利	于	物	（无）不陷		也	韩非子难一
6	（胜）	（今乃）于	毛先生	（而）失	之	也	史记平原君列传
7		于	其身（也）	（则）耻	师	焉	韩愈师说
8	不义而富且贵	于	我	如	浮云		论语述而
9	矫魏王令夺晋鄙兵以救赵	于于	赵魏	（则）有（则未）为	功忠臣	矣也	史记魏公子列传

〔说明〕

1．"于"是介词，用来引进行动的对象。

2．"于"字的宾语是名词（如例 3 的"子思"）、名词词组（如例 7 的"其身"）或代词（如例 8 的"我"）。

3. "于"字介词词组放在动词前面，作状语。

4. 在古代汉语中，为了要强调表示"对于"的"于"字介词词组，常把这个介词词组放在动词前面，以便和主语的关系更紧密。

5. 例3、4中的"师""友"，是名词用如意动。

6. 本句型的主语是名词（如例6的〔胜〕）、代词（如例1的"吾"）、形容词词组（如例5的"吾矛之利"）或复句形式（如例8的"不义而富且贵"）。

7. 主语是主谓词组或复句形式，用来表示事情；而"于"字的宾语则是意旨的主动者，表示从某人的角度来看待这件事。

8. "而已矣""焉"是语气词。"而已矣"表示限止，"焉"表示说话的重点所在。

9. "于"译作"对于"。"吾于武成取二三策而已矣"可译为"我对于武成一篇，所取的不过两三页罢了"。"于"字引进意旨的主动者的，译作"对于……来说""依……看来"，如："不义而富且贵，于我如浮云"可译为"干不正当的事情而得到富贵，对于我来说，就像浮云一般"。

10. 适合本句型的介词有："于""为""之"等。

11. 有关句型：

〔燕〕于姬姓独后亡。（《史记燕召公世家》）

这里"于"字，引进动作行为的范围。可译为"在……之中"。其结构式为：

主语+"于"+介词宾语+不及物动词

句型8　冉子／为其母／请／粟／。
〔巫〕／为〔　〕／治／新缯绮縠衣／。

〔结构式〕Ⅰ　主语+"为"（引进效劳的对象）+介词宾语+及物动词+宾语

〔例句〕(表一)

	主语	"为"	介词宾语	及物动词	宾语	引书
1	冉子	为	其母	请	粟	论语雍也
2	余	为	天子	伐	楚	韩非子外储说左上
3	吾	为	公	取	彼一将	史记项羽本纪
4	吾	(将)为	女	问	之	荀子子道
5	公输盘	为	楚	造	云梯之械	墨子公输
6	臣	为	韩王	送	沛公	史记项羽本纪
7	庖丁	为	文惠君	解	牛	庄子养生主
8	(往年)臣	为	君	治	邺	韩非子外储说左下

〔结构式〕Ⅱ 主语+"为"(引进效劳的对象)+〔"之"〕+及物动词+宾语

〔例句〕(表二)

	主语	"为"	〔 〕	及物动词	宾语	引书
1	〔巫〕	为	( )	治	新缯绮縠衣	史记滑稽列传附录
2		为	( )	治	斋宫(河上)	同上
3		为	( )	具	牛酒饭食	同上
4	我	(必)为	( )	报	仇(而死)	史记刺客列传
5	智者	(不)为	( )	谋		新序杂事
6	辩者	(不)为	( )	使		同上
7	勇者	(不)为	( )	斗		同上
8		为	( )	击破	沛公军	史记项羽本纪

〔说明〕

1. "为"是介词,用来引进主语所代表的人效劳的对象。
2. "为"的宾语是名词(如表一例2的"楚")、名词词组

223

（如表一例1的"其母"）或代词（如表一例4的"女"），都代表人。

3．在表二例句中，"为"的宾语是代词"之"字，承上省略。其中表二例8省略的"之"，是第一人称代词，称代"我"。

4．"为"字介词词组放在动词前面，作状语。

5．"为"译作"替""给"。"冉子为其母请粟"可译为"冉子替他母亲请求小米"。

6．适合本句型的介词有："为""与"等。

句型9　　臣／（请）为王／言／乐／。
　　　　　　如姬／为公子／泣／。

〔结构式〕Ⅰ　主语+"为"（引进行为的对象）+介词宾语+及物动词+宾语

〔例句〕（表一）

	主语	"为"	介词宾语	及物动词	宾语	引书
1	臣	（请）为	王	言	乐	孟子梁惠王下
2	〔骞〕	（具）为	天子	言	之	史记大宛列传
3	〔吾〕	（将）为	汝	言	其崖略	庄子知北游
4	寡人	（独）为	仲父	言		韩诗外传
5	淮阴人	为	余	言		史记淮阴侯列传

〔结构式〕Ⅱ　主语+"为"（引进行为的对象）十介词宾语+不及物动词

〔例句〕（表二）

	主语	"为"	介词宾语	不及物动词	引 书
1	如姬	为	公子	泣	史记魏公子列传
2	〔媪〕	（持其踵）为	之	泣	战国策赵策
3		为	天下	倡	史记陈涉世家
4		（不足）为	外人	道（也）	陶渊明桃花源记

〔说明〕

1. "为"是介词，用来引进动作行为的对象。

2. "为"字的宾语是名词（如表一例1的"王"）、名词词组（如表二例4的"外人"）或代词（如表一例5的"余"）都表示人。

3. "为"字介词词组放在动词前面，作状语。

4. "为"译作"对""向"。"如姬为公子泣"可译为"如姬向公子哭泣"。

句型10　　赵王／与大将军廉颇诸大臣／谋／。

　　　　　田叔／（故）与任安／（相）善／。

　　　　　余／与〔　〕／争／之／。

　　　　　君／与〔　〕／（俱）来／。

〔结构式〕Ⅰ　主语+"与"+介词宾语+及物动词+宾语

〔例句〕（表一）

	主语	"与"	介词宾语	及物动词	宾语	引 书
1	赵王	与	大将军廉颇诸大臣	谋		史记廉颇蔺相如列传
2	子楚	与	吕不韦	谋		史记吕不韦列传
3	吾	与	汝	（毕力）平	险	列子汤问
4	公	与	之	乘		左传庄公十年
5	诸君子	（皆）与	骧	言		孟子离娄下

续表

	主语	"与"	尔	言		引书
6	予	与	尔	言	兵事	论语阳货
7	〔括〕	（尝）与	其父奢	言	兵事	史记廉颇蔺相如列传
8	孙膑	（尝）与	庞涓	（俱）学	兵法	史记孙子列传

〔结构式〕II　主语+"与"+介词宾语+不及物动词
〔例句〕（表二）

	主语	"与"	介词宾语	不及物动词	引书
1	田叔	（故）与	任安	（相）善	史记田叔列传
2	王稽	（遂）与	范睢	入（咸阳）	史记范睢列传
3	临汝侯	（方）与	程不识	（耳）语	史记魏其武安侯列传
4	〔吾〕	尝（与）	鲍叔	贾	史记管晏列传
5		（遂）与	秦王	会（渑池）	史记廉颇蔺相如列传

〔结构式〕III　主语+"与"+〔"之"〕+及物动词+宾语
〔例句〕（表三）

	主语	"与"	（"之"）	及物动词	宾语	引书
1	余	与	〔 〕	争	之	韩非子奸劫弑臣
2		（始可）与	〔 〕	言	诗（已矣）	论语学而
3	竖子	（不足）与	〔 〕	谋		史记项羽本纪
4	此	（诚不可）与	〔 〕	争	锋	三国志诸葛亮传
5	（邹忌）	与	〔 〕	（坐）谈		战国策齐策

〔结构式〕IV　主语+"与"+〔"之"〕+不及物动词
〔例句〕（表四）

	主语	"与"	("之")	不及物动词	引 书
1	君	与	( )	(俱)来	三国志诸葛亮传
2	高祖	与	( )	语	史记万石君列传

〔说明〕

1．"与"字是介词，用来引进和主语所代表的人共同从事某项活动的人。

2．"与"字的宾语是名词（如表一例2的"吕不韦"）、名词词组（如表一例7的"其父"）或代词（如表一例3的"汝"），都表示人。

3．"与"字介词词组放在动词前面，作状语。

4．在表三、四例句中，"与"的宾语是代词"之"字，承上省略。

5．"与"译作"和""跟"或"同"。"赵王与大将军廉颇诸大臣谋"可译为"赵王同大将军廉颇等一些大臣商量"。

6．适合本句型的介词有："与""以"等。

句型11　　吾／从北方／闻／子为梯／。
　　　　　　吾／自卫／反（鲁）／。

〔结构式〕Ⅰ　主语+"自"（"从"）+介词宾语+及物动词+宾语

〔例句〕（表一）

	主语	"自"	介词宾语	不及物动词	宾语	引 书
1	吾	从	北方	闻	子为梯	墨子公输
2	屠	自	后	断	其股	蒲松龄狼
3	英法联军	自	海	入侵		徐珂冯婉贞
4	无忌	自	在大梁时	（常）闻	此两人贤	史记魏公子列传
5	侯	自	我	得	之	
		自	我	捐	之	史记魏其武安侯列传

227

〔结构式〕Ⅱ　主语+"自"（"由"）+介词宾语+不及物动词
〔例句〕（表二）

	主　语	"自"	介词宾语	不及物动词	引　书
1	吾	自	卫	反（鲁）	论语子罕
2	有为神农之言者许行	自	楚	之（滕）	孟子滕文公上
3	祸	自	此	始（矣）	史记萧相国世家
4	其　剑	自	舟中	坠（于水）	吕氏春秋察今
5	其　夫	（早）自	外	（而）来	韩非子内储说下
6	夫仁政	（必）自	经界	始	孟子滕文公上
7	政	由	羽	出	史记项羽本纪

〔说明〕

1．"自"（"由""从"）是介词，用来引进动作行为的时间、处所的起点。

2．"自"（"由""从"）的宾语是名词（如表一例 1 的"北方"）或代词（如表二例 3 的"此"）。

3．"自"（"由""从"）介词词组放在动词前面，作状语。

4．表一例句中的谓语中心是及物动词，带的宾语是名词词组（如表一例 2 的"其股"）或主谓词组（如表一例 1 的"子为梯"）；表二例句谓语中心是不及物动词。

5．"自""由"译作"从"。"吾自卫反鲁"可译为"我从卫国回到鲁国"。

6．适合本句型的介词有："自""由""繇""猷""从"等。

句型 12　　天下／无贤与不肖知与不知／皆／慕／其声／。
　　　　　　食客数千人／无贵贱／一／（与文）等／。

〔结构式〕Ⅰ　主语+"无"+介词宾语+"皆"+及物动词+宾语
〔例句〕（表一）

	主语	"无"	介词宾语	"皆"	及物动词	宾语	引书
1	天下	无	贤与不肖知与不知	皆	慕	其声	史记游侠列传
2		无	愚智	皆	知	之	史记项羽本纪
3	士	无	贤不肖	皆	（谦而礼）交	之	史记魏公子列传
4	天之亡秦	无	愚智	皆	知	之	汉书项籍传
5		无	少长	皆	斩	之	汉书高后纪

〔结构式〕Ⅱ　主语+"无"+介词宾语+"皆"（"一"）+不及物动词
〔例句〕（表二）

	主　语	"无"	介词宾语	"皆"	不及物动词	引书
1	食客数千人	无	贵贱	一	（与文）等	史记孟尝君列传
2	诸外家昆弟	无	贤不肖	皆	侍（帷幄）	汉书杜邺传

〔说明〕

1．"无"是介词，用来表示任何的情况或条件，极言范围之广。

2．"无"的宾语是形容词，经常是并列两个反义词。

3．"无字介词词组在句中作状语。

4．本句型常在动词前面用"皆""一""悉""辄"等副词，表示范围或同一行为的多次重复，当"都""总是""常常"讲，

229

作状语。

5. "无"译作"无论"或"不论"。"食客数千人无贵贱一与文等"可译为"门客有数千人，不论高贵的还是卑贱的，都和田文相同"。

6. 适合本句型与"无"字介词词组相搭配的副词有。"皆""尽""悉""咸""俱（具）""一""辄"等。

7. 有关句型：

①女无美恶居宫见妒，士无贤不肖入朝见疑。（《史记扁鹊列传》）

这个句型在"无"字介词词组后面就接动词，没有用"皆""一"等副词，这个句型较少见。其结构式为：

主语+"无"+介词宾语+及物动词+宾语

②人君无愚智贤不肖，莫不欲求忠以自为。（《史记屈原列传》）

在这个句型中，是否定性无定代词"莫"和否定副词"不"连用，以双重否定的形式表示肯定。"莫不"的作用相当于"皆""悉"一类词。其结构式为：

主语+"无"+介词宾语+"莫"+"不"+及物动词+宾语

第二十一类　主‖状+宾+动（及物）

本类是动词的宾语前置，用"是"字或"之"字复指的句型（可参见第二类句型）。

句型1　父母／唯／其疾／之／忧。

〔结构式〕　主语+"唯"（"惟"）+宾语+"之"（"是"）

+及物动词

〔例句〕

	主 语	"唯"	宾 语	"之"	及物动词	引 书
1	父母	唯	其疾	之	忧	论语为政
2		唯	利	之	求	荀子王霸
3	〔寡人〕	唯	好	是	求	左传成公十三年
4		唯	敌	是	求	左传宣公十二年
5		唯	余马首	是	瞻	左传襄公十四年
6		唯	才	是	举	三国志武帝纪
7	孤臣	唯	命	是	听	史记越王勾践世家
8	〔鬼神〕	惟	德	是	依	左传僖公五年
9	〔皇天〕	惟	德	是	辅	同上
10	余	唯	利	是	视	左传成公十三年

〔说明〕

1. 在本句型中，宾语是名词（如例4的"敌"）、名词词组（如例1的"其疾"）或形容词（如例3的"好"）。

2. "之"（"是"）是代词，放在前置宾语的后面，表示复指。

3. "唯"（"惟"）是范围副词，放在前置宾语前面，表示宾语的单一性、排他性，作状语。

4. "唯"（"惟"）译作"只是""只有"。"父母唯其疾之忧"可译为"父母只是忧虑他的疾病"。

句型2 〔其一人〕／惟／弈秋／之／为听／。

〔结构式〕 主语+"惟"（"唯"）+宾语+"之"+"为"+及物动词

〔例句〕

	主 语	"惟"	宾 语	"之"	"为"	及物动词	引 书
1	〔其一人〕	惟	弈秋	之	为	听	孟子告子上
2		唯	仁	之	为	守	荀子不苟
3		唯	义	之	为	行	同上
4	〔君子〕	唯	其当	之	为	贵	同上
5		惟	菽藿糟糠	之	为	睹	荀子荣辱

〔说明〕

1. "之"是代词，放在前置宾语的后面，表示复指。

2. "为"是能愿动词，放在动词前面，用来加强动词的语意。

3. "惟"（"唯"）是范围副词，放在前置宾语的前面，表示宾语的单一性、排他性，作状语。

4. "惟"（"唯"）译作"只是""只有"。"〔其一人〕惟弈秋之为听"可译为"〔其中一个人〕只听弈秋的话"。

第二十二类　状（副）+主‖动+宾

句型1　　惟／明主／爱／权／。
　　　　　重／信／。
　　　　　唯／主人主妇／哭／。

〔结构式〕Ⅰ　"唯"（"惟""唯独"）+主语+及物动词+宾语
〔例句〕（表一）

	"唯"	主语	及物动词	宾语	引书
1	惟	明主	爱	权	
			重	信	商君书修权
2	（方今）唯	秦	雄	天下	史记鲁仲连列传
3	唯	明主	为	能行之	史记李斯列传
4	唯独	参	擅	其名	史记曹相国世家
5	惟	仁者	（能）好	人	
			（能）恶	人	论语里仁
6	唯	袁盎	明	绛侯无罪	史记袁盎列传

〔结构式〕Ⅱ "唯"+主语+不及物动词
〔例句〕（表二）

	"唯"	主语	不及物动词	引书
1	唯	主人主妇	哭	仪礼既夕礼
2	唯	二姬之子	在（绛）	左传庄公二十八年

〔说明〕

1．"唯""惟""唯独"是范围副词，放在句首，表示主语的单一性和排他性，作状语。

2．表一例"2中的"雄"是名词用如动词。

3．"唯""惟""唯独"译作"只""只有"。"惟明主爱权重信"可译为"只有明君爱护权柄、重视信用"。

4．适合本句型的副词有："唯""惟""维""唯独"等。

5．有关句型：

唯朱公独笑。（《史记越王勾践世家》）

这个句型是在主语的前面有"唯"字，在谓语中心前面有"独"字，"唯"和"独"相呼应。其结构式为：

"唯"+主语+"独"+不及物动词

句型2　　最／骠骑将军去病／凡／（六出）击／匈奴／。

〔结构式〕　"最"+主语〈+"凡"〉+及物动词+宾语
〔例句〕

	"最"	主　语	"凡"	及物动词	宾　语	引　书
1	最	骠骑将军去病	凡	（六出）击	匈奴	史记卫将军骠骑列传
2	最		凡	（七出）击	匈奴	同上
3	最	大将军青〔勃〕		从得	高帝 相国一人 丞相二人 将军二千石各三人	史记绛侯周勃世家

〔说明〕

1. "最"是副词，表示"总共"，放在句首作状语。

2. 本句型常在动词前面用副词"凡"字，和句首"最"相呼应，表示"总共"，作状语。

3. 有的句子常在动词前面用数词，表示动量，作状语。

4. "最""凡"译作"共"。"最骠骑将军去病凡六出击匈奴"可译为"骠骑将军霍去病共出去攻打匈奴六次"。

第二十三类　状（名）+主‖动+宾

句型1　　初／公／筑／台／。
　　　　今者／臣／来／。

234

〔结构式〕Ⅰ　状语（时间名〈+"者"/"也"〉）+主语+及物动词+宾语

〔例句〕（表一）

	状　语	主　语	及物动词	宾　语	引　书
1	初	公	筑	台	左传庄公三十二年
2	始	怀王	遣	我	史记高祖本纪
3	顷		（尝）言	恶阐王臭	韩非子内储说下
4	日	起	请	夫环	左传昭公十六年
5	初	鲁肃	闻	刘表卒	司马光赤壁之战
6	是年	谢庄	办	团	徐珂冯婉贞
7	曩		（将）罪	之	韩非子说林上
8	今		逢	丈人	马中锡中山狼传
9	昔者	周公旦	制	天下之政	说苑尊贤
10	昔者	公刘	好	货	孟子梁惠王下
11	曩者	叔牙	（欲）立	庆父	史记鲁周公世家
12	古者	棺椁	无	度	孟子公孙丑下
13	向者	草木	无	知	马中锡中山狼传
14	今者	我	亡	缁衣	吕氏春秋淫辞
15	今也	滕	有	仓廪府库	孟子滕文公上

〔结构式〕Ⅱ　状语（时间名〈+"者"/"也"〉）+主语+不及物动词

〔例句〕（表二）

	状　语	主　语	不及物动词	引　书
1	今者	臣	来	战国策燕策
2	昔	齐景公	田	孟子滕文公下
3	前	陈王项梁	（皆）败	汉书高帝纪
4	时	秦昭王	（与楚）婚	史记屈原列传
5	昔者		疾	孟子公孙丑下
6	古也		墓（而不）坟	礼记檀弓上

〔说明〕

1．在本句型中，时间名词放在主语前面，表示动作行为发生的时间，作状语。有的句子，在时间名词后面加上语气词"者"或"也"，表示顿宕。

2．表一例句的谓语中心是及物动词,后面带的宾语是名词（如表一例1的"台"）、名词词组（如表一例9的"天下之政"）、代词（如表一例2的"我"）或主谓词组（如表一例5的"刘表卒"）；表二例句的谓语中心是不及物动词。

3．表二例6中的"墓"和"坟"是名词用如动词。

4．"昔""曩""向""前"译作"从前"，"初""始"译作"当初"，"日"译作"往日"，"是时""时"译作"当时"，"是年"译作"这一年"，"顷"译作"刚才"。时间名词后的"者""也"可以不译。"初公筑台"可译为"起初,庄公建造高台"。

5．适合本句型的时间名词有："初""始""前""昔""乡""向""曩"、"日""是年""是时""时""昔者""古者""曩者""向者""乡也""古也"（以上表示过去）、"顷""须臾""俄""俄而""顷之""少焉"（以上表示短暂过去），"今""今者""今也"（以上表示现在）等。

6．有关句型：

老臣今者殊不欲食。（《战国策赵策》）

这里时间名词"今者"放在主语后面，这个句型较少见。其结构式为：

主语+状语（时间名〈+"者"〉）+及物动词+宾语

句型2　　赵惠文王十六年／，廉颇／为／赵将／。

八月乙亥／晋襄公／卒／。

〔结构式〕Ⅰ　状语（日期）+主语+及物动词+宾语

〔例句〕（表一）

	状语	主语	及物动词	宾语	引书
1	赵惠文王十六年	廉颇	为	赵将	史记廉颇蔺相如列传
2	汉六年正月		封	功臣	史记留侯世家
3	十一月甲午	国人	逐	瘐狗	左传襄公十七年
4	八月	沛公	攻	武关	汉书高帝纪

〔结构式〕Ⅱ　状语（日期）+主语+不及物动词

〔例句〕（表二）

	状语	主语	不及物动词	引书
1	八月乙亥	晋襄公	卒	左传文公六年
2	二年春三月庚午	大司马大将军光	薨	汉书宣帝纪

〔说明〕

1. 本句型的时间状语是特指性的日期。

2. "赵惠文王十六年，廉颇为赵将。"可译为"赵惠文王十六年，廉颇当赵国的大将"。

第二十四类　主‖动+宾+补（介词词组）

句型1　为／政／以德／。

孔子／进／以礼／。

（陈胜吴广）／祭〔　〕／以尉首／。

〔结构式〕Ⅰ　主语+及物动词+宾语+"以"+介词宾语

〔例句〕（表一）

	主　语	及物动词	宾　语	"以"	介词宾语	引　书
1		为	政	以	德	论语为政
2	绕朝	赠	之	以	策	左传文公十三年
3		杀	人	以	梃与刃	孟子梁惠王上
4	胥臣	蒙	马	以	虎皮	左传僖公二十八年
5	〔大王〕	事	之	以	皮币	孟子梁惠王下
6		道	之	以	德	论语为政
7		齐	之	以	礼	同上
8		事	之	以	礼	同上
9	君子	（深）造	之	以	道	孟子离娄下
10		审	之	以	孝悌之义	孟子梁惠王上
11	夫子	教	我	以	正	孟子离娄上

〔结构式〕Ⅱ　主语+不及物动词+"以"+介词宾语

〔例句〕（表二）

	主　语	不及物动词	"以"	"以"的宾语	引　书
1	孔子	进	以	礼	孟子万章上
2	（孔子）	退	以	义	同上
3		赴	以	名	左传僖公二十三年

〔结构式〕Ⅲ　主语+及物动词+（"之"）+"以"+介词宾语

〔例句〕（表三）

	主　语	及物动词	（"之"）	"以"	介词宾语	引　书
1	〔陈胜吴广〕	祭	（　）	以	尉首	史记陈涉世家
2	〔项伯〕	（具）告	（　）	以	事	史记项羽本纪
3		压	（　）	以	诗书	马中锡中山狼传

〔说明〕

1. "以"是介词,引进动作行为的工具或凭借。

2. "以"字的宾语是名词(如表一例1的"德")、名词词组(如表三例1的"尉首")或形容词(如表一例11的"正")。

3. "以"字介词词组放在动词后面,作补语。

4. 本句型的谓语中心多数是及物动词,带的宾语是名词或代词,其中多为第三人称代词"之"字。表三例句中的宾语是代词"之"字,承上文省略。

5. "以"译作"用""拿""凭"或"依照"。本句型在译成现代汉语时,要把"以"字介词词组提到动词前面,如"为政以德"可译为"凭借道德治理国政"。

6. 适合本句型的介词有:"以""于"等。

7. 句型转换:

A. 夫子／以正／教／我／。

⇌B. 夫子／教／我／以正／。

"文吏以法绳之"(第一编、Ⅱ、二十、句型1例4)是"以"字介词词组作状语的叙述句型,"夫子以正教我"和"文吏以法绳之"结构相同。如果把"以"字介词词组移到动词后面作补语,这样就转换成B句型:"夫子教我以正。"这是用移动介词词组位置的方法,转换成另一句型的。

A类句型转换为B类句型是有条件的,"以"字只有表示工具、凭借的对象或原因时,这个"以"字介词词组才能放在动词后面。

在B类句型中,如果"以"的宾语字数较多,或动词的宾语是省略的"之"字,"以"字介词词组一般就放到动词后面。动词的宾语是代词时,"以"字介词词组也以放到动词后面为常见。

A类与B类句型转换的结构式是:

<u>主语+"以"+介词宾语</u>+及物动词+宾语

⇌ 主语+及物动词+宾语+"以"+介词宾语

句型2　　子／击／磬／于卫／。
　　　　　　子路／宿／于石门／。
　　　　　　孔子／生／〔　〕鲁昌平乡陬邑／。

〔结构式〕Ⅰ　主语 + 及物动词 + 宾语 + "于"（引进处所）+介词宾语

〔例句〕（表一）

	主语	及物动词	宾语	"于"	介词宾语	引书
1	子	击	磬	于	卫	论语宪问
2	庄子	钓		于	濮水	庄子秋水
3	〔叔〕	学	黄老术	于	乐巨公所	史记田叔列传
4	〔韩安国〕	（尝）受	韩子杂家说	于	驺田生所	史记韩长孺列传
5	〔缪公〕	（西）取	由余	于	戎	史记李斯列传
6	〔缪公〕	（东）得	百里奚	于	宛	同上
7	〔缪公〕	迎	蹇叔	于	宋	同上
8	〔寡人〕	移	其民	于	河东	孟子梁惠王上
9		移	其粟	于	河内	同上
10	肃	追		于	宇下	司马光赤壁之战
11	孟尝君	就	国	于	薛	战国策齐策
12	荆国	有	余		地	墨子公输
13	〔沛公〕	贪		于	财货	史记项羽本纪

〔结构式〕Ⅱ　主语+不及物动词+"于"（"乎"）（引进处所）+介词宾语

〔例句〕（表二）

	主　语	不及物动词	"于"	介词宾语	引　书
1	子路	宿	于	石门	论语宪问
2	盆成括	仕	于	齐	孟子尽心下
3	八佾	舞	于	庭	论语八佾
4	〔伯夷叔齐〕	隐	于	首阳山	史记伯夷列传
5	〔伯夷叔齐〕	饿死	于	首阳山	同上
6		战	于	长勺	左传庄公十年
7		浴	乎	沂	论语先进
8		入	乎	耳	荀子劝学
9		箸	乎	心	同上
10		布	乎	四体	同上
11		形	乎	动静	同上
12	虎兕	出	于	柙	论语季氏
13	〔子墨子〕	起	于	鲁	墨子公输
14	宰相	（必）起	于	州部	韩非子显学
15	猛将	（必）发	于	卒伍	同上
16	子华	使	于	齐	论语雍也
17	臣	（始）至	于	境	孟子梁惠王下
18	夫子	至	于	是邦（也）	论语学而
19	鹏	（之）徙	于	南冥（也）	庄子逍遥游
20	〔鲁人〕	（欲）徙	于	越	韩非子说林上
21	吾祖	死	于	是	柳宗元捕蛇者说
22	吾父	死	于	是	同上
23	上古	竞	于	道德	韩非子五蠹
24	中世	逐	于	智谋	同上
25	当今	争	于	气力	同上

〔结构式〕Ⅲ　主语+不及物动词+〔"于"〕+介词宾语
〔例句〕（表三）

	主　语	不及物动词	（"于"）	介词宾语	引　书
1	孔子	生	（　）	鲁昌平乡陬邑	史记孔子世家
2	将军	战	（　）	河北	史记项羽本纪
3	臣	战	（　）	河南	同上
4	（时）先主	屯	（　）	新野	三国志诸葛亮传
5	愬	入居	（　）	元济外宅	司马光李愬雪夜入蔡州

〔说明〕

1．"于""乎"是介词，引进动作行为的处所（包括发生、起自或归趋的处所），也可以引申为引进范围和方面（如表一例12、13 和表二例 21-25）。

2．"于""乎"的宾语是名词（如表二例 1 的"石门"）、名词词组（如表一例 3 的"乐巨公所"）或代词（如表二例 21 的"是"）。

3．"于""乎"字介词词组放在动词后面，作补语。

4．在表三例句中，在动词后面省略了"于"字。

5．"于""乎"引进行为发生的处所，译作"在"；引进行为起自的处所，译作"从"；引进行为归趋的处所，译作"到"；引进范围和方面，译作"在……中""在……上""在……方面"。"子路宿于石门"可译为"子路在石门住了一夜"。"子墨子闻之，起于鲁"可译为"墨子听到了这个消息，从鲁国动身"。"子华使于齐"可译为"子华出使到齐国"。"荆国有余于地"可译为"楚国在土地方面有余"。

6．有关句型：

繁启蕃长于春夏，畜积收藏于秋冬。（《荀子天论》）

这里"于"字，引进动作行为发生的时间。这个句型的结构式为：

主语+不及物动词+"于"（引进时间）+介词宾语

7. 适合本句型的介词有："于""乎""爰""焉""都""之""在""自""及"等。表示起自的动词有："起""出""发""取""得""迎""来""拯"等。表示归趋的动词有："迁""移""徙""至""便""达""追"等。

8. 句型转换：

①A．八佾／庭／舞／。

⇌B．八佾／舞／于／庭／。（本句型表二例3）

"童子隅坐（而执烛）"（第一编、Ⅱ、十七、句型5表二例2）是以名词作状语的叙述句型，"八佾庭舞"和"童子隅坐"结构相同。如果在"庭"的前面，加上介词"于"字，并把"于庭"移到动词"舞"的后面，作补语，这样就转换成B句型"八佾舞于庭。"这是用添加介词并移动介词词组位置的方法，转换成另一句型的。

A类句型一般可以转换为B类句型，但B类句型（第一编、Ⅱ、二十四、句型2等）能转换为A类句型的并不多。转换的条件是：B类句型中，介词宾语是"庭""廷""道""山""水"等表示处所的名词时，可以转换；如果是"石门""首阳山"等专有名词时，则不可以转换。

A类与B类句型转换的结构式是：

主语+<u>状语（处所名）</u>+及物动词+宾语

⇌主语+及物动词+宾语+<u>"于"（"乎"）+介词宾语（处所名）</u>

或：主语+<u>状语（处所名）</u>+不及物动词

⇌主语+不及物动词+<u>"于"（"乎"）+介词宾语（处所名）</u>

②A．臣／（始）至／境／。

⇌B．臣／（始）至／于／境／。（本句型表二例17）

"陈王至陈"（第二编、Ⅱ、四、句型1例4）是以不及物动词"至"作谓语中心的叙述句型，"陈"是非受事宾语。"臣（始）

243

至境"和"陈王至陈"结构相同。如果在"境"的前面,加上介词"于"字,介词词组"于境"就成为补语。这样就转换成 B 句型"臣(始)至于境。"这是用添加介词的方法,转换成另一句型的。

适合这种句型转换的常见动词是"至""使"一类的字。

A 类与 B 类句型转换结构式是:

主语+不及物动词+宾语

⇌ 主语+不及物动词+"于"("乎")(引进处所)+介词宾语

句型 3　　(今)有/人/于此/。

〔结构式〕　　"有"+宾语+"于"+"此"("斯")

〔例句〕

	"有"	宾　语	"于"	"此"	引　书
1	(今)有	人	于	此	墨子公输
2	(今)有	璞玉	于	此	孟子梁惠王下
3	有	楚大夫	于	此	孟子滕文公下
4	有	美玉	于	斯	论语子罕
5	有	人	于	此	孟子滕文公下
6	有	物	于	此	荀子赋
7	有	蛇	于	此	战国策魏策

〔说明〕

1. "有"是动词,表示存在,作谓语中心。

2. 有些句子常在句首加时间名词"今"字,表示"如果现在",作状语。

3. "于"是介词,引进某人或某物存在的处所,"于"的宾语是指示代词"此"或"斯"。

4. 本句型是非主谓句,用于表示假设,是作为比喻来说明某个问题的。

5. "今有人于此"可译为"现在有个人在这里"。

句型4　　安边境立功名／在／于良将／。

〔结构式〕　主语+"在"+"于"+介词宾语
〔例句〕

	主　语	"在"	"于"	介词宾语	引　书
1	安边境立功名	在	于	良将	汉书晁错传
2	贵贱	在	于	骨法	史记淮阴侯列传
3	忧喜	在	于	容色	同上
4	成败	在	于	决断	同上
5	俗吏之所务	在	于	刀笔筐箧	汉书贾谊传

〔说明〕

1. "于"是介词,用来引进事物的关键所在,或事物的决定因素。

2. "于"字的宾语是名词、名词词组(如例1的"良将")或动词(如例4的"决断")。

3. "于"字介词词组放在动词的后面,作补语。

4. "在"是不及物动词,作谓语中心。

5. 本句型的主语是名词词组(如例5的"俗吏之所务")、动词词组(如例1的"安边境""立功名")或形容词词组(如例2的"贵贱")。

6. "于"也是"在"的意思,现在仍有"在于"的说法,"在于"可以不译。"安边境立功名在于良将"可译为"保卫边疆、建立功勋在于优秀的将领"。

7．适合本句型的介词有："于""乎"等。

句型 5   文／倦于事／。

〔结构式〕 主语+不及物动词+"于"（引进原因）+介词宾语
〔例句〕

	主 语	不及物动词	"于"	介词宾语	引 书
1	文	倦	于	事	战国策齐策
2		馈	于	忧	同上
3		（知）生	于	忧患	
		（而）死	于	安乐（也）	孟子告子下
4	喜	生	于	好	左传昭公二十五年
5	怒	生	于	恶	同上

〔说明〕

1．"于"是介词，引进动作行为的原因。

2．"于"字的宾语是名词（如例 1 的"事"）或动词（如例 2 的"忧"）。

3．本句型的主语是名词（如例 1 的"文"）或动词（如例 4 的"喜"）。

4．例 3 中的"生于忧患""死于安乐"是省略主语的主谓词组，作动词"知"的宾语，这里把它们作为单句来分析。

5．"于"译作"因""因为"或"由于"。"文倦于事，馈于忧"可译为"田文因为琐事弄得疲倦，因为忧患弄得发昏"。

句型 6　　逢蒙／学／射／于羿／。

〔结构式〕　主语+及物动词+宾语+"于"（引进行为的对象）+
　　　　　　介词宾语
〔例句〕

	主语	及物动词	宾语	"于"	介词宾语	引　书
1	逢蒙	学	射	于	羿	孟子离娄下
2	尹公之他	学	射	于	我	同上
3	〔张仪〕	设	诡辩	于	怀王之宠姬郑袖	史记屈原列传
4	〔是狼〕	求	救	于	我	马中锡中山狼传
5	赵氏	求	救	于	齐	战国策赵策
6	臣	受	命	于	丞相	史记秦始皇本纪
7	季康子	问	政	于	孔子	论语颜渊
8	卫灵公	问	陈	于	孔子	论语卫灵公
9	悼公	问	治国	于	师旷	史记晋世家
10	子	问	公叔文子	于	公明贾	论语宪问
11	〔操蛇之神〕	告	之	于	帝	列子汤问
12	公伯寮	愬	子路	于	季孙	论语宪问
13	始皇	下	其议	于	群臣	史记秦始皇本纪
14	忌	进	孙子	于	威王	史记孙子列传
15	（昔）秦伯	嫁	其女	于	晋公子	韩非子外储说左上
16	〔从者〕	归	璧	于	赵	史记廉颇蔺相如列传
17	天	（将）降	大任	于	是人（也）	孟子告子下
18	东方朔	割	炙	于	细君	汉书扬雄传

〔说明〕

1. "于"是介词，引进动作行为或询问、谈话的对象。

2. "于"字的宾语是名词（如例1的"羿"）或代词（如例2的"我"），常表示人。

3. "于"字介词词组放在动词的后面，作补语。

4. 本句型的谓语中心是及物动词，带的宾语是名词（如例7的"政"）、动词（如例1的"射"）或动宾词组（如例9的"治国"）。

5. 在例7-13中"问""告""愬"的宾语，是所询问或谈话的内容，而介词"于"的宾语是询问或谈话的对象。

6. 本句型中的介词"于"可以省略，如：
孔子学鼓琴〔　〕师襄子。（《史记孔子世家》）其结构式为：
主语+及物动词+宾语+〔"于"〕+介词宾语

7. "于"译作"向""对""给"。"逢蒙学射于羿"可译为"逢蒙向羿学射箭"。

8. 适合本句型的介词有："于""乎""爰""为""都"等。

句型7　　吾党之直者／异／于是／。

〔结构式〕　主语+"异"（"同""比"）+"于"（"乎"）+
　　　　　介词宾语
〔例句〕

	主　语	"异"	"于"	介词宾语	引　书
1	吾党之直者	异	于	是	论语子路
2	我	（则）异	于	是	论语微子
3		异	乎	吾所闻	论语子张
4		（既）同	乎	我（矣）	庄子齐物论

续表

5	曹操	比	于	袁绍	三国志诸葛亮传
6	(袭谓)主君言	(无)异	于	虎狼	新序杂事
7	地水	(不)异	于	盎中之水	论衡论死

〔说明〕

1. "于""乎"是介词,放在"异""同"后面,引进比较异同的对象;放在"比"字后面,引进比较的对象。
2. "于"的宾语是名词(如例5的"袁绍")、名词词组(如例3的"吾所闻")或代词(如例1的"是")。
3. "于"字介词词组放在动词后面,作补语。
4. "异""同""比"等动词作谓语中心。
5. "无""不"是否定副词,放在动词前面,作状语。
6. "于"译作"跟""跟……比"。"吾党之直者异于是"可译为"我们那里的坦白直率的人跟这个有不同"。
7. 适合本句型的动词有:"异""同""似""比"等。

句型8　　子张／书／诸绅／。

〔结构式〕　主语+及物动词+"诸"+介词宾语

〔例句〕

	主语	及物动词	"诸"	介词宾语	引书
1	子张	书	诸	绅	论语卫灵公
2	(孔子)	遇	诸	涂	论语阳货
3		投	诸	渤海之尾隐土之北	列子汤问
4	公	伐	诸	鄢	左传隐公元年
5	〔宰〕	献	诸	抚军	蒲松龄促织
6		弃	诸	堤下	左传襄公二十六年

续表

7	吾	哭	诸	庙	礼记檀弓上
8	吾	哭	诸	庙门之外	同上
9	吾	哭	诸	寝	同上
10	穆公	访	诸	蹇叔	左传僖公三十二年
11	君	（请）问	诸	皮冠	马中锡中山狼传

〔说明〕

1. "诸"是"之""于"两字的合音，是代词兼介词。其中的"之"是第三人称代词，指代人、物或事，作动词的宾语；"于"是介词，后面带的宾语是名词（如例1的"绅"）或名词词组（如例8的"庙门之外"），多数表示动作行为的处所，也有的用来表示人（如例10的"蹇叔"）。"于"字介词词组放在动词后面，作补语。

2. 本句型的谓语中心是及物动词。

3. "诸"字包含的"于"译作"在""到"或"向"。"子张书诸绅"可译为"子张把这些话写在大带上"。"穆公访诸蹇叔"可译为"秦穆公向蹇叔咨询这件事"。

句型9　或／乞／醯／焉／。
　　　　　蛟龙／生／焉／。

〔结构式〕Ⅰ　主语+及物动词+宾语+"焉"
〔例句〕（表一）

	主语	及物动词	宾语	"焉"	引书
1	或	乞	醯	焉	论语公冶长
2	孔子	问		焉	礼记檀弓上
3		（必）有	我师	焉	论语述而
4	我	无	能	焉	论语宪问
5	〔吾〕	得	养生	焉	庄子养生主

〔结构式〕Ⅱ　主语+不及物动词+"焉"
〔例句〕（表二）

	主　语	不及物动词	"焉"	引　书
1	蛟龙	生	焉	荀子劝学.
2	风雨	兴	焉	同上
3	长子	死	焉	孟子梁惠王上
4	〔婉贞及诸少年〕	伏	焉	徐珂冯婉贞
5	虢叔	死	焉	左传隐公元年
6	吴起	仕	焉	韩非子说林上
7	吾夫	（又）死	焉	礼记檀弓下
8	愿	学	焉	论语先进
9	青麻头	伏	焉	蒲松龄促织

〔说明〕

1. "焉"是介词兼代词，相当于"于是"或"于之"。其中的"是""之"用来指代处所（如表二例1"蛟龙生焉"）、人（如表一例1"或乞醯焉"）或事物的范围、方面（如表一例4"我无能焉"）。

2. 表一例句的谓语中心是及物动词；表二例句的谓语中心是不及物动词。

3. "焉"放在动词后面，作补语。"焉"放在不及物动词后面的句子居多数。

4. "焉"字可根据"是""之"所指代的处所、人或事物，译成"在（从、到）这（那）里""在这方面""在……之中"或"向他（他们）"。"或乞醯焉"可译为"有人向他讨醋"。"蛟龙生焉"可译为"蛟龙生在这里"。"愿学焉"可译为"愿意在这方面学习"。

第二十五类　主‖动+宾+补（副）

句型　〔始皇帝〕／病／甚／。

〔结构式〕　主语+不及物动词+"甚"

〔例句〕

	主　语	不及物动词	"甚"	引　书
1	〔始皇帝〕	病	甚	史记李斯列传
2	婴	疾	甚	韩非子外储说左上
3	上	（还坐）欢	甚	史记外戚世家
4	我	馁	甚	马中锡中山狼传
5	狼	馋	甚	同上
6	〔君〕	恐惧	（殊）甚	史记廉颇蔺相如列传

〔说明〕

1. "甚"是程度副词，表示动作行为具有相当深度，作补语。

2. "甚"译作"厉害""很"。"〔始皇帝〕病甚"可译为"〔秦始皇〕病得厉害"。

3. 适合本句型的副词有："甚""愈""极""绝""滋甚""愈甚""益甚""弥甚"等。

第二十六类　主‖动+宾+补（形）

句型1　　秦王／饮／酒／酣／。

〔结构式〕　主语+及物动词+宾语+补语（形）
〔例句〕

	主　语	及物动词	宾　语	补　语	引　书
1	秦王	饮	酒	酣	史记廉颇蔺相如列传
2	王	饮	酒	乐	史记赵世家
3	莫敖	举	趾	高	左传桓公十三年
4	邾子	执	玉	高	左传定公十五年
5	是	食	言	多（矣）	左传哀公二十五年
6		斗		（甚）疾	史记孔子世家
7	〔秦皇帝〕	求	贼	（甚）急	史记留侯世家
8		侵	之	（益）急	史记绛侯周勃世家
9		奉	之	（弥）繁	苏洵六国论
10		侵	之	（愈）急	同上

〔说明〕

1．本句型动词后面是形容词，表示动作行为的程度（如例3的"高"）；或表示动作行为的结果（如例2的"乐"），作补语。

2．在古代汉语中，本句型较少见。

3．有些句子常在形容词前面加副词"甚"字，表示程度。

4．本句型的谓语中心也可以是不及物动词。如：

〔平〕哭甚哀。(《史记陈丞相世家》)

其结构式为:

主语+不及物动词+补语(形)

5．"秦王饮酒酣"可译为"秦王饮酒饮得很高兴"。

句型2　　子／哭／之／恸／。

〔结构式〕　主语+不及物动词+"之"+补语(形)

〔例句〕

	主　语	不及物动词	"之"	补　语	引　书
1	子	哭	之	恸	论语先进
2	〔世子〕	哭泣	之	哀	孟子滕文公上
3	鄂侯	争	之	急	战国策赵策
4		辨	之	疾	同上

〔说明〕

1．本句型在动词后面是形容词，用来表示动作行为的程度，作补语。

2．"之"是助词，放在谓语中心和补语之间，作标志。

3．"子哭之恸"可译为"孔子哭得很悲恸"。

4．适合本句型的形容词有："悲""恸""哀""疾""急""徐""迟"等。

第二十七类 主‖动+宾+补（数+时间名／数+量）

句型1　　如姬／资／之／三年／。
　　　　　赵王／（乃）斋戒／五日／。

〔结构式〕Ⅰ　主语+及物动词+宾语+补语（数+时间名）
〔例句〕（表一）

	主语	及物动词	宾语	补语		引书
				数	时间名	
1	如姬	资	之	三	年	史记魏公子列传
2	臣	修洁	身行	数十	年	同上
3	晋侯	在	外	十九	年（矣）	左传僖公二十八年
4	张廷尉	事	景帝		岁余	史记张释之列传
5	范蠡	（与勾践深）谋		二十余	年	史记越王勾践世家

〔结构式〕Ⅱ　主语+不及物动词+补语（数+时间名）
〔例句〕（表二）

	主语	不及物动词	补语		引书
			数	时间名	
1	赵王	（乃）斋戒	五	日	史记廉颇蔺相如列传
2	〔文公〕	生	十七	年	左传昭公十三年
3	〔文公〕	亡	十九	年	同上
4	兵	行	三十余	年	汉书萧望之传

255

〔说明〕

1. 句型 1-2 在动词后面,有个由数词和时间名词组成的时间词语来表示时段(动作经历的时间长短),作补语。

2. "如姬资之三年"可译为"如姬积恨三年"。

3. 适合本句型的时间名词有:"日""月""年""岁""载""世"等,表示短暂的时间词语有:"须臾""片刻"等。

句型2　　主／相／晋国／于今八年／。
　　　　　　寡君／寝疾／于今三月矣／。

〔结构式〕Ⅰ　主语+及物动词+宾语+补语1("于"／"至"／"至于"+介词宾语)+补语2(数+时间名)

〔例句〕(表一)

	主 语	及物动词	宾语	补语1		补语2		引 书
				"于"	介词宾语	数	时名	
1	主	相	晋国	于	今	八	年	左传昭公六年
2	(今)公仲	相	赵	于	今	四	年	史记赵世家
3	吾	起	兵	至	今	八	岁(矣)	史记项羽本纪
4	不穀	即	位	于	今	五	年	左传襄公十八年

〔结构式〕Ⅱ　主语+不及物动词+补语1("于"／"至"+介词宾语)+补语2(数+时间名)

〔例句〕(表二)

	主 语	不及物动词	补语1		补语2		引 书
			"于"	介词宾语	数	时名	
1	寡君	寝疾	于	今	三	月(矣)	左传昭公七年
2	汉	兴	至	孝文	四十有余	载	史记孝文本纪

〔说明〕

1. 本句型在动词后面有两个表示时间的补语。

2. 补语1是"于""至""至于"等字介词词组。"于"的宾语是时间名词或专有名词（如表二例2的"孝文"）。"于"等字介词词组表示动作行为到某时间。

3. 补语2由数词和时间名词组成，表示时段（动作持续的时间）。

4. "于""至""至于"译作"到"。"主相晋国于今八年"可译为"您辅佐晋国，到现在有八年"。

5. 有关句型：

①今先生处胜之门下三年于此矣。(《史记平原君虞卿列传》)

这个句型和本句型意义相同，但两个补语位置更换。其结构式为：

主语+及物动词+宾语+补语1（数+时间名）+补语2（"于"+介词宾语）

②自吾氏三世居是乡，积于今六十岁矣。（柳宗元《捕蛇者说》）

这个句型在"于"字介词词组前面，还有"自"字介词词组，作状语。二者呼应，表示动作行为从始至终的时间。其结构式为：

主语+状语（"自"+介词宾语）+及物动词+宾语+补语1（"于"/"至"/"至于"+介词宾语）+补语2（数+时间名）

句型3　　〔陈成子〕／违／谷／七里／。
　　　　　〔楚师〕／退／三十里／。

〔结构式〕Ⅰ　主语+及物动词+宾语+补语（数+量）

〔例句〕（表一）

	主语	及物动词	宾语	补语		引书
				数	量	
1	〔陈成子〕	违	谷	七	里	左传哀公二十七年
2		去	我	三十	里	左传宣公十五年
3	〔秦将〕	（为）却	军	五十	里	战国策赵策
4		（其）辟	君	三	舍	左传僖公二十三年
5		去	檇李	七	里	左传定公十四年

〔结构式〕Ⅱ　主语+不及物动词+补语（数+量）
〔例句〕（表二）

	主语	不及物动词	补语		引书
			数	量	
1	〔楚师〕	退	三十	里	左传宣公十五年
2	〔孟尝君〕	（未）至	百	里	战国策齐策
3	〔晋师〕	退	三	舍	左传僖公二十八年
4	虫	跃去		尺有咫	蒲松龄促织

〔说明〕

1．本句型中，数词和表长度的量词合在一起表示距离，作补语。

2．"〔陈成子〕违谷七里"可译为"〔陈成子〕离开谷地七里"。

3．有关句型：

宋人围之数匝。（《庄子秋水》）

这里是由数词和动量词组成了动量补语，这个句型很罕见。

其结构式为：

主语+及物动词+宾语+补语（数+动量）

第二十八类　主‖动+补（动）+宾

句型　齐／伐／取／我隆／。

〔结构式〕　主语+及物动词+补语（动）+宾语

〔例句〕

	主　语	及物动词	补　语	宾　语	引　书
1	齐	伐	取	我隆	史记鲁周公世家
2	秦	虏	灭	韩王安	史记燕召公世家
3		攻	出	献公	史记卫康叔世家
4	越王勾践	射	伤	吴王	史记楚世家
5	魏	囚	杀	怀君	史记卫康叔世家
6	〔苏秦〕	（乃）激	怒	张仪	史记苏秦列传
7	〔平〕	击	降	殷王（而还）	史记陈丞相世家
8		伐	败	韩（于浍）	史记魏世家
9	项梁	（已）击	杀	之	史记李斯列传
10	〔汉王〕	烧	绝	栈道	史记留侯世家
11	〔良〕	击	破	杨熊军	同上

〔说明〕

1. 本句型的谓语中心是及物动词，后面接上一个动词（多数是不及物动词，其中有的是使动用法）表示前一动词动作行为的结果或趋向，作补语。

2. "齐伐取我隆"可译为"齐国攻打夺取了我国的隆邑"。

3. 适合作后一动词的有："杀"，"死""灭""丧""为"

259

"破""绝""断""败""伤""夺""堕""取""袭""怒""降""动""定""见""醉"(以上作结果补语),"出""入""去""走""来""起""过""进""下""至"(以上作趋向补语)等。

第二十九类　主‖动+补(形)+宾

句型　〔穰苴〕/申明/约束/。

〔结构式〕　主语+及物动词+补语(形)+宾语
〔例句〕

	主　语	及物动词	补　语	宾　语	引　　书
1	〔穰苴〕	申	明	约束	史记司马穰苴列传
2	项王	(遂)烧	夷	齐城郭	史记田儋列传
3	〔张苍〕	绪	正	律历	史记张丞相列传
4	今诸侯王	(皆)推	高	寡人	汉书高帝纪
5	汉氏		减	轻	田租	汉书王莽传
6		推	明	孔氏	汉书董仲舒传

〔说明〕

1. 本句型的谓语中心是及物动词,后面接的形容词表示动作行为的结果,作补语。

2. 在古代汉语中,本句型罕见。

3. "〔穰苴〕申明约束"可译为"〔司马穰苴〕宣布明白了纪律"。

4. 适合本句型的形容词有："高""明""大""远""显""正""满""平""轻""弱""罢""空""夷""敝""窘"等。

第三十类　状（介词词组）+主‖动+宾

句型　　及父卒／，叔齐／让／伯夷／。
　　　　及小白立为桓公／，公子纠／死／。

〔结构式〕Ⅰ　"及"（"比""作""及至""比及"）+介词宾语〈+"也"〉+主语+及物动词+宾语

〔例句〕（表一）

	"及"	介词宾语	"也"	主语	及物动词	宾语	引书
1	及	父卒		叔齐	让	伯夷	史记伯夷列传
2	及	悼王死		宗室大臣	作（而）攻	乱 吴起	史记吴起列传
3	比	其反	也		（则）冻馁	其妻子	孟子梁惠王下
4	作	其即位			（爰）知	小人之依	尚书无逸
5	及	庄公即位		〔姜氏〕	（为之）请	制	左传隐公元年
6	及	而子之壮	也		（以）赐	之	史记赵世家
7	及至	秦之季世			焚 坑	诗书 术士	史记儒林列传
8	比及	葬			（三）易	衰	史记鲁周公世家
9	及	其得贤	也		（曾不）出	闾巷	三国志武帝纪

〔结构式〕Ⅱ　"及"（"于""迟"）+介词宾语〈+"也"〉+主语+不及物动词

〔例句〕（表二）

	"及"	介词宾语	"也"	主语	不及物动词	引书
1	及	小白立为桓公		公子纠	死	史记管晏列传
2	迟	其至	也	宿瘤	骇	列女传齐宿瘤女传
3	于	其反	也	其长子	死	礼记檀弓下

〔说明〕

1."及"（"于""比""迟""作""比及""及至"）是介词，用来表示动作行为发生的时间。"及"等介词的宾语多数为主谓词组（如表一例2的"悼王死"），也有的是名词词组（如表一例7的"秦之季世"）或动词（如表一例8的"葬"）。"及"等介词词组放在主语前面，作状语。

2."及""比""迟""及至"译作"等到……时候""当……时候"，"比及"译作"等到到了……"，"于"译作"在……时候"。"及父卒，叔齐让伯夷"可译作"等到父亲死了的时候，叔齐让位给伯夷"。

3.适合本句型的介词有："及""于""比""比及""作""迟""至""及至""方""追""逮""投""当""綦""期""有"等。

第三十一类　主‖动（被动）

第三十一至第三十四类是被动句型。被动句的谓语（或谓语中心）是及物动词，主语是动词所表示的行为的被动者。

句型1　　彼窃钩者／诛／。

〔结构式〕　　主语+及物动谓（被动）
〔例句〕

	主　语	及物动谓	引　书
1	彼窃钩者	诛	庄子胠箧
2	广武君策	（不）用	史记淮阴侯列传
3	衮	（不）废（矣）	左传宣公二年
4	（昔者）龙逢	斩	庄子胠箧
5	比干	剖	同上
6	苌弘	胣	同上
7	国	分	韩非子说林上
8	简公	杀	同上
9	妻	（以妾余之诈）弃	韩非子奸劫弑臣
10	谏	行	孟子离娄下
11	言	听	同上

〔说明〕

1. 本句型是用主动句的形式，来表示被动的内容，即表示意念上的被动，但在句型结构上没有表示被动的词，所以不算真正的被动句。

2. 本句型在译成现代汉语时，可在动词前面加上"被"字。"彼窃钩者诛"可译为"那些偷窃衣带钩的人被杀死"。

句型2　　盆成括／见杀／。

〔结构式〕　　主语+"见"（"被""为"）+及物动谓

〔例句〕

	主　语	"见"	及物动谓	引　书
1	盆成括	见	杀	孟子尽心下
2	琅邪王刘泽	（既）见	欺	史记齐悼惠王世家
3	〔汝〕	（且）见	禽	史记商君列传
4	百姓	（之不）见	保	孟子梁惠王上
5	错	（卒以）被	戮	史记酷吏列传
6	国	（一日）被	攻	战国策齐策
7	敞	（身）被	（重）劾	汉书张敞传
8	扬干	为	戮	左传襄公三年
9	妻子	为	戮	国语越语
10	牛马	为	用	荀子王制
11	父母宗族	（皆）为	戮没	史记刺客列传
12	若信者	（亦已）为	禽（矣）	史记淮阴侯列传

〔说明〕

1. "见"（"为""被"）是助词，表示被动。
2. 本句型不常见。
3. "见""为"译作"被"。"盆成括见杀"可译为"盆成括被杀"。
4. 适合本句型的助词有："见""为""被""受"等。
5. 句型转换：

A. 杀／盆成括／。

⇌B. 盆成括／见杀／。（本句型例1）

"齐人杀无亏"（第一编、Ⅱ、一、句型2例3）是主动宾句型。"杀盆成括"和"杀无亏"结构相同。如果把"盆成括"移到"杀"的前面，使之成为全句的主语，又在"杀"的前面加上助词"见"字，这样就转换成 B 句型："盆成括见杀。"这是用移动宾语位置的方法，使主动句转换成被动句的。

A、B 句型的转换是有一定条件的，即 A 句型必须是省略了主语的句子。

A 类与 B 类句型转换的结构式是：

〔主语〕+及物动词+宾语
⇌ 主语+"见"（"被""为"）+及物动谓

第三十二类　主‖状（能愿动／形）+动（被动）

句型　　国／可／得也／。

〔结构式〕　主语+"可"（"足""难""易""多""寡"）+及物动词〈+"也"〉

〔例句〕

	主语	"可"	及物动词	"也"	引书
1	国	可	得	也	左传僖公三十二年
2	长	可	妻	也	史记仲尼弟子列传
3	天下	可	图	也	史记淮阴侯列传
4	王僚	可	杀	也	史记刺客列传
5	朽木	（不）可	雕	也	论语公冶长
6	粪土之墙	（不）可	杇	也	同上
7	（剑）	（不）足	学		史记项羽本纪
8	是四国（者）	（专）足	畏	也	左传昭公十二年
9	楚相	（不）足	为	也	史记滑稽列传
10	凡所谋议于上前者	（不）足	道	也	韩愈赠太傅董公行状
11	高者	难	攀		汉书贾谊传
12	卑者	易	陵		同上

续表

13	其实	易	行	史记太史公自序
14	其辞	难	知	同上
15	得道者	多	助	孟子公孙丑下
16	失道者	寡	助	同上

〔说明〕

　　1. 古代汉语及物动词前面加能愿动词"可""足"等，常含有被动意义。有时，加形容词"难""易""多""寡"等，也含有被动意义。"可"等作状语。

　　2. "可"译作"可以"，"足"译作"值得""能够""足够"。"国可得也"可译为"国都是可以得到的"。

　　3. 适合本句型的能愿动词有："可""足""得""当"等。

第三十三类　主‖状（介词词组）+动（被动）

句型1　　〔怀王〕／为天下／笑／。

〔结构式〕　主语+"为"+介词宾语+及物动词（被动）
〔例句〕

	主语	"为"	介词宾语	及物动词	引书
1	〔怀王〕	为	天下	笑	史记屈原列传
2	身	为	宋国	笑	韩非子五蠹
3	道术	（将）为	天下	裂	庄子天下
4	〔吾子〕	（今）为	赤帝子	斩（之）	史记高帝本纪
5	〔蜻蛉〕	（下）为	蝼蚁	食（也）	战国策楚策

续表

6	〔仆〕	（重）为	乡党	戮笑	汉书司马迁传
7		（无）为	人	笑	韩非子奸劫弑臣
8		（不）为	酒	困	论语子罕

〔说明〕

1．"为"是介词，表示被动，引进行为的主动者。"为"字的宾语是名词或名词词组。"为"字介词词组放在动词前面，作状语。

2．本句型不常见。

3．"为"译作"被"。"〔怀王〕为天下笑"可译为"〔怀王〕被天下人耻笑"。

4．适合本句型的介词有："为""与"等。

句型2　　如姬父／为人／所杀／。

〔结构式〕　主语+"为"+介词宾语+"所"+及物动词
〔例句〕

	主　语	"为"	介词宾语	"所"	及物动词	引　书
1	如姬父	为	人	所	杀	史记魏公子列传
2	〔杨仆〕	为	荀彘	所	缚	史记酷吏列传
3	卫太子	为	江充	所	败	汉书霍光传
4	汉军	（邲）为	楚	所	挤	史记项羽本纪
5	〔吾〕	（乃）为	儿女子	所	诈	史记淮阴侯列传
6	〔章〕	（遂）为	凤	所	陷	汉书王章传
7	〔足下〕	（终）为	之	所	禽（矣）	史记淮阴侯列传
8		（几）为	汉	所	卖	史记韩长孺列传
9	是狼	为	虞人	所	窘	马中锡中山狼传
10	其印	为	予群从	所	得	沈括梦溪笔谈
11		（毋）为	秦	所	鱼肉（也）	史记张仪列传

〔说明〕

1. "为"是介词,引进行为的主动者。"为"的宾语是名词或名词词组。"为"字介词词组放在动词前面,作状语。

2. "所"是助词,放在动词前面,表示被动。

3. 本句型"为"的宾语(行为的主动者)也可以承上文省略,如:

若属皆且为〔 〕所虏。(《史记项羽本纪》)

其结构式为:

主语+"为"+〔介词宾语〕+"所"+及物动词

4. 例11"所"字后面的"鱼肉"是名词用如动词。

5. 本句型在汉代以后最常见。

6. "为"译作"被";"所"仍作"所",也可去掉。"如姬父为人所杀"可译为"如姬的父亲被人所杀害"。

7. 句型转换:

A. 人／杀／如姬父／。

⇌B. 如姬父／为人／所杀／。

"齐人杀无亏"(第一编、Ⅱ、一、句型2例3)是主动宾句型,"人杀如姬父"和"齐人杀无亏"结构相同。如果把"如姬父"移到"杀"的前面,使之成为全句的主语,并在"杀"字的前面加上助词"所"字;同时,在"所杀"的前面用了介词"为"字,把原来的主语"人"。移到"为"字后面,作介词的宾语,这样就转换成为B句型:"如姬父为人所杀。"这是用交换原来的宾语和主语的位置,并使主语变成介词宾语的方法,使主动句转换成被动句的。

A类与B类句型转换的结构式是:

<u>主语</u>+及物动词+宾语

⇌<u>主语</u>+"为"+<u>介词宾语</u>+"所"+及物动词

第三十四类　主‖动（被动）+补（介词词组）

句型1　君／幸／于赵王／。

〔结构式〕　主语+及物动词（被动）+"于"+介词宾语
〔例句〕

	主语	及物动词	"于"	介词宾语	引　书
1	君	幸	于	赵王	史记廉颇蔺相如列传
2	敢男禹	有宠	于	太子	史记李将军列传
3	郤克	伤	于	矢	左传成公二年
4	〔寡人〕	（东）败	于	齐	孟子梁惠王上
5		（南）辱	于	楚	同上
6	〔怀王〕	（故内）惑	于	郑袖	史记屈原列传
7		（外）欺	于	张仪	同上
8	穷者	（常）制	于	人	荀子荣辱

〔说明〕

1. "于"是介词，引进行为的主动者。"于"的宾语是名词或名词词组。"于"字介词词组放在动词后面，作补语。本句型较常见。

2. "于"译作"被""受"。本句型在译成现代汉语时，要把引进主动者的"于"字介词词组移到动词前面，如："君幸于赵王"可译为"您受赵王宠爱"。

3. 有关句型：

夫子固有惑志于公伯寮。(《论语宪问》)

这类句型是在动词("有惑")后面,带有宾语("志")。这种情况很罕见。其结构式为:

主语+及物动词(被动)+宾语+"于"+介词宾语

4.句型转换:

A. 矢／伤／郤克／。

B. 郤克／伤／于矢／。(本句型例3)

"齐人杀无亏"(第一编、Ⅱ、一、句型2例3)是主动宾句型,"矢伤郤克"和"齐人杀无亏"结构相同。如果把"郤克"移到"伤"的前面,使之成为全句的主语,而动词"伤"就表示被动意义,同时,在"伤"字的后面使用介词"于"字,把原来的主语"矢"移到"于"字后面,成为介词的宾语,这样就转换成B句型。"郤克伤于矢。"这是用交换原来的宾语和主语的位置,并使原来的主语变成介词宾语的方法,使主动句转换成被动句的。

A类与B类句型转换的结构式是:

<u>主语</u>+及物动词+<u>宾语</u>

⇌ <u>主语</u>+及物动词+"于"+<u>介词宾语</u>

句型2　蔡泽／见逐／于赵／。

〔结构式〕　主语+"见"("被")+及物动词+"于"+介词宾语
〔例句〕

	主语	"见"	及物动词	"于"	介词宾语	引书
1	蔡泽	见	逐	于	赵	战国策秦策
2	(昔者)弥子瑕	见	爱	于	卫君	史记韩非列传
3	吾	(长)见	笑	于	大方之家	庄子秋水
4	有高人之行者	(固)见	非	于	世	史记商君列传

续表

5	有独知之虑者	（必）见	敖	于	民	同上
6	循法守正者	见	侮	于	世	史记礼书
7		见	欺	于	张仪	史记楚世家
8	万乘之国	被	围	于	赵	战国策齐策

〔说明〕

1．"见"是助词，放在动词前面，表示被动。

2．"于"是介词，引进行为的主动者。"于"的宾语是名词或名词词组。"于"字介词词组放在动词后面，作补语。

3．"见"译作"被"。"蔡泽见逐于赵"可译为"蔡泽被赵国驱逐"。

4．适合本句型的助词有："见""被""受"等。

第三部分 描写句

描写句是用来描写人或事物的性质、状态的，是以形容词或形容词词组作谓语。数词谓语句、副词谓语句也划归此部分。

描写句常见的句中语气词是"也"字，表示顿宕，相当于现代汉语的语气词"啊""呀"等。例如：

由也果。（一、句型1例6）

常见的句尾语气词有"矣""也"等。

1."矣"表示报道人或事物出现的一种新情况，相当于现代汉语的语气词"了"。例如：

王将军老矣。（一、句型1例5）

2."也"表示强调事情的真实性，即说话人对此深信不疑。例如：

魏其言是也。（一、句型13例1）

第一类 主／形

句型1　　晋／强／。

〔结构式〕　主语（名）+形谓

〔例句〕

	主 语	形 谓	引 书
1	晋	强	韩非子说林下
2	启	贤	孟子万章上
3	主	贤明	韩非子外储说左下
4	事	急（矣）	马中锡中山狼传
5	王将军	老（矣）	史记白起王翦列传
6	由（也）	果	论语雍也
7	赐（也）	达	同上
8	（求）也	艺	同上
9	成王	幼	荀子儒效

〔说明〕

1．句型 1 到句型 7 是一组以名词、名词词组或代词作主语的描写句。

2．本句型是以名词作主语。

3．本句型的谓语多数是单音节形容词，但也有一小部分是由两个意义相同或相近的字构成的双音节形容词（如例 3 的"贤明"）。

4．"启贤"可译为"启很贤明"。

句型2　　**秦王／老矣／。**
　　　　　　禹之功／大矣／。
　　　　　　其文／约／。

〔结构式〕Ⅰ　主语（名+名）+形谓
〔例句〕（表一）

	主语		形谓	引书
	名	名		
1	秦	王	老（矣）	史记吕不韦列传
2	晋	君	少	左传文公九年
3	夏	道	衰	史记匈奴列传
4	（夫）秦	国	辟远	史记范睢蔡泽列传

〔结构式〕Ⅱ　主语（名+"之"+名）+形谓
〔例句〕（表二）

	主语			形谓	引书
	名	"之"	名		
1	禹	之	功	大（矣）	史记越王勾践世家
2	君	之	仓廪	实	孟子梁惠王下
3	上下	之	义	明	史记李斯列传

〔结构式〕Ⅲ　主语（"其"+名）+形谓
〔例句〕（表三）

	主语		形谓	引书
	"其"	名		
1	其	文	约	史记屈原列传
2	其	辞	微	同上
3	其	志	洁	同上
4	其	行	廉	同上
5	其	身	正	论语子路
6	其	罪	小	孟子告子下
7	其	罪	大	同上

〔说明〕

1. 本句型的主语是个偏正词组,中心词是名词,定语是名词(表一、二例句)或代词"其"字(表三例句)。

2. 在表二例句中,在定语和中心词之间加助词"之"字作标志,并起调谐音节的作用。

3. "其文约"可译为"他的文笔简练"。

句型3　　顽夫／廉／。

〔结构式〕　　主语(形+名)+形谓
〔例句〕

	主 语		形 谓	引 书
	形	名		
1	顽	夫	廉	孟子尽心下
2	薄	夫	敦	同上
3	鄙	夫	宽	同上
4	纯	德	(孔)明	礼记孔子闲居
5	贤	人	众多(也)	诗经周南兔罝序

〔说明〕

1. 本句型的主语是个偏正词组,中心词是名词,定语是形容词。在定语和中心词之间不加助词"之"字。

2. 有些例句常表示一种状态在变化,而这种变化已经完成(如例1—3)。

3. 本句型很罕见。

4. "顽夫廉"可译为"贪得无厌的人清廉起来了"。

5. 有关句型:

立国日浅。(《史记苏秦列传》)

这个句型的主语是个偏正词组,中心词是名词(如"日"),定语是动宾词组(如"立国")。其结构式为:

主语(动宾词组+名)+形谓

又如:

奉祀之日新。(《史记张仪列传》)

这里在定语和中心词之间,有一个助词"之"字作标志。其结构式为:

主语(动宾词组+"之"+名)+形谓

句型4　　知德者/鲜矣/。

〔结构式〕　主语(动/动词词组+"者")+形谓〈+"矣"〉

〔例句〕

	主语		形谓	"矣"	引书
	动/动词词组	"者"			
1	知德	者	鲜	矣	论语卫灵公
2	见	者	远		荀子劝学
3	闻	者	彰		同上
4	好士	者	强		荀子议兵
5	不好士	者	弱		同上
6	肉食	者	鄙		左传庄公十年
7	天下之不助苗长	者	寡	矣	孟子公孙丑上
8	天下之刖	者	多	矣	韩非子和氏

〔说明〕

1. "者"字是特殊的指示代词,用在动词或动词词组后面,组成一个名词性词组,表示某种人或某种事物。

2．在本句型中，"者"字词组作主语。

3．"者"字译作"……的人""……的事物"，或省略后面的"人""事物"，直接译成"……的"。"知德者鲜矣"可译为"懂得'德'的人太少啦"。

句型 5　所盖／多矣／。

〔结构式〕　主语（"所"+动）+形谓〈+"矣"〉
〔例句〕

	主　语		形　谓	"矣"	引　书
	"所"	动			
1	所	盖	多	矣	左传成公二年
2	所	获	多	矣	左传庄公二十二年
3	所	丧	多	矣	左传僖公五年
4	所	冯	厚	矣	左传昭公七年

〔说明〕

1．"所"字是特殊的指示代词，放在及物动词前面，组成一个名词性词组，"所"字具有指示和称代动作行为的对象的作用。"所"字词组作主语。

2．"所"字译作"（所）……的人""（所）……的事物"，或省略后面的"人""事物"，直接译成"（所）……的"。"所盖多矣"可译为"所能保护的东西多了"。

3．有关句型：

所听视者近，而所闻见者远。（《荀子不苟》）

这里"所听视""所闻见"后面，有代词"者"字，"所"字词组就作"者"字的定语。其结构式为：

主语("所"+动+"者")+形谓

句型 6　吾／老矣／。

〔结构式〕　主语(代)+形谓〈+"矣"〉
〔例句〕

	主　语	形　谓	"矣"	引　书
1	吾	老	矣	论语微子
2	吾子	过	矣	孟子告子下
3	子	恸	矣	论语先进
4	〔吾〕	殆	矣	庄子秋水
5	君	过	矣	韩非子说林上
6	仆	(虽不)敏		太史公报任安书

〔说明〕

1. 本句型的主语是代词。
2. "吾老矣"可译为"我老了"。
3. 适合本句型的人称代词有:"吾""我""余""予""朕""台"(以上第一人称),"臣""走""仆"(以上是谦称,可以代替第一人称代词),"若""女""而""尔""戎"(以上第二人称),"子""吾子""公""君""夫子""卿""先生"(以上是尊称,可以代替第二人称代词)等。

句型 7　莫／(不)仁／。

〔结构式〕　"莫"("或")+形谓
〔例句〕

	"莫"	形 谓	引 书
1	莫	（不）仁	孟子离娄上
2	莫	（不）义	同上
3	莫	（不）正	同上
4	或	安	史记日者列传
5	或	危	同上
6	或	迟	荀子修身
7	或	速	同上
8	或	黄	诗经小雅裳裳者华
9	或	白	同上

〔说明〕

1．"或"是肯定性无定代词；"莫"是否定性无定代词，表示排除一切对象，通常用来指人，也可以指物。

2．"或""莫"作主语（这两个字只用作主语）。

3．"或"译作"有人"，"莫"译作"没有谁""没有什么"。"莫不仁"可译为"没有人不仁"。

句型8　　灭燕／易矣／。

〔结构式〕　主语（动／动宾词组）+形谓

〔例句〕

	主 语	形 谓	引 书
1	灭燕	易（矣）	史记张耳列传
2	为君	难	论语子路
3	为臣	（不）易	同上
4	为之（也）	难	论语宪问
5	去王业	远（矣）	史记张仪列传
6	失亡	多	史记廉颇蔺相如列传

〔说明〕

  1. 句型 8 到句型 10 是一组以动词、动词词组或主谓词组作主语的描写句。

  2. 本句型是以动词（如例 6 的"失亡"）或动宾词组（如例 1 的"灭燕"）作主语。

  3. "灭燕易矣"可译为"消灭燕国很容易"。

句型 9　　周公旦欲为乱／久矣／。

〔结构式〕　　主语（主谓词组）〈+"也"〉+形谓〈+"矣"〉

〔例句〕

	主　语	"也"	形　谓	"矣"	引　书
1	周公旦欲为乱		久	矣	史记蒙恬列传
2	魏其贵		久	矣	史记魏其武安侯列传
3	天下归殷		久	矣	孟子公孙丑上
4	师道之不传	也	久	矣	韩愈师说
5	斯其为子卬	也	大	矣	礼记檀弓下
6	风之积	也	（不）厚		庄子逍遥游
7	夫子过孟贲		远	矣	孟子公孙丑上
8	其鸣	也	哀		论语泰伯
9	独孤臣孽子其操心	也	危		孟子尽心上
10	其虑患	也	深		同上
11	其兴	也	悖	焉	左传庄公十一年
12	其亡	也	忽	焉	同上

〔说明〕

  1. 本句型是以主谓词组作主语。

  2. 有的句子在主谓词组的主语和谓语之间，加助词"之"字，来取消句子独立性。

3."其"是第三人称代词,等于"名词+'之'"。如例8"其鸣也哀"等于"鸟之鸣也哀"。

4."周公旦欲为乱久矣"可译为"周公旦要发动暴乱很久了"。

5.有关句型:

管仲得君,如彼其专也。(《孟子公孙丑上》):

"如"是动词,译作"像"。指示代词"彼"作"如"的宾语。这个动宾词组放在形容词"专"的前面,作状语。"如"可用"若"替换,"彼"可用"是""此"替换。本句型在状语和谓语中心之间,可以加助词"之"或"其",也可以不加。其结构式为:

主语+"如"("若")+"彼"("是""此")〈+"之"("其")〉+形容词

6.句型转换:

A. 天下／久／归／殷／。

⇌B. 天下归殷／久矣。(本句型例3)

"门人厚葬之"(第一编、Ⅱ、十六、句型1表一例3)是带有形容词作状语的叙述句型,"天下久归殷"和"门人厚葬之"结构相同。如果把形容词"久"移到"归殷"后面,并用"矣"字煞尾,这个"久"字就成为全句的谓语,而"天下归殷"就成了主谓词组,作全句的主语,这样就转换成B句型:"天下归殷久矣"。这是用移动形容词位置的方法,使叙述句转换成描写句的。

A类与B类句型转换结构式是:

<u>主语+状语(形)</u>+及物动词+宾语

⇌ <u>主语(主谓词组)+形谓</u>

句型10　　尚为人／仁／。

〔结构式〕　　主语(名／代+"为"+名)〈+"也"〉+形谓

〔例句〕

	主语			"也"	形谓	引书
	名/代	"为"	名			
1	尚	为	人		仁	史记伍子胥列传
2	其	为	人	也	孝弟	论语学而
3	战	（之）为	事	也	危	韩非子五蠹
4	淮南王	为	人		刚	史记袁盎列传
5	〔成名〕	为	人		迂讷	蒲松龄促织

〔说明〕

1．本句型是以主谓词组作主语。这个主谓词组中的主语是名词或代词；谓语中心是动词"为"，表示"做为"；宾语是名词。

2．主谓词组中的主语和宾语之间存在着部分和全体的关系，前者是部分，后者是全体。

3．例3的"之"是助词，放在主谓词组的主语和谓语之间，取消句子的独立性。

4．"……为人（事）……"可灵活译作"……这个人（事）……"。"尚为人仁"可译为"尚这个人很仁慈"。

5．有关句型：

天之于民厚矣。（《列子说符》）

这个句型的主语是偏正词组，中心语是"于"字介词词组，定语是名词。"于"表示"对于"。其结构式为：

主语（名+"之"+"于"+介词宾语）+形谓〈+"矣"〉

句型 11　公等/录录。

〔结构式〕　主语+形谓（叠字形）

〔例句〕

	主 语	形 谓	引 书
1	公等	录录	史记平原君列传
2	〔日〕	沧沧凉凉	列子汤问
3	意气	扬扬	张溥五人墓碑记
4	两鬓	苍苍	白居易卖炭翁
5	桃	（之）夭夭	诗经周南桃夭
6	车	辚辚	杜甫兵车行
7	马	萧萧	同上

〔说明〕

1．本句型的谓语是叠字的形容词（叠音的形容词），其中多数都是由原来单音节叠成双音节，少数则是由原来双音节叠成四个音节（如例2的"沧沧凉凉"）。这种叠字形容词，能使音节铿锵有力，而且增强了描绘的生动性。

2．在叠字形容词中，有一部分是象声词（如例7的"萧萧"），用来模仿自然界的声音。

3．例1的"公"是尊称，用于代替第二人称；"等"表示"这一班人"。

4．"公等录录"可译为"你们平庸无能"。

5．适合本句型的常见叠字形容词有："扬扬""录录""苍苍""汪汪""赫赫""融融""泄泄""匈匈""郁郁""荡荡""皎皎""辚辚""鳞鳞""萧萧""区区""萋萋""凄凄""啾啾""悄悄""坎坎""泛泛""沧沧凉凉"等。

句型12　　海内／晏如／。
　　　　　〔闵子〕／誾誾如也／。

〔结构式〕Ⅰ　主语+形谓（形+"如"／"然"／"若"）〈+"也"〉
〔例句〕（表一）

	主语	形谓 形	形谓 "如"	"也"	引书
1	海内	晏	如		汉书诸侯王表
2	文辞	粲	如	也	史记太史公自序
3	意	豁	如	也	汉书高帝纪
4	君子引而不发	跃	如	也	孟子尽心上
5	屋舍	俨	然		陶渊明桃花源记
6	满坐	寂	然		林嗣环口技
7	枪声	隆	然		徐珂冯婉贞
8	京洛	骚	然		同上
9	夫子	忾	然		论语微子
10	环堵	萧	然		陶渊明五柳先生传
11	其叶	沃	若		诗经卫风氓

〔结构式〕Ⅱ　主语+形谓（叠字形+"如"／"焉"）〈+"也"〉
〔例句〕（表二）

	主语	形谓 叠字形	形谓 "如"	"也"	引书
1	〔闵子〕	誾誾	如	也	论语先进
2	子路	行行	如	也	同上
3	冉有子贡	侃侃	如	也	同上
4	子之燕居	申申	如	也	
		夭夭	如	也	论语述而

续表

5	〔孔子〕	皇皇	如		也	孟子滕文公下
6		囂囂	焉			孟子万章上
7	（少则）	洋洋	焉			同上
8	僮仆	訢訢	如		也	史记万石君列传

〔说明〕

1．"如""然""若""焉"等粘附在形容词后面作形容词词尾，用来加强描绘性质、状态的形象性，同时也使音节和谐。表一例句中的形容词是单音节的；表二例句中的形容词是由叠字构成的。

2．本句型的主语是名词（如表二例 2 的"子路"）、名词词组（如表二例 8 的"僮仆"）或主谓词组（如表一例 4 的"君子引而不发"）。

3．"如"（"然""若""焉"）译作"……的样子"。"〔闵子〕訚訚如也"可译为"〔闵子骞〕恭敬而正直的样子"。

4．适合本句型常见的带词尾的形容词有："翕如""纯如""豁如""晏如""跃如""勃如""躩如""突如""荣如""辱如""婉如""洒如""皇皇如""侃侃如""行行如""申申如""夭夭如""訢訢如""扬扬如""訚訚如""恂恂如""踧踖如""与与如""沛若""沃若""纷若""诚若""惕若""俨然""寂然""隆然""骚然""怃然""茫然""悖然""忽然""块然""涽焉""忽焉""囂囂焉""洋洋焉""谆谆焉""从从尔""扈扈尔""纵纵尔""折折尔""鼎鼎尔""犹犹尔""言言斯"等句型13　　魏其言/是也/。

〔结构式〕　　主语+"是"（"非"）〈+"也"〉
〔例句〕

	主　语	"是"	"也"	引　书
1	魏其言	是	也	史记魏其武安侯列传
2	畏之	非	也	荀子天论
3	女问	非	也	荀子子道
4	前日之不受	是		孟子公孙丑下
5	今日之受	非	也	同上

〔说明〕

1. "是""非"是形容词，表示评价人或事，作谓语。

2. 本句型的主语是名词、名词词组（如例1的"魏其言"）或主谓词组（如例3的"女问"）。

3. "是"译作"对""正确"，"非"译作"不对""错误"。"魏其言是也"可译为"魏其的话是对的"。

4. 适合本句型的形容词有："是""善""非""过""谬"等。

第二类　　主‖形+形

句型　　吴/强/而/富/。
　　　　关雎/乐/而/不淫/。

〔结构式〕Ⅰ　主语+形容词+"而"（"以""且"）+形容词
〔例句〕（表一）

	主 语	形容词	"而"	形容词	引 书
1	吴	强	而	富	韩非子说林上
2	卫	弱	而	贫	同上
3	赏	厚	而	信	韩非子定法
4	〔孔父之妻〕	美	而	艳	左传桓公元年
5	能法之士	（必）强毅	而	劲直	韩非子孤愤
6	性	贪	而	狠	马中锡中山狼传
7	楚	远	而	久	左传成公二年
8	子	温	而	厉	论语述而
9	〔佐〕	恶	而	婉	左传襄公二十六年
10	太子痤	美	而	狠	同上
11	主	明	以	严	史记张仪列传
12	将	智	以	武	同上
13	其责己（也）	重	以	周	韩愈原毁
14	其待人（也）	轻	以	约	同上
15	周	贫	且	微	战国策赵策
16	吾	老	且	贱	史记张释之列传
17	敌	众	且	武	孙膑兵法威王问
18	老农之妻	妒	且	悍	马中锡中山狼传

〔结构式〕Ⅱ　主语+形容词+"而"+"不"+形容词
〔例句〕（表二）

	主语	形容词	"而"	"不"	形容词	引 书
1	关雎	乐	而	不	淫	论语八佾
2		哀	而	不	伤	同上
3	子	威	而	不	猛	论语述而
4	君子	周	而	不	比	论语为政
5	小人	比	而	不	周	同上
6	晋文公	谲	而	不	正	论语宪问
7	齐桓公	正	而	不	谲	同上

〔说明〕

1. "而"（"以""且"）是连词，用于连接两个形容词。这两个形容词构成了形容词词组，作谓语。

2. 在表一例1-7中，两个形容词意义相近或相对称，"而"表示顺接；在表一例8-10中，两个形容词意义相反或不相谐调，"而"表示转接。"而"表示顺接的情况居多，"以""且"只用于表示顺接，不表示转接。

3. 在表二例句中，在第二个形容词前面加否定副词"不"字，作状语。有些句子两个形容词意义相近，由于否定了后者，就具有辨别的作用，"而"表示转接（如表二例1的"乐而不淫"），有些句子两个形容词意义相反，由于否定了后者，变成先后一意相因，就具有加强的作用（如表二例6的"谲而不正"），"而"表示顺接。

4. 本句型的主语是名词（如表一例1的"吴"）、名词词组（如表一例5的"能法之士"）或主谓词组（如表一例13的"其责己"）。

5. "以""且"和表示顺接的"而"译作"而且""又"或"又……又……"，表示转接的"而"译作"却""可是"。"吴强而富"可译为"吴国强大而且殷富"。

6. 有关句型：

①天地之道博也，厚也，高也，明也，悠也，久也。（《礼记中庸》）

这个句型的谓语是由两个以上的形容词组成的，在这些形容词当中不用连词。其结构式为：

主语+形容词+形容词+形容词……

②既明且哲。（《诗经大雅烝民》）

这个句型是副词"既"（"终"）和连词"且"并用，来连接两个形容词的。其结构式为：

主语+"既"（"终"）+形容词+"且"+形容词

第三类　主‖副

句型1　王之好乐／甚／。

〔结构式〕　主语（主谓词组）+"甚"〈+"矣"〉
〔例句〕

	主　语	"甚"	"矣"	引　书
1	王之好乐	甚		孟子梁惠王下
2	王之蔽	甚	矣	战国策齐策
3	王之不说婴（也）	甚		吕氏春秋知士
4	大国侵鲁	（亦以）甚	矣	史记刺客列传
5	天之爱民	甚	矣	左传襄公十四年

〔说明〕

1. "甚"是程度副词，表示动作行为达到相当深度，作谓语。
2. 本句型的主语是主谓词组。
3. "之"是助词，放在主谓词组的主语和谓语之间，取消句子的独立性。
4. "甚"译作"很""非常"，也可译作"厉害""过分"。译成前者时，要改变词序，如："王之好乐甚"可译为"王非常爱好音乐"；译成后者时，词序不变，如："大国侵鲁亦以甚矣"可译为"大国（指齐国）侵占鲁国土地，也已太过分了"。

句型2　　**破秦军／必矣／**。

〔结构式〕　主语(动宾词组／主谓词组)+"必"〈+"矣"("也")〉
〔例句〕

	主　语	"必"	"矣"	引　书
1	破秦军	必	矣	史记项羽本纪
2	亡秦	必	矣	同上
3	灭郑	必	矣	史记伍子胥列传
4	破曹军	必	矣	司马光赤壁之战
5	其伐齐	必	也	史记仲尼弟子列传
6	此灭吴	必	矣	同上
7	臣下（之）饰奸物（以）愚其君	必	也	韩非子难三

〔说明〕

1．"必"是表示肯定的情态副词，表示动作行为的必然性，或表示主观的一种愿望和决心，作谓语。

2．本句型的主语是动宾词组（如例1的"破秦军"）或主谓词组（如例6的"此灭吴"），都用于表示某件事或某种情况。

3．在古代汉语中，以副词作谓语的情况非常罕见。

4．"必"译作"必定"。"破秦军必矣"可译为"击败秦军是必定的"。

5．句型转换：

A．此／必／灭／吴／。

⇌B．此灭吴／必矣／。（本句型例6）

"我必覆楚"（第一编、Ⅱ、十五、句型7表一例1）是带有"必"字作状语的叙述句型，"此必灭吴"和"我必覆楚"结构相同。如果把副词"必"移到句末。并用"矣"字煞尾，这个"必"

字就成为全句的谓语；而"此灭吴"就成为主谓词组，作全句的主语。这样就转换成 B 句型："此灭吴必矣。"这是用移动副词位置的方法，转换成另一句型的。

A 类与 B 类句型转换结构式是：

主语+<u>状语（副）</u>+及物动词+宾语
⇌ 主语（主谓词组）+<u>副谓</u>

第四类 主‖数

句型1　　**诸侯之宝／三／。**
　　　　　　鲁仲连辞让者／三／。

〔结构式〕Ⅰ　主语（名／名词词组）+数谓（基数）
〔例句〕（表一）

	主　语	数　谓	引　书
1	诸侯之宝	三	孟子尽心下
2	世俗所谓不孝者	五	孟子离娄下
3	国之不服者	十三	韩非子十过
4	礼仪	三百	礼记中庸
5	威仪	三千	同上
6	天下之达道	五	同上
7	带甲	百万	战国策楚策
8	君子道者	三	论语宪问

〔结构式〕Ⅱ　主语（主谓词组）+"者"+数谓（基数）

〔例句〕（表二）

	主　语	"若"	数	谓	引　书
1	鲁仲连辞让	者	三		战国策赵策
2	（韩子卢）环山	者	三		战国策齐策
3	腾山	者	五		同上
4	右还其封且号	者	三		礼记檀弓下
5	殿欲坏	者	三		史记李斯列传
6	将闾乃仰天大呼天	者	三		史记秦始皇本纪
7	（范增）举所佩玉玦以示之	者	三		史记项羽本记

〔说明〕

1. 本句型的谓语是基数词。在古代汉语中，数词可以单独用作谓语，不用量词。

2. 表一例句的数词表示物量，表二例句的数词表示动量（动作行为的数量）。

3. 表一例句的主语是名词、名词词组，指人或物；表二例句的主语是主谓词组，指事。

4. 在表二例句中，主语后面加语气词"者"字，表示停顿。

5. 古代汉语中，"三""九""百""千"等有时是表示多数的虚数，即表示"多次"，而不是表示实数。

6. 本句型在译成现代汉语时，要加上适当的量词；表一例句在译成现代汉语时，还要加上"有"或"是"。"诸侯之宝三"可译为"诸侯的宝贝有三件"。"鲁仲连辞让者三"可译为"鲁仲连推让了多次"。

7. 句型转换：

①A．鲁仲连／三／辞让／。

⇌B．鲁仲连辞让者／三／。（本句型表二例1）

"范蠡三徙"（第一编、Ⅱ、十八、句型 1 表二例 3）是带有数词作状语的叙述句型，"鲁仲连三辞让"和"范蠡三徙"结构相同。如果把数词"三"移到句尾，这个数词就成为全句的谓语，而"鲁仲连辞让"就成为主谓词组，作全句的主语，同时在主语后面加上"者"字，和数词谓语隔开，这样就转换成 B 句型："鲁仲连辞让者三。"这是用移动数词位置的方法，使动词谓语句转换成数词谓语句的。

　　A 类与 B 类句型转换结构式是：

　　主语+状语（数）+及物动词+宾语
⇌ 主语（主谓词组）+"者"+数谓

　　②A. 诸侯之宝／有／三／。
⇌ B. 诸侯之宝／三／。（本句型表一例 1）

　　"安术有七"（第一编、Ⅱ、一、句型 30 表一例 2）是以数词作宾语的叙述句型，"诸侯之宝有三"和"安术有七"结构相同，是同类句型的句子。如果去掉动词"有"字，数词就成为全句的谓语。这样就转换成 B 句型："诸侯之宝三。"这是用删除动词的方法，使动词谓语句转换成数词谓语句的。

　　A 类与 B 类句型转换结构式是：

　　主语+"有"+宾语（数）
⇌ 主语+数谓

句型 2　　不祀／，一也／。

〔结构式〕　主语+数谓（序数）〈+"也"〉
〔例句〕

	主 语	数 谓	"也"	引 书
1	不祀	一	也	左传宣公十五年
2	嗜酒	二	也	同上
3	弃仲章而夺黎氏地	三	也	同上
4	虐我伯姬	四	也	同上
5	伤其君目	五	也	同上
6	臣之罪	一	也	韩非子内储说下
7	臣之罪	二	也	同上
8	臣之罪	三	也	同上
9	罪	一		史记高祖本纪
10	罪	二		同上
11	罪	三		同上
12	罪	四		同上
13	萧何	第一		史记萧相国世家
14	位次	第一		史记陈丞相世家
15	位次	第二		同上

〔说明〕

1. 在上古汉语中，序数词和基数词在形式上是没有区别的。本句型的谓语是序数词，如例1中的"一"就是"第一"，例2中的"二"就是"第二"。这里也只用数词，而不同量词。

2. 汉代以后，"第"字开始用为序数词的词头（见例13-15）。

3. 本句型在译成现代汉语时，要把数词译成序数词，并加适当的量词。"不祀，一也"可译为"不祭祀，是第一条罪状"。

第五类　主‖谓（形／数作谓语的主谓词组）

这类是主谓谓语句。这类句型的全句主语（大主语）和主谓词组中的主语（小主语）有领属关系。

句型 1　　（今）吾君／德薄／。

〔结构式〕　主语+谓语（主+形）
〔例句〕

	主 语	谓 语		引 书
		主	形	
1	（今）吾君	德	薄	韩非子十过
2	（夫）越	（虽）国	富	
		兵	强	韩非子孤愤
3	平原君	家	贫	史记郦生陆贾列传
4	(臣闻)地广者	粟	多	史记李斯列传
5	国大者	人	众	同上
6	使者	目	动	
		（而）言	肆	左传文公十二年
7	（今）天下	地丑	德齐	孟子公孙丑下
8	汉	兵盛	食多	史记项羽本纪
9	项王	兵罢	食绝	同上

〔说明〕

　　1. 本句型的谓语是主谓词组，主谓词组中的谓语（小谓语）是形容词，用来描写人或物的性质、状态。

　　2. 例4的"地广者粟多"和例5"国大者人众"都是主谓词组作"闻"的宾语，这里把它们做为单句来分析。

　　3. "今吾君德薄"可译为"现在您道德修养很差"。

句型 2　　〔侯嬴〕／年七十／。

〔结构式〕　主语+谓语（主+数）
〔例句〕

	主 语	谓 语		引 书
		主	数	
1	〔侯嬴〕	年	七十	史记魏公子列传
2	〔贾生〕	年	十八	史记贾生列传
3	寡人	年	六十二	史记吴王濞列传
4	少子	年	十四	同上
5	吾	年	七十	说苑建本
6	北山愚公（者）	年	（且）九十	列子汤问
7	伯鱼	年	五十	史记孔子世家
8	女婉贞	年	十九	徐珂冯婉贞

〔说明〕

1. 本句型的谓语是主谓词组，主谓词组中的谓语（小谓语）是数词。主谓词组中的主语（小主语）是全句主语（大主语）特性的某一侧面，这里是说明人的年龄的。

2. "〔侯嬴〕年七十"可译为"〔侯嬴〕现年七十岁"。

第六类　主‖状（否定副）+形

句型 1　　回也／不／愚／。

〔结构式〕　主语+"不"（"弗"）+形容词

〔例句〕

	主　语	"不"	形容词	引　书
1	回（也）	不	愚	论语为政
2	天子	不	仁	孟子离娄上
3	柳下惠	不	恭	孟子公孙丑上
4	是女子	不	好	史记滑稽列传附录
5	贼民之主	不	忠	左传宣公二年
6	弃君之命	不	信	同上
7	商工	不	卑（也矣）	韩非子五蠹
8	商人	不	少（矣）	同上
9	鄙人	不	慧	马中锡中山狼传
10	老杏之言	不	谬（矣）	同上
11	大臣	弗	平	史记吕太后本纪
12	〔王〕	弗	豫	尚书金縢

〔说明〕

1．"不"（"弗"）是否定副词，表示否定某种性质、状态。"弗"一般只否定动词，否定形容词的情况很罕见。"不"（"弗"）放在形容词前面，作状语。

2．"也矣"是语气词连用，表示在某种条件下产生的某种后果。

3．"回也不愚"可译为"颜回啊，不愚蠢"。

4．句型转换：

　　A．回也／愚／。

⇌B．回也／不／愚／。（本句型例1）

"由也果"（第一编、III、一、句型1例6）是以形容词作谓语的描写句型，"回也愚"和"由也果"结构相同。如果在"愚"的前面，加上否定副词"不"字，作状语，这样就转换成B句型：

"回也不愚。"这是用添加否定副词的方法,使肯定句转换为否定句的。A 类与 B 类句型转换结构式是:

　　主语+形谓
⇌ 主语+"不"+形容词

句型 2　　城／非不／高也／。

〔结构式〕　主语+"非"+"不"+形容词〈+"也"〉
〔例句〕

	主 语	"非"	"不"	形容词	"也"	引　书
1	城	非	不	高	也	孟子公孙丑下
2	池	非	不	深	也	同上
3	兵革	非	不	坚利	也	同上
4	米粟	非	不	多	也	同上
5	其质	非	不	美	也	荀子劝学
6	巢	非	不	完	也	同上
7	子言	非	不	辩	也	韩非子五蠹

〔说明〕

　　1. "非"和"不"都是否定副词,"非"和"不"连用,构成双重否定,实际表示肯定,具有申辩或撇开某种情况的作用。

　　2. "非不"放在形容词前面,作状语。

　　3. "非"译作"不是"。"城非不高也"可译为"城墙不是不高"。

第七类 主‖状(副)+形

句型1　外黄富人女／甚／美／。

〔结构式〕　主语+"甚"（"最""至""极""绝""益""滋"）
　　　　　+形容词
〔例句〕

	主　语	"甚"	形容词	引　书
1	外黄富人女	甚	美	史记张耳列传
2	此梦	甚	恶	史记赵世家
3	臣之罪	甚	多（矣）	左传僖公二十四年
4	毋卹	最	贤	史记赵世家
5	婴	最	（不）肖	晏子春秋内篇杂下
6	吾所为者	极	难（耳）	史记刺客列传
7	李广军	极	简易	史记李将军列传
8	秦女	绝	美	史记伍子胥列传
9	其事	至	微浅	史记儒林列传
10	统业	至	重	汉书董贤传
11	高祖	至	暴抗（也）	史记佞幸列传
12	丞相条侯	至	贵倨（也）	史记酷吏列传
13	孝谨	益	衰（矣）	史记万石君列传
14	罪	益	厚	墨子非攻上
15	所亡	滋	多	左传僖公二十五年
16	武	益	愈	汉书苏武传

299

〔说明〕

1. "甚"等是程度副词,"甚""最""极""绝""至"表示性质、状态的程度高,"益""滋"表示在程度上进一步发展。

2. "甚"等放在形容词前面,作状语。

3. "甚"译作"很""非常","极""绝""至"译作"最""非常","益""滋"一般译作"更""更加""越来越……","益"有时可译作"渐渐"(如例17的"武益愈")。"外黄富人女甚美"可译为"外黄有个富人家的女儿很美丽"。

4. 适合本句型表示程度高的副词有:"甚""最""至""极""绝""殊""孔""太""泰""良""颇"等。表示在程度上进一步发展的副词有:"愈""俞""益""弥""滋""兹""差""稍""加""渐""浸""寝""尤"等。

句型2　大夫／皆／富／。

〔结构式〕　主语+"皆"("咸""尽""毕")+形容词

〔例句〕

	主语	"皆"	形容词	引书
1	大夫	皆	富	左传襄公二十九年
2	诸子孙	咸	孝	史记万石君列传
3	殷受命	咸	宜	左传隐公三年
4	其物禽兽	尽	白	史记封禅书
5	寝庙	毕	备	礼记月令

〔说明〕

1. "皆""咸""尽""毕"都是范围副词,表示全部,作状语。

2．本句型的主语是名词（如例1的"大夫"）、名词词组（如例2的"诸子孙"）或主谓词组（如例3的"殷受命"）。

3．"皆""咸""尽""毕"译作"都""全都"。"大夫皆富"可译为"大夫都富裕"。

4．适合本句型的副词有："皆""咸""尽"，"悉""举""俱（具）""毕"等。

句型3　事／必／危／矣／。

〔结构式〕　主语+"必"（"固"）+形容词〈+"矣"（"也"）〉

〔例句〕

	主　语	"必"	形容词	"矣"	引　书
1	事	必	危	矣	史记魏公子列传
2	子	必	危	矣	韩非子说林上
3	郢都	必	危	矣	战国策楚策
4	子	必	穷	矣	韩非子说林上
5	我	必	（不）仁	也	孟子离娄下
6	我	必	（不）忠		同上
7	所味	（不）必	美		韩非子难四
8	所贤	（不）必	贤	也	同上
9	狄	固	贪婪		左传僖公二十四年

〔说明〕

1．"必""固"等是表示肯定的情态副词。"必"表示人或物具有某种性质、状态的必然性，"固"表示本来如此或理应如此。

2．"必""固"等放在形容词前面，作状语。

3．例7"所"后面的"味"是名词用如动词，例8"所"后面的"贤"是形容词用如意动。

4."必"译作"必定"或"一定","固"译作"本来"。"事必危矣"可译为"事情一定危险了"。

5.适合本句型的副词有:"必""定""当""固"等。

6. 有关句型:

赵前后所亡,凡四十五万。(《史记廉颇蔺相如列传》)

这个句型是在数词前面加副词"凡"字,表示"总共",作状语。其结构式为:

主语+"凡"+数词

第八类　主‖状(名)+形

句型　　游学者/日/众/。

〔结构式〕　主语+"日"+形容词

〔例句〕

	主 语	"日"	形容词	引　书
1	游学者	日	众	韩非子五蠹
2	家	日	益	墨子所染
3	身	日	安	同上
4	名	日	荣	同上
5	尊宠	日	隆	史记外戚世家
6	事	日	急	史记魏其武安侯列传
7	乡邻之生	日	蹙	柳宗元捕蛇者说
8	田单兵	日(益)	多	史记田单列传
9	法令诛罚	日(益)	刻深	史记李斯列传
10	发之短者	日(益)	白	韩愈五箴序
11	骠骑	日(益)	贵	史记卫将军骠骑列传

〔说明〕

1. "日"是时间名词,放在形容词前面,表示情况、状态在逐渐发展,作状语。

2. 本句型的主语是名词(如例2的"家")、名词词组(如例1的"游学者")或动词(如例5的"尊宠")。

3. 有些句子在形容词前面又加上程度副词"益"字,作状语。

4. "日"译作"一天一天地"或"一天天地"。"益"译作"更加"。"游学者日众"可译为"游侠和文士一天一天地多起来"。

5. 有关句型:

秦果日以强。(《战国策魏策》)

这里在"日"和形容词之间,加连词"以"字,其结构式为:

主语+"日"+"以"+形容词

第九类 状(介词词组)+主‖形

句型 以贤/(则)去疾/(不)足/。

〔结构式〕 "以"+介词宾语+主语+形容词

〔例句〕

	"以"	介词宾语	主 语	形容词	引 书
1	以	贤(则)	去疾	(不)足	左传宣公四年
2	以	顺(则)	公子坚	长	同上
3	以	年(则)	北兄	长	三国志武帝纪注
4	以	位(则)	北兄	重	同上

〔说明〕

1．"以"是介词，表示论事标准。

2．"以"字的宾语是名词（如例3的"年"）或形容词。（如例1的"贤"）。

3．"以"字介词词组放在主语前面，作状语。

4．"则"是连词，用在并列复句中每一分句的状语后面，表示对待关系。"则"译作"那"或"那么"。

5．"以"译作"以……论"或"按照"。"以贤，则去疾不足"可译为"以贤德论，那我（去疾）还不够"。

6．有关句型：

君子于其所不知，盖阙如也。（《论语子路》）

这里的介词"于"字，表示"对于"。"于"字介词词组放在形容词前面，作状语。其结构式为：

主语+"于"+介词宾语+形容词〈+"也"（"矣"）〉

第十类　主‖形+补（介词词组）

句型1　　夫子／（固）／拙／于用大矣／。

〔结构式〕　主语+形容词+"于"（"以"）（引进范围）+介词宾语

〔例句〕

	主　语	形容词	"于"	介词宾语	引　书
1	夫子	（固）拙	于	用大（矣）	庄子逍遥游
2	〔屈原〕	明	于	治乱	史记屈原列传
3		娴	于	辞令	同上

续表

4	此	义	于	名	
5	〔君子〕	（而）利	于	实	韩非子外储说左上
		敏	于	事	
		（而）慎	于	言	论语学而
6	民	勇	于	公战	史记商君列传
7		怯	于	私斗	同上
8	〔越〕	利	以	避难	韩非子说林上
9		宜	于	时通	荀子修身
10		利	以	处穷	同上
11		难	以	济（矣）	左传隐公四年
12	〔荆国〕	（不）足	于	民	墨子公输
13		难	于	持久	司马光赤壁之战

〔说明〕

1．"于"（"以"）是介词，引进人或事物具有某种性质、状态的范围。

2．"于"（"以"）的宾语是名词（如例12的"民"）、名词词组（如例3的"辞令"）、动词词组（如例1的"用大"）或形容词词组（如例2的"治乱"）。

3．"于"（"以"）字介词词组放在形容词后面，作补语。

4．"于"（"以"）译作"在……方面"。"夫子固拙于用大矣"可译为"您原来在使用大的器物方面太拙笨了"。

5．有关句型：

业精于勤，荒于嬉。（韩愈《进学解》）

介词"于"引进具有某种性质、状态的原因。其结构式为：

主语+形容词+"于"（引进原因）+介词宾语

句型2　　季氏／富／于周公／。

〔结构式〕　主语+形容词+"于"（引进比较的对象）+介词宾语
〔例句〕

	主　语	形容词	"于"	介词宾语	引　书
1	季氏	富	于	周公	论语先进
2	子贡	贤	于	仲尼	论语子张
3	丹之治水（也）	愈	于	禹	孟子告子下
4	〔青〕	青	于	蓝	荀子劝学
5	〔冰〕	寒	于	水	同上
6	苛政	猛	于	虎（也）	礼记檀弓下
7	师	（不必）贤	于	弟子	韩愈师说
8	秦王之国	危	于	累卵	史记范睢蔡泽列传
9	〔丈夫〕	甚	于	妇人	战国策赵策
10	或	重	于	泰山	司马迁报任安书
11	或	轻	于	鸿毛	同上

〔说明〕

1. "于"是介词，引进比较的对象。本句型是以主语所代表的人或物，与介词宾语所代表的人或物相比较，在性质、状态的程度上，前者要胜过后者。

2. "于"字的宾语是名词（如例1的"周公"）、名词词组（如例11的"鸿毛"）。

3. "于"字介词词组放在形容词后面，作补语。

4. 本句型的主语是名词（如例1的"季氏"）、名词词组（如例6的"苛政"）或主谓词组（如例3的"丹之治水"）。

5. 例3的"之"是助词，放在主谓词组的主语和谓语之间，取消句子独立性。

6．例4的"青"是"靛青","蓝"是"蓝草",都是名词。

7．"于"译作"比"。本句型在译成现代汉语时,要把表示比较的介词词组移到形容词前面,如:"季氏富于周公"可译为"季氏比周公富"。

8．适合本句型多数为表示积极意义的形容词,如:"大""多""强""美""重""猛""富""愈""贤""速""贵""高""治""疾""暖""深""红""青""善""良""远"等;少数为表示消极意义的形容词,如:"少""轻""嫩""软""寒""弱""近""危""酷"等。适合本句型的介词有:"于""乎"等。

9．有关句型:

〔小虫〕蠢若木鸡。(蒲松龄《促织》)

"若"是动词,表示比喻,译作"像"。"若"字动宾词组放在形容词后面,作补语。"若"可以用"如"替换。其结构式为:

主语+形容词+"若"("如")+"若"("如")的宾语

句型3　盗莫／大／于子／。

〔结构式〕　先行词+"莫"+形容词+"于"("乎")+介词宾语

〔例句〕

	先行词	"莫"	形容词	"于"	介词宾语	引　书
1	盗	莫	大	于	子	庄子盗跖
2	天下	莫	大	于	秋毫之末	庄子齐物论
3	存乎人者	莫	良	于	眸子	孟子离娄上
4	人之情性	莫	先	于	父母	韩非子五蠹
5	不敬	莫	大	乎	是	孟子公孙丑下
6	子之不孝	莫	大	于	此(矣)	韩非子奸劫弑臣

续表

7	天下之水	莫	大	于	海	庄子秋水
8	神	莫	大	于	化道	荀子劝学
9	福	莫	长	于	无祸	同上
10	祸	莫	大	于	杀已降	史记李将军列传
11	养心	莫	善	于	寡欲	孟子尽心下
12	君子	莫	大	乎	与人为善	孟子公孙丑上
13	孝子之至	莫	大	乎	尊亲	孟子万章上
14	诟	莫	大	于	卑贱	史记李斯列传
15	悲	莫	甚	于	穷困	同上

〔说明〕

1. "莫"是否定性无定代词,表示排除一切对象,可以指人,也可以指物,作主语。

2. "莫"的前面有个表示范围的先行词,主要是名词(如例1的"盗")、名词词组(如例4的"人之情性");也可以是动宾词组(如例11的"养心")、形容词词组(如例5的"不敬")或主谓词组(如例6的"子之不孝"),但这些用作先行词时,说话人是把它们作为一个事物来看待的,因而都相当于名词。

3. "于"("乎")是介词,引进比较的对象。本句型用于否认某种人或物能胜过介词宾语所代表的人或物,这种从反面说的方法更为有力。

4. "于"("乎")的宾语是名词(如例3的"眸子")、名词词组(如例2的"秋毫之末")、代词(如例6的"此")、动宾词组(如例13的"尊亲")或形容词(如例14的"卑贱")。

5. "于"("乎")字介词词组放在形容词后面,作补语。

6. "莫"译作"没有谁""没有什么","于""乎"译作"比"。"盗莫大于子"可译为"强盗里没有谁比您更大了"。

7. 适合本句型的介词有:"于""乎""焉"等。

句型4　善莫／大／焉／。

〔结构式〕　先行词+"莫"+形容词+"焉"
〔例句〕

	先行词	"莫"	形容词	"焉"	引　书
1	善	莫	大	焉	左传宣公二年
2	乐	莫	大	焉	孟子尽心上
3	求仁	莫	近	焉	同上
4	德	莫	厚	焉	左传僖公十五年
5	刑	莫	威	焉	同上
6	功	莫	大	焉	史记楚世家
7	罪	莫	大	焉	国语晋语
8	不祥	莫	大	焉	马中锡中山狼传

〔说明〕

1．"莫"是否定性无定代词，表示排除一切对象，可以指人，也可以指物，作主语。

2．"莫"的前面有个表示范围的先行词，主要是名词（如例5的"刑"）；也可以是动宾词组（如例3的"求仁"）或形容词（如例1的"善"），这些用作先行词，说话人是把它们作为一个事物来看待的，因而都相当于名词。

3．"焉"是介词兼代词，相当于"于是"或"于之"。"于"是介词，用来引进比较的对象；"是"是指示代词；"之"是第三人称代词。

4．"莫"译作"没有谁""没有什么"。"焉"中隐含的"于"译作"比"，隐含的"是"译作"这个"，隐含的"之"译作"他（他们）""它（它们）"。"善莫大焉"可译为"善事没有什么

309

比这个（指上文'过而能改'）更大"。

5．有关句型：

晋国，天下莫强焉。（《孟子梁惠王上》）

这是个主谓谓语句，主语是"晋国"，谓语是主谓词组"天下莫强焉"。"焉"相当于"于之"，"之"表示复指全句主语"晋国"。其结构式为：

主语+谓语（先行词+"莫"+形容词+"焉"）

第十一类　主‖形+补（副）

句型　　君／美／甚／。

〔结构式〕　　主语+形容词+"甚"

〔例句〕

	主语	形容词	"甚"	引　书
1	君	美	甚	战国策齐策
2		愚	（亦）甚（矣）	马中锡中山狼传
3	意	暇	甚	蒲松龄狼
4		戆愚	甚（矣）	墨子非儒
5		旱	甚（也）	左传昭公二十五年
6		（不）正	甚（矣）	谷梁传庄公元年

〔说明〕

1．"甚"是程度副词，表示性质、状态具有相当程度，作补语。

2．"甚"译作"很"。"君美甚"可译为"您美得很"。

第十二类　主‖形+补(数+量)

句型　　荆之地／方／五千里／。

〔结构式〕　主语+形容词+补语(数+量)
〔例句〕

	主　语	形容词	补　语 数	补　语 量	引　书
1	荆之地	方	五千	里	墨子公输
2	宋之地	方	五百	里	同上
3	太行王屋二山	方	七百	里	
		高	万	仞	列子汤问
4	〔人迹〕	广	三	尺	韩非子外储说左上
5	箭	长	八	尺	同上
6	棋	长	八	寸	同上
7	邹忌	修	八	尺(有余)	战国策齐策
8	身	长	八	尺	三国志诸葛亮传
9	舟首尾	长	(约)八	分(有奇)	魏学洢核舟记

〔说明〕

1. 在本句型中，数词与表示长度的量词结合成数量词，放在形容词后面，表示人或物的长、宽、高、面积等，作补语。

2. "修"译作"长"，"广"译作"宽"，"方"译作"纵横"或"方圆"。"荆之地方五千里"可译为"楚国的土地纵横五千里"。

第二编　单句（下）

　　句子根据不同的语气，可以分为陈述句、疑问句、祈使句和感叹句四种。第一编中的句子，就表达的语气来说，都属于陈述句，即用于说明一件事情，话说语气平顺。这一编只包括疑问、祈使和感叹三种语气的句子。

第一部分　疑问句

疑问句是用于提出某个问题的，其中包括是非问句、特指问句、选择问句和反复问句四种。和疑问句并列的是反问句和测度问句，也划归此部分，附在上述四种疑问句后面，分别列为第五、六类。

第一类　是非问句

是非问句的疑问点是句子的整个内容，要求对方对所提的问题做肯定或否定的回答。例如：用"然"或"否"来回答。

这类句型句子结构中的主体部分是陈述句，但必须加上疑问语气词结尾。

常见的疑问语气词有："乎""与""邪"等，译作"吗"。

1. "乎"表示纯粹的疑问。例如：

冯公有亲乎？（句型2表一例1）

2. "与""邪"表示对某事的猜测，要求对方加以证实。例如：

是鲁孔丘与？（句型1例1）

鲁大夫练而床，礼邪？（句型1例4）

句型1　是／鲁孔丘与／？

〔结构式〕　主语+名谓+"与"（"邪"）
〔例句〕

	主　语	名谓	"与"	引　书
1	是	鲁孔丘	与	论语微子
2	是	鲁孔丘之徒	与	同上
3	夫子	圣者	与	论语子罕
4	鲁大夫练而床	礼	邪	荀子子道
5	男女授受不亲	礼	与	孟子离娄上

〔说明〕

1. 本句型是疑问语气的判断句,是以名词或名词词组作谓语,加上疑问语气词"与""邪"等字结尾。

2. 这类判断句在译成现代汉语时,要在主语、谓语之间加上"是"字。如："是鲁孔丘与？"可译为"这是鲁国的孔丘吗？"

3. 适合本句型的疑问语气词有："乎""与""欤""邪""耶"等。

4. 有关句型：

予邪,言伐莒者？（《昌氏春秋重言》）

这是主谓倒置的是非问句,即谓语在前,主语在后。"子"作谓语,"言伐莒者"作主语。其结构式为：

名谓+"邪"+主语

5. 句型转换：

A．是／鲁孔丘也／。

⇌B．是／鲁孔丘与／？（本句型例1）

"是胜之舍人也"（第一编、Ⅰ、一、句型16例4）是陈述语气的判断句,"是鲁孔丘也"与"是胜之舍人也"结构相同。如果把句尾表示帮助判断的语气词"也"置换以疑问语气词"与",这样就转换成 B 句型:"是鲁孔丘与?"如果 A 句型中没有用"也"字结尾,在转换成是非问句时,句尾加上疑问语气词就可以了。这是用在句尾添加疑问语气词的方法,使陈述句转换成是非问句的。

A 类与 B 类句型转换结构式是:
主语+名谓〈+"也"〉
⇌ 主语+名谓+"与"("邪")

句型2 冯公／有／亲乎／?
〔晏子〕／死乎／?

〔结构式〕Ⅰ 主语+及物动词+宾语+"乎"("与""邪")
〔例句〕(表一)

	主语	及物动词	宾语	"乎"	引 书
1	冯公	有	亲	乎	战国策齐策
2	公	知	天下长者	乎	史记田叔列传
3	子	见	夫子	乎	论语微子
4	君	闻	大鱼	乎	韩非子说林下
5	汝	知	之	乎	庄子齐物
6		获	羊	乎	列子说符
7		废	衅钟	与	孟子梁惠王上
8	若与彭越	反		邪	史记季布栾布列传

〔结构式〕 Ⅱ 主语+不及物动谓+"乎"
〔例句〕(表二)

	主语	不及物动谓	"乎"	引 书
1	〔晏子〕	死	乎	左传襄公二十五年
2	〔晏子〕	行	乎	同上
3	〔晏子〕	归	乎	同上

〔说明〕

1. 句型 2 到句型 6 是疑问语气的叙述句。

2. 本句型是以动词作谓语或谓语中心，加上疑问语气词"乎""与""邪"等字结尾。表一例句的谓语中心是及物动词，表二例句的谓语是不及物动词。

3. "冯公有亲乎？"可译为"冯公有父母吗？"

句型 3　此／可／谓／知义与不义之别乎／？

〔结构式〕　主语+"可"（"可得""能""敢""足""足以""肯""当"）+及物动词+宾语+"乎"（"邪""与"）

〔例句〕

	主语	"可"	及物动词	宾语	"乎"	引 书
1	此	可	谓	知义与不义之别	乎	墨子非攻上
2	子路	可	谓	大臣	与	史记仲尼弟子列传
3	怀其宝而迷其邦	可	谓	仁	乎	论语阳货
4	好从事而亟失时	可	谓	知	乎	同上
5	父死不葬爰及干戈	可	谓	孝	乎	史记伯夷列传
6	以臣弑君	可	谓	仁	乎	同上
7	鲁	可	取		乎	左传闵公元年
8	王之所大欲	可得	闻		与	孟子梁惠王上

续表

9		可得	见		乎	史记春申君列传
10		能	事	之	乎	韩非子内储说下
11		能	举	大事	乎	同上
12		能	行	大事	乎	史记楚世家
13		敢	失	守	乎	左传成公十五年
14		敢	(不)识		乎	左传昭公三年
15	群臣	敢	忘	君	乎	左传哀公六年
16	参之肉	(其)足	食		乎	左传宣公十二年
17	醉	足以	亡	裘	乎	韩非子说林上
18	汉	肯	听	我	乎	史记大宛列传
19	吏	(不)当	若	是	邪	史记张释之列传

〔说明〕

1．"可"（"可得""能""敢""足""足以""肯""当"）是能愿动词，放在动词前面，作状语。"可"表示许可或可能做某事；"能"表示有能力或有条件做某事；"敢"表示有胆量做某事；"足""足以"表示动作行为达到了某种程度，或动作行为已具备进行的条件；"当"表示应当做某事；"肯"表示愿意、乐意做某事。

2．本句型的主语是名词（如例2的"子路"）、代词（如例1的"此"）、动词（如例17的"醉"）、动词词组（如例6的"以臣弑君"）、主谓词组或复句形式（如例5的"父死不葬爰及干戈"）。

3．"谓"是及物动词，表示"叫做""认为"。"谓"的宾语是名词（如例2的"大臣"）、动词及动宾词组（如例1的"知义与不义之别、形容词（如例4的"知"）。

4．在做肯定或否定的回答时，可以只就能愿动词做简略的回答，如："能事之乎？"曰："不能。""能举大事乎？"曰："能"。（《韩非子内储说下》）

5. 本句型的谓语中心也可以是不及物动词，如：

能亡去乎？（《史记楚世家》）其结构式为：

主语+"可"（"能""敢""足""肯""当"）+不及物动词+"乎"

6. "可""可得"译作"可以"，"足""足以"译作"足够""能够""值得"，"当"译作"应该"。"此可谓知义与不义之别乎？"可译为"这可以叫做懂得义和不义的分别吗？"

7. 适合本句型的能愿动词有："可""可以""可得""能""得""而""耐""敢""足""足以""肯""当"等。

句型4　　臣弑其君／，可乎／？

〔结构式〕　主语+"可"+"乎"

〔例句〕

	主　语	"可"	"乎"	引　书
1	臣弑其君	可	乎	孟子梁惠王下
2	寡人欲相甘茂	可	乎	史记甘茂列传
3	吾欲伐吴	可	乎	韩非子内储说上
4	臇亦曰王前	可	乎	战国策齐策

〔说明〕

1. "可"是能愿动词，表示许可或可能做某事，作谓语。

2. 本句型的主语是主谓词组。

3. "可"译作"可以"。"臣弑其君可乎？"可译为"臣杀掉他的君王，可以吗？"

句型5　　子／闻／诸／？

〔结构式〕　主语+及物动词+"诸"

319

〔例句〕

	主语	及物动词	"诸"	引书
1	子	闻	诸	左传昭公八年
2	吾	（得而）食	诸	论语颜渊
3		闻（斯）行	诸	论语先进
4		（韫椟而）藏	诸	论语子罕
5		（求善贾而）沽	诸	同上

〔说明〕

1. "诸"是"之""乎"两字的合音，用在句末，是代词兼语气词。其中的"之"是代词，作动词的宾语；"乎"是疑问语气词。

2. "诸"字隐含的"之"，一般译作他（们）、它（们）；隐含的"乎"译作"吗"。"子闻诸"可译为"您听到这事了吗？"

句型6　文王之囿方七十里／有诸／？

〔结构式〕　　主语+谓语（"有"+"诸"）

〔例句〕

	主语	谓语		引书
		"有"	"诸"	
1	文王之囿方七十里	有	诸	孟子梁惠王下
2	汤放桀武王伐纣	有	诸	同上
3	伊尹以割烹要汤	有	诸	孟子万章上
4	劝齐伐燕	有	诸	孟子公孙丑下

〔说明〕

1. 本句型是主谓谓语句,谓语是主谓词组。主谓词组中的主语通常不出现,谓语中心是及物动词"有"字,宾语是"诸"字。

2. "诸"是"之""乎"两字的合音,用于句末,是代词兼语气词。"之"是代词,用于复指全句的主语。如"文王之囿方七十里,有诸?"等于"文王之囿方七十里有之乎?"这里的"之"是"有"的宾语,而且复指"文王之囿方七十里"。

3. 本句型的主语是主谓词组(如例1的"文王之囿方七十里")或复句形式(如例2的"汤放桀,武王伐纣")。

4. "诸"字隐含的"之"译作"它",隐含的"乎"译作"吗"。"文王之囿方七十里,有诸?"可译为"文王畜养禽兽的园地,纵横各长七十里,有这回事吗?"

句型7　　管仲/俭乎/?

〔结构式〕　　主语+形谓+"乎"("邪""矣乎""乎哉")
〔例句〕

	主　语	形谓	"乎"	引　书
1	管仲	俭	乎	论语八佾
2	冉求	仁	乎	史记仲尼弟子列传
3	仲由	仁	乎	同上
4	子路	仁	乎	同上
5	汝狗	猛	邪	韩非子外储说右上
6	夫子	圣	矣乎	孟子公孙丑上
7	君子	多	乎哉	论语子罕
8	仁	远	乎哉	论语述而

〔说明〕

1．本句型是疑问语气的描写句，是以形容词作谓语，加上疑问语气词"乎""邪"等字结尾。

2．"矣乎""乎哉"是语气词连用，表达疑问语气的重点是在后一个语气词上。

3．"乎""邪""矣乎""乎哉"都可译作"吗"。"管仲俭乎？"可译为"管仲节俭吗？"

4．适合本句型的疑问语气词有："乎""与""欤""邪""耶""矣乎""乎哉"等。

第二类　特指问句

特指问句是用疑问代词（或词组）提问的疑问句。在这类句子中必须有一个疑问代词（或词组）来指明疑点，而这个疑问代词（或词组）在句中充当某个句子成分（主、谓、宾、定、状、补）。

特指问句要求对方对疑问代词（或词组）所询问的内容作答复。

有些句子句尾可以使用疑问语气词，和句子中的疑问代词（或词组）前后呼应。

常见的疑问语气词有："乎""与""欤""邪""哉""焉"等，译作"呢"。例如：

1．谁为此计者乎？　　　　　（句型1例1）
2．谁与，哭者？　　　　　　（句型8有关句型）
3．是谁之过欤？　　　　　　（句型20例1）
4．子之师谁邪？　　　　　　（句型5例3）
5．（今）谁责寡人哉？　　　（句型2例9）

6. 君何患焉? （句型 14 例 3）

此外，在特指问句的末尾也有用"也""矣"的。例如：

此谁也? （句型 5 例 2）

事将奈何矣? （句型 9 例 2）

"也""矣"本身并不是疑问语气词，这些句子表示疑问语气，是因为句中有了表示疑问的词语。

句型 1　　谁／为此计者乎／?

〔结构式〕　"谁"+名谓（动词词组+"者"）

〔例句〕

"谁"	名　谓		引　书
	动词词组	"者"	
1	谁	为此计	者（乎）	史记范雎列传
2	谁	（为大王）为此计	者	史记项羽本纪
3	谁	（为陛下）画此计	者	史记留侯世家
4	谁	习计会（能为文）收责于薛	者（乎）	战国策齐策
5	谁	可代君	者	史记萧相国世家
6	谁	可使	者	史记廉颇蔺相如列传
7	谁	可伐	者	史记老子韩非列传

〔说明〕

1. 句型 1 到句型 4 是一组疑问代词作主语的句型。
2. 本句型是疑问语气的判断句，谓语通常是"者"字词组。
3. "谁"是疑问代词，用于询问人，作主语。
4. "者"译作"……的人"或译作"……的"。古汉语肯定判断句在译成现代汉语时，要在主语和谓语之间加上表示判断的动词"是"字。如:"谁为此计者乎?"可译为"谁是制订这个计策的人呢?"

5．适合本句型的疑问代词有:"谁""畴"等。
6．句型转换:
　A．文子／为此计者也／。(据《史记范睢列传》文意补出此句)
⇌B．谁／为此计者乎／?(本句型例1)

"曾从子善相剑者也"(第一编、I、一、句型7例1)是以名词词组作谓语的判断句,"文子为此计者也"和"曾从子善相剑者也"结构相同。如果就这个判断句的主语提问,将名词置换以疑问代词"谁"字,这样就转换成B句型:"谁为此计者乎?"这是用就主语提问,将名词置换以疑问代词的方法,使陈述句转换成疑问句的。

A类与B类句型转换结构式是:

　<u>主语(名)</u>+名谓
⇌　<u>"谁"</u>+名谓

句型2　孰／谓／鄹人之子知礼乎／?

〔结构式〕　"孰"("谁")+及物动词+宾语
〔例句〕

	"孰"	及物动词	宾　语	引　书
1	孰	谓	鄹人之子知礼(乎)	论语八佾
2	孰	谓	微生高直	论语公冶长
3	孰	谓	子产智	孟子万章上
4	孰	谓	周公旦欲为乱(乎)	史记蒙恬列传
5	谁	谓	雀无角	诗经召南行露

续表

6	谁	谓	乃公勇者	史记淮南衡山列传
7	孰	知	其极	老子五十八章
8	谁	生	厉阶	诗经大雅桑柔
9	(今)谁	责	寡人(哉)	晏子春秋内篇谏上
10	孰	狩	之	公羊传哀公十四年

〔说明〕

1. 句型 2 到句型 4 是疑问语气的叙述句,以动词作谓语或谓语中心。

2. "孰"("谁")是疑问代词,用于询问人,作主语。

3. 本句型的谓语也可以是不及物动词,如:

(夫)谁(与王)敌?(《孟子梁惠王上》)

其结构式为:

"孰"("谁")+不及物动谓

4. "孰"译作"谁"。"孰谓鄹人之子知礼乎?"可译为"谁说叔梁纥的这个儿子懂得礼呢?"

5. 适合本句型的疑问代词有:"谁""孰""畴"等。

句型 3　孰/能/一/之/?

〔结构式〕　"孰"("谁")+"能"("可以""敢")+及物动词+宾语

〔例句〕

	"孰"	"能"	及物动词	宾　语	引　书
1	孰	能	一	之	孟子梁惠王上
2	孰	能	与	之	同上
3	孰	能	(为我)使	淮南	史记黥布列传

325

续表

4	孰	能	穷	之	孙子兵法势
5	谁	能	执	热	诗经大雅桑柔
6	谁	能	御	之	左传僖公四年
7	孰	可以	伐	之	孟子公孙丑下
8	孰	可以	杀	之	同上
9	谁	敢	兴	之	国语晋语
10	谁	敢	侮	之	孟子公孙丑上

〔说明〕

1. "孰"（"谁"）是疑问代词，用手询问人，作主语。
2. "能"（"可以""敢"）是能愿动词，作状语。
3. 本句型的谓语中心也可以是不及物动词，如

谁能出（不由户）？（《论语雍也》）

其结构式为：

"孰"（"谁"）+"能"（"敢"）+不及物动词

4. "孰"译作"谁"。"孰能一之？"可译为"谁能统一天下呢？"

句型4　何／谓／善／？

〔结构式〕　"何"（"奚""孰"）+及物动词+宾语
〔例句〕

	"何"	及物动词	宾语	引书
1	何	谓	善	孟子尽心下
2	何	谓	信	同上
3	何	谓	不臣	史记秦始皇本纪
4	何	谓	毋望之福	史记春申君列传
5	何	谓	毋望之祸	同上

续表

6	何	谓	毋望之人	同上
7	何	谓	死而又死	新序杂事
8	奚	谓	小忠	韩非子十过
9	奚	谓	顾小利	同上
10	孰	为	贵	墨子天志
11	孰	为	知	同上
12	孰	应	六律	庄子马蹄
13	孰	败	之	谷梁传成公元年
14	孰	次	之	吕氏春秋先识

〔说明〕

1. "何"（"奚""孰"）是疑问代词，用于询问事物，作主语。"何""奚"一般不用作主语，用作主语只在"谓""为"作谓语中心或形容词作谓语的句中。"孰"用于问事物充当主语的情况很罕见。

2. 本句型动词的宾语是名词、名词词组（如例 4 的"毋望之福"），代词（如例 13 的"之"），形容词（如例 10 的"贵"）或动词词组（如例 9 的"顾小利"）。

3. 在"孰"指代事物作主语的句子中，谓语也可以是不及物动词，如：

孰（不可）忍也。（《论语八佾》）

其结构式为：

"孰"+不及物动谓

4. "何""奚""孰"译作"什么"。"何谓善？"可译为"什么叫做善？"

5. 有关句型：

何贵？何贱？（《左传昭公三年》）

这个句型的谓语是形容词，"何"作主语。其结构式为：

"何"("奚")+形谓

句型5　追我者／谁也／？

〔结构式〕　主语+"谁"("孰谁""谁何""何")〈+"也"("邪")〉
〔例句〕

	主　语	"谁"	"也"	引　书
1	追我者	谁	也	孟子离娄下
2	此	谁	也	战国策齐策
3	子之师	谁	邪	庄子田子方
4	所高者	谁	也	史记日者列传
5	南冠而縶者	谁	也	左传成公九年
6	子	孰谁	也	战国策楚策
7	若所追者	谁何		史传淮阴侯列传
8	文姜（者）	何		公羊传庄公二十二年

〔说明〕

1. 句型5到句型12是一组疑问代词作谓语的句型。

2. 句型5到句型8是疑问语气的判断句。

3. "谁"（"孰谁""谁何""何"）是疑问代词，用于询问人，作谓语。"何"用于询问人很罕见。

4. "孰谁""谁何"和这里的"何"都译诈"谁"。"追我者谁也？"可译为"追我的人是谁？"

5. 句型转换：

A. 谁／追我者乎／？

⇌B. 追我者／谁也／？（本句型例1）

"谁为此计者乎？"（第二编、I、二、句型1例1）是以"谁"

作主语的疑问句型，"谁追我者乎？"和"谁为此计者乎？"结构相同。如果把"谁"移到"追我者"后面，"谁"就作全句的谓语，而"追我者"就作全句的主语。这样就转换成 B 句型："追我者谁也？"这是用移动"谁"字位置的方法，使单句中主语转换成谓语的。

A 句型转换成 B 句型后，表达的疑问语气要更重一些。

A 类与 B 类句型转换的结构式是：

"谁"+名谓
⇌ 主语+"谁"

句型 6　　吾所以有天下者／何／？

〔结构式〕　　主语+"何"〈+"也"〉

〔例句〕

	主　语	"何"	"也"	引　书
1	吾所以有天下者	何		史记高祖本纪
2	项氏之所以失天下者	何		同上
3	吾所以得之者	何		史记陆贾列传
4	吴之所以亡者	何	也	吕氏春秋适威
5	所以然者	何		晏子春秋内篇杂下
6	此	何	也	韩非子内储说下
7	是	何	也	荀子天论
8	君侯欲反	何		汉书周亚夫传
9	尔饮旷	何	也	礼记檀弓下
10	尔饮调	何	也	同上
11	今子有忧色	何	也	韩非子说林上
12	新人见寡人常掩鼻	何	也	韩非子内储说下
13	若亡	何	也	史记淮阴侯列传
14	夫子之不援	何	也	孟子离娄上

〔说明〕

1. "何"是疑问代词,用于询问事情的原因,作谓语。

2. 本句型的主语是名词词组,大都是"所以……者"词组(如例1的"吾所以有天下者");代词(如例6的"此")或主谓词组(如例9的"尔饮旷")。

3. 例9、10中的"饮"是及物动词的使动用法,"饮旷""饮调"就是"使旷饮""使调饮"。

4. "何"译作"为什么"或"什么原因(缘故)"。"吾所以有天下者何?"可译为"我得到天下的原因是什么?"

5. 适合本句型的疑问语气词有:"也""哉""与""欤""居""其"等。

6. 句型转换:

A. 尔／何／饮／旷也／?
⇌ B. 尔饮旷／何也／? (本句型例9)

"夫子何哂由也"(第二编、I、二、句型25表一例1)是以疑问代词"何"作状语的疑问句型,"尔何饮旷也?"和"夫子何哂由也?"结构相同。如果把"何"移到句尾,"何"就作全句的谓语;"尔饮旷"就成为主谓词组,作全句的主语。这样就转换成B句型:"尔饮旷何也?"这是用移动疑问代词位置的方法,转换成另一句型的。

A类与B类句型转换结构式是:

主语+"何"("曷""奚")+及物动词+宾语
⇌ 主语(主谓词组)+"何"("曷""奚")

句型7　　元年者／何／?

〔结构式〕　主语〈+"者"〉+"何"("谁")

〔例句〕

	主　语	"者"	"何"	引　书
1	元年	者	何	公羊传隐公元年
2	春	者	何	同上
3	地震	者	何	公羊传文公九年
4	斩	者	何	仪礼丧服
5	予之不祥者		谁（也）	墨子天志

〔说明〕

1．"何"（"谁"）是疑问代词，用于询问事物，作谓语。"谁"表询问事物很罕见。

2．本句型的主语是名词（如例2的"春"）、名词词组（如例5的"予之不祥者"）、动词（如例4的"斩"）或主谓词组（如例3的"地震"）。

3．本句型通常要在主语后面加语气词"者"字，表示顿宕。

4．本句型多数为设问，具有引起注意、启发思考的作用。

5．"何"（"谁"）译作"什么"。"元年者何？"可译为"元年是什么？"

6．适合本句型的疑问代词有："何""谁""舍""何等"等。

句型8　　何哉／，尔所谓达者／？

〔结构式〕"何"+"哉"+主语
〔例句〕

	"何"	"哉"	主　语	引　书
1	何	哉	尔所谓达者	论语颜渊
2	何	哉	君所谓踰者	孟子梁惠王下
3	何	哉	君所为轻身以先于匹夫者	同上

〔说明〕

1. 本句型的语序是主谓倒置，即谓语在前，主语在后。这样能使询问的内容更为强调、突出。

2. "何"是疑问代词，用于询问某种事物、某种情况的含义，或询问某件事情的原因，作谓语。

3. 本句型的主语是名词词组，通常是"者"字词组。

4. "何"译作"什么"或"为什么"。"何哉，尔所谓达者？"可译为"你所说的'达'，是什么意思？"

5. 有关句型：

谁与，哭者？（《礼记檀弓上》）

这也是主谓倒置的疑问句，谓语是疑问代词"谁"，用于询问人。其结构式为：

"谁"+"与"+主语

句型9 秦称帝之害／（将）奈何／？

〔结构式〕 主语+"奈何"（"如何""何如""何若""奚若"）
〔例句〕

	主　语	"奈何"	引　书
1	秦称帝之害	（将）奈何	战国策赵策
2	事	（将）奈何（矣）	同上
3	吾	（将）奈何	韩非子十过
4	市义	奈何	战国策齐策
5	亲之	奈何	韩非子十过
6	救饿	奈何	韩非子外储说左上
7	亲魏	奈何	史记范雎蔡泽列传
8	仲尼之圣尧	奈何	韩非子难一
9	先生助之	奈何	战国策赵策

续表

10	易牙	如何	史记齐太公世家
11	忧之	如何	孟子离娄下
12	伐柯	如何	诗经豳风伐柯
13	其乐	如何	诗经小雅隰桑
14	与不穀同好	如何	左传僖公四年
15	今日之事	何如	史记项羽本纪
16	鲍叔牙	何如	韩非子十过
17	求（也）	何如	论语公冶长
18	赤（也）	何如	同上
19	毁乡校	何如	左传襄公三十一年
20	吾欲南之江上	何如	史记郑世家
21	其小大	何如	国语楚语
22	其罪	何若	新序杂事
23	吾欲暴巫	（而）奚若	礼记檀弓下

〔说明〕

1. "奈何"（"如何""何如""何若""奚若"）是词组，其中"奈"（"如""若"）是动词，"何"是疑问代词。"奈何"等作谓语，一方面用于询问事情的办法、具体做法；另一方面用于询问事情的原因、情况，或商量事情的可否。

2. 本句型的主语是名词（如例2的"事"）、名词词组（如例15的"今日之事"）、动词词组（如例4的"市义"）或主谓词组（如例8的"仲尼之圣尧"）。

3. "奈何"等用于询问事情的办法，译作"怎么办"，如："吾将奈何？"可译为"我将要怎么办？"用于询问事情的具体做法，译作"怎样"，如："先生助之奈何？"可译为"先生怎样帮助赵国？"用于询问事情的情况或商量事情的可否，译作"怎么样"，如："秦称帝之害将奈何？"可译为"秦国称帝的危害将会怎么样?"用于询问事情的原因,译作"怎么""为什么",如:"仲尼之圣尧奈何?"可译为"为什么仲尼认为尧是圣人?"

4. 适合本句型的词组和疑问代词有:"奈何""若何""如何""谓何""何如""何若""奚如""奚若""胡如""如台""那""难"("那""难"是"奈何"的合音字)"奚"等。

5. 有关句型:

为之奈何?(《史记项羽本纪》)

这里的"为之"是介词词组。"为"是介词,表示"对";"之"是代词,用于指代上文中的事。"为之"作状语。这种句子通常省略主语。"为之奈何?"译作"对这件事怎么办?"其结构式为:

〔主语〕+"为"+"之"+"奈何"

句型10　一薛居州/(独)如宋王何/?

〔结构式〕　主语+"如"("若""奈""谓")+宾语+"何"
〔例句〕

	主语	"如"	宾语	"何"	引书
1	一薛居州	(独)如	宋王	何	孟子滕文公下
2	公伯寮	(其)如	命	何	论语宪问
3		(其)如	土石	何	列子汤问
4		(则)如	之	何	孟子梁惠王下
5		如	正人	何	论语子路
6		若	之	何	左传僖公十五年
7		(将)奈	社稷	何	史记商君列传
8		奈	若	何	史记项羽本纪
9		奈	之	何	史记滑稽列传附录
10	吾	奈	无箭	何	韩非子十过
11		谓	天下	何	史记孝文本纪
12		(将)谓	君	何	左传成公二年

〔说明〕

1．"如（若、奈、谓）……何"是词组，作谓语。其中"如"（"若""奈""谓"）是动词，表示"办""处置""对付"，作谓语中心；"何"是疑问代词，表示"怎样""怎么"，作状语。"如"（"若""奈""谓"）的宾语是名词（如例2的"命"）、名词词组（如例3的"土石"）、代词（如例4的"之"）或动宾词组（如例5的"正人"）。

2．"如"（"若""奈"）的宾语常是代词"之"，就构成了"如之何""若之何""奈之何"等惯用词组，用于询问办法或事情的可否。

3．有些句子在"如"等前面加上副词"独""其""将"等，作状语。"独""其"表示反问，"将"表示"将要"。

4．"如（若、奈、谓）……何"译作"把……怎样""对……怎么办"。"如（若、奈）之何"译作"怎么办"或"怎么样"。"一薛居州独如宋王何？"可译为"一个薛居州，难道能把宋王怎么样？"

5．适合本句型的词组有："如……何""若……何""奈……何""谓……何""那……何"等。

句型11　厉公／无／奈祭仲何／。

〔结构式〕　主语+"无"（"末"）+"奈"（"如""若"）+宾语+"何"

〔例句〕

	主 语	"无"	"奈"	宾 语	"何"	引 书
1	厉公	无	奈	祭仲	何	史记郑世家
2	是	无	奈	我	何	史记吴太伯世家

续表

3		无	奈	候望急	何	汉书匈奴传
4		(独)无	奈	其善盗嫂	何(也)	史记万石君列传
5		无	若	诸侯	何	管子大匡
6	是	无	如	我	何	史记刺客列传
7	吾	末	如	之	何(也已矣)	论语子罕
8		末	如	命	何	汉书外戚传

〔说明〕

1. "奈(如、若)……何"是词组,作谓语中心。其中"奈"("如""若")是动词,表示"办""处置""对付"。"奈"("如""若")的宾语是名词(如例1的"祭仲")、代词(如例2的"我")或主谓词组(如例4的"其善盗嫂")。"何"是疑问代词,表示"怎样""怎么样"。

2. "无"("末")是无定代词,放在"奈"等前面,作状语。

3. "也已矣"是语气词连用,表示感叹。"已"通"矣"。这里语气重点落在后两个字上。

4. "奈(如、若)……何"译作"把……怎样""对……怎么办","无力("末")译作"没有办法"。"厉公无奈祭仲何"可译为"厉公没有办法把祭仲怎么样"。

5. 适合本句型的无定代词有:"无""亡""末""莫"等。适合本句型的词组有:"奈……何""若……何""如……何""谓……何""那……何"等。

6. 有关句型:
唯无形者,无可奈也。(《淮南子兵略》)
这里"无可"作状语,奈的后面不用"何"字。结构式为:
主语+"无可"+"奈"〈+"也"〉

句型 12   年／几何矣／？

〔结构式〕　主语+"几何"
〔例句〕

	主 语	"几何"	引　书
1	年	几何（矣）	史记赵世家
2	曲逆户口	几何	史记陈丞相世家
3	所获	几何	左传僖公二十七年
4	人寿	几何	左传襄公八年
5	人生	几何	左传襄公三十一年
6	人长	几何	史记孔子世家
7	天下一岁决狱	几何	史记陈丞相世家
8	天下一岁钱谷出入	几何	同上
9	禽兽之变诈	几何（哉）	蒲松龄狼

〔说明〕

1."几何"是疑问代词，用于询问事物的数量，作谓语。

2.本句型主语是名词（如例 1 的"年"）、名词词组（如例 3 的"所获"）或主谓词组（如例 7 的"天下一岁决狱"）。

3."几何"译作"多少"，"年几何矣？"可译为"年纪多大了？"

4.适合本句型的疑问代词有："几何""几许""几所"等。

句型 13   吾／谁／欺／？

〔结构式〕　主语+"谁"（"孰"）+及物动词
〔例句〕

	主　语	"谁"（"孰"）	及物动词	引　书
1	吾	谁	欺	论语子罕
2	太师	谁	撞	韩非子难一
3	〔朕〕	（当）谁	任（哉）	史记李斯列传
4	诸君	（欲）谁	立	史记赵世家
5	大王	（尚）谁	攀（乎）	史记韩长孺列传
6	吾	谁	适从	左传僖公五年
7	吾	孰	法（焉）	荀子非相
8	王者	孰	谓	公羊传隐公元年
9		孰	隐	公羊传庄公元年
10		孰	继	公羊传闵公元年
11		孰	俟	公羊传僖公四年

〔说明〕

1．句型13到句型19是一组疑问代词作宾语的句型。在古代汉语中，疑问句动词的宾语是疑问代词时，这个疑问代词宾语一般放在动词的前面。

2．"谁"（"孰"）是疑问代词，用于询问人，作动词的宾语。"孰"作动词宾语的情况较少见。

3．"孰"译作"谁"。疑问代词宾语前置的句型在译成现代汉语时，要把疑问代词移到动词的后面。如："吾谁欺？"可译为"我欺骗谁？"

4．有关句型：

（将）谁使代子？（《韩非子说林上》）

"谁"是兼语（作动词"使"的宾语，又作动词"代"的主语），"谁"要放在"使"的前面。这是疑问语气的兼语式句型。其结构式为：

主语+"谁"（"孰"）+"使"（"令""遣"）+及物动词+宾语

句型 14　　女／何／问哉／？

〔结构式〕　主语+"何"（"奚""谁"）+及物动词
〔例句〕

	主　语	"何"	及物动词	引　书
1	女	何	问（哉）	荀子子道
2	若	何	有	史记万石君列传
3	君	何	患（焉）	左传隐公元年
4	夫子	何	为	论语宪问
5	客	何	能	战国策齐策
6	客	何	好	同上
7		何	谓（也）	论语为政
8		奚	丧	荀子正名
9		奚	得	同上
10	讼者	奚	说	韩非子说林下
11	子	（将）谁	驱	墨子耕柱

〔说明〕

1."何"（"奚""谁"）是疑问代词，用于询问物，作动词的宾语。"谁"这种用法很罕见。

2."何"（"奚""谁"）译作"什么"。"女何问哉？"可译为"你问什么？"

3.适合本句型的疑问代词有："何""曷""奚""谁""焉""胡""庸何""舍"等。

4.有关句型：

何异于杀人而刺之？（《孟子梁惠王上》）

这里在"异"的后面，带有"于"字介宾词组，用来引进比较的对象，作补语。其结构式为：

339

主语+"何"+"异"+"于"+介词宾语

5．句型转换：

A．由／问／鲁大夫练而床，礼邪／？（第一编、Ⅱ、一、句型 29 说明 3）

⇌B．女／何／问哉／？（本句型例1）

"由问鲁大夫练而床，礼邪？"是主动宾句型，宾语是主谓词组"鲁大夫练而床，礼邪"。如果就宾语提问，将这个主谓词组置换以疑问代词"何"字，并将"何"移到动词前面。这样就转换成 B 句型："女何问哉？"这是用把作宾语的词（名词、动词、形容词）或词组（名词词组、动词词组、主谓词组）等置换以疑问代词，并移动疑问代词位置的方法，使陈述句转换为特指疑问句的。

A 类与 B 类句型转换的结构式是：

主语+及物动词+宾语
⇌主语+"何"（"奚""谁"）+及物动词

句型15　客／何为者／？

〔结构式〕　主语+名谓（"何"+"为"+"者"）〈+"也"〉
〔例句〕

	主语	名　谓			"也"	引　书
		"何"	"为"	"者"		
1	客	何	为	者		史记项羽本纪
2	彼	何	为	者		史记留侯世家
3	客	何	为	者	也	史记平原君列传
4	汝	何	为	者	也	同上
5	主父偃	何	为	者		史记齐悼惠王世家
6	（夫）易	何	为	者	也	易系辞上

340

〔说明〕

1. 本句型的谓语是由动宾词组加"者"构成的"者"字词组。"者"是特殊的指示代词；动宾词组中"为"是动词，宾语是疑问代词"何"字，用于询问事物。在古代汉语中，动词的宾语是疑问代词时，这个疑问代词宾语一般要放在动词的前面。
2. 本句型常用于询问人的身份或事物的性质。
3. "何"译作"什么"，"为"译作"干""做"。"客何为者？"可译为"客人是干什么的？"
4. 适合本句型的疑问代词有："何""奚""胡""曷"等。

句型16　沛公／安／在／？

〔结构式〕　主语+"安"（"恶""奚""何""焉"）+不及物动词

〔例句〕

	主语	"安"	不及物动词	引书
1	沛公	安	在	史记项羽本纪
2	家	安	在	史记张释之列传
3	其人	安	在（乎）	新序杂事
4		安	战（也）	谷梁传庄公二十八年
5	居	恶	在	孟子尽心上
6	路	恶	在	同上
7	彼	（且）奚	适（也）	庄子逍遥游
8		奚	之	庄子人间世
9	牛	何	之	孟子梁惠王上
10	西伯	（将）何	之	吕氏春秋贵因
11	其子	焉	往	孟子离娄上
12	人	焉	廋（哉）	论语为政

〔说明〕

1. 本句型的谓语中心通常是表示存在、奔赴或归趋意义的不及物动词。"安"（"恶""奚""何"）是疑问代词，用于询问处所，作非受事宾语。

2. "安""恶""奚""何"译作"哪里""哪儿"。"沛公安在？"可译为"沛公在哪里？"

3. 适合本句型的疑问代词有："安""焉""恶""奚""何""曷""庸何"等。

4. 有关句型：

恶在其为民父母也？（《孟子梁惠王上》）

这是主谓倒置句型。主语是主谓词组（"其为民父母"），谓语中心是不及物动词"在"，非受事宾语是疑问代词"恶"。其结构式为：

"恶"（"安"）+"在"+主语（主谓词组）〈+"也"〉

句型17　夫执舆者／为／谁／？

〔结构式〕　主语+"为"+"谁"

〔例句〕

	主　语	"为"	"谁"	引　书
1	夫执舆者	为	谁	论语微子
2	子	为	谁	同上
3	彼来者	为	谁	史记范雎列传
4	仲子所欲报仇者	为	谁	史记刺客列传

〔说明〕

1. "为"是动词，表示判断，作谓语中心。"谁"是疑问代词，用于询问人，作"为"的宾语。

2．"为"译作"是"。夫执舆者为谁？"可译为"那位驾车子的是谁？"。

3．有关句型：

子之子为何？（《史记孟尝君列传》）

这里动词宾语是疑问代词"何"，"何"用于询问事物。其结构式为：

主语+"为"+"何"

4．句型转换：

A．彼来者／谁／？

⇌B．彼来者／为／谁／？（本句型例3）

"若所追者谁？"（第二编、I、二、句型5例7）是以"谁"作谓语的疑问句型，"彼来者谁"和"若所追者谁"结构相同。如果在主语和谓语之间加上动词"为"字，"谁"就作"为"的宾语。这样就转换成B句型："彼来者为谁？"这是用添加表示判断的动词"为"字的方法，使疑问句的谓语转换成宾语的。

A类与B类句型转换结构式是：

主语+"谁"

⇌主语+"为"+"谁"

句型18　**子夏／云／何／？**

〔结构式〕　主语+及物动词+"何"

〔例句〕

	主　语	及物动词	"何"	引　书
1	子夏	云	何	论语子张
2	人言	云	何	史记外戚世家
3	诸将	云	何	汉书陈平传
4	建	（当）云	何	史记卫将军列传
5	〔女〕	言	何	汉书酷吏传

〔说明〕

　　1."何"是疑问代词，用于询问事物，作动词的宾语。本句型的疑问代词宾语放在动词后面，古代汉语这种情况很少见。

　　2.本句型作谓语中心的通常是及物动词"云""言"等。

　　3."云""言"译作"说"，"何"译作"什么"。"子夏云何？"可译为："子夏说了些什么？"

句型19　　汝罪／有／几／？

〔结构式〕　　主语+及物动词+"几"（"几何""几所"）
〔例句〕

	主　语	及物动词	"几"	引　书
1	汝罪	有	几	史记范雎列传
2	如我	（能）将	几何	史记淮阴侯列传
3	（数问）其家金余	（尚）有	几所	汉书疏广传

〔说明〕

　　1.本句型的谓语是及物动词，其中多数是"有"字。"几"（"几何""几所"）是疑问代词，用于询问数量，作宾语。

　　2."几""几何""几所"译作"多少"。"汝罪有几？"

可译为:"你的罪过有几桩?"

句型 20　　是／谁／之／过欤／?

〔结构式〕　主语+名谓("谁"〈+"之"〉+名)〈+"也"("欤")〉

〔例句〕

| | 主语 | 名谓 | | | "也" | 引　书 |
		"谁"	"之"	名		
1	是	谁	之	过	欤	论语季氏
2	师不用命	谁	之	罪	也	左传宣公十二年
3	墙之隙坏	谁	之	咎	也	左传昭公元年
4	臣杀其君	谁	之	过	也	国语鲁语
5	戎有中国	谁	之	咎	也	左传昭公九年
6	(问)骖马	谁		马	也	战国策卫策

〔说明〕

1. 句型 20 到句型 24 是一组疑问代词或词组作定语的句型。

2. 句型 20 到句型 22 是疑问语气的判断句。

3. 本句型的谓语是偏正词组,中心词是名词,定语是疑问代词"谁"字。"谁"用于询问人。

4. "之"是助词,放在定语和中心词之间作标志。定语和中心词之间不加"之"字的情况较少见。

5. 本句型的主语是名词、名词词组(如例 6 的"骖马"),代词(如例 1 的"是")或主谓词组(如例 4 的"臣杀其君")。

6. "谁"仍作"谁",有时可译作"哪一个","之"译作"的"。"是谁之过欤?"可译为"这是谁的错误呢?""骖马,谁马也?"可译为"两边的马是哪家的马?"

7. 有关句型:

社稷五祀，谁氏之五官也？（《左传昭公二十九年》）

这个句型的谓语是偏正词组，中心词是名词，定语又是个偏正词组。后者中心词是名词，定语是疑问代词"谁"，"谁"相当于"何"。其结构式为：

主语+名谓（〈"谁"+名〉+"之"+名）〈+"也"〉

句型21　是／何人也／？

〔结构式〕　主语+名谓（"何""奚""谁""何如"+名）〈+"也"（"哉"）〉

〔例句〕

	主语	名谓		"也"	引书
		"何"	名		
1	是	何	人	也	韩非子内储说下
2	此	何	故	也	墨子非攻
3	是	何	故	也	同上
4	此	何	术	也	史记淮阴侯列传
5	周公	何	人	也	孟子公孙丑下
6	此	奚	疾	哉	列子仲尼
7	立者	谁	子		汉书武五子传
8	虞卿	何如	人	也	史记范睢蔡泽列传
9	东阴侯张相如	何如	人	也	史记张释之列传
10	汲黯	何如	人	哉	史记汲郑列传
11	我	何如	主	也	汉书周昌传
12	（君知）张耳陈余	何如	人	也	史记张耳列传
13	（君视）季布	何如	人	也	史记季布列传
14	（陛下以）绛侯周勃	何如	人	也	史记张释之列传
15	（公以为）大将军	何如	人	也	史记淮南王列传
16	（人谓）鬼神	何如	状	哉	论衡解除

〔说明〕

1. 本句型的谓语是偏正词组，中心词是名词，定语是疑问代词"何""奚""谁"或词组"何如"。"何如"中的"何是疑问代词，"如"是动词。"何"等用于询问人的品格、物的性状或事情的原因。"谁"字这种用法很罕见。

2. 例12-16中的谓语中心是"知""谓""视""以""以为"一类表示心理或感官活动的动词。宾语是主谓词组，这个主谓词组和本句型结构相同，所以按单句来进行分析。

3. "何""奚""谁"译作"什么""什么样"。何如"译作"什么样""怎样"。"是何人也？"可译为"这是什么样人呢？"

4. 适合本句型的疑问代词和词组有："何""曷""奚""胡""侯""谁""何如""何若""何等"等。

句型22   渔者／几何家／？

〔结构式〕   主语+名谓（"几何""几"+名）
〔例句〕

	主 语	名 谓		引 书
		"几何"	名	
1	渔者	几何	家	史记龟策列传
2	年	几	岁	汉书武五子传
3	君所治夷灭者	几何	人（矣）	史记酷吏列传
4	（问）少壮而未胜甲兵者	几何	人	管子问

〔说明〕

1. 本句型的谓语是个偏正词组，中心词是名词，定语是疑问代词"几何"("几")。"几何"("几")用于询问数量。

2．本句型的主语是名词或名词词组，其中多数为"者"字组。

3．例4中的"少壮而未胜甲兵者几何人"是主谓词组，作"问"的宾语，这里把它作为单句来分析。

4．"几何""几"译作"多少"。"渔者几何家？"可译为"捕鱼的多少家？"。

句型23　宋／何罪／之／有／？

〔结构式〕　主语+宾语（"何""曷""奚""胡""谁"+名／形／动／动词词组）+"之"+及物动词

〔例句〕

	主语	宾语		"之"	及物动词	引书
		"何"	名			
1	宋	何	罪	之	有	墨子公输
2		何	功	之	有（哉）	史记魏公子列传
3	君	何	力	之	有	韩非子难二
4		奚	国	之	有	韩非子扬权
5		曷	祝鮀	之	有（也）	魏书胡叟列传
6		何	陋	之	有	论语子罕
7		何	不吉	之	有（哉）	战国策齐策
8		何	不利	之	有	易系辞
9		何	老	之	有	新序杂事
10	姜氏	何	厌	之	有	左传隐公元年
11	其子	何	震	之	有	史记晋世家
12		何	亡国败家	之	有	孟子离娄上
13		何	臣	之	为	左传成公二年
14		何	政令	之	为（也）	国语周语

续表

15		何	国	之	为	左传昭公十三年
16		何	良	之	为	国语晋语
17		胡	美	之	为	国语楚语
18		何	施	之	为	左传僖公三十三年
19		何	卫	之	为	左传昭公元年
20		何	免	之	为	左传昭公十三年
21	王	何	卿	之	问（也）	孟子万章下
22		何	法	之	道	荀子王霸
23		谁	子	之	与（也）	同上
24		何	秦	之	图（乎）	史记虞卿列传
25		何	敝	之	承	史记项羽本纪
26		何	古	之	法	商君书更法
27		何	礼	之	循	同上

〔说明〕

1. 句型 23、24 是疑问语气的叙述句。

2. 本句型的谓语中心是及物动词，为了强调宾语，把宾语提到动词前面，并加代词"之"复指。"何……之有"等于说"有何……"，"何……之为"等于说"为何……"。

3. 动词的宾语是个偏正词组，中心词是名词（如例 1 的"罪"）、形容词（如例 6 的"陋"）、动词（如例 10 的"厌"）或动词词组（如例 12 的"亡国败家"），定语是疑问代词"何"（"曷""奚""胡""谁"）。"何"等可以询问人或事物，但多数用于表示反问，其中"何……之有"和"何……之为"是表示反问的固定结构。"谁"字这种用法很罕见。

4. 本句型多数省略了主语。

5. "何""曷""奚""胡""谁"译作"什么""哪"，"为"译作"算得上""谈得上"。本句型在译成现代汉语时，要把前置宾语移到动词后面。如:"宋何罪之有？"可译为"宋国有什么罪？""何卫之为？"可译为"还谈得上什么保卫呢？"

6. 适合本句型的疑问代词有:"何""曷""奚""胡""侯""谁"等。

7. 有关句型:

①莫知谁子。(《战国策韩策》)

这个句型的宾语("谁子")是个偏正词组，中心词是名词，定语是疑问代词"谁""孰""何"等("谁""孰"相当于"何")。其结构式为:

主语+及物动词+宾语("谁""孰""何"+名)

②当用几人？(《汉书赵充国传》)

这个句型动词的宾语是偏正词组，中心词是名词，定语是疑问代词"几"。其结构式为:

主语+及物动词+宾语("几"+名)

③吾谁乡而入？(《国语晋语》)

这个句型的谓语是不及物动词，带的是非受事宾语，为了强调而提前。前置宾语是个偏正词组，中心词是名词，定语是疑问代词"谁"。在前置宾语和动词之间加连词"而"字。其结构式为:

主语+宾语("谁"+名)+"而"+不及物动词

④孰君而无称？(《公羊传昭公二十五年》)

这个句型的主语是个偏正词组。中心词是名词，定语是疑问代词"孰""谁""胡"，"曷"等("谁""孰"相当于"何")。其结构式为:

主语("何""曷""胡""孰""谁"+名)+及物动词+宾语

这个句型的谓语也可以是不及物动词，例如:

胡禁不止？曷令不行？(《汉书王褒传》)

其结构式为:

主语("何""胡""曷""谁""孰"+名)+不及物动谓

⑤何草不黄?(《诗经小雅何草不黄》)

这个句型的主语是个偏正词组,中心词是名词,定语是疑问代词"何",谓语是形容词。其结构式为:

主语("何"+名)+形谓

句型 24　　赵氏孤儿／何罪／?

〔结构式〕　　主语+〔"有"〕+宾语("何""奚"+名)
〔例句〕

	主　语	〔"有"〕	宾　语		引　书
			"何"	名	
1	赵氏孤儿	〔 〕	何	罪	史记赵世家
2	齐师	〔 〕	何	罪	左传庄公八年
3	有庳之人	〔 〕	奚	罪(焉)	孟子万章上
4	(今)叔	〔 〕	何	事	史记范雎蔡泽列传
5	太子	〔 〕	何	病	史记扁鹊列传

〔说明〕

1. 本句型省略了谓语中心"有"一类的动词。宾语是个偏正词组,中心词是名词,定语是疑问代词"何"("奚")。"何""奚"用于询问事物。

2. 古书中也有不省略"有"的句子,但较少见。例如:
关东有何变?(《史记范雎列传》)
其结构式为:
主语+"有"+宾语("何"+名)

3. "何"译作"什么"。本句型在译成现代汉语时,要补上所省略的动词,如:"赵氏孤儿何罪?"可译为"赵氏孤儿有什么罪过?"

句型25　　夫子／何／哂／由也／？
　　　　〔公子〕／何／泣也／？

〔结构式〕Ⅰ　主语+"何"（"曷""奚""胡"）+及物动词+
　　　　宾语〈+"也"（"哉""矣哉"）〉
〔例句〕（表一）

	主语	"何"	及物动词	宾语	"也"	引　书
1	夫子	何	哂	由	也	论语先进
2	公	何	好	饮	也	史记张仪列传
3	吾	何	畏	彼	哉	孟子滕文公上
4	吾	何	爱	一牛		孟子梁惠王上
5	女	何	无	罪	也	礼记檀弓上
6		（有）曷	贵	尧舜		
		曷	贵	君子	矣哉	荀子性恶
7		曷	虐	朕民		尚书盘庚
8		曷	怨	人		荀子法行
9		奚	待	期年		韩非子难一
10		胡	（可）得		也	贾谊集治安策

〔结构式〕Ⅱ　主语+"何"（"曷"）+不及物动词〈+"也"（"哉"）〉
〔例句〕（表二）

	主语	"何"	不及物动词	"也"	引　书
1	〔公子〕	何	泣	也	史记魏公子列传
2	（人问）妪	何	哭		汉书高帝纪
3	时日	曷	丧		尚书汤誓
4		曷	至	哉	诗经王风君子于役
5	吾子	（其）曷	归		左传昭公元年

〔说明〕

1. 句型 25 到句型 29 是一组疑问代词或词组作状语的句型。

2. "何"("曷""奚""胡")是疑问代词,作状语。"何""曷""奚""胡"用于询问原因、理由或表示反问,"曷"还可以询问时间。

3. 表一例句的谓语中心是及物动词,带的宾语是名词(如表一例 8 的"人")、名词词组(如表一例 7 的"朕民")、代词(如表一例 3 的"彼")或动词(如表一例 2 的"饮")。

4. 表一例 6 中的"有"同"又","贵"是形容词用如意动。

5. "何""曷""奚""胡"译作"为什么""怎么""哪里","曷"还可以译作"什么时候"。"夫子何哂由也?"可译为"您为什么讥笑子路呢?"

6. 适合本句型的疑问代词和词组有:"何""曷""奚""胡""号""侯""揭""遐""瑕""何渠""何遽""奚而""奚其""奚遽""奚距""庸何""庸孰"等。

7. 有关句型:

①嫂何(前)倨(而后)卑也?(《战国策秦策》)

这个句型的谓语中心是形容词。其结构式为:

主语+"何"("奚""曷")+形容词〈+"也"〉

②君侯何不快之甚也?(《史记甘茂列传》)

这个句型的谓语中心是形容词,副词"甚"作补语,在形容词和补语之间加助词"之"字。其结构式为:

主语+"何"("奚""曷")+形容词+"之"+"甚"

③子奚哭之悲也?(《韩非子和氏》)

这个句型的谓语中心是不及物动词,后面有形容词作补语,在动词和补语之间加助词"之"。其结构式为:

主语+"何"("奚""曷")+不及物动词+"之"+补语(形)

④尔来何迟也?(《礼记檀弓上》)

这个句型的谓语中心是不及物动词；后面的补语是个偏正词组，中心词是形容词，状语是疑问代词"何"。"何"用于询问原因。其结构式为：

主语+不及物动词+补语（"何""曷""奚"+形）〈+"也"〉

⑤孰是人斯而有是臭也？（《国语晋语》）

这里的"孰"是疑问代词，与"何"相当，用于询问原因，放在句首作状语。其结构式为：

"孰"+主语+及物动词+宾语〈+"也"〉

句型26　　何以／知／之／？
　　　　　　何以／战／？

〔结构式〕Ⅰ　主语+"何以"（"奚以"）+及物动词+宾语
〔例句〕（表一）

	主语	"何以"	及物动词	宾语	引　书
1		何以	知	之	史记廉颇蔺相如列传
2		何以	利	吾国	孟子梁惠王上
3		何以	利	吾家	同上
4		何以	利	吾身	同上
5	先生	何以	（幸）教	寡人	史记范雎列传
6		何以	加	之	史记淮阴侯列传
7	子	何以	教	之	史记张仪列传
8	若	何以	（能）得	王	史记张耳列传
9	夫子	何以	知	其将见杀	孟子尽心下
10	太师	奚以	教	寡人	韩非子外储说右上
11		奚以	知	其然（也）	庄子逍遥游

〔结构式〕Ⅱ　主语+"何以"+不及物动词
〔例句〕（表二）

	主　语	"何以"	不及物动词	引　书
1		何以	战	左传庄公十年
2	君	何以	兴	史记晋世家

〔说明〕

1. "何以"是词组。其中"以"是介词，"何"是疑问代词，作"以"的宾语。这里疑问代词作介词的宾语，要放在介词的前面，后面句型中的"何为""恶乎"等与此相同。"何以"用于询问动作行为的工具或方式方法，作状语。

2. 表一例句的谓语中心是及物动词，带的宾语是名词（如例8的"王"）、名词词组（如例2的"吾国"）、代词（如例1的"之"）或主谓词组（如例9的"其将见杀"）。表二例句的谓语中心是不及物动词。

3. "何以"译作"用（拿）什么""凭什么"，有时也可译作"怎么"。"何以知之？"可译为"凭什么知道他可以出使？"

4. 适合本句型的词组有："何以""何用""奚以""奚用""曷以""胡以"等。

句型27　　夫子／何为／（不）执／弓／？
　　　　　某子甲／何为／（不）来乎／？

〔结构式〕Ⅰ　主语+"何为"（"奚为""胡为""何以""何故"）
　　　　　　+及物动词+宾语

〔例句〕（表一）

	主语	"何为"	及物动词	宾语	引　书
1	夫子	何为	（不）执	弓	孟子离娄下
2		何为	斩	壮士	史记淮阴侯列传
3	许子	奚为	（不自）织		孟子滕文公上
4	君	奚为	（不）杀		韩非子说林上

续表

	主语				引书
5	君	奚为	（不）见	孟轲（也）	孟子梁惠王下
6	〔女〕	奚为	（以发）绕	炙	韩非子内储说下
7		胡为	废	上计	
			（而）出	下计	汉书英布传
8	公	何以	言	孟舒为长者（也）	史记田叔列传
9		何以	吊	之	史记张耳列传
10		何以	托	仪	史记张仪列传
11		何故	反（乎）		史记留侯世家
12		何故	（不）予		韩非子说林上

〔结构式〕Ⅱ　主语+"何为"（"曷为""何以""何故"）+
　　　　　不及物动词〈+"乎"（"哉""也"）〉
〔例句〕（表二）

	主　语	"何为"	不及物动词	"乎"	引　书
1	某子甲	何为	（不）来	乎	史记田叔列传
2	〔胜〕	何为	（不）忧	乎	史记平原君列传
3	（今）子	何为	（中门而）立		韩非子外储说左下
4		何为	止		史记淮阴侯列传
5	鼎	曷为	出	哉	史记封禅书
6		何以	（自）亡		史记秦本纪
7		何故	去	也	史记张仪列传

〔说明〕

1. "何为""曷为""奚为""胡为""何以"是词组。其中"为"（"以"）是介词；"何"（"曷""胡""奚"）是疑问代词，作"为"（"以"）的宾语。"何故"也是词组，名词"故"作中心词，"何"作定语。"何为"等用于询问原因或目的，作状语。

2. 表一例句的谓语中心是及物动词,带的宾语是名词(如表一例1的"弓")、名词词组(如表一例2的"壮士")或主谓词组(如表一例8"孟舒为长者");表二例句的谓语中心是不及物动词。

3. "何为""曷为""奚为""胡为""何以"译作"为什么""因为什么","何故"译作"什么缘故"。"夫子何为不执弓"可译为"老师为什么不拿弓?"

4. 适合本句型的词组有:"何为""曷为""奚为""胡为""何以""曷以""奚以""胡以""何用""焉用""何故""奚故""焉故""何事"等。

句型28 〔君子〕/恶乎/成/名/?
　　　　　 学/恶乎/始/?

〔结构式〕Ⅰ　主语+"恶乎"("恶许""何自")+及物动词+宾语
〔例句〕(表一)

	主　语	"恶乎"	及物动词	宾　语	引　书
1	〔君子〕	恶乎	成	名	论语里仁
2	吾	恶乎	用	吾情	礼记檀弓下
3	子	(独)恶乎	闻	之	庄子大宗师
4	吾	(将)恶许	用	之	墨子非乐
5	父老	何自	为	郎	史记冯唐列传

〔结构式〕Ⅱ　主语+"恶乎"("奚自")+不及物动词
〔例句〕(表二)

357

	主　语	"恶乎"	不及物动词	引　书
1	学	恶乎	始	荀子劝学
2		恶乎	终	同上
3	天下	恶乎	定	孟子梁惠王上
4	鲁侯之美	恶乎	至	公羊传庄公十二年
5	水	奚自	至	吕氏春秋贵直

〔说明〕

1. "恶乎"（"何自""奚自"）是词组，其中"恶"（"何""奚"）是疑问代词，"乎"（"自"）是介词，"恶"（"何""奚"）作"乎""自"的宾语。"恶乎"相当于"何"。"恶许"中的"许"是名词，作中心词；"恶"作定语。"恶许"相当"何处"。"恶乎"等用于询问动作行为的处所、时间或表示反问，作状语。

2. 本句型的谓语中心，可以是能愿动词"宜"，例如：

恶乎宜乎（《孟子万章下》）

其结构式为：

主语+"恶乎"+"宜"〈+"乎"〉

3. "恶乎"译作"在哪里""从哪里"，"何自""奚自"译作"从哪里""从什么时候"，"恶许"译作"什么地方。""〔君子〕恶乎成名？"可译为"〔君子〕从哪里成就声名？"

4. 适合本句型的词组有："恶乎""恶许""何自""何由""何从""奚自"等。

5. 有关句型：

①曷月予还归哉？（《诗经王风扬之水》）

这个句型的状语是个偏正词组，中心词是时间名词，定语是疑问代词"曷"。状语放在主语前面，用于询问动作行为发生的时间。其结构式为：

状语("曷"+时间名)+主语+不及物动词〈+"哉"〉
②受学几何岁?(《史记仓公列传》)
　子来几日矣?(《孟子离娄上》)
　动词后面的补语是个偏正词组,中心词是时间名词;定语是疑问代词"几""几何",用于询问时间的数量。其结构式为:
　主语+及物动词+宾语+补语("几"/"几何"+时间名)
　主语+不及物动词+补语("几"/"几何"+时间名)

句型29　王/谁与/为/善/?
　　　　　　吾/谁与/归/?

〔结构式〕Ⅰ　主语+"谁"+"与"+及物动词+宾语
〔例句〕(表一)

	主语	"谁"	"与"	及物动词	宾语	引书
1	王	谁	与	为	善	孟子滕文公下
2	王	谁	与	为	不善	同上
3	君	谁	与	守		孟子离娄下
4	吾	谁	与	为	亲	庄子齐物论
5	吾	谁	与	为	邻	庄子山木

〔结构式〕Ⅱ　主语+"谁"("孰")+"与"+不及物动词
〔例句〕(表二)

	主语	"谁"	"与"	不及物动词	引书
1	吾	谁	与	归	礼记檀弓下
2	君	谁	与	处	左传定公十年
3	暴国之君	(将)谁	与	至(哉)	荀子议兵
4	吾	孰	与	处(于此)	公羊传宣公十五年

〔说明〕

1. "谁(孰)与"是介词词组,放在动词前面,作状语。
2. "谁"("孰")是疑问代词,用于询问人或物。"与"是介词,引进动作行为的偕同者。"谁"("孰")作"与"的宾语。在古代汉语中,疑问代词作介词的宾语要放在介词前面。
3. "孰"译作"谁","与"译作"和""跟"。本句型在译成现代汉语时,要把"谁"("孰")移到"与"的后面。"王谁与为善?"可译为"王跟谁做好事?"
4. 适合本句型的介词有:"与""从"等。
5. 有关句型:

①陛下与谁取天下乎?(《史记留侯世家》)

这里介词"与"的宾语是疑问代词"谁",但"谁"没有提到"与"的前面,这种结构出现较晚。其结构式为:

主语+"与"+"谁"+及物动词+宾语〈+"乎"〉

②(百姓足,)君孰与不足?(百姓不足,)君孰与足?(《论语颜渊》)

这里的谓语中心是形容词"足"字。其结构式为:

主语+"孰"("谁")+"与"+形容词

句型30　客／何所为／?

〔结构式〕　主语+谓语("何""安"+"所"+动)
〔例句〕

	主语	谓语			引书
		"何"	"所"	动	
1	客	何	所	为	史记孟尝君列传
2	天下	何	所	归	史记郦生列传

续表

3	〔我〕	何	所	（不）容	论语子张
4	〔大王〕	何	所	（不）诛	史记淮阴侯列传
5		何	所	（不）服	同上
6		何	所	（不）散	同上
7		安	所	施	史记留侯世家
8	〔将军〕	（欲）安	所	归（乎）	司马光赤壁之战

〔说明〕

1. 本句型是主谓谓语句，谓语是主谓词组。

2. "何"（"安"）是疑问代词，用于询问事物或处所，在主谓词组中作谓语（小谓语）；"所"是特殊的指示代词，和后面的及物动词组成一个名词性词组，在主谓词组中作主语（小主语）。"何所……"是"所……（者）何"的倒置形式。

3. 例3—6中，在动词前面加上否定副词"不"字，用来表示行为的周遍性，意即"毫无例外"。"何所不诛"就是"无所不诛"。这种句子用来表示反问，在字面上虽是否定，而所表达的意思却是肯定。

4. "何所"（"安所"）照字面直译为"什么是所……的"，但也可以根据意思灵活翻译，即不考虑"所"字，把"何"（"安"）当作后面动词的宾语来译。如："客何所为？"可译为"你能干什么？"（必须注意，这种译文的句型结构和原文是不同的。）

5. 适合本句型的疑问代词有："何""安""奚""焉"等。

第三类 选择问句

说话人并列几个项目来提问，让对方选择其中一项来回答，这种问句就是选择问句。选择问句主要是指复句结构的（详见第三编第四类），但也有少数是单句结构的形式。在这类句子当中必须有疑问代词（或词组），有时疑问代词（或词组）的前面还有先行词，句子末尾一般不使用疑问语气词。表示比较的疑问句也划归此类。

句型 1　　人／谁无过／？

〔结构式〕　　先行词+"谁"（"孰"）+及物动词+宾语

〔例句〕

	先行词	"谁"	及物动词	宾语	引书
1	人	谁	无	过	左传宣公二年
2	人	谁	获	安	国语晋语
3	人	孰	偷	生	同上
4	诸侯	谁	纳	我	左传文公十六年
5	诸侯	（其）谁	望	之	国语鲁语
6	（而今）诸侯	孰	谋	我	战国策赵策
7	四方诸侯	（其）谁	（不）解	体	左传成公八年
8	国内之民	（其）谁	（不）为	臣	左传庄公十四年

〔说明〕

　　1．"谁"（"孰"）是疑问代词，用于问人，表示选择。"谁"（"孰"）的前面有先行词，先行词是名词或名词词组，表示询问的范围。

　　2．本句型的谓语中心是及物动词。

　　3．有的句子在"谁"的前面加语气词"其"，表示加强反问。

　　4．"谁"（"孰"）译作"哪个"。"人谁无过？"可译为"人哪个没有错误？"

5. 有关句型：

①画，孰最难者？孰易者？（《韩非子外储说左上》）

这个句型是疑问语气的判断句。"孰"表示选择，与先行词"画"都作主语，谓语是名词词组（通常是"者"字词组）。其结构式为：

先行词+"谁"（"孰"）+名谓

②两人孰是？（《史记魏其武安侯列传》）

这个句型是疑问语气的描写句，谓语是形容词。其结构式为：

先行词+"孰"（"谁"）+形谓

句型2   事／孰为大／？

〔结构式〕   先行词+"孰"+"为"+宾语

〔例句〕

	先行词	"孰"	"为"	宾语	引　书
1	事	孰	为	大	孟子离娄上
2	守	孰	为	大	同上
3	国家之患	孰	为	大	新序杂事
4	天下之害	孰	为	大	墨子兼爱

〔说明〕

1. "孰"是疑问代词，用于问事物，表示选择。"孰"的前面有先行词，表示选择的范围，先行词是名词或名词词组。

2. 本句型的谓语中心是及物动词"为"，带的宾语是形容词。

3. "孰"译作"哪件""哪个"。"事，孰为大？"可译为："侍奉，哪件是最重要的？"

4. 适合本句型的疑问代词有："孰""谁"等。

句型 3　　师与商（也）/孰/贤/？

〔结构式〕　先行词（名／代／动／动词词组+"与"+名／代／动／动词词组）+"孰"+形谓

〔例句〕

	先行词			"孰"	形谓	引书
	名	"与"	名			
1	师	与	商（也）	孰	贤	论语先进
2	女	与	回（也）	孰	愈	论语公冶长
3	吾子	与	子路	孰	贤	孟子公孙丑上
4	脍炙	与	羊枣	孰	美	孟子尽心下
5	礼	与	食	孰	重	孟子告子下
6	父	与	夫	孰	亲	左传恒公十五年
7	色	与	礼	孰	重	孟子告子下
8	立孤	与	死	孰	难	史记赵世家
9	（汉议）击	与	和亲	孰	便	史记匈奴列传

〔说明〕

　　1．"孰"是疑问代词，用于表示选择，可以问人，也可以问物。"孰"的前面有先行词，表示询问范围。先行词是个并列成分，多数是用连词"与"来连接两个名词（如例 1 的"师与商"），也可以连接两个代词，偶尔连接两个动词或动词词组（如例 8 的"立孤与死"）。"孰"和先行词都作主语。

　　2．本句型的谓语是形容词，表示比较的方面。

　　3．"也"是语气词，放在主语后面，表示顿宕。

　　4．"孰"译作"哪个""哪件"或"哪种做法"。"师与商也孰贤？"可译为"颛孙师和卜商两个人，哪个强一些？"

句型4　　吾／孰与／徐公美／？

〔结构式〕　　主语+"孰与"+补语（名／名词词组／代+形）

〔例句〕

	主语	"孰与"	补语		引书
			名	形	
1	吾	孰与	徐公	美	战国策齐策
2	我	孰与	萧何曹参韩信	贤	史记陆贾列传
3	我	孰与	皇帝	贤	同上
4	今之如耳魏齐	孰与	孟尝芒卯	（之）贤	战国策秦策
5	（项伯）	孰与	君	少长	史记项羽本纪
6	赵	孰与	秦	大	战国策秦策

〔说明〕

1．"孰与"是个固定词组，其中"孰"是疑问代词，"与"是介词。"孰与"表示比较，作谓语中心。

2．"孰与"后面是个偏正词组，作补语。这个偏正词组的中心词是形容词，定语是名词（如例1的"徐公"）、名词词组（如例2的"萧何、曹参、韩信"）或代词（如例5的"君"是尊称，可以代替第二人称代词使用）。

3．"孰与"译作"与……比，谁（哪个）……""吾孰与徐公美？"可译为"我跟徐公比，谁漂亮？"

4．适合本句型的固定词组有："孰与""何与""奚与""孰如""何如""何若"等。

5．句型转换：

A．吾与徐公孰／美／？

B．吾／孰与／徐公美／？（本句型例1）

"师与商也孰贤"（第二编、I、三、句型 3 例 1）是以"孰"作主语的选择疑问句型，"吾与徐公孰美"和"师与商也孰贤"结构相同。如果把"孰"移到"与"的前面，"孰与"就成为固定词组，作谓语中心。这样就转换成 B 句型："吾孰与徐公美？"这是用移动"孰"的位置的方法，转换成另一句型的。

A 类与 B 类句型转换结构式是：

先行词（名／代／动／动词词组+"与"+名／代／动／动词词组）+"孰"+形谓

主语+"孰与"+补语（名／代／动／动词词组+形）

句型 5　救赵／孰与／勿救／？

〔结构式〕　主语（名／动词词组）+"孰与"（"何如"）+补语（名／动词词组）

〔例句〕

	主 语	"孰与"	补 语	引 书
1	救赵	孰与	勿救	战国策齐策
2	早救	孰与	晚救	史记田敬仲完世家
3	与秦城	何如	不与	战国策赵策
4	（公之视）廉将军	孰与	秦王	史记廉颇蔺相如列传
5	樊建	何如	宗预（也）	三国志诸葛亮传

〔说明〕

1. "孰与"（"何如"）是个固定词组，其中"孰""何"是疑问代词，"与"是介词，"如"是动词。"孰与"等表示比较，作谓语中心。"孰与"后面是补语，表示比较的对象。

2. 本句型有的句子主语和补语都是名词，"孰与"用于表示比较人的高下优劣（如例 4、5），有的句子主语和补语都是动词词组，这两个动词词组常构成肯定形式和否定形式的对比，"孰与"用于询问事情的利弊得失（如例 1-3）。

3．例 4 中的"廉将军孰与秦王"是个主谓词组，作"视"的宾语，这里把它做为单句来分析。

4．"孰与""何如"译作"与……比，谁（哪个）……"本句型在译成现代汉语时，可根据上下文补出表示比较方面的词语，如"救赵孰与勿救？"可译为"救赵跟不救赵比，哪个有利？"

5．适合本句型的固定词组有，"孰与""何与""奚与"，"孰如""孰若""何如""何若"等。

句型6　将三军，使士卒乐死，敌国不敢谋／，子／孰与／起？（君侯自料）能／孰与／蒙恬／？

〔结构式〕Ⅰ　状语+主语+"孰与"+补语（名）
〔例句〕（表一）

	状　语	主语	"孰与"	补语	引　书
1	将三军使士卒乐死敌国不敢谋	子	孰与	起	史记孙子吴起列传
2	治百官亲万民实府库	子	孰与	起	同上
3	守西河而秦兵不敢东乡韩赵宾从	子	孰与	起	同上

〔结构式〕Ⅱ　状语+〔主语〕+"孰与"+补语（名）
〔例句〕（表二）

	状　语	〔主语〕	"孰与"	补　语	引　书
1	（君侯自料）能	〔　〕	孰与	蒙恬	史记李斯列传
2	功高	〔　〕	孰与	蒙恬	同上
3	谋远不失	〔　〕	孰与	蒙恬	同上
4	无怨于天下	〔　〕	孰与	蒙恬	同上
5	长子旧而信之	〔　〕	孰与	蒙恬	同上
6	（大王自料）勇悍仁强	〔　〕	孰与	项王	史记淮阴侯列传
7	（陛下自察）圣武	〔　〕	孰与	高帝	史记萧相国世家

〔说明〕

　　1．"孰与"是个固定词组，其中"孰"是疑问代词，"与"是介词。"孰与"表示比较，作谓语中心。

　　2．"孰与"后面的名词表示比较的对象，作补语。

　　3．本句型把状语放在句首，这是为了突出表示比较的方面；或者由于表示比较的方面字数较多，这样可以避免累赘。作状语的是：名词（如表二例1的"能"）、形容词词组（如表二例6的"勇悍仁强"）、动词词组（如表二例4的"无怨于天下"）、主谓词组（如表二例2的"功高"）或复句形式（如表一例3的"守西河而秦兵不敢东乡，韩赵宾从"）。

　　4．表二例句的主语承上省略（如表二例1-5省略的主语是"君侯"）。"能孰与蒙恬"等都是主谓词组，作"料""察"这一类动词的宾语，这里把它们做为单句来分析。

　　5．"孰与"译作"与……比，谁（哪个）……"。"将三军，使士卒乐死，敌国不敢谋，子孰与起？"可译为"统率全国三军，使士兵心甘情愿牺牲，敌国不敢打我们的主意，在这方面您（田文）跟我（吴起）比，谁强？"

第四类　反复问句

说话人用肯定和否定相迭的方式提问，让对方选择其中一个作为答案，这种问句就是反复问句（正反问句）。

句型　　君／知／其解／未／？
　　　　　　卿家痴叔／死／未／？

〔结构式〕Ⅰ　主语+及物动词+宾语+"未"（"不""否""非"）
〔例句〕（表一）

	主语	及物动词	宾语	"未"	引书
1	君	知	其解	未	汉书吕后传
2		（可以）言		未	三国志诸葛亮传
3	〔子〕	（亦）思	寡人	不	史记张仪列传
4		（可）予		不	史记廉颇蔺相如列传
5	公卿	有	可以防其未然救其已然者	不	汉书于定国传
6	丞相	（可得）见		否	史记秦始皇本纪
7		动	心	否（乎）	孟子公孙丑上
8		去	之	否（乎）	孟子公孙丑下
9		有	七首	否	马中锡中山狼传
10	若伯夷叔齐	（可）谓	善人者	非（邪）	史记伯夷列传

〔结构式〕Ⅱ　主语+不及物动词+"未"（"不""否"）
〔例句〕（表二）

	主　语	不及物动词	"未"	引　书
1	卿家痴叔	死	未	世说新语赏誉
2	（视）吾舌	（尚）在	不	史记张仪列传
3	（未知）母	（之）存	否	左传宣公二年

〔说明〕

1．"未"（"不""否""非"）是否定副词，放在动词及其宾语后面，构成了先肯定、后否定的形式来提问。，

2．本句型有少数句子在句尾使用疑问语气词"乎""邪"等。

3．表一例8中的"去"是不及物动词的使动用法。

4．表二例2的"吾舌尚在不"和例3的"母之存否"都是主谓词组，分别作动词"视""知"的宾语，在这里把它们都作为单句来分析。

5．"未""否"都译作"不""没有"。"君知其解未？"可译为"您知道这个现象的原因不？"

6．适合本句型的否定副词有"未""不""否""非"以及动词"无"等。

7．有关句型：

①晋人（侵郑以）观其可攻与否（《左传僖公三十年》）

这里在动词及其宾语与"否"中间，使用了连词"与"。其结构式为：

主语+及物动词+宾语+"与"+"否"

②有其书无有？（《史记仓公列传》）

这里在"有其书"后面，使用了"无有"。"有"和"无有"相迭构成了正反问。其结构式为：

主语+及物动词+宾语+"无"+及物动词

第五类　反问句

反问句用于表示说话人对一件事情无疑而问，并不要求对方回答。反问句是用问句形式来肯定或否定，并有加强语势的作用。在反问句中，字面上是否定的，意在表示肯定；字面上是肯定的，意在表示否定。

有些反问句和疑问句形式相同（可参见第二编、I、二、句型23、25、28、30），这里不再列举；有些反问句有独特的形式，如在动词前面使用反诘副词、否定副词，或者使用表示反问的固定格式等，将按照不同句型分别加以阐述。

反问句常见的反问语气词有："哉""乎""邪""与""为"等。这些语气词可以和前面的反诘副词、否定副词或疑问代词等前后呼应。多数反问句中，句尾语气词是不可缺少的。

这些语气词一般要译成"吗"，但和疑问代词相呼应时，译成"呢"。其中"哉"经常用于表示反问，译成"吗"或"呢"。"为"译成"呢"。例如：

1．〔晋〕岂害我哉？（句型7例1）
2．若非吾故人乎？（句型1例1）
3．帝宁能为石人邪？（句型8例5）
4．管仲非仁者与？（句型1例2）
5．何以文为？（句型10表一例1）

句型1　若/非/吾故人乎/？

〔结构式〕　主语+"非"+名词（名词词组）+"乎"（"与""欤"

"邪")

〔例句〕

	主语	"非"	名词	"乎"	引书
1	若	非	吾故人	乎	史记项羽本纪
2	管仲	非	仁者	与	论语宪问
3	子	非	三闾大夫	欤	史记屈原列传
4	汝	非	豫让	邪	史记刺客列传
5	王	非	若主	邪	史记田叔列传

〔说明〕

1. 句型 1-5 是一组带有否定副词的反问句，所表达的意思都是肯定的。

2. 本句型是疑问语气的判断句，谓语中心是名词或名词词组。

3. "非"是否定副词，表示否定判断，作状语。

4. "非"译作"不是"。"若非吾故人乎？"可译为"你不是我的老友吗？"

5. 句型转换：

A. 若／吾故人也／。

⇌B. 若／非／吾故人乎／？（本句型例1）

"是胜之舍人也"（第一编、Ⅰ、一、句型 16 例 5）是以名词词组作谓语的判断句型，"若吾故人也"和"是胜之舍人也"结构相同。如果在名词词组前面加上否定副词"非"字；再把句尾表示帮助判断的语气词"也"置换以疑问语气词"乎"，这样就转换成 B 句型："若非吾故人乎？"这是用在名词谓语前面添加否定副词，句尾添加疑问语气词的方法，使陈述句转换为反问句的。

A 类与 B 类句型转换结构式是：

主语+名谓

⇌ 主语+"非"+名词（名词词组）+"乎"（"与""欤""邪"）

句型2　君／不／闻／大鱼乎／？

〔结构式〕　主语+"不"（"勿""未"）+及物动词+宾语+"乎"
　　　　　（"与""邪"）

〔例句〕

	主语	"不"	及物动词	宾语	"乎"	引书
1	君	不	闻	大鱼	乎	战国策齐策
2	若	不	闻	令	乎	史记楚世家
3	汝	不	知	夫养虎者	乎	庄子人间世
4	子	不	悦	吾治秦	与	史记商君列传
5	先生	（卒）不	（幸）教	寡人	邪	史记范雎列传
6		（能）勿	劳		乎	论语宪问
7	子	未	学	礼	乎	孟子滕文公下

〔说明〕

1."不"（"勿""未"）是否定副词，作状语。"不""勿"表示否定某种动作行为，"未"表示否定某种动作行为的历程。

2.本句型的谓语中心通常是及物动词，带的宾语是名词（如例2的"令"）、名词词组（如例1的"大鱼"）或主谓词组（如例4的"吾治秦"）。

3.例6的"劳"是形容词的使动用法。

4."勿"译作"不"，"未"译作"没有"。"君不闻大鱼乎？"可译为"您没有听说过大鱼吗？"

5.适合本句型的否定副词有："不""勿""未""无"等。

句型3　　王／独不／见／夫蜻蛉乎／？

〔结构式〕　　主语+"独"+"不"（"未"）+及物动词+宾语+乎（"邪"）

〔例句〕

	主语	"独"	"不"	及物动词	宾　语	"乎"	引　书
1	王	独	不	见	夫蜻蛉	乎	战国策楚策
2	子	独	不	闻	涸泽之蛇	乎	韩非子说林上
3		独	不	怜	公子姊	邪	史记魏公子列传
4	吾	独	不	（自）知		邪	庄子盗跖
5	先生	独	未	见	夫仆	乎	战国策赵策
6	汝	独	未	闻	牧野之语	乎	礼记乐记

〔说明〕

1．"不"（"未"）是否定副词。"不"表示否定某种动作行为，"未"表示否定某种动作行为的历程。

2．"独"是副词，表示反诘，"独不（未）"作状语。

3．本句型的谓语中心大都是表示心理活动或感官活动的动词。

4．本句型的谓语中心也可以是不及物动词，如：
死灰独不复然乎？（《史记韩长孺列传》）其结构式为：
主语+"独"+"不"（"未"）+不及物动词+乎"（"与""邪"）

5．"独"译作"难道"，"未"译作"没有"。"子独不见夫蜻蛉乎？"可译为"您难道没有看见那个蜻蜓吗？"

6．适合本句型的副词有："独""岂""讵""钜""渠"，"距""巨""宁""几""庸"等。

句型4　　今人不知以其愚心而师圣人之智／，不亦／过乎／？

〔结构式〕　　主语+"不亦"+形容词+"乎"
〔例句〕

	主　语	"不亦"	形容词	"乎"	引　书
1	今人不知以其愚心而师圣人之智	不亦	过	乎	韩非子说林上
2	今释此而远攻	不亦	谬	乎	史记范雎列传
3	吾以玉贾罪	不亦	锐	乎	左传昭公十六年
4	（仁以为己任）	不亦	重	乎	论语泰伯
5	（死而后已）	不亦	远	乎	同上
6	（何乃残身苦形欲以求报襄子）	不亦	难	乎	史记刺客列传
7	（求剑若此）	不亦	惑	乎	吕氏春秋察今

〔说明〕

1. "不亦……乎"是个固定结构。"不"是否定副词，作状语；"亦"是助词，不表示实际意义，只起凑足音节的作用；"乎"是疑问语气词。使用"不亦……乎"，是用反问的形式，对某人、某事予以评价。

2. 本句型在"不亦……乎"中嵌入的是形容词，作谓语中心。

3. 本句型和句型5的主语通常是主谓词组或复句形式，用于表示某件事或某种情况。有些例句省略了主语，前面括号里的是上文。

4. "不亦……乎"译作"不……吗""难道不……吗"。"亦"字不译。"今人不知以其愚心而师圣人之智，不亦过乎？"可译为"现在的人不知道用自己愚蠢的心去学习圣人的智慧，不是错误的吗？"

5. 适合本句型的否定副词有："不""无"等。助词有："亦""已"等。疑问语气词有："乎""哉""邪"等。

6. 有关句型：

①(人不知而不愠，)不亦君子乎？(《论语学而》)

这个句型在"不亦……乎"当中嵌入的是名词，作谓语中心。这个句型较少见。其结构式为：

主语+"不亦"+名词+"乎"

②几不亦难哉？(《韩非子奸劫弑臣》)

这个句型在"不亦"前面，加上反诘副词"几"，句尾用语气词"哉"，使表示反问语气更强烈。其结构式为：

主语+"几"("岂")+"不亦"+形容词+"哉"("乎")

句型5　予以逐君成名，子孙不忘／，不亦／伤乎／？

〔结构式〕　主语+"不亦"+不及物动词+"乎"

〔例句〕

	主　语	"不亦"	不及物动词	"乎"	引　书
1	子以逐君成名子孙不忘	不亦	伤	乎	左传昭公二十五年
2	今令尹不寻诸仇仇而于未亡人之侧	不亦	异	乎	左传庄公二十八年
3	彭祖乃今以久特闻众人匹之	不亦	悲	乎	庄子逍遥游
4	(学而时习之)	不亦	悦	乎	论语学而
5	(有朋自远方来)	不亦	乐	乎	同上

〔说明〕

1."不亦……乎"是个固定结构。"不"是否定副词,作状语;"亦"是助词,不表示实际意义,只起凑足音节的作用;"乎"是疑问语气词。

2．本句型在"不亦……乎"当中嵌入的是不及物动词,作谓语中心。这些动词大都表示心理活动。

3．本句型在"不亦……乎"当中也可以嵌入"宜""可"等能愿动词,例如:

此其兄弟遇诛,不亦宜乎?(《史记蒙恬列传》)

其结构式为:

主语+"不亦"+"宜"("可")+"乎"

4."不亦……乎"译作"不……吗""难道不……吗","亦"字不译。"子以逐君成名,子孙不忘,不亦伤乎?"可译为"您由于驱逐国君成名,子子孙孙不忘记,不是可悲吗?"

5．有关句型:

鲁侯不亦善于礼乎?(《左传昭公五年》)

这个句型的谓语中心是及物动词,后面带有介词词组,作补语。其结构式为:

主语+"不亦"+及物动词+"于"+介词宾语+"乎"

句型6　吾／岂／匏瓜也哉／?

〔结构式〕　主语+"岂"("讵")+名词(名词词组)+"哉"("邪""也""也哉")

〔例句〕

	主　语	"岂"	名　词	哉	引　书
1	吾	岂	匏瓜	也哉	论语阳货
2	今田先生以死明不言	岂	丹之心	哉	史记刺客列传
3		讵	士	也	公孙龙子迹府
4		岂	（非）项王	邪	史记淮阴侯列传
5		岂	（非）命	也哉	史记外戚世家
6	此	岂	（非）天	邪	同上

〔说明〕

1. 句型6-9是一组带有反诘副词的反问句。

2. "岂"是副词，表示反诘，作状语。

3. 有些句子在名词或名词词组前面有否定副词"非"字，表示否定判断，作状语。

4. 本句型的主语是代词（如例1的"吾"）或主谓词组（如例2的"今田先生以死明不言"）。

5. "岂"译作"难道"。"吾岂匏瓜也哉？"可译为"我难道是个匏瓜吗？"

6. 适合本句型的副词有："岂""其""几""宁""庸""独""乃""讵""钜""渠""距""巨""庸讵""其庸""庸遽""岂钜""宁渠""岂其""岂渠""奚距""岂遽"等。

7. 有关句型：

陈仲子岂不诚廉士哉？（《孟子滕文公下》）

这里的否定副词是"不"字，在"不"和名词词组中间，加副词"诚"，表示"真正"。其结构式为：

主语+"岂"+"不"+"诚"+名词（名词词组）+"哉"

句型7　〔晋〕／岂／害／我哉／？

〔结构式〕　主语+"岂"（"其""宁""独""庸""庸讵"）
　　　　　+及物动词+宾语〈+"哉"（"乎""邪"）〉
〔例句〕

	主语	"岂"	及物动词	宾语	"哉"	引书
1	〔晋〕	岂	害	我	哉	左传僖公五年
2	吾	岂	忧	匈奴	哉	史记冯唐列传
3	〔周公旦〕	岂	无	道	哉	说苑尊贤
4		岂	有	为人之臣而又为之客	哉	韩非子说林上
5		其	无	辞	乎	左传僖公十年
6	王侯将相	宁	有	种	乎	史记陈涉世家
7		宁	有	之	乎	史记蔡泽列传
8	天	独	知	之		论衡雷虚
9	大王	独	无	意	邪	吕氏春秋顺说
10	〔相如〕	独	畏	廉将军	哉	史记廉颇蔺相如列传
11	吾	庸	知	天之不授晋且以劝楚	乎	国语晋语
12		庸讵	知	吾所谓天之非人	乎	庄子大宗师

〔说明〕

1. "岂"（"其""宁""独""庸""庸讵"）是副词，表示反诘，作状语。

2. 本句型的谓语中心是及物动词，带的宾语是名词（如例3的"道"），代词（如例7的"之"），动词词组（如例4的"为人之臣而又为之客"）或主谓词组、复句形式（如例11的"天之不授晋且以劝楚")。

3. "岂""其""宁""独""庸""庸讵"译作"难道""怎么"。"〔晋〕岂害我哉?"可译为"〔晋国〕难道会害我们吗?"

句型8　　臣／岂敢／忘／君王之意乎／？
　　　　　公／岂敢／入乎／？

〔结构式〕Ⅰ　主语+"岂"("几""宁""庸""其庸")+"敢"("可""足""能")+及物动词+宾语〈+"乎"("哉""邪"）〉

〔例句〕（表一）

	主　语	"岂"	"敢"	及物动词	宾语	"乎"	引　书
1	臣	岂	敢	忘	君王之意	乎	史记楚世家
2	〔吾〕	岂	敢	反		乎	史记项羽本纪
3	万户侯	岂	足	道		哉	史记李将军列传
4		几	可	谓	非贤大夫	哉	史记滑稽列传附录
5	帝	宁	能	为	石人	邪	史记魏其武安侯列传
6	吾	庸	敢	骛	霸王	乎	吕氏春秋下贤
7		庸	可	杀		乎	史记晋世家
8	晋	其庸	可	冀		乎	左传僖公十五年

〔结构式〕Ⅱ　主语+"岂"("巨""宁")+"敢"("能")+不及物动词〈+"乎"〉

〔例句〕（表二）

	主　语	"岂"	"敢"	不及物动词	"乎"	引　书
1	公	岂	敢	入	乎	史记项羽本纪
2	公	巨	能	入	乎	汉书高帝纪
3	诸生	宁	能	斗	乎	史记叔孙通列传

〔说明〕

1. "岂"("几""巨""宁""庸""其庸")是副词,表示反诘,作状语。

2. "敢"("可""能""足")是能愿动词,作状语。"敢"表示有胆量做某事;"可"表示许可或可能做某事;"能"表示有能力或有条件做某事;"足"表示动作行为已具备进行的条件,或者是有价值的。

3. "岂""几""巨""宁""庸""其庸"译作"难道""怎么","可"译作"可以","足"译作"值得"。"臣岂敢忘君王之意乎?"可译为"我难道敢忘记君王的意愿吗?"

句型9　　此三臣者/岂不/忠哉/?

〔结构式〕　主语+"岂"("几")+"不"+形容词+"哉"("乎哉""矣哉")

〔例句〕

	主　语	"岂"	"不"	形容词	"哉"	引　书
1	此三臣者	岂	不	忠	哉	史记李斯列传
2	二世之治	岂	不	乱	哉	同上
3	以此为治	岂	不	难	哉	吕氏春秋察今
4		岂	不	殆	哉	史记刺客列传
5		岂	不	哀	哉	史记项羽本纪
6	乃引天亡我非用兵之罪也	岂	不	谬	哉	同上
7	求其宁息	岂	不	难	哉	史记秦始皇本纪
8	〔天道〕	岂	不	大	哉	史记滑稽列传
9	失之己反之人	岂	不	迂	乎哉	荀子荣辱
10	是于己长虑顾后	几	不	(甚)善	矣哉	同上

〔说明〕

1. "岂"("几")是副词,表示反诘。"不"是否定副词。"岂不"作状语。

2. "乎哉""矣哉"是语气词连用,表达反问语气的重点是在后一个语气词"哉"上。

3. 本句型的主语是名词词组(如例1的"此三臣者")、动词词组(如例3的"以此为治")、主谓词组(如例6的"乃引'天亡我,非用兵之罪也'",这里承上文省略了主语)。

4. "岂""几"译作"难道""怎么"。"此三臣者岂不忠哉?"可译为"这三个臣,难道不忠吗?"

5. 有关句型:

诸卿宁怠邪?(《后汉书傅俊传注》)

"宁"是反诘副词,谓语中心是形容词。这里没有使用否定副词"不",这种情况较少见。其结构式为:

主语+"岂"("宁")+形容词+"邪"("哉")

句型10　何／以／文为／?
　　　　　　何／辞为／?
　　　　　　何／以／为／?

〔结构式〕Ⅰ　主语+"何"("奚""恶""安")+"以"("用")
　　　　　　+宾语+"为"("为哉""为乎")

〔例句〕(表一)

	主语	"何"	"以"	宾语	"为"	引书
1		何	以	文	为	论语颜渊
2		何	以	假	为	史记淮阴侯列传
3	子	何	以	其志	为哉	孟子滕文公下
4	我	何	以	汤之聘币	为哉	孟子万章上
5	(今)我	何	以	子之千金剑	为乎	吕氏春秋异宝

续表

6		何	以	伐	为	论语季氏
7		何	以	召其子	为	史记楚世家
8		何	以	孝弟	为	汉书贡禹传
9		何	以	礼义	为	同上
10		奚	以	薛	为	韩非子说林下
11		奚	以	夫**诡诡**	为乎	庄子至乐
12		恶	用	是鶃鶃者	为哉	孟子滕文公下
13		安	以	富	为	三国志温恢传

〔结构式〕Ⅱ 主语+"何"+〔"以""用"〕+宾语+"为"
〔例句〕（表二）

	主语	"何"	（"以"）	宾语	"为"	引书
1		何	〔 〕	辞	为	史记项羽本纪
2	我	何	〔 〕	渡	为	同上
3		（又）何	〔 〕	战	为	史记宋微子世家
4	〔汝〕	何	〔 〕	哭	为	史记吴起列传
5		何	〔 〕	厚葬	为	汉书张汤传

〔结构式〕Ⅲ "何"（"奚"）+"以"+〔宾语〕+"为"
〔例句〕（表三）

	"何"	"以"	〔宾语〕	"为"	引书
1	（胜自砺剑人问曰）何	以	〔 〕	为	史记伍子胥列传
2	（其为宫室）何	以	〔 〕	为	墨子节用
3	（诵诗三百授之以政不达使于四方不能专对虽多亦）奚	以	〔 〕	为	论语子路
4	（不能以取尊荣虽多亦）奚	以	〔 〕	为	史记苏秦列传

〔说明〕

1. 句型10到句型18是一组带有疑问代词或词组的反问句。

2. "何(奚、恶、安)……为"是固定结构。其中"何"("奚""恶""安")是疑问代词,表示反诘,作状语;"以"("用")是及物动词,表示"用""用得着",作谓语中心;"为"是疑问语气词,"为哉""为乎"是疑问语气词连用,表达语气较强烈。

3. "以"("用")的宾语是名词(如表一例1的"文")、名词词组(如表一例5的"子之千金剑")、动词(如表一例6的"伐")、动词词组(如表一例7的"召其子")或形容词(如表一例13的"富")。

4. 表二例句"何"字后面可以省略动词"以"或"用"。其条件是:"以"("用")的宾语必须是动词或动词词组。

5. 表三例句"以"字的宾语可以承上文省略(如表三例1的"何以为"就是"何以砺剑为")。

6. "何(奚、恶、安)以(用)……为"译作"用(要)……干什么""为什么用……呢"或"哪儿用得着……呢"。"何以文为"可译为"还要文采干什么"。表二、三例句在翻译时要把省略的成分补出来,如:"何辞为"可译为"还要告辞干什么"。表三例1的"何以为"可译为"要磨剑干什么"。

7. 适合本句型的疑问代词有:"何""曷""奚""胡""安""恶""焉"等。

句型11　　何不/杀/张仪/?
　　　　　　胡/不/已乎/?

〔结构式〕Ⅰ　主语+"何"("曷""盍""阖""胡")+"不"
　　　　　　+及物动词+宾语

〔例句〕(表一)

	主 语	"何"	"不"	及物动词	宾语	引 书
1		何	不	杀	张仪	史记屈原列传
2	〔君〕	何	不	（试）焚	宫室	韩非子内储说上
3		何	不	炳	烛（乎）	说苑建本
4	君	何	不	谏		史记李斯列传
5	天	曷	不	降	威	尚书西伯戡黎
6		盍	不	为	行	庄子盗跖
7		阖	不	（亦）问	是（已）	庄子徐无鬼
8	（今）君	胡	不	（多）买	田地	史记萧相国世家
9	王	胡	不	听	（乎）	史记张仪列传

〔结构式〕Ⅱ　主语+"胡"+"不"+不及物动词
〔例句〕（表二）

	主 语	"胡"	"不"	不及物动词	引 书
1		胡	不	已（乎）	墨子公输
2		胡	不	下	史记平原君列传

〔说明〕

1."何"（"曷""盍""阖""胡"）是疑问代词，"不"是否定副词。"何（曷、盍、阖、胡）不"表示反问，多用于劝某人做某事，作状语。

2.表二例2的"下"是方位名词用如动词。

3.表一例7的"已"是语气词，放在句尾和"阖"相呼应，表达反问语气。

4."何（"曷""盍""阖""胡"）不"译作"为什么不""怎么不"。"何不杀张仪？"可译为"为什么不杀掉张仪？"

5.适合本句型的疑问代词有："何""曷""盍""阖""盖""胡""害""遐""瑕""侯""奚""何遽""奚遽""奚而""奚其"

385

"何渠"等。

句型12 子／盍／诘／盗／？
夫子／阖／行邪／？

〔结构式〕Ⅰ 主语+"盍"（"盖"）+及物动词+宾语
〔例句〕（表一）

	主语	"盍"	及物动词	宾语	引书
1	子	盍	诘	盗	左传襄公二十一年
2	子	盍	图	之	左传襄公十八年
3	子	盍	从	众	左传成公六年
4		盍	（各）言	尔志	论语公冶长
5	子	盖	言	子之志（于公乎）	礼记檀弓上
6		盍	（亦）求	之	左传僖公二十四年
7		盍	（以免其父）召	之	史记楚世家

〔结构式〕Ⅱ 主语+"阖"（"盖"）+不及物动词〈+"邪"（"乎"）〉
〔例句〕（表二）

	主语	"阖"	不及物动词	"邪"	引书
1	夫子	阖	行	邪	庄子天地
2		盖	行	乎	礼记檀弓上

〔说明〕

1. 疑问代词"盍"（"盖""阖"）是"何不"的合音字，是疑问代词兼否定副词，表示反问，多用于劝某人做某事，作状语。

2．"盍""盖""阖"译作"为什么不""怎么不"。"子盍诘盗？"可译为"您为什么不禁治盗贼？"

3．适合本句型的兼词有："盍""盖""阖""曷""害"等。

句型 13　焉/辟/害/？

〔结构式〕　主语+"焉"（"安""恶""乌"）+及物动词+宾语

〔例句〕

	主语	"焉"	及物动词	宾语	引书
1		焉	辟	害	左传隐公元年
2	君	焉	用	孔悝	史记仲尼弟子列传
3		焉	置	土石	列子汤问
4	燕雀	安	知	鸿鹄之志（哉）	史记陈涉世家
5		安	知	其不为虎	史记韩长孺列传
6		安	知	其不为狼	同上
7		安	知	其非诈	史记李斯列传
8	予	安	逃	死（乎）	史记郑世家
9		安	得	此	史记大宛列传
10	师庆	安	受	之	史记仓公列传
11	〔王〕	（将）恶	出	兵	史记春申君列传
12		恶	有	不战者（乎）	战国策秦策
13		乌	识	其时	汉书贾谊传

〔说明〕

1．"焉"（"安""恶""乌"）是疑问代词，可以用于询问处所，但主要用于表示反问，作状语。

2. 本句型的谓语中心通常是及物动词，带的宾语是名词（如例 2 的"孔悝"）、名词词组（如例 4 的"鸿鹄之志"）、代词（如例 10 的"之"）、动词（如例 8 的"死"）或主谓词组（如例 5 的"其不为虎"）。

3. "焉""安""恶""乌"译作"哪里""怎么"。"焉辟害？"可译为"怎么避免祸害？"

句型 14　〔枨〕／焉得／刚／？

〔结构式〕　主语+"焉"（"恶"）+"得"（"能"）+形容词
〔例句〕

	主语	"焉"	"得"	形容词	引　书
1	〔枨〕	焉	得	刚	论语公冶长
2	〔令尹子文〕	焉	得	仁	同上
3	〔管仲〕	焉	得	俭	论语八佾
4	择不处仁	焉	得	知	论语里仁
5	〔滕君〕	恶	得	贤	孟子滕文公上
6	仲子	恶	能	廉	孟子滕文公下

〔说明〕

1. "焉"（"恶"）是疑问代词，表示反诘。"得"（"能"）是能愿动词。"焉（恶）得（能）"作状语。

2. 本句型的主语是名词（如例 6 的"仲子"或动词词组（如例 4 的"择不处仁"）。

3. "焉""恶"译作"怎么""哪里"。"得""能"译作"能够"。本句型在译成现代汉语时，要在"怎么能够"后面加上"算得上"或"叫做"。如"〔枨〕焉得刚？"可译为"〔申枨〕

388

怎么能够算得上刚毅不屈？"

句型 15　赐（也）／何敢／望／回／？
　　　　　　回／何敢／死／？

〔结构式〕I　主语+"何"（"安""恶""焉"）+"敢"（"能"
　　　　　　"得"）+及物动词+宾语〈+"乎"（"哉""也"〉〉

〔例句〕（表一）

	主　语	"何"	"敢"	及物动词	宾语	"乎"	引　书
1	赐（也）	何	敢	望	回		论语公冶长
2	优等三人	何	敢	受	封		史记卫将军列传
3	胜（也）	何	敢	言	事		战国策赵策
4	徐公	何	能	及	君	也	战国策齐策
5	朕	（乃）安	敢	望	先帝	乎	史记曹相国世家
6	囚		安	得	上	书	史记李斯列传
7	陛下		安	得	为	此乐	乎	同上
8			恶	敢	言	方	哉	史记孝武本纪
9			恶	能	治	国家		孟子滕文公上
10	〔夫所谓贤人者〕	（将）恶	能	治	天下	哉	史记李斯列传
11	吴人		焉	敢	攻	吾邑		吕氏春秋察微
12			焉	能	事	鬼		论语先进
13	吾		焉	得	死	之		左传襄公二十五年

〔结构式〕II　主语+"何"（"安""焉"）+"敢"（"能""得"）
　　　　　　+不及物动词〈+"乎"〉

〔例句〕（表二）

	主语	"何"	"敢"	不及物动词	"乎"	引　书
1	回	何	敢	死		论语先进
2		安	能	（郁郁久）居（此）	乎	史记淮阴侯列传
3	君	安	得	（高枕而）卧	乎	史记留侯世家
4	余	焉	能	战		左传闵公二年
5	〔桀纣〕	焉	能	（相）亡		新序刺奢
6	主	焉	得	（无）壅		韩非子外储说右上
7	国	焉	得	（无）亡	乎	同上

〔说明〕

1. "何"（"安""恶""焉"）是疑问代词，表示反诘。"敢"（"能""得"）是能愿动词。"敢"表示有胆量做某事，"能"表示有能力或有条件做某事，"得"表示客观条件的可能。"何（安、恶、焉）敢（能、得）"作状语。

2. 疑问代词和能愿动词的搭配是有一定习惯的："何""曷""恶""奚"常与"能"搭配，而不与"得"搭配；"安""焉"则与"能""得"两个字都搭配。

3. "何（安、恶、焉）敢（能、得）"译作"怎么敢（能）""哪敢（能）"。"赐也何敢望回？"可译为"赐啊，怎么敢和回相比？"

4. 适合本句型的词组有："何敢""何能""何可""何足""曷能""曷可""盍可""胡能""胡可""奚能""奚可""安敢""安能""安得""安可以""恶敢""恶能""焉敢""焉能""焉得""焉足""乌能""乌足"等。

5. 句型转换：

A. 伉等三人／岂敢／受／封乎／？

⇌B. 伉等三人／何敢／受／封／？（本句型表一例2）

"臣岂敢忘君王之意乎"（第二编、I、五、句型8表一例1）是带有副词"岂"的反问句型，"伉等三人岂敢受封乎？"和"臣岂敢忘君王之意乎？"结构相同。如果以疑问代词"何"置换副词"岂"，这样就转换成 B 句型："伉等三人何敢受封？"这是用疑问代词置换副词的方法，转换成另一句型的。

A 类与 B 类句型转换结构式是：

主语+"岂"（"几""宁""庸""其庸"）+"敢"（"可""能""足"）+及物动词+宾语〈+"乎"（"哉""邪"）〉
⇌ 主语+"何"（"安""恶""焉"）+"敢"（"可""能""得""足"）+及物动词+宾语〈+"乎"（"哉""也"）〉

句型 16　公／奈何／（众）辱／我／？

〔结构式〕　主语+"奈何"（"若何""如之何""若之何"）+及物动词+宾语

〔例句〕

	主语	"奈何"	及物动词	宾语	引书
1	公	奈何	（众）辱	我	史记张释之列传
2		（独）奈何	（廷）辱	张廷尉	同上
3		奈何	弃	之	史记项羽本纪
4		奈何	绝	秦之欢心	史记楚世家
5		奈何	绝	祀	史记晋世家
6		奈何	（不）礼		同上
7		奈何	（以死）惧	之	老子七十四章
8		奈何	察	之（也）	韩非子内储说下
9		若何	从	之	左传襄公二十六年
10		如之何	（其）拒	人（也）	论语子张
11		如之何	（其）废	之	论语微子
12		如之何	（其）受	之	孟子万章下

391

续表

13		如之何	(其可)及	(也)	论语子张
14		若之何	杀	之	左传宣公十二年
15		若之何	毁	之	左传襄公三十一年
16		若之何	(其以病)败	君之大事(也)	左传成公二年
17		若之何	(其)无	命(也)	庄子寓言
18		若之何	(其)有	命(也)	同上

〔说明〕

1."奈何""若何""如之何""若之何"是词组。其中"奈""若""如"是动词;"何"是疑问代词;这里的"之"已经虚化,是助词。"奈何"等可以用于询问原因,但主要用于表示反问,作状语。

2."其"是句中语气词,用于加强反问语气,可不译。

3.例6的"礼"是名词用如动词。例7的"惧"是不及物动词的使动用法。

4.本句型在有"如之何(其)""如何"的句中,谓语中心可以是能愿动词"可"。例如:

"如之何其可也?"(《孟子告子下》)

其结构式为:

"如(若)之何"("如何""若何")+"可"〈+"也"〉

5."奈何""若何""如之何""若之何"译作"为什么""怎么"。"公奈何众辱我?"可译为"您为什么当众羞辱我?"

6.适合本句型的词组有:"奈何""若何""如何""如之何""若之何""如合""那""难"("那""难"是"奈何"的合音字)等。

句型 17 〔由〕/于从政（乎）/何有/？

〔结构式〕 主语+"于"+介词宾语+"何有"
〔例句〕

	主语	"于"	介词宾语	"何有"	引 书
1	〔由〕	于	从政（乎）	何有	论语雍也
2	〔赐〕	于	从政（乎）	何有	同上
3	远世之王	于	我	何有	孔丛子答问
4		于	王	何有	孟子梁惠王下
5		于	我	（则）何有（矣）	韩非子外储说右上
6		于	人	何有	左传昭公六年
7	人	（亦）于	女	何有	同上
8		于	答是（也）	何有	孟子告子下

〔说明〕

1. "何有"是"何……之有"的压缩形式（可参见第二编、1、二、句型23）。其中"有"是动词，作谓语中心；"何"是疑问代词，表示询问事物，这里成为"有"的宾语。

2. "于"是介词，表示"对于"。"于"的宾语是名词（如例6的"人"）、代词（如例3的"我"）或动宾词组（如例1的"从政"）。"于"字介词词组作状语。

3. 有的句子在"于"字介词词组后面有语气词"乎"或"也"，表示停顿。

4. "何有"的意思是"何难之有"或"何爱之有"，所以可根据句子上下文译作"有什么困难"或"有什么爱惜的"。此外，也可以译作"有什么关系"。"〔'由'〕于从政乎何有？"可译为"〔仲由〕对于治理政事有什么困难呢？"

5. 适合本句型的词组有:"何有""奚有"等。

6. 有关句型:

国何有焉?(《左传昭公二十八年》)

这个句型在"何有"的前后都没有"于"字介词词组,这种情况较少见。其结构式为:

主语+"何有"〈+"焉"〉

句型 18　默而识之,学而不厌,诲人不倦/何有/于我哉/?

〔结构式〕　主语+"何(奚)有"+"于"+介词宾语

〔例句〕

	主语	"何有"	"于"	介词宾语	引书
1	默而识之学而不厌诲人不倦	何有	于	我(哉)	论语述而
2		何有	于	二毛	左传僖公二十二年
3		何有	于	诸游	左传昭公元年
4		奚有	于	是	孟子告子下

〔说明〕

1. "何(奚)有"是"何……之有"的压缩形式。其中"有"是动词,作谓语中心;"何"("奚")是疑问代词,表示询问事物,这里成为"有"的宾语。

2. "于"是介词,表示"对于"。"于"字介词词组作补语。

3. "何有""奚有"的意思是"何难之有"或"何爱之有",所以可根据句子上下文译作"有什么困难"或"有什么爱惜的"。此外,也可以译作"有什么关系"。"默而识之,学而不厌,诲人不倦,何有于我哉?"可译为"默默地记在心里,努力学习而不厌烦,教诲别人而不疲倦,这些事情对我来说有什么困难呢?"

第六类 测度问句

测度问句用于表示说话人对一件事情将信将疑,并不要求对方予以证实。这种语气介乎陈述和疑问之间。

常见的测度语气词有:"乎""与""邪"等,译成"罢(吧)"。测度语气词经常要和前面的副词或句首、句中语气词前后呼应。例如:

1. 先生得无诞之乎?(句型2例1)
2. 臧文仲其窃位者与?(句型4例3)
3. 羽岂其苗裔邪?(句型4例7)

句型1 若以不孝令于诸侯╱,(其)无乃╱(非)德类也乎╱?

〔结构式〕 主语+"无乃"+名词词组+"也乎"("欤")
〔例句〕

	主 语	"无乃"	名词词组	"也乎"	引 书
1	若以不孝令于诸侯	(其)无乃	(非)德类	也乎	左传成公二年
2	唯吾子戎车是利无顾土宜	(其)无乃	(非)先王之命	也乎	同上
3	先君薨尸在堂见秦师利因击之	无乃	(非)为人子之道	欤	吕氏春秋悔过

〔说明〕

1. 本句型和句型4是测度语气的判断句,以名词或名词词组作谓语中心。

2．"无乃"是副词，表示测度语气，作状语。

3．本句型的主语是主谓词组或复句形式，用于表示某事。

4．本句型常在名词词组前面加否定副词"非"，表示否定判断，作状语。

5．例1、2中的"其"是语气词，和"无乃"共同表示测度语气。

6．"无乃"译作"恐怕""莫非"。"若以不孝令于诸侯，其无乃非德类也乎"可译为"如果用不孝号令诸侯，恐怕不是道德的准则吧"。

7．适合本句型的副词有："无乃""毋乃"等。

句型2　　先生／得无／诞／之乎／？
　　　　　自公之乱／得无／遂乎／？

〔结构式〕I　主语+"得无"（"得毋""得微""无乃""殆"）+及物动词+宾语+"乎"（"邪"）

〔例句〕（表一）

	主　语	"得无"	及物动词	宾　语	"乎"	引　书
1	先生	得无	诞	之	乎	史记扁鹊列传
2	卿	得无	为	刘备刺客	邪	三国志明帝纪注
3		得毋	有	病	乎	史记扁鹊仓公列传
4		得毋	有	伏兵	乎	汉书李陵传
5	堂下	得微	有	疾臣者	乎	韩非子内储说下
6		得微	（往）见	跖	邪	庄子盗跖
7	诸侯	得微	有	故	乎	晏子春秋内篇杂上
8	国家	得微	有	事	乎	同上
9	〔丘〕	无乃	为	佞	乎	论语宪问
10	君	无乃	为	不好士	乎	列子说符
11		无乃	（即）伤	君王之所爱	乎	国语越语
12	〔胜〕	殆	有	私	乎	史记伍子胥列传

〔结构式〕Ⅱ　主语+"得无"（"殆"）+不及物动词"+"乎"
〔例句〕（表二）

	主　语	"得无"	不及物动词	"乎"	引　书
1	白公之乱	得无	遂	乎	战国策楚策
2	日食饮	得无	衰	乎	战国策赵策
3	汉家	殆	（将）终	乎	后汉书张衡传

〔说明〕

1．本句型和句型5是测度语气的叙述句,以动词作谓语中心。

2．"得无"（"得毋""得微""无乃""殆"）是副词,表示对事实的怀疑或测度,作状语。

3．本句型的谓语中心也可以是能愿动词。例如:
无乃不可乎？（《左传僖公三十二年》）
其结构式为:
主语+"无乃"+"可"+"乎"

4．"得无""得微""无乃""殆"译作"恐怕""莫非""能说不是"。"先生得无诞之乎？"可译为"先生莫非是骗人吧？"

5．适合本句型的副词有:"得无""得毋""得微""得非""无乃""毋乃""非乃""无""无宁""将无""将不""殆""其殆""殆乎""殆于""庶""庶几""庶乎""或""或者""宜""宜若"等。

6．有关句型:
无乃尔是过与？（《论语季氏》）
这里谓语中心是动词"过",意思是"责备"。"尔"是"过"的宾语,为了强调而提到"过"的前面,并加代词"是"复指。其结构式为:
主语+"无乃"+宾语+"是"（"之"）+及物动词+"与"（"乎"

"邪")

句型3　　公／得毋／误乎／？

〔结构式〕　主语+"得毋"（"得无""无乃""毋乃"）+形容词+"乎"

〔例句〕

	主　语	"得毋"	形容词	"乎"	引　书
1	公	得毋	误	乎	史记梁孝王世家
2		得无	危	乎	韩非子外储说左下
3		得无	难	乎	史记刘敬叔孙通列传
4	居简而行简	无乃	（大）简	乎	论语雍也
5	今君王既栖于会稽之上然后乃求谋臣	无乃	后	乎	国语越语
6	平原行货以免君	无乃	蚩	乎	后汉书史弼传
7	天则不雨而望之愚妇人于以求之	毋乃	（已）疏	乎	礼记檀弓下

〔说明〕

1. 本句型和句型6是测度语气的描写句，以形容词作谓语中心。

2. "得毋"（"得无""无乃""毋乃"）是副词，表示对事实的怀疑或测度，作状语。

3. 本句型的主语是代词（如例1的"公"是尊称，代替第二人称代词使用）、主谓词组（如例6的"平原行货以免君"）或复句形式（如例5的"今君王既栖于会稽之上，然后乃求谋臣"）。

4. "得毋""得无""无乃""毋乃"译作"恐怕""莫非""能说不是"。"公得毋误乎？"可译为"您恐怕错了吧？"

句型4　片言可以折狱者／，其由也与／？

〔结构式〕　主语+"其"（"岂"）+名谓+"与"（"也与""乎"
　　　　　　"邪"）

〔例句〕

	主　语	"其"	名　谓	"与"	引　书
1	片言可以折狱者	其	由	也与	论语颜渊
2	从我者	其	由	与	论语公冶长
3	臧文仲	其	窃位者	与	论语卫灵公
4	知我者	其	天	乎	论语宪问
5	无忧者	其	（惟）文王	乎	礼记中庸
6	大业之后在晋绝祀者	其	赵氏	乎	史记赵世家
7	羽	岂	其苗裔	邪	史记项羽本纪

〔说明〕

　　1. "其"（"岂"）是语气词，表示委婉或测度语气。

　　2. "其""岂"译作"大概""恐怕""或许"。"片言可以折狱者，其由也与？"可译为"根据一方的话就可以判决案件的，大概是仲由吧？"

句型5　子／其怨／我乎／？
　　　　吴／其亡乎／？

〔结构式〕Ⅰ　主语+"其"（"岂""盖"）+及物动词+宾语+"乎"
　　　　　　（"邪"）

〔例句〕（表一）

399

	主语	"其"	及物动词	宾语	"乎"	引书
1	子	其	怨	我	乎	左传成公三年
2	吴	其	为	沼	乎	左传哀公元年
3	始作俑者	其	无	后	乎	孟子梁惠王上
4	将军	岂	有	意	乎	战国策燕策
5	母亲夷狄以疏其属	盖	谓	吴	邪	史记吴王濞列传
6	大直若诎道固委蛇	盖	谓	是	乎	史记叔孙通列传

〔结构式〕Ⅱ 主语+"其"+不及物动谓+"乎"（"矣乎"）
〔例句〕（表二）

	主 语	"其"	不及物动谓	"乎"	引 书
1	吴	其	亡	乎	左传哀公十一年
2	延陵季子之于礼（也）	其	合	矣乎	礼记檀弓下

〔说明〕

1．"其"（"岂""盖"）是语气词，表示委婉或测度语气。

2．本句型的主语是名词（如表一例2的"吴"）、名词词组（如表一例3的"始作俑者"）、代词（如表一例1的"子"是尊称，在这里代替第二人称代词使用）、主谓词组或复句形式（如表一例6的"大直若诎，道固委蛇"）。

3．"矣乎"是语气词连用，语气重点落在后面的疑问语气词"乎"上。

4．"其""盖"译作"大概""恐怕""或许"。"子其怨我乎？"可译为"你大概怨恨我吧？"

5．有关句型：

诗曰："孝子不匮，永锡尔类。"其是之谓乎？（《左传隐公元年》）

400

这里"谓"是动词，宾语是代词"是"，为了强调而提到"谓"的前面，加代词"之"复指。其结构式为：

主语+"其"+宾语+"之"（"是"）+及物动词+"乎"（"邪"）

句型6　　泰山／其颓乎／？

〔结构式〕　主语+"其"+形谓+"乎"（"也与"）
〔例句〕

	主　语	"其"	形　谓	"乎"	引　书
1	泰山	其	颓	乎	礼记檀弓上
2	梁木	其	坏	乎	同上
3	哲人	其	萎	乎	同上
4	舜	其	大孝	也与	礼记中庸
5	晋	其	庶	乎	左传襄公二十六年
6	齐国	其	庶几	乎	孟子梁惠王下

〔说明〕

1."其"是语气词，表示委婉或测度语气。

2.例5的"庶"和例6的"庶几"都用作形容词，有"差不多"的意思。

3."其"译作"大概""恐怕""或许"。"泰山其颓乎？"可译为"泰山大概崩塌了吧？"

401

第二部分　祈使句

祈使句是说话人表示请示、命令或禁止的语气，以支配行动为目的。这类句子都是以动词作谓语或谓语中心。如果按照谓语的性质来分类，它们都属于叙述句。祈使句的主语多数是第二人称代词，有时可以用称呼语，有些句子经常省略主语。

祈使句常见的语气词有："也""矣""乎"等，译作"吧""啊""啦"。例如：

1. 愿公子忘之也！　　　（一、句型5例5）
2. 公子勉之矣！　　　　（一、句型6例1）
3. 庶抚我乎！　　　　　（一、句型2例4）

第一类　请求句

请求句是说话人用恭敬、委婉的语气请求或希望对方做某事。

句型1　　王／请／大／之／。

〔结构式〕　主语+"请"+及物动词+宾语
〔例句〕

	主 语	"请"	及物动词	宾 语	引 书
1	王	请	大	之	孟子梁惠王下
2	君	请	待	之	左传昭公二十一年
3	君	请	当	其君	公羊传庄公十三年
4	王	请	度	之	孟子梁惠王上

〔说明〕

1. "请"是副词,放在第二人称代词充当的主语后面,用于请求对方做某事,有"我请你"的意思,作状语。

2. 例1中的"大"是形容词用如使动。

3. "请"不必翻译。本句型在译成现代汉语时,也可以将主语移到"请"的后面,但这样译法是改变了原文的句型结构的。如:"王请大之"可译为"请王把它扩大"。

句型2　庶几/赦/余/!

〔结构式〕　主语+"庶几"("庶""幸""尚")+及物动词+宾语

〔例句〕

	主 语	"庶几"	及物动词	宾 语	引 书
1		庶几	赦	余	左传襄公二十六年
2	王	庶几	改	之	孟子公孙丑下
3		庶几	赦	吾罪	国语楚语
4		庶	抚	我(乎)	左传成公十三年
5		幸	异	其礼	汉书东方朔传
6	尔	尚	辅	予一人	尚书汤誓

〔说明〕

1."庶几"("庶""幸""尚")是副词,表示期望或请求,作状语。

2."庶几""庶""幸""尚"译作"希望""但愿",也可以不译。"庶几赦余!"可译为"希望赦免我罪!"

3.适合本句型的副词有:"庶""庶几""庶乎""幸","苟""尚""上"等。

4.有关句型:

庶几万分有一可采。(《汉书李寻传》)

副词"庶几"也可以放在句首,作状语。其结构式为:

"庶几"("庶")+主语+及物动词

句型3　　君／其待／之／!
　　　　　　子／其行乎／!

〔结构式〕Ⅰ　主语+"其"("岂")+及物动词+宾语
〔例句〕(表一)

	主　语	"其"	及物动词	宾　语	引　书
1	君	其	待	之	左传闵公元年
2	君	其	图	之	史记刺客列传
3	君	其	舍	之	左传闵公二年
4	君	其	许	郑	左传隐公六年
5	子	其	戒	之	左传昭公五年
6	我	其	试(哉)		尚书尧典
7	子	其	(自)为	计	史记刺客列传
8	汝	其	(于予)治		孟子万章上
9	天王	岂	(辱)裁	之	国语吴语

〔结构式〕Ⅱ　主语+"其"+不及物动谓〈+"乎"("也")〉
〔例句〕(表二)

	主语	"其"	不及物动谓	"乎"	引书
1	子	其	行	乎	左传僖公四年
2	君	其	往	也	左传襄公二十八年
3	吾	其	奔	也	左传僖公二十三年
4	吾	其	还	也	左传僖公三十年

〔说明〕

1. "其"（"岂"）是语气词，表示委婉语气。

2. 本句型的主语多数是第二人称代词，表示劝告或希望；少数是第一人称代词，表示商量、建议或请求。

3. "其""岂"译作"还是""就""要"，也可以不译。"君其待之！"可译为"您就等着吧！"

句型4　唯君／图／之／。

〔结构式〕　"唯"（"惟"）+主语+及物动词+宾语

〔例句〕

	"唯"	主语	及物动词	宾语	引书
1	唯	君	图	之	左传僖公三十年
2	唯	陛下	察	之	史记张释之列传
3	唯	陛下	财察		汉书晁错传
4	唯	大王	（与群臣孰）计议	之	史记廉颇蔺相如列传
5	唯	荆卿	留	意（焉）	战国策燕策
6	惟	君子	察（焉）		杨恽报孙会宗书

〔说明〕

1. "唯"（"惟"）是语气词，用于句首，表示希冀、愿望的语气。

  2. 例5、6中的"焉"是兼词，表示"于是"或"于之"。

  3. "唯""惟"译作"希望""请"。"唯君图之"可译为"希望您考虑考虑这个"。

句型5　　愿／子图之／。

〔结构式〕　　"愿"+宾语（主谓词组）

〔例句〕

	"愿"	宾语	引书
1	愿	子图之	史记李斯列传
2	愿	大王用之	史记陈丞相世家
3	愿	沛公听樊哙言	史记留侯世家
4	愿	王释齐而先越	史记伍子胥列传
5	愿	公子忘之也	史记魏公子列传
6	愿	足下孰虑之	史记淮阴侯列传
7	愿	大王孰察之	汉书邹阳传
8	愿	将军孰计之	史记项羽本纪
9	愿	足下详察之	史记淮阴侯列传
10	愿	足下深虑之	同上
11	愿	陛下少留意（焉）	史记李斯列传
12	愿	伯具言臣之不敢倍德（也）	史记项羽本纪
13	愿	太傅更虑之	史记刺客列传
14	愿	君必察之	韩非子奸劫弑臣

〔说明〕

  1. "愿"是动词，表示希望、愿意对方做某事，作谓语中心。"愿"的宾语是个主谓词组。

2. 有些句子在主谓词组中的动词前面，常加形容词"孰""详""深""少"和副词"具""更""必"等。

3. 本句型通常省略由第一人称代词充当的主语。

4. "愿"译作"愿意""希望"，"孰"译作"仔细""周详"，"具"译作"全部"，"更"译作"重新"，"必"译作"必定"。"愿子图之"可译为"希望您考虑考虑这个"。

句型6 公子／勉／之矣／！

〔结构式〕 主语+"勉"+"之"
〔例句〕

	主 语	"勉"	"之"	引 书
1	公子	勉	之（矣）	史记魏公子列传
2	君	勉	之	新序刺奢
3	吾子	勉	之	左传成公二年
4	弟子	勉	之	庄子德充符
5	子	（其）勉	之	左传成公十六年
6	子	（必）勉	之	孟子滕文公上

〔说明〕

1. "勉"是动词，表示"努力""尽力"，作谓语中心。"之"是代词，作宾语。本句型用于表示劝勉、鼓励对方做某事。

2. 例5的"其"是语气词，表示祈使语气。例6的"必"是副词，表示"必定"，作状语。

3. "勉"译作"努力"。"公子勉之矣"可译为"公子努力吧！"

第二类 命令句

命令句是说话人用生硬的语气，命令或催促对方做某事。

句型1　　小子／识／之／。
　　　　　　子／行矣／！

〔结构式〕Ⅰ　主语+及物动词+宾语
〔例句〕（表一）

	主　语	及物动词	宾　语	引　书
1	小子	识	之	礼记檀弓下
2	弟子	记	之	庄子山木
3	小子	听	之	孟子离娄上
4	王	负	剑	史记刺客列传
5	弟子	趣	之	史记滑稽列传附录
6	汝	戒	之（哉）	庄子山木
7	子	射	诸	礼记檀弓下
8	李陵韩延年	（趣）降		汉书李陵传
9	帝	（趣）侯	信（也）	史记绛侯世家

〔结构式〕Ⅱ　主语+不及物动谓
〔例句〕（表二）

	主　语	不及物动谓	引　书
1	子	行（矣）	汉书邹阳传
2	客	退（矣）	史记廉颇蔺相如列传
3	丘	来前	庄子盗跖

续表

4	子房	前	史记留侯世家
5	公	止	汉书李陵传
6	先生	休（矣）	战国策齐策
7	廷掾	起（矣）	史记滑稽列传附录
8	公	罢（矣）	汉书叔孙通传
9	狼	（速）去	马中锡中山狼传
10	子	（亟）去	史记老子韩非列传
11	汝	（可疾）去（矣）	史记商君列传

〔说明〕

1. 本句型的结构和陈述句相同，表一例句以及物动词作谓语中心，表二例句以不及物动词作谓语。本句型多用于命令对方做某事，语气是比较生硬的；有时也用在比较特殊的场合，来不及使用礼貌的语言（如表一例4"王负剑"）。

2. 有些例句在动词前面加上"趣""速""亟""疾"等副词，表示时间紧迫，作状语。可以和"趣"等互相替换的副词还有："急""遽""立"等。

3. 表一例7的"诸"是兼词，等于"之乎"。表一例9的"侯"是名词用如使动。

4. "小子识之"可译为"学生们要记住这件事"。

句型2　　**必／掩／口／！**
　　　　　　子／必／来／！

〔结构式〕Ⅰ　主语+"必"+及物动词+宾语
〔例句〕（表一）

	主 语	"必"	及物动词	宾 语	引 书
1		必	掩	口	韩非子内储说下
2		必	（亟）听从	王言	同上
3		必	杀	之	史记商君列传
4		必	（速）祭	之	左传僖公四年
5		必	树	吾墓（以梓）	史记伍子胥列传
6	吾子	必	谏		左传昭公二十八年

〔结构式〕Ⅱ 主语+"必"+不及物动词
〔例句〕（表二）

	主 语	"必"	不及物动词	引 书
1	子	必	来	左传昭公三十一年
2	子	必	往	左传定公六年

〔说明〕

1．"必"是副词，用于命令对方一定要做某事，语气较重，作状语。

2．"必"译作"一定要""必须"。"必掩口！"可译为"一定要遮住嘴！"

3．适合本句型的有：副词"必""定""当""必当"以及能愿动词"须"等。

句型3　　君／第／（重）射／。
　　　　　　君／第／去／。

〔结构式〕Ⅰ　主语+"第"（"弟"）+及物动词+宾语
〔例句〕（表一）

	主 语	"第"	及物动词	宾 语	引 书
1	君	第	（重）射		史记孙子吴起列传
2		第	举	兵	史记淮阴侯列传
3		弟	言	之	史记郦生陆贾列传
4		弟	从	我计	汉书贾捐之传

〔结构式〕Ⅱ　主语+"第"+不及物动词
〔例句〕（表二）

	主 语	"第"	不及物动词	引 书
1	君	第	去	史记袁盎列传
2	汝	第	往	史记张丞相列传

〔说明〕

1. "第"（"弟"）是副词，用于要求对方无须拘束地去做某事，不必有所顾虑。

2. "第""弟"译作"尽管""只管"。"君第重射"可译为"您尽管重重地打赌"。

3. 适合本句型的副词有："第""弟""但""苟""地"等。

句型4　前！

〔结构式〕　动词性非主谓句（动／动词词组）
〔例句〕

	动词性非主谓句	引　书
1	前	史记李将军列传
2	走	史记郦生列传
3	退	韩非子十过
4	止	汉书霍光传
5	来	庄子秋水
6	往（矣）	同上
7	急击	史记项羽本纪
8	可疾去（矣）	史记越王勾践世家
9	趣下	史记郦生列传
10	亟还（之）	汉书匈奴传
11	急引兵西击秦	史记项羽本纪
12	驱之	汉书王尊传
13	戒之	孟子梁惠王下
14	备之	汉书爰盎传
15	开火	徐珂冯婉贞

〔说明〕

1．本句型是动词性非主谓句，由单个动词或动词词组构成。常用于催促对方做某事，或者向自己的部下发出强制性的命令，语气是比较生硬的。

2．有些例句在动词前面加上"急""疾""趣"等副词，表示时间紧迫，作状语。

3．"前！"可译为"前进！"

第三类　禁止句

禁止句是说话人用禁止或劝告的语气，使对方不做什么事。

句型1　王／无／罪／岁／！
　　　　王／毋／行矣／！

〔结构式〕Ⅰ　主语+"无"（"毋""勿"）+及物动词+宾语
〔例句〕（表一）

	主语	"无"	及物动词	宾语	引书
1	王	无	罪	岁	孟子梁惠王上
2		无	友	不如己者	论语学而
3		无	见	小利	论语子路
4		无	污	我	史记老子韩非列传
5		无	望	民之多于邻国（也）	孟子梁惠王上
6	吾子	（其）无	废	先君之功	左传隐公三年
7		毋	纳	诸侯	史记项羽本纪
8		毋	（妄）言		同上
9	君	勿	听		韩非子说林上
10		勿	欺（也）		论语宪问

〔结构式〕Ⅱ　主语+"毋"+不及物动词
〔例句〕（表二）

	主语	"毋"	不及物动词	引书
1	王	毋	行（矣）	战国策魏策
2		毋	死	左传文公十年

〔说明〕

1."无"（"毋""勿"）是否定副词（"无"通"毋"），表示禁止或劝阻对方做某事，作状语。

2."毋"（"无"）的语法作用和"不"相当，"勿"的语法作用和"弗"相当。"毋"后面的动词一般带宾语,"勿"后面的动词一般不带宾语(可参见第一编、Ⅱ、十二、句型3)"勿"后面的动词偶尔也有带宾语的,例如:"百亩之田,勿夺其时"(《孟子梁惠王上》)。

3. 例1中的"罪"和例2中的"友"都是名词用如动词。

4. "无""毋""勿"译作"不要""别"。"王无罪岁"可译为"王不要归罪于年成"。

5. 适合本句型的否定副词有:"毋""无""勿""罔""末""莫""不""曼"等。

6. 有关句型:

尔无我虞。(《左传宣公十五年》)

否定副词"无"用于表示禁止。否定句动词的宾语是代词,这个代词宾语要放在动词前面。其结构式为:

主语+"无"("毋""勿")+宾语(代)+及物动词

句型2　　慎无／反／。

　　　　　　慎毋／留／。

〔结构式〕Ⅰ　主语+"慎"("必""幸")+"无"("毋""勿")+及物动词+宾语

〔例句〕(表一)

	主　语	"慎"	"无"	及物动词	宾　语	引　书
1	汝	慎	无	反		史记吴王濞列传
2		慎	毋	为	劳力事	史记扁鹊仓公列传
3		必	无	受	利地	列子说符
4		幸	勿	为	过	司马迁报任安书

〔结构式〕Ⅱ　主语+"慎"("必")+"毋"("勿")+不及

物动词

〔例句〕（表二）

	主语	"慎"	"毋"	不及物动词	引书
1		慎	毋	留	史记越王勾践世家
2		慎	勿	（与）战	史记高祖本纪
3	子	必	无	往	左传昭公二十七年

〔说明〕

1．"慎"（"必""幸"）是副词。"慎""必"表示要求对方必定做某事，"幸"表示希冀对方做某事。"无"（"毋""勿"）是否定副词。"慎（必、幸）无（毋、勿）"表示禁阻的语气更重，作状语。

2．带有"慎无（毋、勿）"的句子通常省略主语。

3．"慎"译作"千万""切"，"必"译作"必定""一定"，"幸"译作"希望"，"无""毋""勿"译作"不要""别"。"慎无反！"可译为"千万不要反叛！"

句型3　　愿／大王毋爱财物／。

〔结构式〕　　"愿"+宾语（主+"毋""无""勿"+动+宾）
〔例句〕

	"愿"	宾语				引书
		主	"毋"	动	宾	
1	愿	大王	毋	爱	财物	史记秦始皇本纪
2	愿	陈子	（闭口）毋	（复）言		史记张仪列传
3	愿	上	无	（与楚人）争	锋	史记留侯世家

续表

4	愿	先生	勿	泄（也）	史记刺客列传
5	愿		勿	斩（也）	史记孙子吴起列传
6	愿	将军	勿	虑	三国志周瑜传注
7	愿	诸君	勿	（复）言	三国志诸葛亮传

〔说明〕

1．"愿"是动词，表示希冀或愿望，作谓语中心。"愿"的宾语是个主谓词组。

2．"毋"（"无""勿"）是否定副词，放在主谓词组中动词前面，作状语。

3．"愿"与"毋"（"无""勿"）前后呼应，表示说话人委婉地、有礼貌地劝阻对方不要做某事，所以多用于下对上的劝谏。

4．本句型通常省略了由第一人称代词充当的主语。

5．"愿"译作"希望""请"，"毋""无""勿"译作"不要""别"。"愿大王毋爱财物"可译为"希望大王不要吝惜财物"。

第三部分　感叹句

感叹句是表示说话人的各种感情的。人们的感情主要有：惊讶、悲伤、惋惜、厌恶、愤怒、喜悦、赞赏等。

常见的感叹语气词有："哉""夫""乎""也""矣"等，译作"啊""呀""吧""啦"。例如：

1. 贤哉孟舒！　　　　（一、句型1例3）
2. 逝者如斯夫！　　　（二、句型3例1）
3. 参乎！　　　　　　（四、句型2例1）
4. 乱我家者，太子也！（二、句型2例1）
5. 事急矣！　　　　　（二、句型1例1）

第一类　主谓倒置句

这类句型的语序是主谓倒置，即谓语在前，主语在后。这是为了表达说话人的激动感情，所以把感叹中心词语提前，然后再说主语。所谓感叹中心，是指某一事物的引起人们感叹的某种属性。这类是表达强烈感叹语气的句型。

这类句型句尾可以不使用感叹语气词，但谓语和主语中间必须使用感叹语气词。

句型1　野哉／，由也／！

〔结构式〕　形谓+"哉"（"夫""矣""哉乎"）+主语〈+"也"（"矣"）〉

〔例句〕

	形谓	"哉"	主语	"也"	引书
1	野	哉	由	也	论语子路
2	直	哉	史鱼		论语卫灵公
3	贤	哉	孟舒		史记田叔列传
4	大	哉	言	矣	孟子梁惠王下
5	善	哉	问	也	同上
6	详	哉	其言之	也	史记管晏列传
7	美	哉	室		左传昭公二十六年
8	固	哉	高叟之为诗	也	孟子告子下
9	仁	夫	公子重耳		礼记檀弓下
10	鲜	矣	仁		论语学而
11	美	哉乎	山河之固		史记吴起列传
12	善	哉乎	鼓琴		吕氏春秋本味

〔说明〕

1.句型1到句型3是以形容词和副词作谓语。这个形容词（或副词）是感叹中心词语。

2.本句型的主语是名词（如例3的"孟舒"）、动词（如例5的"问"）、动词词组（如例12的"鼓琴"）或主谓词组（如例8的"高叟之为诗"）。

3.本句型句中常使用"哉""夫""矣""哉乎"等语气词（其中"哉乎"是语气词连用），句尾常使用"也""矣"等语气词。

4．这类倒置感叹句在译成现代汉语时，要把谓语移到主语后面。如："野哉，由也！"可译为"子路真卤莽啊！"

5．适合本句型的常见形容词有："大""小""多""鲜""难""易""远""近""高""低""厚""薄""疾""徐""轻""重""智""愚""贫""富""真""信""诚""伪""善""恶""美""陋""实""虚""忠""孝""仁""贤""野""直""邪""曲""明""暗""纯""杂""详"等。

6．句型转换：

A．孟舒／贤／。

⇌B．贤哉／孟舒／！（本句型例3）

"启贤"（第一编、Ⅲ、一、句型1例2）是陈述语气的描写句，"孟舒贤"和"启贤"结构相同。如果把谓语"贤"移到主语"孟舒"前面，并且在谓语后面加上感叹语气词，这样就转换成B句型："贤哉，孟舒！"这是用移动主语和谓语的位置，并且添加感叹语气词的方法，使描写句由陈述语气转换为感叹语气的。

A类与B类句型转换结构式是：

主语+形谓

⇌形谓+"哉"（"夫""矣""哉乎"）+主语〈+"也"（"矣"）〉

句型2　　巍巍乎／，舜禹之有天下而不与焉／！

〔结构式〕　形谓（叠字形）+"乎"+主语〈+"焉"（"也"）〉
〔例句〕

	形　谓	"乎"	主　语	"焉"	引　书
1	巍巍	乎	舜禹之有天下而不与	焉	论语泰伯
2	巍巍	乎	其有成功	也	同上

续表

3	荡荡	乎	民无能名	焉	同上
4	渊渊	乎	其若海		庄子知北游
5	巍巍	乎	其若山		同上
6	巍巍	乎	若太山		吕氏春秋本味
7	汤汤	乎	若流水		同上

〔说明〕

1. 本句型的谓语是叠字形容词，这种句子多用于表达赞扬的感情。

2. 本句型的主语是动词词组（如例 6 的"若太山"）或主谓词组（如例 2 的"其有成功"）。

3. 本句型句中常使用语气词"乎"，句尾常使用语气词"焉""也"等。

4. "巍巍乎，舜禹之有天下而不与焉！"可译为"舜和禹领有天下，却什么也不沾取，真是伟大啊！"

5. 适合本句型的常见叠字形容词有："巍巍""荡荡""汤汤""渊渊""扬扬""录录""苍苍""汪汪""赫赫""融融""泄泄""訇訇""郁郁""皦皦""皓皓""鳞鳞""萧萧""区区""泱泱""洋洋""沨沨""恢恢"等。

6. 有关句型：

美哉渊乎，忧而不困者也！（《史记吴太伯世家》）

这个句型是以并列的形容词作谓语。并列形容词后面分别使用语气词"哉""乎"等。其结构式为：

形容词+"哉"+形容词+"乎"+主语〈+"也"〉

句型 3　　甚矣／，吾衰也／！

〔结构式〕　"甚"+"矣"+主语〈+"也"〉

〔例句〕

	"甚"	"矣"	主 语	"也"	引 书
1	甚	矣	吾衰	也	论语述而
2	甚	矣	其惑	也	左传昭公二十七年
3	甚	矣	鲁侯之淑鲁侯之美	也	公羊传庄公十二年
4	甚	矣	汝之不惠		列子汤问
5	(亦太)甚	矣	先生之言	也	史记鲁仲连列传

〔说明〕

1. "甚"是副词，表示某种状态或某种行为具有很深的程度，作谓语或谓语中心。

2. 本句型的主语是名词词组（如例5的"先生之言"）或主谓词组（如例1的"吾衰"）。

3. 本句型句中常使用语气词"矣"，句尾常使用语气词"也"。

4. "甚矣，吾衰也！"可译为"我衰老得多么厉害呀！"

5. 有关句型：

宜乎，百姓之谓我爱也！（《孟子梁惠王上》）

能愿动词"宜"作谓语，为了表达强烈的感叹语气，提到主语前面。其结构式为：

"宜"+"乎"+主语〈+"也"〉

句型4　君子哉∕，蘧伯玉∕！

〔结构式〕　名谓+"哉"+主语〈+"也"〉
〔例句〕

	名谓	"哉"	主语	"也"	引书
1	君子	哉	蘧伯玉		论语卫灵公
2	君子	哉	若人		论语宪问
3	小人	哉	樊须	也	论语子路
4	君	哉	舜	也	孟子滕文公上

〔说明〕

1. 本句型是以名词或名词词组作谓语,这个名词或名词词组是感叹中心的词语。这是感叹语气的判断句,多用于表达对某人的赞扬或憎恨。

2. 本句型句中常使用语气词"哉",句尾常使用语气词"也"。

3. "君子哉,蘧伯玉!"可译为"蘧伯玉是个君子啊!"

句型5　　尚／德哉／,若人／!
　　　　　　死矣／,盆成括／!

〔结构式〕Ⅰ　及物动词+宾语+"哉"+主语〈+"也"("乎")〉
〔例句〕(表一)

	及物动词	宾语	"哉"	主语	"也"	引书
1	尚	德	哉	若人		论语宪问
2	有	心	哉	击磬	乎	同上
3	有	是	哉	子之迂	也	论语子路

〔结构式〕Ⅱ　不及物动谓+"矣"("哉""夫""乎")
　　　　　　+主语〈+"也"〉
〔例句〕(表二)

	不及物动谓	"矣"	主　语	"也"	引　书
1	死	矣	盆成括		孟子尽心下
2	乐	夫	仲父		管子霸形
3	惜	乎	夫子之说君子	也	论语颜渊
4	冤	哉	烹	也	史记淮阴侯列传

〔说明〕

1. 表一例句是以及物动词作谓语中心，表二例句是以不及物动词作谓语，这些动词是感叹中心的词语。这是感叹语气的叙述句。

2. 本句型的主语是名词（如表二例1的"盆成括"）、名词词组（如表一例1的"若人"）、动词（如表二例4的"烹"）、动词词组（如表一例2的"击磬"）或主谓词组（如表二例3的"夫子之说君子"）。

3. 本句型句中常使用"哉""矣""夫""乎"等语气词，句尾常使用"也""乎"等语气词。

4. "尚德哉若人！"可译为："这个人多么崇尚道德！"

第二类　主谓顺序句

这类句型的语序和陈述句完全相同，即主语在前，谓语在后。

句型1　　事/急矣/！

〔结构式〕　　主语〈+"之"〉+形谓+"矣"（"矣夫""也夫""哉""也"）

〔例句〕

	主　语	"之"	形　谓	"矣"	引　书
1	事		急	矣	汉书高帝纪
2	此		迫	矣	史记项羽本纪
3	齿		（亦）老	矣	史记晋世家
4	吾		过	矣	礼记檀弓上
5	而志		（不）远	矣	史记孔子世家
6	三年之丧		（亦已）久	矣夫	礼记檀弓上
7	公父氏之妇		智	也夫	国语鲁语
8	管仲之器		小	哉	论语八佾
9	世之言梁多长者		（不）虚	哉	史记韩长孺列传
10	予	之	（不）仁	也	论语阳货
11	由	之	野	也	韩非子外储说右上
12	公孙	之	亟	也	左传襄公二十四年

〔说明〕

1. 本句型是以形容词作谓语，这是感叹语气的描写句。

2. 本句型句尾必须使用"矣""哉""也"等语气词。"矣夫""也夫"是语气词连用，语气重点落在最后一个语气词上。

3. 形容词是感叹中心的词语。有的句子在感叹中心词语前面，加助词"之"作标志（如例 10-12）。这种句子较少见。

4. "事急矣！"可译为"事情很危急了！""之"译作"这样""这么"，也可以不译。"由之野也！"可译为"仲由这样粗野啊！"

句型 2　　**乱我家者／，太子也／！**

〔结构式〕　　主语+名谓+〈"也"（"哉""矣""夫""已夫""也夫""乎哉"））〉

〔例句〕

	主　语	名　谓	"也"	引　书
1	乱我家者	太子	也	汉书元帝纪
2	君之所读者	古人之糟粕	已夫	庄子天道
3	夫有道而能下于天下之士	君子	乎哉	说苑尊贤
4	是	命	也夫	汉书司马迁传
5	公（非）	长者		汉书韩信传
6	是（非）	君人者之言	也	韩非子难一
7	此两人（真）	倾危之士	哉	史记张仪列传
8	此（真）	将军	矣	汉书周亚夫传
9	率天下之人而祸仁义者	（必）子之言	夫	孟子告子上

〔说明〕

　　1.本句型是以名词或名词词组作谓语，这是感叹语气的判断句。

　　2.有些例句在名词谓语前面，加上否定副词"非"及副词"真""必"等，作状语。"非"表示否定判断，"真"表示判断的真实性，"必"表示判断的必然性。

　　3."乱我家者，太子也！"可译为"扰乱我家的是太子啊！"

句型3　　逝者／如／斯夫／！
　　　　　由／死矣／！

〔结构式〕Ⅰ　主语〈+"之"〉+及物动词+宾语〈+"夫""也"〉
〔例句〕（表一）

	主　语	"之"	及物动词	宾　语	"夫"	引　书
1	逝者		如	斯	夫	论语子罕
2	天		丧	予		论语先进
3	吾		无	罪		史记秦始皇本纪
4	季子		欺	予		史记晋世家

续表

	主语		宾语	谓语	语气词	引书
5			（几）败	乃公事		汉书张良传
6	斯人（也）		（而）有	斯疾	也	论语雍也
7	女		为	君子儒		同上
8	陈孺子	之	为	宰		史记陈丞相世家
9	予	之	无	罪	也	礼记檀弓上

〔结构式〕Ⅱ 主语+不及物动谓〈+"矣"（"耳""矣夫"）〉
〔例句〕（表二）

	主 语	不及物动谓	"矣"	引 书
1	由	死	矣	史记仲尼弟子列传
2	吾	死	矣夫	孟子离娄下
3	我	死	耳	史记晋世家

〔说明〕

1. 表一例句以及物动词作谓语中心，表二例句以不及物动词作谓语。这是感叹语气的叙述句。

2. 动词及其宾语是感叹中心词语。有的句子在感叹中心词语前面，加助词"之"作标志（如表一例8、9）。这种句子较少见。

3. "耳"是语气词，表示决定。"矣夫"是语气词连用，语气重点落在最后的一个语气词上。

4. "逝者如斯夫！"可译为"离去的东西就像这流水吧！"

5. 有关句型：

①其不失国，宜哉！（《史记楚世家》）

这个句型是以能愿动词"宜"作谓语。其结构式为：

主语+"宜"+"哉"

②归与，归与！（《论语公冶长》）

这是动词性非主谓句，由单个动词或动词词组加上感叹语气词"与""乎"等构成，用于表示感叹。这种句型较少见。其结构式为：

动词性非主谓句（动／动词词组〈+"与"（"乎"）〉）
③女（故）如是之不知礼也！（《韩非子外储说右上》）

"如"是动词，指示代词"是"作"如"的宾语。动宾词组"如是"放在动词"知"的前面，作状语。助词"之"放在状语和谓语中心之间，作标志。其结构式为：

主语+"如"（"若"）+"是"（"此""彼"）+"之"+及物动词+宾语〈+"也"〉

第三类　疑问词引导句

在这类句型中，疑问代词"何"常放在句首，也可以放在句中感叹中心词语前面。这类句型是借用疑问语气来表示感叹语气。

句型1　何／德／之／衰／！

〔结构式〕　"何"（"何如"）+主语+"之"+形容词〈+"也"（"耶"）〉

〔例句〕

	"何"	主语	"之"	形容词	"也"	引书
1	何	德	之	衰		论语微子
2	何	追者	之	众		列子说符
3	何	夫子	之	娱	也	庄子秋水
4	何	其智	之	明	也	史记春申君列传
5	何	秦	之	智		
		（而）山东	之	愚	耶	战国策齐策

427

续表

6	何	辞	之	鄙背（而悖于所闻）	也	盐铁论毁学
7	何	言	之	（不）实	也	三国志武帝纪注
8	何如	德	之	衰	也	庄子人间世

〔说明〕

1．句型1、2是以形容词作谓语中心，这个形容词是感叹中心的词语。

2．"何"是疑问代词。"何如"是词组，其中"如"是动词，本句型使用"何如"的情况很罕见。"何"等作状语。

3．"之"是助词，放在感叹中心词语前面，作标志。

4．在这类句型中，语气词"也""耶"等，与"何"互相呼应，表示感叹。

5．"何（何如）……之……"译作"怎么……这么……""怎么这么"。"何德之衰！"可译为"道德怎么这么衰败啊！"

句型2　太子／何／忍也／！

〔结构式〕　主语+"何"（"何其""一何""壹何"）+形容词〈+"也"〉

〔例句〕

	主语	"何"	形容词	"也"	引书
1	太子	何	忍	也	史记晋世家
2	〔王将军〕	何	怯	也	史记王翦列传
3		何	肥	也	左传哀公二十五年
4	巫妪	何	久	也	史记滑稽列传附录
5	天下	何其	嚣嚣	也	庄子骈拇
6		何其	乱	也	史记鲁周公世家

续表

7		何其	盛	也	汉书周勃传赞
8		何其	壮	也	汉书樊哙传
9		（又）何	急	也	同上
10		何其	速	也	左传僖公二十四年
11	拔剑割肉	壹何	壮	也	汉书东方朔传
12	割之不多	（又）何	廉	也	同上
13	归遗细君	（又）何	仁	也	同上

〔说明〕

1. "何"是疑问代词，"何其"中的"其"是词尾。"一何""壹何"是词组，其中"一""壹"是副词。"何"等放在形容词前面，表示程度之深，作状语。

2. 本句型的主语是名词（如例1的"太子"）或动词词组（如例11的"拔剑割肉"）。

3. "何""何其""一何""壹何"译作"多么""怎么这么"。"太子何忍也！"可译为"太子怎么这么残忍啊！"。

句型3　君/何/言/之误/！

〔结构式〕　主语+"何"+及物动词+"之"+补语〈+"也"〉

〔例句〕

	主语	"何"	及物动词	"之"	补语	"也"	引书
1	君	何	言	之	误		史记张耳列传
2	生	何	言	之	谀		汉书叔孙通传
3	君	何	见	之	晚	也	史记廉颇蔺相如列传
4		何	藏	之	深	也	史记外戚世家
5		何	念	之	深	也	史记陆贾列传
6		何	忧	之	远	也	左传襄公二十九年

429

〔说明〕

1. "何"是疑问代词,放在动词前面,作状语。动词后面的形容词,表示动作行为的程度,作补语。这个形容词是感叹中心的词语。

2. "之"是助词,放在感叹中心词语前面,作标志。

3. "何……之……"译作"怎么……这么……""怎么这么"。"君何言之误!"可译为"你说的话怎么这么荒谬!"。

4. 有关句型:

①一何不达人事也!(《列女传仁智》)

这个句型是以及物动词作谓语中心。其结构式为:

主语+"何"("一何")+及物动词+宾语〈+"也"〉

②何许子之不惮烦!(《孟子滕文公上》)

这个句型是以及物动词作谓语中心,后面带有宾语。助词"之"放在感叹中心词语(动词及其宾语)前面,作标志。疑问代词"何"放在句首。其结构式为:

"何"+主语+"之"+及物动词+宾语

③齐王何若是之贤也!(《韩非子外储说右下》)

动宾词组"若是"放在形容词"贤"的前面,作状语。助词"之"放在状语和谓语中心之间,作标志。其结构式为:

主语+"何"+"若"("如")+"是"("此""彼")+"之"+形容词〈+"也"〉

④来何疾也!(《战国策齐策》)

这个句型是以不及物动词作谓语中心,后面充当补语的是个偏正词组,形容词作中心词,"何"作定语。这句的主语因对话省略。其结构式为:

主语+不及物动词+补语("何""何其"+形)〈+"也"〉

⑤何足下拒仆之深也!(《史记季布列传》)

"何"放在句首。动词及其宾语后面的形容词作补语。"之"

放在感叹中心词语（形容词）前面，作标志。其结构式为：
"何"+主语+及物动词+宾语+"之"+补语〈+"也"〉

第四类　非主谓句

句型1　善哉！

〔结构式〕　形容词性非主谓句（形／形容词词组+"哉""夫""矣""欤""矣哉""矣夫"）

〔例句〕

	形容词性非主谓句	引　书
1	善哉	墨子公输
2	仁哉	汉书文帝纪
3	不祥哉	韩非子外储说右上
4	善夫	论语子路
5	悲夫	贾谊集大都
6	忠矣	论语公冶长
7	信矣	汉书樊哙传赞
8	猗欤	文选贤良诏
9	庶矣哉	论语子路
10	盛矣哉	汉书萧何传赞
11	难矣哉	论语卫灵公
12	圣矣夫	汉书张良传赞

〔说明〕

1.本句型是形容词性非主谓句,由形容词或形容词词组构成,用于表示说话人对某人或某事产生的赞叹、悲伤等情绪。

2. 本句型句尾必须使用"哉""夫""矣""欤"等感叹语气词,"矣哉""矣夫"是语气词连用,语气重点落在最后一个语气词上。

3. "善哉!"可译为"好啊!"

句型2　参乎!

〔结构式〕　名词性非主谓句(名/名词词组〈+"乎"〉)
〔例句〕

	名词性非主谓句	引　书
1	参乎	论语里仁
2	天乎	史记秦始皇本纪
3	竖儒	汉书郦食其传
4	齐虏	汉书刘敬传
5	公孙	左传襄公二十四年
6	贤人乎	史记楚元王世家
7	吾师乎	庄子大宗师

〔说明〕

1. 本句型是名词性非主谓句,由名词或名词词组构成,用于表示呼唤,同时也表达了说话人的赞美、悲伤或憎恨等各种感情。

2. "参乎!"可译为:"参呀!"

句型3　呜呼!

〔结构式〕　叹词句(叹)

〔例句〕

	叹词句	引　书
1	呜呼	论语八佾
2	嗟乎	史记仲尼弟子列传
3	噫	论语先进
4	嘻	礼记檀弓上
5	唉	史记项羽本纪
6	呼	礼记檀弓上
7	𡂿	庄子秋水
8	嚄	史记外戚世家
9	吁	史记廉颇蔺相如列传
10	恶	孟子公孙丑上
11	咄	汉书东方朔传
12	叱嗟	战国策赵策
13	嗟	礼记檀弓下

〔说明〕

1. 本句型是叹词句，由叹词构成。叹词句能表达更强烈的感情色彩。说话人在感情激动时总是发出表示感叹的声音，然后再说出后面的句子。叹词就是表示这种感情的声音的词，它独立于句子结构之外，一般不与其他词语发生结构关系，也不充当任何句子成分。

2. 同一声音的叹词，在不同场合，可以表示不同的情绪；同一声音的叹词可以写成不同的字（可参见"说明"中4）。

3. 本句型在翻译时，首先要根据具体的上下文来体会这个叹词所表达的情绪，再对译成现代汉语中的叹词，如"呜呼！"可译为："唉呀！"

4. 表示悲伤、惋惜的叹词有："呜呼""于""于乎""于

433

戏""噫""意""抑""懿""嘻""譆""诶""唉""熙""已""嗾""嗟乎""吁嗟""磁嗟""嗟兹乎""嗟乎子乎"等。

表示惊讶的叹词有:"恶""哑""乌""吁""呼""嚇""嚄""嘻""譆"等。

表示赞许或喜悦的叹词有:"嘻""譆""于""夥颐"等。

表示怒斥的叹词有:"呼""咄""叱嗟""咄嗟""叱咤""訾""呰"等。

表示呼唤或应诺的叹词有:"嗟""嘻""吁""都""唯""诺""俞"等。

第三编 复 句

　　两个或两个以上在意义上有关联的单句,通过一定的语法手段组合起来,以表达一个比较复杂的意思,就是复句。复句里的每个单句叫分句。各个分句的主语可以相同,也可以不同;可以省略,也可以不省略。

　　有些复句,分句本身又是一个复句,即分句中包含着分句,这种有两个或两个以上层次的复句叫做多重复句。除了少数几个有必要做进一步分析的二重复句之外,对于其他句型中偶尔出现的多重复句,只分析其中的第一个层次,不再逐层分析。

　　两个或两个以上的分句紧缩在一起,中间没有停顿,这种句子就是紧缩复句。紧缩复句是用类似单句的结构,来表达复句内容的一种特殊类型。在这一编里,按照紧缩复句中所说的两件事的不同关系,分别归入各个句型里,不再另立一类。

第一类　并列关系

句型1　　得道者多助,｜失道者寡助。

〔结构式〕　　前分句+后分句(并列关系)

〔例句〕

	前分句	后分句	引　书
1	得道者多助	失道者寡助	孟子公孙丑下
2	贤者识其大者	不贤者识其小者	论语子张
3	楚不用吴起而削乱	秦行商君而富强	韩非子问田
4	兵无常势	水无常形	孙子兵法虚实
5	满招损	谦受益	尚书大禹谟
6	贼民之主不忠	弃君之命不信	左传宣公二年
7	千金重币也	百乘显使也	战国策齐策
8	彼竭	我盈	左传庄公十年

〔说明〕

　　1. 这是意合法的并列复句。前后分句分别说明或描写几件事件、几种情况或同一事物的几个方面。它们在意义上有关系，而在结构上平列。前后分句之间没有使用关联词语。各分句如果互换位置，意思不变。

　　2. 例8是紧缩复句。

　　3. "得道者多助，失道者寡助"可译为"行仁政的帮助他的人就多，不行仁政的帮助他的人就少"。

句型2　　**秦强｜而赵弱**。

〔结构式〕　前分句+"而"+后分句
〔例句〕

	前分句	"而"	后分句	引　书
1	秦强	而	赵弱	史记廉颇蔺相如列传
2	诸大夫强	而	公族弱	史记扁鹊列传

续表

3	任重	而	道远	论语泰伯
4	小人少	而	君子多	韩非子安危
5	主上卑	而	大臣重	韩非子孤愤
6	治者寡	而	乱者众矣	韩非子五蠹
7	事因于世	而	备适于事	同上
8	智困于世	而	政乱于外	同上
9	晋伐阿甄	而	燕侵河上	史记司马穰苴列传

〔说明〕

1. "而"是连词，放在后分句之首。"而"所连接的前后两个分句在意思上相对待。

2. "而"可以不译。"秦强而赵弱"可译为"秦国强盛而赵国衰弱。

句型3　　上且怒｜且喜。

〔结构式〕　前分句（主语+"且""既""并"+谓语）+后分句（"且""并"+谓语）

〔例句〕

	前分句			后分句		引书
	主语	"且"	谓语	"且"	谓语	
1	上	且	怒	且	喜	史记淮阴侯列传
2	〔襄子〕	且	恐	且	喜	韩非子十过
3	〔高祖〕	且	喜	且	怜之	史记淮阴侯列传
4	三军	既	惑	且	疑	孙子谋攻
5	〔彭越〕	且	为汉	且	为楚	史记田儋列传
6	陵	且	战	且	引	汉书李陵传
7	黄帝	且	战	且	学仙	史记孝武本纪

437

续表

8		且	引	且	战	史记李将军列传
9		且	驰	且	射	汉书晁错传
10	〔林类〕	并	歌	并	进	列子天瑞

〔说明〕

1. "且""并"是连词,分别放在前后分句谓语前面。"既"是连词,只放在前分句谓语前面,和后分句的"且"相呼应。

2. 后分句的主语承上省略。

3. 例 1-4 前后分句的谓语中心通常是表示心理活动的动词或形容词。例 5-10 前后分句的谓语中心通常是表示动作行为的动词。

4. 本句型用于表现某人在同一时间里的不同心理活动或同时进行的动作行为。

5. 用于心理活动动词前面的"且"和"既"译作"又",如:"上且怒且喜"可译为"皇上又生气又欢喜"。用在行为动词前面的"且""并"译作"一边(面)……一边(面)……",如:"〔彭越〕且为汉且为楚"可译为"〔彭越〕一面援助汉,一面援助楚"。

6. 适合前分句的连词有:"且""既""终""众""并"等。

句型 4 〔盾〕斗 | 且出。

〔结构式〕 前分句+"且"+后分句
〔例句〕

	前分句	"且"	后分句	引书
1	〔盾〕斗	且	出	左传宣公二年
2	狄应	且	憎	左传成公十三年

续表

| 3 | 遵冯几口占书吏 | 且 | 省官事 | 汉书游侠传 |
| 4 | 〔弦高〕以乘韦先牛十二犒师 | 且 | 使遽告于郑 | 左传僖公三十三年 |

〔说明〕

1. "且"是连词,放在后分句之首,表示人的两种动作行为同时在进行。
2. 后分句的主语承上省略。
3. 前后分句的谓语中心大都是表示动作行为的动词。
4. "且"译作"一边""一面"。"〔盾〕斗且出"可译为"〔赵盾〕一边格斗,一边退出来"。
5. 适合本句型的连词有:"且""并"等。

句型5　　邦君树塞门,｜管氏亦树塞门。

〔结构式〕　前分句+后分句(主语+"亦"+谓语中心及其他)
〔例句〕

	前分句	后分句			引书
		主语	"亦"	谓语中心及其他	
1	邦君树塞门	管氏	亦	树塞门	论语八佾
2	邦君有反坫	管氏	亦	有反坫	同上
3	左丘明耻之	丘	亦	耻之	论语公冶长
4	我能往	寇	亦	能往	左传文公十六年
5	杀人之父	人	亦	杀其父	孟子尽心下
6	杀人之兄	人	亦	杀其兄	同上
7	辅依车	车	亦	依辅	韩非子十过左传
8	臣不任受怨	君	亦	不任受德	左传成公三年

〔说明〕

1. "亦"是副词,放在后分句主语后面,表示人和人、事物和事物之间的类同关系。前后分句叙述的动作行为或情况相同。

2. 有时前后分句的谓语中心及其宾语相同,有时前分句的主语是后分句的宾语。

3. "亦"译作"也""还"。"邦君树塞门,管氏亦树塞门"可译为"国君宫殿的门前立一个塞门,管仲在房前也立一个塞门"。

4. 适合本句型的副词有:"亦""矧""矧亦"等。

句型6　　秦亦不以城予赵,｜赵亦终不予秦璧。

〔结构式〕　前分句(主语+"亦"+谓语中心及其他)+后分句(主语+"亦"+谓语中心及其他)

〔例句〕

	前分句			后分句			引　书
	主语	"亦"	谓语中心及其他	主语	"亦"	谓语中心及其他	
1	秦	亦	不以城予赵	赵	亦	终不予秦璧	史记廉颇蔺相如列传
2	有粮者	亦	食	无粮者	亦	食	战国策齐策
3	有衣者	亦	衣	无衣者	亦	衣	同上
4	丧	亦	不可久也	时	亦	不可失也	礼记檀弓下

〔说明〕

1. "亦"是副词,分别放在前后分句主语后面,表示相对待的两种人、物之间的类同关系。前后分句叙述的动作行为或情况相同。

2．前后分句有的主语不同，而谓语相同（如例 2、3）；有的谓语中心相同，而宾语不同（如例 1）；有的主语、谓语都不同，而在意思上相对待（如例 4）。

3．本句型表示前后分句中的两种行为都相同，所以有"无论"的意思。如例 2 就表示无论"有粮者"和"无粮者"都"食"。

4．"亦"译作"也"。"秦亦不以城予赵，赵亦终不予秦璧"可译为"秦国也不把城池给赵国，赵国也到底没有把璧交给秦国"。

句型 7　今人有五子不为多，｜子又有五子。

〔结构式〕　前分句+后分句（主语+"又""而又"+谓语中心及其他）

〔例句〕

	前分句	后分句			引书
		主 语	"又"	谓语中心及其他	
1	今人有五子不为多	子	又	有五子	韩非子五蠹
2	是尝矫驾吾车		又	尝食我以其余桃	史记韩非列传
3	民无内忧		而又	无外惧	左传昭公二十三年
4	过而不改		而又	久之	左传宣公十七年
5	虢常助晋伐我		又	匿晋亡公子	史记晋世家
6	吏不敢以非法遇民	民	又	不敢犯法	商君书定分
7	杞国有人忧天地崩坠身亡所寄废寝食者		又	有忧彼之所忧者	列子天瑞

〔说明〕

1．"又"是副词，"而又"中的"而"是连词。"又"放在后分句谓语中心前面，表示某种动作行为、状态重复发生或相继发生,有时也表示几件事情同时存在。

2. "今人有五子不为多,子又有五子"句译为"现在一个人有五个儿子不算多,每个儿子又有五个儿子"。

3. 适合本句型的副词有:"又""有""复""矧""矧亦"等。

句型8　七十子既不问,│世之学者亦不知难。

〔结构式〕　前分句(主语+"既"+谓语)+后分句(主语+"又""亦""又且""而复"+谓语中心及其他)

〔例句〕

	前分句			后分句			引　书
	主语	"既"	谓语	主语	"又"	谓语中心及其他	
1	七十子	既	不问	世之学者	亦	不知难	论衡问孔
2		既	东封郑		又	欲肆其西封	左传僖公三十年
3		既	有麋麃		又且	多鹿	管子地员
4		既	不受矣		而复	缓师	左传文公七年
5	名	既	成矣	(而)寡人敕子	亦	已足矣	史记刺客列传
6	(文公)	既	知一时之权		又	知万世之利	韩非子难一

〔说明〕

1. "既"是连词,放在前分句主语后面。"又""亦""复""又且"是副词。"而复"中的"而"是连词。"又"等放在后分句主语后面,表示两种动作行为、状态同时存在。

2. "亦"译作"也"。"而复"译作"而又"。"七十子既不问,世之学者亦不知难"可译为"七十二门徒既不提问,当时的学者也不深究"。

3．适合本句型后分句的副词（或与连词连用的）有："亦""又""又且""而复""而又""终""或"等。

句型9　非所谓喻也，｜贫富不同也。

〔结构式〕　前分句（主语+"非""不"+谓语中心及其他）+后分句

〔例句〕

	前分句			后分句	引　书
---	主语	"非"	谓语中心及其他		
1		非	所谓喻也	贫富不同也	孟子梁惠王下
2		非	择而取之	不得已也	同上
3	所谓故国者	非	谓有乔木之谓也	有世臣之谓也	同上
4	古之易财	非	仁也	财多也	韩非子五蠹
5	今之争夺	非	鄙也	财寡也	同上
6	轻辞天子	非	高也	势薄也	同上
7	重争土橐	非	下也	权重也	同上
8		非	敢后也	马不进也	论语雍也
9	往者	不	可谏	来者犹可追	论语微子

〔说明〕

1．"非"（"不"）是否定副词，放在前分句谓语中心前面，作状语。

2．本句型前后分句的内容相反；前分句是否定句，表示不是某种情况，或不是什么原因，后分句是肯定句，表示是某种情况，或是什么原因。

3．"非"译作"不是"。"非所谓踰也，贫富不同也"可译为"不是所说的'超过'，只是前后贫富不同罢了"。

4．有关句型：

寡人非能好先王之乐也，直好世俗之乐耳。（《孟子梁惠王下》）

这里在后分句之首有范围副词"直""徒"等。其结构式为：前分句（主语+"非""不"+谓语中心及其他）+后分句（主语+"直""徒""仅"+谓语中心及其他）

句型10　　此天之亡我，｜非战之罪也。

〔结构式〕　前分句+后分句（主语+"非""不"+谓语中心及其他）

〔例句〕

	前分句	后分句			引　书
		主语	"非"	谓语中心及其他	
1	此天之亡我		非	战之罪也	史记项羽本纪
2	吾高阳酒徒也		非	儒人也	史记郦生陆贾列传
3	合从者为楚		非	为赵也	史记平原君列传
4	有德者必有言	有言者	不	（必）有德	论语宪问
5	仁者必有勇	勇者	不	（必）有仁	同上
6	君子成人之美		不	成人之恶	论语颜渊

〔说明〕

1．"非"（"不"）是否定副词，放在后分句主语后面。

2．前后分句的内容相反：前分句是肯定句，后分句是否定句。

3．"非"译作"不是"。"此天之亡我，非战之罪也"可译为"这是上天让我灭亡，不是用兵的罪过"。

4．有关句型：

此乃天授，非人力也。（《史记孝文本纪》）

"乃"是副词，放在前分句主语后面，表示对事物的确认。"非"是副词，放在后分句谓语中心前面，表示否定判断。这个句型前后分句内容相反：前分句是肯定句，后分句是否定句。其结构式为：

前分句（主语+"乃"+谓语中心及其他）+后分句（"非"+谓语中心及其他）

句型11　　诸君子皆与驩言，｜孟子独不与驩言。

〔结构式〕　前分句（主语+"皆"+谓语中心及其他）+后分句（主语+"独"+谓语中心及其他）

〔例句〕

	前分句			后分句			引　书
	主　语	"皆"	谓语中心及其他	主　语	"独"	谓语中心及其他	
1	诸君子	皆	与驩言	孟子	独	不与驩言	孟子离娄下
2	四国	皆	有分	我	独	无有	左传昭公十二年
3	诸侯县公	皆	庆寡人	女	独	不庆寡人	左传宣公十一年
4	人	皆	有兄弟	我	独	亡	论语颜渊
5	举世	皆	浊	我	独	清	楚辞渔父
6	众人	皆	醉	我	独	醒	同上

445

〔说明〕

1．"皆""独"都是范围副词。"皆"放在前分句主语后面，表示全部；"独"放在后分句主语后面，表示限于某个范围之内。前后分句构成对比。

2．"皆"译作"都""全"，"独"译作"仅仅""只是""偏偏"。"诸君子皆与驩言．孟子独不与驩言"可译为"各位大夫都同我说话，只有孟子不同我说话"。

3．适合前分句的副词有："皆""尽""悉""举""俱（具）""咸""毕""备"等。适合后分句的副词有："独""惟""唯""唯独""独唯"等。

4．有关句型：
商故人皆敬事邑，唯护自安如旧节。（《汉书楼护传》）
这里副词"唯"放在后分句之首。其结构式为：
前分句（主语+"皆"+谓语中心及其他）+"唯"（"独"）+后分句

句型12　莫敢难，｜独窦婴争之。

〔结构式〕　前分句+"独"（"唯""惟"）+后分句
〔例句〕

	前分句	"独"	后分句	引　书
1	莫敢难	独	窦婴争之	史记袁盎晁错列传
2	宗室诸公莫敢为言	唯	袁盎明绛侯无罪	同上
3	方今燕赵已定	唯	齐未下	史记郦生列传
4	今数雄已灭	惟	孤尚存	司马光赤壁之战

〔说明〕

1. "独"("唯""惟")是范围副词,表示仅独,放在后分句之首。

2. 本句型前分句没有使用"皆",但主语总是代表两个(种)以上的人或物,有时主语是无定代词"莫"。这样,前后分句仍然构成"众多"与"单独"的对比。

3. "独"译作"只有""仅仅""唯独""偏偏"。"莫敢难,独窦婴争之"可译为"没有谁敢反驳,只有窦婴规劝这事"。

句型 13　其神或岁不至,│或岁数来。

〔结构式〕　前分句(主语+"或""乍""一"+谓语中心及其他)
　　　　　　+后分句("或""乍""一"+谓语中心及其他)

〔例句〕

	前分句			后分句		引　书
	主　语	"或"	谓语中心及其他	"或"	谓语中心及其他	
1	其神	或	岁不至	或	岁数来	史记封禅书
2	蛟	或	浮	或	没	世说新语自新
3		或	不当饮药	或	不当针灸	史记仓公列传
4	军	乍	利	乍	不利	史记鄜成侯列传
5		乍	燥	乍	大也	史记仓公列传
6	(尊)	乍	贤	乍	佞	汉书王尊传
7	(两郎)	乍	见	乍	没	汉书江都易王传
8		一	与	一	夺	左传成公八年

〔说明〕

1. "或""乍""一"是副词,分别放在前后分句谓语中心前面,表示两种动作行为交替发生。其中"乍""一"所修饰的是突然发生的动作行为。

2."或"译作"有的时候""有时""或者"。"乍""一"译作"忽然""突然"。"其神或岁不至,或岁数来"可译为"那个神有时常年不来,有时一年来数次"。

第二类　连贯关系

句型1　　子墨子闻之,｜起于鲁。

〔结构式〕　前分句+后分句（连贯关系）
〔例句〕

	前分句	后分句	引　书
1	子墨子闻之	起于鲁	墨子公输
2	其后秦伐赵	拔石城	史记廉颇蔺相如列传
3	秦王怒	不许	同上
4	入而徐趋	至而自谢	战国策赵策
5	齐侯陈诸侯之师	与屈原乘而观之	左传僖公四年
6	良乃入	具告沛公	史记项羽本纪
7	樊哙侧其盾以撞	卫士仆地	同上
8	祭地	地坟	史记晋世家
9	与犬	犬死	同上
10	与小臣	小臣死	同上

〔说明〕

1. 这是意合法的连贯复句。前后分句先后相承,意思连贯,依次叙述连续发生的动作或事情,各分句先后次序不能颠倒。前后分句之间没有使用关联词语。

2．前后分句有的主语相同，后分句可以承上省略主语；前后分句有的主语不同。

3．"子墨子闻之，起于鲁"可译为"墨子听到了这件事，就从鲁国启程"。

句型2　　相国从其计，│高帝乃大喜。

〔结构式〕　前分句+后分句（主语+"乃""遂""则""因""安""然后""而后""于是乎"+谓语中心及其他）

〔例句〕

	前分句	后分句			引　书
		主　语	"乃"	谓语中心及其他	
1	相国从其计	高帝	乃	大喜	史记萧相国世家
2	鲁仲连辞让者三终不肯受	平原君	乃	置酒	战国策赵策
3	武王薨文王即位	和	乃	抱其璞而哭于楚山之下	韩非子和氏
4	次至信	信	乃	仰视	史记淮阴侯列传
5	庞涓自知智穷兵败		乃	自刭	史记孙子列传
6	扁鹊已逃去	桓侯	遂	死	史记扁鹊列传
7	蔡溃	（齐侯）	遂	伐楚	左传僖公四年
8	吴有豫章郡铜山	濞	则	招致天下亡命者盗铸钱	史记吴王濞列传
9	庞涓恐其贤于己疾之		则	以法刑断其两足而黥之	史记孙子列传

续表

10	夫曰像吾故裤	妻子	因	毁新令如故裤	韩非子外储说左上
11	文侯不忍而复与之	豹	因	重敛百姓	韩非子外储说左下
12	秦与韩为上交	秦祸	安	移于梁矣	战国策赵策
13	臣始至于境问国之大禁		然后	敢入	孟子梁惠王下
14	三进及溜		而后	视之	左传宣公二年
15	申人鄫人召西戎以伐周	周	于是乎	亡	国语晋语

〔说明〕

1. "乃"是副词，"遂""则""因""安""然后""而后""于是乎"是连词。"乃"等放在后分句主语后面，表示两事先后相承。

2. "乃""遂""则""因""安""然后""而后""于是乎"译作"于是""就""便"。"相国从其计，高帝乃大喜"可译为"萧何听从他的计策，高帝于是很高兴"。

3. 适合本句型的副词和连词有："乃""遂""则""因""因而""因遂""用""遂用""然""然后""而后""而后乃""然后乃""乃后""焉""案""安""爰""抑""越""其""厥""庸""言""按""叵""丕""丕乃""焉乃""能""颇""肆""于是乎"等。

句型 3　　其子趋而往视之，│苗则槁矣。

〔结构式〕　前分句+后分句（主语+"则"+谓语）
〔例句〕

	前分句	后分句			引 书
		主 语	"则"	谓 语	
1	其子趋而往视之	苗	则	槁矣	孟子公孙丑上
2	郑穆公使视客馆		则	束载厉兵秣马矣	左传僖公三十三年
3	及诸河		则	在舟中矣	同上
4	〔晏子〕反		则	成矣	左传昭公三年
5	〔子路〕至	〔丈人〕	则	行矣	论语微子

〔说明〕

1．"则"是连词，放在后分句主语后面，表示后分句叙述一种不是前事的施事者所预期的情况。后件事情在时间上也许比前件事情发生要早些。

2．本句型后分句句尾常使用语气词"矣"表示报道一种新的情况。

3．"则"译作"原来已经""却原来"。"其子趋而往视之，苗则槁矣"可译为"他的儿子赶快跑去一看，却原来禾苗已经干枯了"。

句型4　孟尝君使人给其食用，无使乏，│于是冯谖不复歌。

〔结构式〕　前分句+"于是"（"于是焉"）+后分句
〔例句〕

	前分句	"于是"	后分句	引 书
1	孟尝君使人给其食用无使乏	于是	冯谖不复歌	战国策齐策
2	项伯亦拔剑起舞常以身翼蔽沛公庄不得击	于是	张良至军门见樊哙	史记项羽本纪

451

续表

3	汉使还报梁事皆得释安国之力也	于是	景帝太后益重安国	史记韩长孺列传
4	其明年山东被水灾民多饥乏	于是	天子遣使者虚郡国仓廥以赈贫民	史记平准书
5	或谓惠子曰庄子来欲代子相	于是	惠子恐搜于国中三日三夜	庄子秋水
6	东面而视不见水端	于是焉	河伯始旋其面目望洋向若而叹	同上

〔说明〕

1."于是""于是焉"是连词，放在后分句之首，表示两事先后相承。

2."于是"可不译，"于是焉"译作"于是"。"孟尝君使人给其食用，无使乏，于是冯谖不复歌"可译为"孟尝君派人供给他吃的和用的东西，不让缺少什么，于是冯谖不再唱"。

3．适合本句型的连词有："于是""于是乎""于是焉""于是遂""于是乃"（其中"乃"是副词）"于此乎""于兹乎"等。

句型5　长子至，｜即立为皇帝。

〔结构式〕　前分句+后分句（主语+"即""辄""便""旋""寻"+谓语中心及其他）

〔例句〕

	前分句	后分句 主语	后分句 "即"	后分句 谓语中心及其他	引书
1	长子至		即	立为皇帝	史记李斯列传
2	错闻之		即	夜请间具为上言之	史记晁错列传
3	久之以为行已过		即	出	史记张释之列传
4	见乘舆车骑		即	走耳	同上
5	〔扁鹊〕过邯郸闻贵妇人		即	为带下医	史记扁鹊列传
6	过雒阳闻周人爱老人		即	为耳目痹医	同上
7	来入咸阳闻秦人爱小儿		即	为小儿医	同上
8	赵奢许诺		即	发万人趋之	史记廉颇蔺相如列传
9	岁余高后崩		即	罢兵	史记南越列传
10	有一人徙之		辄	予五十金	史记商君列传
11	驰义侯遗兵未及下	上	便	令征西南夷平之	汉书武帝纪
12	奴不出	吏	（欲）便	杀涉去	汉书游侠传
13	臣意即以寒水拊其头刺足阳明脉左右各三所	病	旋	已	史记仓公列传
14	家贫复为郡西门亭长		寻	转功曹	后汉书陈寔传

〔说明〕

1. "即"（"辄""便""旋""寻"）是副词，放在后分句谓语中心前面，表示前后两事紧紧相接。

2. "即""辄""便"译作"马上""就""立即""当即"。"旋""寻"译作"随即""很快""不久"。"长子至，即立为皇帝"可译为"长子扶苏来到，就当了皇帝"。

3. 适合本句型的副词有:"即""辄""便""旋""寻""随""还""旋遂"等。

句型6　壹引其纲，│万目皆张。

〔结构式〕　前分句(主语+"壹""一""适""取"+谓语中心及其他)+后分句

〔例句〕

	前分句			后分句	引　书
	主　语	"壹"	谓语中心及其他		
1		壹	引其纲	万目皆张	吕氏春秋用民
2	相如	一	奋其气	威信敌国	史记廉颇蔺相如列传
3	荆	适	有谋	侏儒常先闻之	韩非子内储说下
4	丞相	取	充位	天下事皆决于汤	史记酷吏列传

〔说明〕

1. "壹"("一""适""取")是副词，放在前分句主语后面。"壹""一"表示动作行为刚一发生，随即产生某种结果。"适""取"表示刚发生一事，继而又发生另一事。

2. "壹""一"译作"刚一""刚刚"，或不译。"适""取"译作"刚刚""刚才"。"壹引其纲，万目皆张"可译为"刚一提起那网上的大绳，成千上万的网眼便都撑开了"。

3. 适合本句型的副词有:"壹""一""适""才""取""属""属者""识""乍""甫""乃"等。

4. 有关句型：

①毛先生一至楚，而使赵重于九鼎大吕。(《史记平原君列

传》)

连词"而"放在后分句之首,和前分句中的"一"相呼应。"而"译作"就"。其结构式为:

前分句(主语+"壹""一"+谓语中心及其他)+"而"("则""便")+后分句

②适启其口,匕首已陷其胸矣。(《汉书贾谊传》)

这里前分句常用副词"适""才""取""属"等,后分句常用副词"已""既"等,表示前面事情刚一发生,而后面事情已经开始。其结构式为:

前分句(主语+"适""才""取""属"+谓语中心及其他)+后分句(主语+"已""既"+谓语中心及其他)

③事未成,则爵禄已尊矣。(《韩非子五蠹》)

否定副词"未"放在前分句谓语中心前面,连词"则"放在后分句主语前面。"未"和"则"前后呼应,表示前一事尚未完成而后面的事即已发生。其结构式为:

前分句(主语+"未"+谓语中心及其他)+"则"+后分句

④〔庞涓〕读其书未毕,齐军万弩俱发,魏军大乱相失。(《史记孙子吴起列传》)

否定副词"未"放在动词"毕""卒"等字前面。"未毕(卒)"作补语。这个句型表示某一动作行为尚未完成,而后面的事已经发生。其结构式为:

前分句(主语+及物动词+宾语+补语〈"未"+"毕""卒"〉)+后分句

句型7　夫身中大创十余,│适有万金良药。

〔结构式〕　前分句+后分句(主语+"适"+谓语中心及其他)
〔例句〕

	前分句	后分句		引书
		主语	"适"	谓语中心及其他	
1	夫身中大创十余		适	有万金良药	史记魏其武安侯列传
2	我高祖少皞挚之立也	凤鸟	适	至	左传昭公十七年
3	先主斜趋汉津		适	与羽船会	三国志先主传

〔说明〕

1. "适"是副词，放在后分句谓语中心前面，表示两件事情在时间上正好相合。

2. "适"译作"恰巧""刚好""正""正好"。"夫身中大创十余，适有万金良药"可译为"灌夫身受重伤十多处，恰巧有极贵重的药"。

3. 适合本句型的副词有"适""会""属"等。

句型8　　〔孝王〕每闻太后病,│口不能食，居不安寝。

〔结构式〕　前分句（主语+"每"+谓语中心及其他）+后分句
〔例句〕

	前分句			后分句	引书
	主语	"每"	谓语中心及其他		
1	〔孝王〕	每	闻太后病	口不能食居不安寝	史记梁孝王世家
2	〔今〕吾	每	饭	意未尝不在巨鹿也	史记冯唐列传
3		每	念斯耻	汗未尝不发背沾衣也	司马迁报任安书
4		每	至于族	吾见其难为怵然为戒	庄子养生主

〔说明〕

1. "每"是副词，放在前分句主语后面，表示经常反复的动作行为。后分句表示相应发生的动作行为。前后两事经常一同出现，构成习惯性联系。

2. "每"译作"每次""每逢"。"〔孝王〕每闻太后病，口不能食，居不安寝"可译为"〔孝王〕每次听到太后生病，就吃不下饭，睡不着觉"。

句型9 〔新人〕每见王，|常掩鼻。

〔结构式〕 前分句（主语+"每"+谓语中心及其他）+后分句（主语+"常""辄""必"+谓语中心及其他）

〔例句〕

	前分句			后分句			引　书
	主语	"每"	谓语中心及其他	主语	"常"	谓语中心及其他	
1	〔新人〕	每	见王		常	掩鼻	韩非子内储说下
2	于期	每	念之		常	痛于骨髓	史记刺客列传
3		每	攘臂忍辱		辄	复苟活	李陵答苏武书
4	伯宗	每	朝	其妻	必	戒之	左传成公十五年

〔说明〕

1. "每"是副词，放在前分句主语后面。"常""辄""必"是副词，放在后分句主语后面。前分句表示经常反复的动作行为，后分句表示相应发生的动作行为。前后两事经常一同出现，构成习惯性联系。

2. "每"译作"每次""每逢"，"常"译作"时常""经常"，"辄"译作"总是""常常"，"必"译作"必定""一定"。"〔新人〕

每见王,常掩鼻"可译为"〔美女〕每逢看见楚王,时常遮掩着鼻子"。

3.适合后分句的副词有:"常""辄""必""则""即""便"等。

4.有关句型:

每汉使入匈奴,匈奴辄报偿。(《汉书匈奴传》)

这里"每"放在前分句之首。其结构式为:

"每"+前分句+后分句(主语+"常""辄""必"+谓语中心及其他)

句型10　　孙武既死,│后百余岁有孙膑。

〔结构式〕　前分句(主语+"既""已"+谓语中心及其他)+后分句

〔例句〕

	前分句			后分句	引　书
	主　语	"既"	谓语中心及其他		
1	孙武	既	死	后百余岁有孙膑	史记孙子列传
2	单于	既	立	尽归汉使之不降者	史记匈奴列传
3		既	克	公问其故	左传庄公十年
4	哙	既	饮酒	拔剑切肉食尽之	史记樊哙列传
5		既	归	心怒睢以告魏相	史记范睢列传
6	管仲	既	用	任政于齐齐桓公以霸	史记管晏列传
7	绛侯等	既	诛诸吕	齐王罢兵归	史记灌婴列传
8	张仪	既	相秦	为文檄告楚相	史记张仪列传
9	扶苏	已	死	蒙恬疑而复请之	史记蒙恬列传

〔说明〕

1. "既"("已")是副词，放在前分句主语后面，表示前一事已经完结；后分句表示接着发生后一事。

2. "既""已"译作"已经""……以后"。"孙武既死，后百余岁有孙膑"可译为"孙武死后，过了一百多年又出一个孙膑"。

3. 适合本句型的副词有："既""已""既已""业""业已"等。

4. 有关句型：

①既得人爵，而弃其天爵。（《孟子告子上》）

连词"而"放在后分句之首，与前面的"既"互相呼应。其结构式为：

前分句（主语+"既""已""既已"+谓语中心及其他）+"而"（"而后""然后"）+后分句

②约束既布，乃设鈇钺，即三令五申之。（《史记孙子列传》）

副词"乃""即"等放在后分句谓语中心前面，与前面的"既"互相呼应。适合这个句型的副词和连词还有："便""遂""因""而后""然后"等。其结构式为：

前分句（主语+"既""已""既已"+谓语中心及其他）+后分句（"乃""即""便""遂""因""而后""然后"+谓语中心及其他）

句型11　头足异处，｜卒为天下笑。

〔结构式〕　前分句+后分句（"卒""终""竟""果"+谓语中心及其他）

〔例句〕

	前分句	后分句		引书
		"卒"	谓语中心及其他	
1	头足异处	卒	为天下笑	史记淮阴侯列传
2	大夫种辅翼越王为之深谋	卒	擒强吴据有东夷	盐铁论非鞅
3	用王生计	卒	见谢	史记张释之列传
4	王迁立乃用郭开谗	卒	诛李牧	同上
5	欲有所言复饮之醉而后去	终	莫得开说	史记曹相国世家
6	今足下虽自以与汉王为厚交为之尽力用兵	终	为之所禽矣	史记淮阴侯列传
7	弘病	竟	以丞相终	史记平津侯列传
8	晋侯在外十九年矣	(而)果	得晋国	左传僖公二十八年

〔说明〕

1. "卒"("终""竟""果")是副词,放在后分句主语后面。本句型前分句叙述经过,后分句说明出现的结果。

2. 后分句常省略主语。

3. "卒""终""竟"译作"最后""最终""终于","果"译作"终于""究竟"。"头足异处,卒为天下笑"可译为"头和脚不在一处,终于被天下人耻笑"。

4. 适合本句型的副词有:"卒""终""竟""遂""果","讫""迄""归"等。

第三类 递进关系

句型1　乐岁终身苦,│凶年不免于死亡。

〔结构式〕　前分句+后分句(递进关系)

〔例句〕

	前分句	后分句	引书
1	乐岁终身苦	凶年不免于死亡	孟子梁惠王上
2	不能行于易	能行于难乎	论衡问孔
3	疾在腠理汤熨之所及也	在肌肤针石之所及也	韩非子喻老

〔说明〕

1. 这是意合法的递进复句，后分句表达的意思比前分句进了一层。前后分句之间不使用关联词语。这种复句很罕见。

2. "乐岁终身苦，凶年不免于死亡"可译为"好年成要常年艰难困苦，坏年成就难免饿死"。

句型2　　公语之故，｜且告之悔。

〔结构式〕　　前分句+"且"（"并"）+后分句

〔例句〕

	前分句	"且"	后分句	引书
1	公语之故	且	告之悔	左传隐公元年
2	孤之过也大夫何罪	且	吾不以一眚掩大德	左传僖公三十三年
3	夫颛臾昔者先王以为东蒙主	且	在邦域之中矣	论语季氏
4	比及三年可使有勇	且	知方也	论语先进
5	天下事未可知	且	为天下者不顾家	史记项羽本纪
6	矫以君命	并	命群臣	史记赵世家
7	肃请得奉命吊表二子	并	慰劳其军中用事者	司马光赤壁之战

〔说明〕

1. "且"（"并"）是连词，放在后分句之首，表示后分句的意思比前分句推进一层。

2．"且""并"译作"而且""并且""况且"。"公语之故,且告之悔"可译为"郑庄公把缘故告诉他,并且把心里后悔的事也告诉了他"。

3．适合本句型的连词有:"且""并""且又""而且"等。

句型3　蔓草犹不可除,│况君之宠弟乎?

〔结构式〕　前分句(主语+"犹""尚""且""尚犹""且犹"+谓语中心及其他)+"况"("而况""况于""而况于""何乃")+后分句

〔例句〕

	前分句			"况"	后分句	引书
	主　语	"犹"	谓语中心及其他			
1	蔓草	犹	不可除	况	君之宠弟乎	左传隐公元年
2	(畜)	犹	惮杀之	而况	君乎	左传宣公四年
3	人主之子也骨肉之亲也	犹	不能恃无功之尊无劳之奉而守金玉之重也	而况	人臣乎	战国策赵策
4	庸人	尚	羞之	况于	将相乎	史记廉颇蔺相如列传
5	臣	尚	自恶也	而况于	君	韩非子外储说左上
6	今将军	尚	不得夜行	何乃	故也	史记李将军列传
7	将军	尚	不知人	何乃	家监也	史记田叔列传
8	死马	且	买之五百金	况	生马乎	战国策燕策

续表

9	夫千乘之王万家之侯百室之君	尚犹	患贫	而况	匹夫编户之民乎	史记货殖列传
10	管仲	且犹	不可召	而况	不为管仲者乎	孟子公孙丑下

〔说明〕

1. "犹"("尚""且""尚犹""且犹")是副词,放在前分句主语后面,表示陪衬。"况"("而况""况于""而况于")是连词。"何乃"是词组,其中"何"是疑问代词,"乃"是副词。"况"等放在后分句之首,表示递进。本句型"犹"和"况"前后呼应,表示某人或某种事物还能够如此,而另外的人或事物更能如此。

2. 后分句通常只说主语,而省略谓语;甚至也可以只说偏正词组中的定语,而省略中心词(如例6只说"故",而省略了"将军")。

3. 后分句句尾通常使用"乎""也"等疑问语气词,表示反问。

4. "犹""尚""且""尚犹""且犹"译作"还""尚且","况""而况""况于""而况于"译作"何况","何乃"译作"何止是","乎""也"译作"呢"。"蔓草犹不可除,况君之宠弟乎?"可译为"滋生的野草还除不尽,何况您宠爱的弟弟呢?"

5. 适合前分句的副词有:"犹""尚""且""尚犹""且犹""犹且""犹尚""犹然""犹若""犹自""而""由""且由"等。适合后分句的连词有:"况""而况""况于""况乎""而况于""又况""何况""又乃况""兄""矧""皇"等。

句型4　　虽舜禹犹亦困，│而又况乎俗主哉？

〔结构式〕　前分句（"虽""自"+主语+"犹""犹亦""以"
　　　　　　+谓语中心及其他）+"况"（"而况""而又况乎"）
　　　　　　+后分句

〔例句〕

	前分句			"况"	后分句	引　书
	"虽"	主语	"犹"	谓语中心及其他			
1	虽	舜禹	犹亦	困	而又况乎	俗主哉	说苑尊贤
2	自	凡人	犹	系于习俗	而况	哀公之伦乎	汉书景十三王传
3	自	古大圣	犹	惧此	况	臣莽之斗筲	汉书翟义传
4	自	是有德者	以	不知也	而况	有道者乎	庄子列御寇

〔说明〕

1. "虽"（"自"）是连词，放在前分句主语前面，表示假设兼让步，即姑且承认某一假设情况，而后面的事情不受其影响。"犹"（"犹亦""以"）是副词，放在前分句谓语中心前面，表示陪衬。"况"（"而况""而又况乎"）是连词，放在后分句之首，表示递进。

2. 后分句通常只说主语，而省略谓语。

3. 后分句句尾通常使用"乎""哉"等疑问语气词，表示反问。

4. "虽""自"译作"即使"，"犹""犹亦""以"译作"还""尚且"，"况""而况""而又况乎"译作"何况"，"乎""哉"译作"呢"。"虽舜禹犹亦困，而又况乎俗主哉？"可译为"即使舜禹还艰困，何况普通的君主呢？"

5．适合前分句的连词有："虽""自""每""唯"等，副词有："犹""由""尚""且""以""而""犹亦""尚犹""犹尚""且犹""犹且""犹然""犹若""犹自""且由"等。适合后分句的连词有："况""兄""皇""矧""而况""况于""而况于""况乎""又况""又乃况"等。

6．有关句型：

自京师不晓，况于远方？（《汉书杜周传》）

这里在前分句主语后面，没有出现"犹""尚"一类副词。其结构式为：

"自"（"虽"）+前分句+"况"（"而况""况于"）+后分句

句型5　好善优于天下，|而况鲁国乎？

〔结构式〕　前分句+"况"（"而况"）+后分句

〔例句〕

	前分句	"况"	后分句	引　书
1	好善优于天下	而况	鲁国乎	孟子告子下
2	一夫不可狃	况	国乎	左传僖公十五年
3	吾未闻枉己而正人者也	况	辱己以正天下者乎	孟子万章上
4	明者睹未萌	况	已著邪	后汉书班超传
5	技经肯綮之未尝	而况	大軱乎	庄子养生主
6	王蠋布衣也义不北面于燕	况	在位食禄者乎	史记田单列传
7	其父而欲弑代之	况	他人乎	史记晋世家

〔说明〕

1．"况"（"而况"）是连词，放在后分句之首，表示递进。

2．本句型前分句字面上没有出现"犹""尚"等，但却隐含"犹""尚"的意思。

3．"况""而况"译作"何况"。"乎""邪"译作"呢"。"好善优于天下，而况鲁国乎？"可译为"喜欢听取善言，治理天下都能绰绰有余，何况治理鲁国呢？"

4．适合本句型的连词有："况""而况""况于""而况于""况乎""又况""又乃况""矧""兄""皇"等。

5．有关句型：
我之不德，民将弃我，岂唯郑？（《左传襄公九年》）

这里用"岂唯"表示递进，"岂唯"是词组。
这个句型句尾不用"乎"等疑问语气词。其结构式为：
前分句+"岂唯"（"岂独"）+后分句

句型6　　身且不爱，安能爱君？

〔结构式〕　前分句（主语+"且""犹""尚"+谓语中心及其他）+后分句

〔例句〕

	前分句			后分句	引书
	主语	"且"	谓语中心及其他		
1	身	且	不爱	安能爱君	韩非子难一
2		（忠）且	见弃	吾不之楚何适乎	战国策秦策
3		（臣之壮也）犹	不如人	今老矣无能为也已	左传僖公三十年

续表

4	〔臣〕	犹	未足以知之也	今病在于朝夕之中	
			臣奚能言		吕氏春秋贵公
5	〔民〕	尚	不避死	安能避罪	汉书董仲舒传

〔说明〕

1. "且"("犹""尚")是副词,放在前分句谓语中心前面,表示陪衬。后分句从意思上比前分句进了一层。其中有的是带有"安""何""奚""奈何"等的反问句,有的是陈述句。

2. "且""犹""尚"译作"还""尚且"。"身且不爱,安能爱君?"可译为"自己身体还不爱护,怎么能爱护您?"

3. 适合本句型的副词有:"且""犹""尚""而""尚犹""且犹""犹尚""犹且""犹然""犹若""犹自""且由"等。

4. 句型转换:

A.〔民〕尚不避死,况避罪乎?

⇌ B.〔民〕尚不避死,安能避罪?(本句型例5)

"蔓草犹不可除,况君之宠弟乎?"(第三编、三、句型3例1)是个前分句带有副词"犹""尚",后分句带有连词"况"的递进复句。"〔民〕尚不避死,况避罪乎?"和"蔓草犹不可除,况君之宠弟乎?"结构相同。如果后分句中删除了"况",置换以疑问代词"安",使其成为反问句,这样就转换成 B 句型:"〔民〕尚不避死,安能避罪?"这是用删除后分句连词的方法转换成另一复句的。

A 类与 B 类句型转换的结构式是:

前分句(主语+"犹""尚""且"+谓语中心及其他)+"况"("而况")+后分句

⇌ 前分句(主语+"犹""尚""且"+谓语中心及其他)+后分句

句型7　　君非徒不达于兵也，｜又不明其时势。

〔结构式〕　前分句（主语+"非徒""非特""非独""非直"+谓语中心及其他）+后分句（"又""又乃""又将""又且""而又"+谓语中心及其他）

〔例句〕

	前分句			后分句		引　书
	主　语	"非徒"	谓语中心及其他	"又"	谓语中心及其他	
1	君	非徒	不达于兵也	又	不明其时势	战国策赵策
2		非徒	危身	又将	危父	韩非子外储说左下
3		非徒	危己也	又且	危父矣	同上
4		非徒	无益	而又	害之	孟子公孙丑上
5	彼	非特	不服也	又	大不敬	贾子威不信
6	此	非特	无术也	又乃	无行	韩非子六反
7	厚赏者	非独	赏功也	又	劝一国	同上
8		非直	费财	又乃	费士	汉书翼奉传

〔说明〕

　　1. "非徒"（"非特""非独""非直"）是词组。其中"非"是否定副词；"徒"（"特""独""直"）是范围副词，表示仅独（限制在一定范围之内）。"非徒"等放在前分句主语后面。

　　2. "又"（"又乃""又将""又且"）是副词。"而又"是连词和副词连用。"又"等放在后分句谓语中心前面。"非徒"和"又"前后呼应，表示递进。

　　3. "非徒""非特""非独""非直"译作"不仅""不

只""不但"。"君非徒不达于兵也,又不明其时势"可译为"您不仅不通晓于兵法,而且又不明白用兵的时势"。

4. 适合前分句的词组有:"非徒""非惟(唯)""非特""非但(亶)""非直""非独""不惟(唯)""不适""不啻""不翅""不独""不特""不专""不宁唯"等。适合后分句的副词有:"又""又将""又且""乃""又乃""亦","抑亦""能亦"等。

5. 有关句型:

①丧先王之乘舟,岂唯光之罪,众亦有焉。(《左传昭公十七年》)

这里在前分句主语后面,使用了词组"岂唯",其中"岂"和"唯"都是副词,表示反问。"岂唯"的意思相当于"不唯"。"岂唯"和后分句中的"亦"前后呼应。其结构式为:

前分句(主语+"岂唯""岂独"+谓语中心及其他)+后分句(主语+"亦"+谓语中心及其他)

②非独贤者有是心也,人皆有之。(《孟子告子上》)

这里在前分句之首使用词组"非独",在后分句主语后面使用副词"皆"。前分句主语代表部分,后分句主语代表整体。其结构式为:

"非徒"("非惟""非独")+前分句+后分句(主语+"皆"+谓语中心及其他)

句型8　　非惟百乘之家为然也,｜虽小国之君亦有之。

〔结构式〕　　"非惟"("不唯")+前分句+后分句("虽"+主语+"亦"+谓语中心及其他)

〔例句〕

469

| | "非惟" | 前分句 | 后分句 | | | | 引书 |
			"虽"	主语	亦	谓语中心及其他	
1	非惟	百乘之家为然也	虽	小国之君	亦	有之	孟子万章下
2	非惟	小国之君为然也	虽	大国之君	亦	有之	同上
3	不唯	越王不知翟之意	虽	子	亦	不知翟之意	吕氏春秋高义

〔说明〕

1．"非惟"（"不唯"）是词组。其中"非"（"不"）是否定副词，"惟"（"唯"）是范围副词，表示仅独（限制在一定的范围之内）。"非惟"等放在前分句之首。"虽"是连词，放在后分句主语前面，表示假设兼让步。"亦"是副词，放在后分句谓语中心前面，表示类同关系。

2．"非惟""不唯"译作"不只是""不仅仅"，"虽"译作"即使""纵使""就是"，"亦"译作"也"。"非惟百乘之家为然也，虽小国之君亦有之"可译为"不仅有一百辆车马的大夫是这样，即使小国的君主也有朋友"。

3．适合前分句的词组有："非惟""非徒""非特""非但""非直""非独""不唯""不独"等。适合后分句的连词有："虽""自""每""唯""惟"等，副词有："亦""抑亦""又""又将""又且""又乃"等。

4．有关句型：

①堪非独不可于朝廷，自州里亦不可也。（《汉书刘向传》）

这里"非独"放在前分句主语后面。其结构式为：

前分句（主语+"非独""非惟"+谓语中心及其他）+后分句（"虽""自"+主语+"亦"+谓语中心及其他）

②非独政能也，乃其女亦烈女也。（《史记刺客列传》）

这里"非独"放在前分句之首；连词"乃"放在后分句之首，

表示他转,译作"至于""就是"。其结构式为:
"非独"+前分句+"乃"+后分句(主语+"亦"+谓语中心及其他)

句型9 神农、黄帝犹有可非,│微独舜、汤。

〔结构式〕 前分句(主语+"犹""固""亦"+谓语中心及其他)
　　　　　+"微独"("非但""非特")+后分句

〔例句〕

	前分句			"微独"	后分句	引书
	主　语	"犹"	谓语中心及其他			
1	神农黄帝	犹	有可非	微独	舜汤	吕氏春秋离俗
2	学者	固	学为圣人也	非特	学为无方之民也	荀子礼论
3	〔臣〕	亦	欲为吴	非但	为蜀也	三国志邓芝传
4	此	亦	范计	非但	将军也	资治通鉴汉纪献帝兴平二年

〔说明〕

1. "犹"("固""亦")是副词,放在前分句主语后面。"犹"表示陪衬,"固"表示事物的必然趋势,"亦"表示人或事之间的类同关系。"微独"("非但""非特")是词组。其中"微""非"是否定副词;"独""但""特"是范围副词,表示仅独(限制在一定的范围之内)。"微独"等放在后分句之首。

2. 本句型是递进复句,但和句型7、8前后分句排列顺序相反。

3．有些后分句可以只说主语而省略谓语（如例1、4）。

4．"犹"译作"尚且"，"固"译作"本来"，"亦"译作"也"，"微独""非但""非特"译作"不只是""不仅是""不仅仅"。"神农、黄帝犹有可非，微独舜、汤"可译为"神农、黄帝尚且有可以指责的地方，不仅仅舜、汤是这样"。

5．适合前分句的副词有："犹""尚""且""而""固""亦""又""尚犹""犹尚""且犹""犹且""犹然""犹若""犹自"等。适合后分句的词组有："微独""非独""非但""非啻""非特""非直""非惟（唯）""匪啻""匪翅""不独""不惟（唯）""不适"，"不特""不啻""不翅""不宁唯"等。

6．有关句型：
①行役戍备，自古有之，非独今也。(《盐铁论备胡》)
这里在前分句没有出现"犹"等副词。
其结构式为：
前分句+"非独"（"非但""非特"）+后分句
②臣以死奋笔，奚啻其闻之也！(《国语鲁语》)
这里在后分句句首使用词组"奚啻"，表示反问，意思相当于"不啻"。
其结构式为：
前分句+"奚啻"+后分句

第四类　选择关系

句型1　敬叔父乎？｜敬弟乎？

〔结构式〕　前分句+后分句（选择关系）

〔例句〕

	前分句	后分句	引　书
1	敬叔父乎	敬弟乎	孟子告子上
2	事齐乎	事楚乎	孟子梁惠王下
3	王者贵乎	士贵乎	战国策齐策
4	属之于子乎	属之于我乎	史记孙子吴起列传
5	子绝长者乎	长者绝子乎	孟子公孙丑下
6	子食志乎	食功乎	孟子滕文公下
7	为肥甘不足于口与	轻暖不足于体与	孟子梁惠王上
8	不知周之梦为胡蝶与	胡蝶之梦为周与	庄子齐物论
9	使齐人傅诸	使楚人傅诸	孟子滕文公下
10	韫椟而藏诸	求善贾而沽诸	论语子罕
11	毁诸	已乎	孟子梁惠王下

〔说明〕

1．句型 1 到句型 5 是一组选择疑问句型。这种复句中，前后分句各自都是是非问句，即在以陈述句作主体的后面加上"乎""与"等疑问语气词；或加上兼词"诸"，"诸"等于"之乎"。这种复句并列提出两个或几个疑问，以便让对方任选其一作为答案。

2．本句型是意合法的选择复句，前后分句之间没有使用关联词语。

3．前后分句句尾的疑问语气词多数相同，有时也可以不同（如例 11）。

4．"乎""与"译作"呢"。"诸"要补出"之"所指代的对象，并将"乎"译作"呢"。"敬叔父乎？敬弟乎？"可译为"尊敬叔父呢？还是尊敬弟弟呢？"

5．适合本句型的疑问语气词有："乎""与""欤""邪"

"耶"等。

句型2　　求之与？│抑与之与？

〔结构式〕　前分句+"抑"（"抑亦""且""将""其""其诸""忘其""妄其"）+后分句
〔例句〕

	前分句	"抑"	后分句	引　书
1	求之与	抑	与之与	论语学而
2	敢问天道乎	抑	人故也	国语周语
3	曩而言戏乎	抑	有所闻之乎	国语晋语
4	仲子所居之室伯夷之所筑与	抑亦	盗跖之所筑与	孟子滕文公下
5	所食之粟伯夷之所树与	抑亦	盗跖之所树与	同上
6	反诸其人乎	抑亦	立而视其死与	孟子公孙丑下
7	岂吾相不当侯邪	且	固命也	史记李将军列传
8	丞相岂少我哉	且	固我哉	史记李斯列传
9	足下欲助秦攻诸侯乎	且	欲率诸侯破秦也	史记郦生列传
10	王以天下为尊秦乎	且	尊齐乎	战国策齐策
11	人生受命于天乎	将	受命于户邪	史记孟尝君列传
12	子能顺杞柳之性而以为杯棬乎	将	戕贼杞柳而后以为杯棬也	孟子告子上
13	秦诚爱赵乎	其	实憎齐乎	史记赵世家
14	寝不安与	其诸	侍御有不在侧者与	公羊传僖公二年
15	不识三国之憎秦而爱怀邪	忘其	憎怀面爱秦乎	战国策赵策
16	道固然乎	妄其	欺不穀邪	国语越语

〔说明〕

1．"抑"（"抑亦""且""将""其""其诸"，"忘其""妄其"）是连词，放在后分句之首，表示选择。

2．前后分句句尾的疑问语气词多数相同，有时也可以不同（如例 2、6、7、9、11、12、16）。

3．"抑""抑亦""且""将""其""其诸""忘其""妄其"译作"还是"，"乎""与""邪"译作"呢"。"求之与？抑与之与？"可译为"求得的呢？还是别人主动告诉他的呢？"

4．适合本句型的连词有："抑""抑亦""且""将""其""意""噫""亿""懿""意亦""亿亦""噫亦""噫将""妄""亡其""妄其""忘其""其诸""意亡""将妄""亡意亦"等。

句型3　　抑固窭邪？│亡其略弗及邪？

〔结构式〕　"抑"（"其"）+前分句+"亡其"（"其""抑""抑将"）+后分句

〔例句〕

	"抑"	前分句	"亡其"	后分句	引　书
1	抑	固窭邪	亡其	略弗及邪	庄子外物
2	其	正色邪	其	远而无所至极邪	庄子逍遥游
3	其	竟以此而殒其生乎	抑	别有疾而致斯乎	韩愈祭十二郎文
4	抑	不知天将和其声而使鸣国家之盛耶	抑将	穷饿其身思愁其心肠而使自鸣其不幸邪	韩愈送孟东野序

〔说明〕

1．"抑"（"其""亡其""抑将"）是连词，分别放在前后分句之首，表示选择。前后两个连词可以相同（如例 2），也可以不同（如例1、3、4）。这种选择句型较少见。

2. "抑""其""亡其""抑将"译作"还是"，"乎""邪""耶"译作"呢"。"抑固窭邪？亡其略弗及邪？"可译为"是固陋呢？还是智略不及呢？"

3. 适合本句型的连词有："其""将""抑""抑亦""且""意""噫""亿""懿""妄""亡其""妄其""忘其""其诸""意亡""将妄""意亦""亿亦""噫亦""噫将""亡意亦"等。

句型4　　人之情宁朝人乎？｜宁朝于人也？

〔结构式〕　前分句（主语+"宁""宁其"+谓语中心及其他）+后分句（"宁""宁其""其宁""将"+谓语中心及其他）

〔例句〕

	前分句			后分句		引　书
	主语	"宁"	谓语中心及其他	"宁"	谓语中心及其他	
1	人之情	宁	朝人乎	宁	朝于人也	战国策赵策
2	此龟者	宁其	死为留骨而贵乎	宁其	生而曳尾于涂中乎	庄子秋水
3	君	宁	弃国之半乎	其宁	有全晋乎	新序杂事
4	君	宁	死而又死乎	其宁	生而又生乎	吕氏春秋贵信
5	王	宁	亡十城邪	将	亡齐国也	新序善谋
6	吾	宁	悃悃款款朴以忠乎	将	送往劳来斯无穷乎	楚辞卜居
7		宁	诛锄草茅以力耕乎	将	游大人以成名乎	同上

〔说明〕

1. "宁""宁其""其宁"是副词，表示情愿选取某种作法。"将"是连词,表示选择。"宁""宁其"放在前分句主语后面和后分句谓语中心前面,"其宁""将"只放在后分句谓语中心前面。

2. 前后分句句尾的疑问语气词多数相同,有时也可以不同(如例1、5)。

3. "宁""宁其""其宁"译作"宁愿""宁肯""宁可","将"译作"还是"。"人之情,宁朝人乎?宁朝于人也?"可译为"人的常情是宁愿朝拜别人呢?还是宁愿受别人朝拜呢?"

句型5　　欲破赵之军乎,│不邪?

〔结构式〕　前分句+后分句("不""非"+"邪""乎")
〔例句〕

	前分句	后分句	引书
1	欲破赵之军乎	不邪	史记虞卿列传
2	怨邪	非邪	史记伯夷列传
3	此非以贱为本邪	非乎	老子三十九章

〔说明〕

1. 本句型前后分句内容相反,后分句只有否定副词"不""非",表示否定前分句中的动作行为。前后分句并列提出正反两个疑问,要求对方选择其中一个作为答案。

2. 本句型前后分句的句尾都必须使用"乎""邪"等疑问语气词。

3. "非"译作"不是",乎、"邪"译作"呢"。"欲破赵之军乎,不邪?"可译为"秦国要击破赵国军队呢,还是不要呢?"

4．适合本句型的否定副词有："不""非""未""否""无""毋"等。

5．有关句型：

有变乎？且不乎？（《礼记曾子问》）

这里在前后分句中间加了连词"且"，也可以加"将"。其结构式为：

前分句+"且"（"将"）+后分句（"不""非""未""无"+"乎""邪"）

句型6　民死亡者非其父兄，│即其子弟。

〔结构式〕　前分句(主语+"非"+谓语中心及其他)+后分句（"则""即""乃"+谓语中心及其他）

〔例句〕

	前分句			后分句		引书
	主　语	"非"	谓语中心及其他	"则"	谓语中心及其他	
1	民死亡者	非	其父兄	即	其子弟	左传襄公八年
2	先死者	非	父	则	母	墨子明鬼
3		非	愚	则	诬也	庄子秋水
4		非	亲	则	顽	国语郑语
5	小臣之行	非	刑	则	戮	韩非子难一
6	人生之大物	非	法	则	术也	韩非子难三
7	齐国之诸公子其可辅者	非	公子纠	则	小白也	韩非子说林下
8	是	非	守官	即	蜥蜴	汉书东方朔传
9		非	狗	乃	羊也	说苑辨物

〔说明〕

1. "非"是否定副词,放在前分句谓语中心前面。"则"("即""乃")是副词,放在后分句谓语中心前面。"非"和"则"前后呼应,表示非此即彼,两者必居其一。

2. 本句型前分句是否定句,后分句是肯定句。

3. 前后分句中的谓语中心多数是名词或名词词组,少数是形容词或动词。

4. "非"译作"不是","则""即""乃"译作"就是"。"民死亡者,非其父兄,即其子弟"可译为"百姓死去和逃亡的,不是父兄,就是子弟"。

句型7　　非子｜而谁?

〔结构式〕　前分句(主语+"非"+谓语中心及其他)+"而"("其""如")+后分句("谁""何""奚")

〔例句〕

	前分句			"而"	后分句	引　书
	主语	"非"	谓语中心及其他			
1		非	子	而	谁	左传宣公二年
2	宗庙会同	非	诸侯	而	何	论语先进
3		非	弑	而	何也	史记儒林列传
4		靠	祸	而	奚	说苑善说
5	临长晋国者	非	女	其	谁	国语晋语
6		非	此	其	谁	国语周语
7		非	鼠	如	何	左传襄公二十三年
8	此	非	弑君	如	何	公羊传宣公六年

〔说明〕

479

1. 本句型多数是紧缩复句。"非"是否定副词,放在前分句谓语中心前面。"而"("其""如")是连词,放在后分句之首。"非"和"而"前后呼应,表示肯定"非"后面的人或事,并含有排除其他可能性的意思。

2. 前分句的谓语中心多数是名词、代词,也可以是动词(如例3的"弑")或动词词组(如例8的"弑君")。后分句省略主语,只有由疑问代词"谁""何""奚"等充当的谓语。

3. "非"译作"不是","而""其""如"译作"却"或仍作"而"。"非子而谁?"可译为"不是你却是谁呢?"

句型8　　与人刃我,│宁自刃。

〔结构式〕　"与"("与其")+前分句+后分句("宁""宁其"+谓语中心及其他)

〔例句〕

	"与"	前分句	后分句		引　书
			"宁"	谓语中心及其他	
1	与	人刃我	宁	自刃	史记鲁仲连列传
2	与其	杀不辜	宁	失不经	左传襄公二十六年
3	与其	使民陷下也	宁	使民陷上	韩非子外储说左下
4	与其	媚于奥	宁	媚于灶	论语八佾
5	与其	失善	宁其	利淫	左传襄公二十六年
6	与其	杀是人也	宁其	得此国也	国语越语

〔说明〕

1. 句型8到句型12是一组在前分句中带有"与"("与其")或"宁"的抉择复句。复句中的两个分句都不是疑问句。

2. "与"("与其")是连词,放在前分句之首。"宁"("宁其")是副词,放在后分句谓语中心前面。"与"("与其")和"宁"("宁其")相呼应,表示在比较之后舍弃前分句中的做法,而选取后分句中的做法。

3. "与"译作"与其","宁""宁其"译作"宁肯""宁可""宁愿"。"与人刃我,宁自刃"可译为"与其别人杀我,宁肯自杀"。

4. 适合后分句的副词有:"宁""宁其""无宁"等。

5. 有关句型:

与其害于民,宁我独死。(《左传定公十三年》)

这里副词"宁"放在后分句之首。其结构式为:

"与"("与其")+前分句+"宁"("宁其")+后分句

句型9　礼,与其奢也,│宁俭。

〔结构式〕　前分句(主语+"与""与其"+谓语)+后分句("宁""无宁"+谓语中心及其他)

〔例句〕

	前分句			后分句		引　书
	主语	"与"	谓　语	"宁"	谓语中心及其他	
1	礼	与其	奢也	宁	俭	论语八佾
2	丧	与其	易也	宁	戚	同上
3	吾	与	富贵而诎于人	宁	贫贱而轻世肆志焉	史记鲁仲连列传
4	予	与其	死于臣之手也	无宁	死于二三子之手乎	论语子罕

〔说明〕

1. "与"("与其")是连词,放在前分句主语后面(这种情况比较少见)。"宁""无宁"是副词,放在后分句谓语中心前面。"与"("与其")和"宁"相呼应,表示在比较之后,舍弃前分句中的做法,而选取后分句中的做法。

2. "与"译作"与其","宁""无宁"译作"宁可""宁肯""宁愿"。"礼,与其奢也,宁俭"可译为"礼仪,与其奢侈豪华,宁可节约俭省"。

3. 适合后分句的副词有:"宁""宁其""无宁"等。

句型10　　与吾得革车千乘,｜不如闻行人烛过之一言也。

〔结构式〕　"与"("与其")+前分句+后分句("不如""不若"+宾语)

〔例句〕

	"与"	前分句	后分句		引书
			"不如"	宾语	
1	与	吾得革车千乘	不如	闻行人烛过之一言也	韩非子难二
2	与	余以狂疾赏也	不如	亡	国语晋语
3	与	使厉为慕势	不如	使王为趋士	战国策齐策
4	与其	成周	不如	城之	左传昭公三十二年
5	与其	生而无义	(固)不如	烹	史记田单列传
6	与其	得百里于燕	不如	得十里于宋	战国策燕策
7	与其	用一人	不如	用一国	韩非子八经
8	与其	死夫人所者	不若	赐死君前	韩非子奸劫弑臣
9	与	吾因子而生	不若	反拘而死	新序节士

〔说明〕

1. "与"("与其")是连词,放在前分句之首。"如""若"是动词,在后分句中作谓语中心,"不"是否定副词,作状语。"不如""不若"表示"赶不上"。"与"和"不如"相呼应，表示在比较之后，舍弃前分句中的做法，而选取后分句中的做法。

2．"与"译作"与其"，"不若"译作"不如"。"与吾得革车千乘，不如闻行人烛过之一言也"可译为"我与其得到兵车一千辆，不如听到行人烛过的一句话"。

3．适合后分句的动词词组有："不如""不若""莫如""莫若"等。

4．有关句型：

①不如逃之，……与其及也。(《左传闵公元年》)

这个句型把"不如"放在前分句中，把"与其"放在后分句中，与常式不同。这是因补充而倒说，顺说应为"与其及也，不如逃之，……"其结构式为：

前分句（"不如""不若"+宾语）+"与"（"与其"）+后分句

②孝而安民，……与其危身以速罪也。(《左传闵公二年》)

这里把"与其"放在后分句中，这也是因补充而倒说，顺说应为"与其危身以速罪也，〔孰若〕孝而安民？……"其结构式为：

前分句+"与"（"与其"）+后分句

③丧礼，与其哀不足而礼有余也，不若礼不足而哀有余也。(《礼记檀弓上》)

"与其"放在前分句主语后面。其结构式为：

前分句（主语+"与""与其"+谓语）+后分句（"不如""不若"+宾语）

句型11　　与其杀是童，∣孰若卖之？

〔结构式〕　　"与其"+前分句+"孰若"+后分句
〔例句〕

	"与其"	前分句	"孰若"	后分句	引 书
1	与其	杀是童	孰若	卖之	柳宗元童区寄传
2	与其	卖而分	孰若	吾得专焉	同上
3	与其	有誉于前	孰若	无毁于其后	韩愈送李愿归盘谷序
4	与其	有乐于身	孰若	无忧于其心	同上
5	与其	坐而待亡	孰若	起而拯之	徐珂冯婉贞

〔说明〕

1. "与其"是连词，放在前分句之首。"孰若"是词组，其中"孰"是疑问代词，"若"是动词。"孰若"相当于"何如"，放在后分句之首。"与其"和"孰若"相呼应，表示在比较之后，舍弃前分句中的做法，而选取后分句中的做法。

2. "孰若"译作"哪里比得上"或"不如"。"与其杀是童，孰若卖之？"可译为"与其杀了这个小孩，哪里比得上把他卖掉？"

3. 适合前分句的连词有："与""与其"。适合后分句的词组有："孰若""孰与""何若""何如""岂若"等。

4. 有关句型：

①与我处畎亩之中，由是以乐尧舜之道，吾岂若使是君为尧舜之君哉（《孟子万章上》）

"岂若"是词组，其中"岂"是反诘副词，"若"是动词。这里"岂若"放在后分句主语后面。其结构式为：

"与"（"与其"）+前分句+后分句（主语+"岂若"+宾语）

②而与其从避人之士也，岂若从避世之士哉？（《论语微子》）

这里"与其"放在前分句主语后面。其结构式为：

前分句（主语+"与其"+谓语）+后分句（"岂若"+宾语）

句型 12　　宁信度，|无自信也。

〔结构式〕　前分句(主语+"宁"+谓语中心及其他)+后分句("无"
　　　　　"不"+谓语中心及其他)
〔例句〕

	前分句			后分句		引　书
	主　语	"宁"	谓语中心及其他	"无"	谓语中心及其他	
1		宁	信度	无	自信也	韩非子外储说左上
2		宁	见乳虎	无	值宁成之怒	史记酷吏列传
3		宁	为鸡口	无	为牛后	战国策韩策
4	吾	宁	斗智	不	能斗力	史记项羽本纪

〔说明〕

1. "宁"是副词，放在前分句主语后面，表示情愿选取某种做法，主观意志很坚决。"无""不"是否定副词，放在后分句谓语中心前面。"宁"和"无"（"不"）相呼应，表示在比较之后，选取前分句中的做法，而舍弃后分句中的做法。

2. "宁"译作"宁可""宁肯""宁愿"，"无"译作"不要"。"宁信度，无自信也"可译为"宁可相信尺码，不要相信自己"。

3. 有关句型：
宁我薄人，无人薄我。（《左传宣公十二年》）
这里"宁"和"无"分别放在前后分句之首。其结构式为：
"宁"+前分句+"无"+后分句

句型 13　　大天而思之，|孰与物畜而制之。

〔结构式〕　前分句+"孰与"（"孰若"）+后分句
〔例句〕

	前分句	"孰与"	后分句	引　书
1	大天而思之	孰与	物畜而制之	荀子天论
2	从天而颂之	孰与	制天命而用之	同上
3	惟坐而待亡	孰与	伐之	诸葛亮后出师表
4	为两郎僮	孰若	为一郎僮耶	柳宗元童区寄传

〔说明〕

1. "孰与"（"孰若"）是词组，其中"孰"是疑问代词，"与"是介词，"若"是动词。"孰与"（"孰若"）相当于"何如"，放在后分句之首，表示在比较之后，舍弃前分句中的做法，而选取后分句中的做法。

2. 本句型在译成现代汉语时，可以在前分句之首加上"与其"。"孰与"译作"哪里比得上"或"不如"。"大天而思之，孰与物畜而制之？"可译为"（与其）尊敬天而思慕它，哪里比得上把天当作物质来畜养而制驭它？"

第五类　转折关系

句型 1　　今法律贱商人，|商人已富贵矣。

〔结构式〕　前分句+后分句（转折关系）

〔例句〕

	前分句	后分句	引书
1	今法律贱商人	商人已富贵矣	汉书食货志
2	尊农夫	农夫已贫贱矣	同上
3	管仲富拟于公室有三归反坫	齐人不以为侈	史记管晏列传
4	晏子长不满六尺	身相齐国名显诸侯	史记管晏列传
5	今诸侯独知爱其国	不爱人之国	墨子兼爱

〔说明〕

1．这是意合法的转折复句。这种复句后分句并不是顺承前分句的意思说下去，而是说出了与前分句不协调甚至截然相反的意思。前后分句之间没有使用关联词语。

2．本句型在译成现代汉语时，要在后分句前面加上"但是""然而""可是"等。"今法律贱商人，商人已富贵矣"可译为"现在法律上轻视商人，可是商人已经富贵了"。

句型2　　此在兵法，|顾诸君不察耳。

〔结构式〕　　前分句+"顾"（"但""抑""亦"）+后分句

〔例句〕

	前分句	"顾"	后分句	引书
1	此在兵法	顾	诸君不察耳	史记淮阴侯列传
2	吾每念常痛于骨髓	顾	计不知所出耳	战国策燕策
3	彼非不爱其弟	顾	有所不能忍者也	史记越王勾践世家
4	卿非刺客	顾	说客耳	后汉书马援传
5	人体欲得劳动	但	不能使极尔	三国志方技传
6	君蜂目已露	但	豺声未振耳	世说新语识鉴

续表

7	公干有逸气	但	未遒耳	三国志吴质传
8	子皙信美矣	抑	子南夫也	左传昭公元年
9	尧舜之治天下岂无所用其心哉	亦	不用于耕耳	孟子滕文公上

〔说明〕

1. "顾"（"但""抑"）是连词，"亦"是副词"顾"等放在后分句之首。"顾"等本来是表示限制的，在这里用于表示轻微的转折。

2. 本句型句尾常用语气词"耳"，表示限止，与"顾"等相呼应。

3. "顾""但""抑""亦"译作"只是""只不过"。"此在兵法，顾诸君不察耳"可译为"这〔就〕在兵法上，只不过诸位没有仔细看罢了"。

4. 适合本句型的连词有："顾""但""亶""第""抑"等，副词有："亦""徒""独""特"等。

句型3　吾力足以举百钧，｜而不足以举一羽。

〔结构式〕　前分句+"而"（"然""则"）+后分句
〔例句〕

	前分句	"而"	后分句	引书
1	吾力足以举百钧	而	不足以举一羽	孟子梁惠王上
2	明足以察秋毫之末	而	不见舆薪	同上
3	季氏富于周公	而	求也为之聚敛而附益之	论语先进
4	非为人口吃不能道说	而	善著书	史记韩非列传
5	武王平殷乱天下宗周	而	伯夷叔齐耻之	史记伯夷列传
6	肉断	而	发不断	韩非子内储说下

续表

7	此宜禽兽夷狄所不忍为	而	其人自视以为得计	韩愈柳子厚墓志铭
8	陈平智有余	然	难以独任	史记高祖本纪
9	及吕后时事多故矣	然	平竟自脱	史记陈丞相世家
10	先生有幸臣之意	然	有大伤臣之实	韩非子问田
11	孙子筹策庞涓明矣	然	不能早救患于被刑	史记孙子列传
12	军不得休息	然	亦未尝遇害	史记李将军列传
13	吾尝将百万军	然	安知狱吏之贵乎	史记绛侯世家
14	竭力以事大国	则	不得免焉	孟子梁惠王下

〔说明〕

1. "而"("然""则")是连词,放在后分句之首,表示重转。本句型较常见。

2. "而""则"译作"可是""但""却","然"译作"然而""但是"。"吾力足以举百钧,而不足以举一羽"可译为"我的膂力能够举重三千斤,却拿不起一根羽毛"。

句型4 七十者衣帛食肉,黎民不饥不寒,| 然而不王者,未之有也。

〔结构式〕 前分句+"然而"("然则""然且")+后分句

〔例句〕

	前分句	"然而"	后分句	引 书
1	七十者衣帛食肉黎民不饥不寒	然而	不王者未之有也	孟子梁惠王上
2	夫环而攻之必有得天时者矣	然而	不胜者是天时不如地利也	孟子公孙丑下
3	夫垂泣不欲刑者仁也	然而	不可不刑者法也	韩非子五蠹
4	以骄主使罢民	然而	国不亡者天下少矣	吕氏春秋适威

489

续表

5	臣有宠矣	然而	臣卑	韩非子难一
6	臣贵矣	然而	臣贫	同上
7	臣富矣	然而	臣疏	同上
8	此三臣者岂不忠哉	然而	不免于死	史记李斯列传
9	今夫狌狌形笑亦二足而无毛也	然而	君子啜其羹食其胾	荀子非相
10	夫二子之勇未知其孰贤	然而	孟施舍守约也	孟子公孙丑上
11	鞅复见孝公益愈	然而	未中旨	史记商君列传
12	夫贵为天子富有天下是人情之所同欲也	然则	从人之欲则势不能容物不能赡也	荀子荣辱
13	其不可行明矣	然且	语而不舍非愚则诬也	庄子秋水

〔说明〕

1. "然而"（"然则""然且"）是词组。其中"然"是指示代词，用于复指上文的情况；"而"（"则""且"）是连词，表示转接。"然而"等于说"如此，可是……"（如例1-4）。有时"然而"是连词，这个用法现代汉语还保存（如例5-11）。"然而"等放在后分句之首，表示重转（比"而""然"更重一些）。

2. "然而""然则""然且"译作"这样，还"，如："七十者衣帛食肉，黎民不饥不寒，然而不王者，未之有也"可译为"七十岁的人穿丝绸吃肉类，老百姓不挨饿不受冻，这样还不能统一天下而称王，是没有的"。"然而"作连词时可以不译。如："臣有宠矣，然而臣卑"可译为"我受到了恩宠，然而我的地位很低"。

3. 适合本句型的词组有："然而""然则""然且""言而""然乃"等。

句型 5　　**当改过自新，｜乃益骄溢。**

〔结构式〕　前分句+后分句（主语+"乃""徒""曾""顾""反"
　　　　　　"顾反"+谓语中心及其他）
〔例句〕

	前分句	后分句			引　书
		主　语	"乃"	谓语中心及其他	
1	当改过自新		乃	益骄溢	史记吴王濞列传
2	吾困于此旦暮望若来佐我		乃	欲自立为王	史记淮阴侯列传
3	不见子都		乃	见狂且	诗经郑风山有扶苏
4	今已亏形为扫除之隶在闒茸之中		乃	欲仰首伸眉论列是非	司马迁报任安书
5	身死东城尚不觉寤不自责过失		乃	引天亡我非用兵之罪	汉书项籍传
6	吾以夫子为无所不知	夫子	徒	有所不知	荀子子道论语先进
7	吾以子为异之问		曾	由与求之问	
8	子之南面行王事	（而）哙（老不听政）	顾	为臣	战国策燕策
9	诸侯发难不急匡救欲报私仇		反	以亡躯	史记袁盎列传
10	为将数岁		反	不如一竖儒之功乎	汉书蒯通传
11	燔发灼烂者在上行余各用功次坐		（而）反	不录言曲突者	说苑权谋

续表

12	我代韩而受魏之兵	顾反	听命于韩也	战国策齐策
13	执弹而招鸟挥悦而呼狗欲致之	顾反	走	淮南子说山训

〔说明〕

1. "乃",("徒""曾""顾""反""顾反")是副词,放在后分句谓语中心前面,表示出乎预料之外,或与一般规律相反。

2. "乃"译作"却""竟""竟然","徒""曾"译作"竟""竟然","顾""反""顾反"译作"反而""却"。"当改过自新,乃益骄溢"可译为"应该改正错误从新做起,却更加骄横奢侈"。

3. 适合本句型的副词有:"乃""则""徒""能""竟""曾""而竟"("而"是连词)"顾""反""顾反""故""而反"("而"是连词)等。

4. 有关句型:

足反唇上,首顾居下。(《汉书贾谊传》)

这里"反""顾"等分别放在前后分句的主语后面。其结构式为:

前分句(主语+"反"+谓语中心及其他)+后分句(主语+"顾"+谓语中心及其他)

第六类　让步关系

句型1　　婴虽不仁，│免子于厄。

〔结构式〕　前分句（主语+"虽"+谓语）+后分句
〔例句〕

	前分句			后分句	引书
	主　语	"虽"	谓　语		
1	婴	虽	不仁	免子于厄	史记管晏列传
2	我	虽	不敏	请尝试之	孟子梁惠王上
3	此言	虽	小	可以喻大也	史记李将军列传
4	伯夷叔齐	虽	贤	得夫子而名益彰	史记伯夷列传
5	颜渊	虽	笃学	附骥尾而行益显	同上
6	马	虽	良	此非楚之路也	战国策魏策
7	（今）足下	虽	强	未若知氏	韩非子难三
8	韩魏	虽	弱	未至如其晋阳之下也	同上
9	（夫）曹参	虽	有野战略地之功	此特一时之事	汉书曹参传
10	齐国	虽	褊小	吾何爱一牛	孟子梁惠王上
11	季子	虽	来	不吾废也	史记刺客列传
12		虽	杀臣	不能绝也	墨子公输
13		虽	之夷狄	不可弃也	论语子路
14		虽	有黄帝之贤	不能并也	史记李斯列传
15		虽	有台池鸟兽	岂能独乐哉	孟子梁惠王上
16		虽	有管晏	不能为之谋也	史记刺客列传
17		虽	有智慧	不如乘势	孟子公孙丑上

续表

18	虽	有镃基	不如待时	同上
19	虽	死	不恨	史记刺客列传
20	虽	劳	不怨	孟子尽心上
21	虽	袒裼裸裎于我侧	尔焉能浼我哉	孟子公孙丑上

〔说明〕

1. "虽"是连词,放在前分句主语后面,表示让步。在例1-9中,表示姑且承认某种既成事实;在例10-21中,表示姑且承认某种假设的情况,这种情况多是夸张的。后分句表示转折或反问,指出后事并不因前事而不成立。

2. "虽"表示既成事实时,译作"虽然"如:"婴虽不仁,免子于厄"可译为"晏婴虽然没有仁德,却能使您免遭困境"。"虽"表示假设情况时,译作"即使",如:"齐国虽褊小,吾何爱一牛?"可译为"齐国即使不大,我又何至于连一头牛都舍不得?"

3. 适合本句型的连词有:"虽""惟""唯""每"等。

4. 有关句型:

①虽我之死,有子存焉。(《列子汤问》)

连词"虽"放在前分句之首。其结构式为:

"虽"+前分句+后分句

②老仆虽弃,将军虽贵,宁可以势夺乎?(《史记魏其武安侯列传》)

这里前两个分句表示重复让步,即并列两个带有"虽"字的分句。其结构式为:

第一分句(主语+"虽"+谓语)+第二分句(主语+"虽"+谓语)+第三分句

句型 2　　灌婴虽少，|然数力战。

〔结构式〕　前分句（主语+"虽"+谓语）+"然"（"而""然而"）
　　　　　　+后分句
〔例句〕

	前分句			"然"	后分句	书　引
	主　语	"虽"	谓　语			
1	灌婴	虽	少	然	数力战	史记灌婴列传
2	我军	虽	烦扰	然	虏亦不得犯我	史记李将军列传
3	穰苴	虽	田氏庶孽	然	其人文能附众武能威敌	史记司马穰苴列传
4	诗书	虽	缺	然	虞复之文可知也	史记伯夷列传
5	荆轲	虽	游于酒人乎	然	其为人沈深好书	史记刺客列传
6	（今）父老子弟	虽	患苦我	然	百岁后期令父老子孙思我言	史记滑稽列传附录
7	漆城	虽	于百姓愁费	然	佳哉	史记滑稽列传
8	楚	虽	有富大之名	而	实空虚	史记张仪列传
9	其卒	虽	多	然而	轻走易北	同上

〔说明〕

1．"虽"是连词，放在前分句主语后面。"然"（"而""然而"）是连词，放在后分句之首。

2．前分句表示让步，即姑且承认某种事实，后分句表示转折，指出后事并不因前事而不成立。

3．"虽"译作"虽然"，"然""而""然而"译作"但是""可是""却"。"灌婴虽少，然数力战"可译为"灌婴虽

495

然年轻,可是却屡次奋力作战"。

4.适合前分句的连词有:"虽""唯""惟""每"等。适合后分句的连词有:"然""而""抑""则""顾""但""亶""第""然而""言而""然则""然且""然乃"等。

句型3 （今）君虽终,｜言犹在耳。

〔结构式〕 前分句（主语+"虽"+谓语）+后分句（主语+"犹""尚""亦"+谓语中心及其他）

〔例句〕

	前分句			后分词			引 书
	主 语	"虽"	谓语	主 语	"犹"	谓语中心及其他	
1	（今）君	虽	终	言	犹	在耳	左传文公七年
2	豪杰之士	虽	无文王		犹	兴	孟子尽心上
3	其热	虽	未尽		犹	活也	史记扁鹊仓公列传
4	此	虽	免乎行		犹	有所待者也	庄子逍遥游
5	廉将军	虽	老		尚	善饭	史记廉颇蔺相如列传
6	（如耳）	虽	辩智		亦	不为寡人用	韩非子外储说右上
7	越人之兵	虽	多		亦	奚益于胜败哉	孙子兵法虚实
8	我	虽	死	公	亦	病矣	史记晋世家
9		虽	有智者		亦	不知为齐计矣	史记淮阴侯列传
10	仆	虽	罢驽		亦	尝侧闻长者之遗风矣	司马迁报任安书
11	寡人	虽	死		亦	无悔焉	左传隐公三年

〔说明〕

1."虽"是连词,放在前分句主语后面。"犹"（"尚""亦"）是副词,放在后分句谓语中心前面。

2．前分句表示让步，即姑且承认某种既成事实或某种假设情况；后分句表示转折或反问，指出后事并不因前事而不成立。

3．"虽"译作"虽然""即使"，"犹""尚"译作"还""还是""仍然"，"亦"译作"也""又"。"今君虽终，言犹在耳"可译为"现在国君虽然去世，话还在耳朵里"。

4．适合前分句的连词有："虽""惟""唯""每"等。适合后分句的副词有："犹""尚""且""而""尚犹""且犹""犹尚"，"犹且""犹然""犹若""犹自""独""亦""又""矧"等。

句型 4　海水虽多，│火必不灭矣。

〔结构式〕　前分句（主语+"虽"+谓语）+后分句（主语+"必"+谓语中心及其他）

〔例句〕

	前分句			后分句			引　书
	主　语	"虽"	谓　语	主　语	"必"	谓语中心及其他	
1	海水	虽	多	火	必	不灭矣	韩非子说林上
2	楚	虽	三户	亡秦	必	楚也	史记项羽本纪
3	冠	虽	穿弊		必	戴于头	韩非子外储说左下
4	履	虽	五采		必	践之于地	同上
5		虽	博		必	谬	荀子儒效
6		虽	识		必	妄	同上
7		虽	敦		必	困	同上
8		虽	愚		必	明	礼记中庸
9		虽	柔		必	强	同上
10		虽	狎		必	变	论语乡党
11		虽	亵		必	以貌	同上

〔说明〕

1. "虽"是连词,放在前分句主语后面。"必"是副词,放在后分句谓语中心前面。

2. 前分句表示让步,即姑且承认某种事实或假设情况;后分句表示转折,指出后事并不受前事的影响,而是必定会发生的。

3. 例5-11是紧缩复句。

4. "虽"译作"虽然""即使","必"译作"必定""一定"。"海水虽多,火必不灭矣"可译为"〔从海里取水灭火,〕海水虽然多,火〔也〕一定不能熄灭"。

5. 适合前分句的连词有:"虽""每""唯""惟"等。适合后分句的副词有:"必""定""当""必当"等。

句型5　　虽与日月争光,│可也。

〔结构式〕　前分句("虽"+谓语)+后分句("可"+"也")
〔例句〕

	前分句		后分句	引书
	"虽"	谓　语		
1	虽	与日月争光	可也	史记屈原列传
2	虽	闭户	可也	孟子离娄下
3	虽	被发缨冠而救之	可也	同上
4	虽	战	可也	商君书画策
5	虽	杀	可也	同上
6	虽	重刑	可也	同上
7	虽	赴水火	(犹)可也	史记孙子列传

〔说明〕

1. 本句型是紧缩复句。"虽"是连词,放在前分句谓语前面,表示让步,即姑且承认某种假设情况,这种情况通常是相当夸张的。后分句只有能愿动词"可"和语气词"也"。"可"表示许可或可能,作谓语。"可"的前面可以加副词"犹""亦"等。

2. "虽"译作"即使""就是""纵使"。"可"译作"可以"。"虽与日月争光,可也"可译为"即使跟日月争辉,也是可以的"。

3. 适合前分句的连词有:"虽""每""唯""惟"等。

句型6　　虽然,│吾尝闻之矣。

〔结构式〕　前分句("虽然")+后分句
〔例句〕

	前分句	后分句	引　书
1	虽然	吾尝闻之矣	孟子滕文公上
2	虽然	每至于族吾见其难为怵然为戒	庄子养生主
3	虽然	今日之事君事也我不敢废	孟子离娄下
4	虽然	子弑二君与一丈夫为子君者不亦难乎	左传僖公十年
5	虽然	适夫人非所以事君也适君非所以事夫人也	韩非子奸劫弑臣
6	虽然	受地于先王愿终守之弗敢易	战国策魏策
7	虽然	贺公得通而生	史记张耳陈余列传
8	虽然	必告不榖	左传成公三年
9	虽然	何以报我	左传僖公二十三年
10	虽然	公输盘为我为云梯必取宋	墨子公输

〔说明〕

1. 本句型前分句只有"虽然"。"虽然"是词组。其中"虽"

是连词，表示让步，"然"是代词，用于指代上文叙述的情况。"虽然"等于说"虽然如此"。后分句表示转折。

2."虽然"译作"虽然这样""即使这样"。"虽然，吾尝闻之矣"可译为"虽然这样，我〔也〕曾经听说过"。

句型7　纵江东父兄怜而王我，│我何面目见之?

〔结构式〕　"纵"（"从""正""正使""弟令""藉第令"）
　　　　　+前分句+后分句
〔例句〕

	"纵"	前分句	后分句	引　书
1	纵	江东父兄怜而王我	我何面目见之	史记项羽本纪
2	纵	彼不言	籍独不愧于心乎	同上
3	纵	弗能死	其又奚言	左传庄公十四年
4	纵	子忘之	山川鬼神其忘诸乎	左传定公元年
5	从	其有皮	丹漆若何	左传宣公二年
6	正	二国废	国家不足以为利害	汉书终军传
7	正使	死	何所惧	三国志高贵乡公纪注
8	弟令	事成	两主分争患乃始结	史记吴王濞列传
9	藉第令	毋斩	而成死者固十六七	史记陈涉世家

〔说明〕

1."纵"（"从""正""正使""弟令""藉第令"）是连词，放在前分句之首。

2.前分句表示让步，即对某种假设事实的容忍，后分句表示转折或反问。

3."纵""从""正""正使""弟令""藉第令"译作"即使""纵然"。"纵江东父兄怜而王我，我何面目见之？"可译为"纵然江东的父老兄弟同情我,拥戴我为王,我有什么脸面去见他们?"

4.适合本句型的连词有:"纵""纵令""纵使""纵其""从""正""就""弟令""藉第令""即""正使""自"等。

5.有关句型:

吾纵生无益于人,吾可以死害于人乎哉?(《礼记檀弓上》)

这里连词"纵"放在前分句主语后面。其结构式为:

前分句(主语+"纵""即"+谓语)+后分句

句型8　　治则治矣,│非书意也。

〔结构式〕　前分句(动词/形容词+"则"+动词/形容词+"矣")
　　　　　　+后分句

〔例句〕

	前分句				后分句	引书
	动词	"则"	动词	"矣"		
1	治	则	治	矣	非书意也	韩非子外储说左上
2	善	则	善	矣	未可以战也	国语吴语
3	仁	则	仁	矣	恐不免其身	庄子渔父
4	大	则	大	矣	裂之道也	新序杂事
5	巧	则	巧	矣	未尽善也	傅子附录

〔说明〕

1.本句型前分句通常省略主语,谓语是并列成分,即由连词"则"连接两个字面相同的动词或形容词。语气词"矣"放在前分句句尾,表示停顿兼感叹。

2.前分句表示让步,后分句表示转折。

3. "则"译作"是""倒是"。"矣"译作"了""呀"。"治则治矣,非书意也"可译为"治理好了倒是治理好了,但却不是写信的原意"。

4. 适合本句型的连词有:"则""固""而"等。

句型9 多则多矣,|抑君似鼠。

〔结构式〕 前分句(形容词／动词+"则"+形容词／动词〈+"矣"〉)
　　　　　+"抑"("然""而""然而")+后分句
〔例句〕

| | 前分句 | | | "抑" | 后分句 | 引书 |
	形容词	"则"	形容词	"矣"			
1	多	则	多	矣	抑	君似鼠	左传襄公二十三年
2	美	则	美	矣	抑	臣亦有惧也	国语晋语
3	恶	则	恶		然	非其急者也	管子小匡
4	忠	则	忠	矣	然	非礼也	说苑建本
5	不嫁	则	不嫁		然	嫁过毕矣	战国策齐策
6	哀	则	哀	矣	而	难为继也	礼记檀弓上
7	难	则	难	矣	然而	未仁也	墨子鲁问

〔说明〕

1. 本句型前分句通常省略主语,谓语是并列成分,即由连词"则"连接两个字面相同的形容词或动词。语气词"矣"放在前分句句尾,表示停顿兼感叹。

2. "抑"("然""而""然而")是连词,放在后分句之首。

3. 前分句表示让步,后分句表示转折。

4."则"译作"是""倒是","矣"译作"了""呀","抑""然""而""然而"译作"但是""然而""却"。"多则多矣,抑君似鼠"可译为"多倒是多了,可是君王却像个老鼠"。

5.适合前分句的连词有"则""固""而"等。适合后分句的连词有:"而""抑""然""顾""但""亶""第""然而"等。

第七类 因果(目的)关系

句型1 一夫不耕,│或受之饥。

〔结构式〕 前分句+后分句(由因及果)
〔例句〕

	前分句	后分句	引书
1	一夫不耕	或受之饥	贾谊论积贮疏
2	一女不织	或受之寒	同上
3	饥寒至身	不顾廉耻	晁错论贵粟疏
4	顾小而忘大	后必有害	史记李斯列传
5	孤疑犹豫	后必有悔	同上
6	断而敢行	鬼神避之后有成功	同上

〔说明〕

1.句型1到句型6是一组由因及果的复句。

2.本句型是意合法的因果复句。前分句表示原因,后分句表示结果。前后分句之间没有使用关联词语。本句型较少见。

3．"一夫不耕，或受之饥"可译为"一个男人不种地，有人就要因为他挨饿。"

句型2　　楚不用吴起，| 而削乱。

〔结构式〕　　前分句+"而"（"则""斯""以至于"）+后分句
〔例句〕

	前分句	"而"	后分句	引书
1	楚不用吴起	而	削乱	韩非子问田
2	秦行商君	而	富强	同上
3	质的张	而	弓矢至焉	荀子劝学
4	林木茂	而	斧斤至焉	同上
5	树成荫	而	众鸟息焉	同上
6	醯酸	而	蚋聚焉	同上
7	仓廪实	而	知礼节	史记管晏列传
8	衣食足	而	知荣辱	同上
9	五谷熟	而	民人育	孟子滕文公上
10	上下交征利	而	国危矣	孟子梁惠王上
11	令尹诛	而	楚奸不上闻	韩非子五蠹
12	仲尼赏	而	鲁民易降北	同上
13	越王好勇	而	民多轻死	韩非子二柄
14	楚灵王好细腰	而	国中多饿人	同上
15	郡中不寒	而	栗	史记酷吏列传
16	形劳而不休	则	弊	庄子刻意
17	精用而不已	则	劳	同上
18	逸邪进	则	众贤退	汉书楚元王传
19	群枉盛	则	正士消	同上
20	君子道消	则	政日乱	同上
21	得其民	斯	得天下矣	孟子离娄上

续表

22	得其心	斯	得民矣	同上
23	申生有罪不念伯氏之言也	以至于	死	礼记檀弓上
24	为道日损损之又损	以至于	无为	老子四十八章

〔说明〕

1．"而"（"则""斯"）是连词。"以至于"是词组，在这里可以看作连词。"而"等放在后分句之首。

2．前分句表示原因，后分句表示结果。

3．例15中的"不寒而栗"是个"不……而……"的紧缩复句，前分句表示不具备某种条件或原因，后分句表示仍然产生某种结果。

4．"而"译作"就"，"则""斯"译作"就""那么就"，"以至于"不必翻译。"楚不用吴起而削乱"可译为"楚国不用吴起的改革，就削弱混乱"。

5．适合本句型的连词有："而""则""斯""咫""枳""以至于"等。

句型3　　西门豹之性急，│故佩韦以自缓。

〔结构式〕　前分句+"故"（"是""是故""以故""然故""是以""以是"）+后分句

〔例句〕

	前分句	"故"	后分句	引　书
1	西门豹之性急	故	佩韦以自缓	韩非子观行
2	董安于之心缓	故	佩弦以自急	同上
3	彼竭我盈	故	克之	左传庄公十年
4	（匈奴）数为边害	故	兴师遣将以征厥罪	史记卫将军列传

505

续表

5	人杀吾子	故	哭之	史记高祖本纪
6	求也退	故	进之	论语先进
7	由也兼人	故	退之	同上
8	吾视其辙乱望其旗靡	故	逐之	左传庄公十年
9	鄂侯争之急辨之疾	故	脯鄂侯	战国策赵策
10	我必有罪	故	天以此罚我也	吕氏春秋制乐
11	古之人与民偕乐	故	能乐也	孟子梁惠王上
12	舜不穷其民造父不穷其马	是	舜无失民造父无失马也	荀子哀公
13	为国以礼其言不让	是故	哂之	论语先进
14	先王喜怒皆得其齐焉	是故	喜而天下和之怒而暴乱侵之	荀子乐论
15	诚者物之终始不诚无物	是故	君子诚之为贵	礼记中庸
16	方急时不及召下兵	以故	荆轲乃逐秦王	史记刺客列传
17	张羽力战安国持重	以故	吴不能过梁	史记韩长孺列传
18	濞则招致天下亡命者盗铸钱煮海水为盐	以故	无赋国用富饶	史记吴王濞列传
19	从士以上皆羞利而不与民争业乐分施而耻积藏	然故	民不困财贫窭者有所窜其手	荀子大略
20	大伯不从	是以	不嗣	左传僖公五年
21	仲尼之徒无道桓文之事者	是以	后世无传焉	孟子梁惠王上
22	纣之不善不如是之甚也	是以	君子恶居下流天下之恶皆归焉	论语子张
23	公子往而臣不送	以是	知公子恨之复返也	史记魏公子列传

〔说明〕

1. "故"("是")是连词;"是故"("以故""然故""是以"

"以是")是词组,其中"是以""以是"是介词词组。"以"是介词,表示"因为";"是"是代词,作"以"的宾语。"是故"等用在两句之间,可以看作连词。"故"等放在后分句之首,这种情况较常见。

2. 前分句表示原因,后分句表示结果。

3. "故""是""是故""以故""然故""是以""以是"译作"因此""所以"。"西门豹之性急,故佩韦以自缓"可译为"西门豹的性子急,所以佩带柔韧的皮带,来提醒自己从容沉着"。

4. 适合本句型的连词有"故""是""肆""用""迪"等。适合本句型的词组有:"是故""以故""然故""以是""以此""以斯""由此""由是""用是""用此""是以""是用"等。

句型4　范、中行氏皆众人遇我,│我故众人报之。

〔结构式〕　前分句+后分句(主语+"故""以故""是以""是用"+谓语)

〔例句〕

	前分句	后分句			引书
		主语	"故"	谓语	
1	范中行氏皆众人遇我	我	故	众人报之	史记刺客列传
2	兵出无名	事	故	不成	汉书高帝纪
3	汉败楚	楚	以故	不能过荥阳而西	史记项羽本纪
4	终不休曰我王暴露苑中我独何为就舍	鲁王	以故	不大出游	史记田叔列传
5	嬖人有臧仓者沮君	君	是以	不果来也	孟子梁惠王下
6	今在骨髓	臣	是以	无请也	史记扁鹊列传
7	天下之至柔驰骋天下之至坚无有入无间	吾	是以	知无为之有益	老子四十三章

507

续表

8	郑伯与战于竟息师大败而还	君子	是以	知息之将亡也希	左传隐公十一年
9	伯夷叔齐不念旧恶	怨	是用		论语公冶长

〔说明〕

1．"故"是连词；"以故"（"是以""是用"）是词组，其中"是以""是用"是介词词组。"以"是介词，表示"因为"；"是"是代词，作"以"的宾语。"以故"等用在两句之间可以看作连词。"故"等放在后分句主语后面，这种情况较少见。

2．前分句表示原因，后分句表示结果。

3．"故""以故""是以""是用"译作"因此""所以"。"范、中行氏皆众人遇我，我故众人报之"可译为"范氏和中行氏都把我当一般人看待，所以我只把自己当一般人那样报答他"。

句型5　　左右以君贱之也，│食以草具。

〔结构式〕　前分句（主语+"以"+谓语）+后分句
〔例句〕

	前分句			后分句	引书
	主语	"以"	谓语		
1	左右	以	君贱之也	食以草具	战国策齐策
2	（当是时）诸侯	以	公子贤多客	不敢加兵谋魏十余年	史记魏公子列传
3	楚子	以	蔡侯灭息	遂伐蔡	左传庄公十四年
4	晋	以	卫之救陈也	讨焉	左传宣公十三年
5	公孙归父	以	襄仲之立公也	有宠	左传宣公十八年
6	吕不韦	以	秦之强	羞不如亦招致士	史记吕不韦列传

〔说明〕

1. "以"是连词,放在前分句主语后面。
2. 前分句表示原因,后分句表示结果。
3. "以"译作"因为""由于"。"左右以君贱之也,食以草具"可译为"下边的人因为孟尝君看不起他,〔就〕拿粗劣妫食物给他吃"。
4. 有关句型

以道之不通,先入币财。(《左传昭公二十六年》)
连词"以"也可以放在前分句之首。其结构式为:
"以"+前分句+后分句

句型6　　怀王以不知忠臣之分, | 故内惑于郑袖,外欺于张仪

〔结构式〕　前分句(主语+"以""为""唯""惟"+谓语中心及其他)+"故"("是以""以""以至于")+后分句

〔例句〕

	前分句			"故"	后分句	引书
	主语	"以"	谓语中心及其他			
1	怀王	以	不知忠臣之分	故	内惑于郑袖外欺于张仪	史记屈原列传
2	秦	以	往者数易君君臣乖乱	故	晋复强夺秦河西地	史记秦本纪
3	〔张挚〕	以	不能取容当世	故	终身不仕	史记张释之列传
4	〔成安君〕	以	不用足下	故	信得侍耳	史记淮阴侯列传
5	臣	为	其不善君也	故	为君杀之	韩非子内储说下
6		为	其功多	故	不忍	史记留侯世家

509

续表

7	王	唯	信子	故	处子于蔡	左传昭公十五年
8		(夫)唯	不争	故	天下莫能与之争	老子二十二章
9		(夫)唯	善	故	能举其类	左传襄公三年
10		(夫)唯	嗜鱼	故	不受也	韩非子外储说右下
11	卫懿公	唯	不去其旗	是以	败于荧	左传成公十六年
12	阖庐	惟	能用其民	以	败我于柏举	左传哀公元年
13	予	唯	不食嗟来之食	以至于	斯也	礼记檀弓下

〔说明〕

1."以"("为")是连词,"唯"("惟")是副词。"以"等放在前分句主语后面,表示原因。"故""以"是连词,"是以"是词组。其中"以"是介词,"是"是代词,作"以"的宾语。"以至于"也是词组。"是以""以至于"都可以看作连词。"故"等放在后分句之首,表示结果。

2."以""为"译作"因为""由于","唯""惟"译作"只因为""正因为""因为","故""是以"译作"所以","以""以至于"译作"才""以至于"。"怀王以不知忠臣之分,故内惑于郑袖,外欺于张仪"可译为"怀王因为不明白忠臣的职分,所以在内被郑袖所迷惑,在外被张仪所欺骗"。

句型7 吾妻之美我者,|私我也。

〔结构式〕 前分句+后分句(由果溯因)
〔例句〕

	前分句	后分句	引书
1	吾妻之美我者	私我也	战国策齐策
2	妾之美我者	畏我也	同上
3	客之美我者	欲有求于我也	同上
4	井蛙不可以语于海者	拘于虚也	庄子秋水
5	夏虫不可以语于冰者	笃于时也	同上
6	曲士不可以语于道者	束于教也	同上
7	人之于让也轻辞古之天子难去今之县令者	薄厚之实异也	韩非子五蠹
8	古者丈夫不耕	草木之实足食也	同上
9	妇人不织	禽兽之皮足衣也	同上
10	古者言之不出	耻躬之不逮也	论语里仁
11	鲍叔不以我为贪	知我贫也	史记管晏列传
12	鲍叔不以我为愚	知时有利不利也	同上
13	冬齐师灭谭	谭无礼也	左传庄公十年
14	媪之送燕后也持其踵为之泣	念悲其远也	战国策赵策

〔说明〕

1．句型 7 到句型 10 是一组由果溯因的复句，这种复句在表示原因上显得更加突出。

2．本句型是意合法的因果复句。前分句表示结果，后分句表示原因。前后分句之间没有使用关联词语。

3．例 1-7 中，语气词"者"加在前分句句尾，表示提顿。本句型在后分句句尾一般要加语气词"也"，表示肯定事情的因果关系。

4．"者""也"不必翻译。"吾妻之美我者，私我也"可译为"我的妻子认为我漂亮，是由于偏爱我"。

句型 8　　上索我者，│以我有美珠也。

〔结构式〕　前分句+"以""为"（表原因）+后分句
〔例句〕

	前分句	"以"	后分句	引书
1	上索我者	以	我有美珠也	韩非子说林上
2	今君起江东楚蜂午之将皆争附君者	以	君世世楚将为能复立楚之后也	史记项羽本纪
3	晋侯秦伯围郑	以	其无礼于晋且贰于楚也	左传僖公三十年
4	先帝属将军以幼孤寄将军以天下	以	将军忠贤能安刘氏也	汉书霍光传
5	士不远千里而至者	以	君能贵士而贱妾也	史记平原君虞卿列传
6	赵王侍酒至暮口不忍献五城	以	公子退让也	史记魏公子列传
7	一羽之不举	为	不用力焉	孟子梁惠王上
8	舆薪之不见	为	不用明焉	同上
9	百姓之不见保	为	不用恩焉	同上
10	某非忘封之也	为	其母不长者耳	史记楚元王世家
11	女之餐之	为	爱之也	韩非子外储说右上

〔说明〕

　　1."以"（"为"）是连词，放在后分句之首。

　　2."者"是语气词，可以加在前分句句尾，表示提顿。

　　3. 前分句表示结果，后分句表示原因。

　　4."以""为"译作"因为"。"上索我者，以我有美珠也"可译为"君主搜捕我，是因为我有美珠。

　　5. 句型转换：

①A．上所以索我者／以我有美珠也／。
⇌B．上索我者，│以我有美珠也。（本句型例1）

"吾所以为此者，以先国家之急而后私仇也"（第一编、Ⅰ、五、句型例5）是单句。"吾所以为此者"在句中作主语，介词词组"以先国家之急而后私仇也"作谓语。"上所以索我者，以我有美珠也"和"吾所以为此者，以先国家之急而后私仇也"结构相同。如果删除"所以"两个字，这样就转换成B句型："上索我者，以我有美珠也。"B句型是复句。这是用删除的方法使单句转换成复句的。

A类与B类句型转换结构式是：
主语（名／代+"所以"／"所为"+动宾词组+"者"）+谓语（介词词组）〈+"也"〉
⇌前分句+"以"（"为"）+后分句

②A．上以我有美珠，│索我。
⇌B．上索我者，│以我有美珠也。（本句型例1）

"左右以君贱之也，食以草具"（第三编、七、句型5例1）是个在前分句中带有连词"以"的复句。"上以我有美珠，索我"和"左右以君贱之也，食以草具"结构相同。如果移动前后分句的位置，使原来的前分句成为后分句，使原来的后分句成为前分句，并在前后分句句尾分别加"者"和"也"，这样就转换成B句型："上索我者，以我有美珠也。"连词"以"在B句型中放在后分句之首。

A类与B类句型的区别是：A句型由因及果，B句型由果溯因。这是用移位的方法转换成另一复句的。

A类与B类句型转换结构式是：
前分句（主语+"以"+谓语）+后分句
⇌前分句+"以"+后分句

句型9　（父子不相见，兄弟妻子离散，）此无他，|不与民同乐也。

〔结构式〕　前分句（"无他""此无他""是无它故""岂有他哉"）+后分句

〔例句〕

	前分句	后分句	引书
1	（父子不相见，兄弟妻子离散）此无他	不与民同乐也	孟子梁惠王下
2	（吾王庶几无疾病与何以能田猎也）此无他	与民同乐也	同上
3	（今天下地丑德齐莫能相尚）无他	好臣其所教而不好臣其所受教	孟子公孙丑下
4	（古有万国今有十数焉）是无它故	莫不失之是也	荀子君道
5	（跛鳖致之六骥不致）是无他故焉	或为之或不为尔	荀子修身
6	（以万乘之国伐万乘之国箪食壶浆以迎王师）岂有他哉	避水火也	孟子梁惠王下

〔说明〕

　　1. 本句型的前分句是"无他"（"此无他""是无它故""岂有他哉"）等固定词语，用于强调原因的排他性，即没有其他原因。（"无他"前面的上文，是用于表示结果的。）后分句用于解释原因。

　　2. "无他""此无他""是无它故"译作"这没有别的原因""这没有别的缘故"，"岂有他哉"译作"难道有别的原因吗"。"（父子不相见，兄弟妻子离散，）此无他，不与民同乐也"可译为"（父子不能见面，兄弟妻子离别失散）这没有别的原因，就是因为王不与人民一同娱乐的缘故"。

句型 10　　孔子罕称命，|盖难言之也。

〔结构式〕　前分句+"盖"+后分句
〔例句〕

	前分句	"盖"	后分句	引书
1	孔子罕称命	盖	难言之也	史记外戚世家
2	屈平之作离骚	盖	自怨生也	史记屈原列传
3	丘也闻有国有家者不患贫而患不均不患寡而患不安	盖	均无贫和无寡安无倾	论语季氏
4	侍卫之臣不懈于内忠志之士忘身于外者	盖	追先帝之殊遇欲报之于陛下也	诸葛亮前出师表

〔说明〕

1．"盖"是语气词，放在后分句之首，表示偏于肯定的测度语气。

2．前分句表示结果，后分句表示原因。

3．例 4 中的"者"是语气词，用在前分句句尾，表示提顿。

4．"盖"译作"大概由于""原来是"。"孔子罕称命，盖难言之也"可译为"孔子很少讲命运，大概由于难讲罢"。

句型 11　　晋人归楚公子谷臣与连尹襄老之尸于楚，|以求知罃。

〔结构式〕　前分句+"以""为"（表目的）+后分句
〔例句〕

515

	前分句	"以"	后分句	引书
1	晋人归楚公子谷臣与连尹襄老之尸于楚	以	求知罃	左传成公三年
2	愿令得补黑衣之数	以	卫王宫	战国策赵策
3	五侯九伯女实征之	以	夹辅周室	左传僖公四年
4	夫人朝夕退而游焉	以	议执政之善否	左传襄公三十一年
5	彻其环瑱至老不嫁	以	养父母	战国策齐策
6	吴起于是欲就名遂杀其妻	以	明不与齐也	史记吴起列传
7	明法审令捐不急之官废公族疏远者	以	抚养战斗之士	同上
8	妾愿入身为官婢	以	赎父刑罪使得改行自新也	史记扁鹊仓公列传
9	毫毛不敢有所进封闭宫室还军霸上	以	待大王来	史记项羽本纪
10	君子创业垂统	为	可继也	孟子梁惠王下
11	敝帷不弃	为	埋马也	礼记檀弓下
12	敝盖不弃	为	埋狗也	同上

〔说明〕

1. "以"（"为"）是连词，放在后分句之首，表示目的。前分句表示结果。在"以"字表示目的的句型中，前后分句的主语一般是相同的，后分句大都具有积极的行动意义。

2. "以"译作"来""去""为了"，"为"译作"为了"。"晋人归楚公子谷臣与连尹襄老之尸于楚，以求知罃"可译为"晋人把楚国公子谷臣和连尹襄老的尸首归还给楚国，为了要求交换知罃"。

3. 适合本句型的连词有："以""而""用"等。

第八类　假设关系

句型1　　欲与大叔，│臣请事之。

〔结构式〕　前分句+后分句（假设关系）
〔例句〕

	前分句	后分句	引书
1	欲与大叔	臣请事之	左传隐公元年
2	君能补过	衮不废矣	左传宣公二年
3	城不入	臣请完璧归赵	史记廉颇蔺相如列传
4	弗诛	后遗子孙忧	史记晋世家
5	事不成	我食舅氏之肉	同上
6	距关毋内诸侯	秦地可尽王也	史记项羽本纪
7	沛公不先破关中	公岂敢入乎	同上
8	以此众战	谁能御之	左传僖公四年
9	以此攻城	何城不克	同上
10	无财	作力	史记货殖列传
11	少有	斗智	同上
12	既饶	争时	同上

〔说明〕

1. 这是意合法的假设复句。前分句表示假设，后分句表示结果。前后分句之间没有使用关联词语。

2. 例10-12是紧缩复句。

3. "欲与大叔，臣请事之"可译为"〔君王〕要把君位让给太叔，下臣就去侍奉他"。

句型2　　谏而不入，|则莫之继也。

〔结构式〕　前分句+"则"（"斯"）（表结果与假设的相因）+后分句

〔例句〕

	前分句	"则"	后分句	引书
1	谏而不入	则	莫之继也	左传宣公二年
2	不入	则	子继之	同上
3	士师不能治士	则	如之何	孟子梁惠王下
4	王之好乐甚	则	齐国其庶几乎	同上
5	人不得	则	非其上矣	同上
6	君行仁政	斯	民亲其上死其长矣	同上
7	邹人与楚人战	则	王以为孰胜	孟子梁惠王上
8	战	则	请从	左传庄公十年
9	学而不思	则	罔	论语为政
10	思而不学	则	殆	同上
11	欲速	则	不达	论语子路
12	见小利	则	大事不成	同上

〔说明〕

1. "则"（"斯"）是连词，放在后分句之首。

2. 前分句表示假设；后分句表示结果或提出反问，而反问实际上是一种表达相反意思的推论。

3. 例8-12是紧缩复句。

4. "则""斯"译作"就""那么""那么就"。"谏而不入则莫之继也"可译为"您劝谏而不听，就没有人接着劝谏了"。

5. 适合本句型的连词有:"则""斯""枳""咫""当""故"等。

句型3　若子死,｜将谁使代子?

〔结构式〕　"若"("如""苟""为""苟为""即""有如""如有")+前分句+后分句

〔例句〕

	"若"	前分句	后分句	引书
1	若	子死	将谁使代子	韩非子说林上
2	若	幸而男	吾奉之	史记赵世家
3	如	其克谐	天下可定也	司马光赤壁之战
4	如	其不才	君可自取	三国志诸葛亮传
5	苟	无民	何以有君	战国策齐策
6	苟	得其养	无物不长	孟子告子上
7	苟	失其养	无物不消	同上
8	为	不能听	勿使出境	吕氏春秋长见
9	苟为	不畜	终身不得	孟子离娄上
10	苟为	不知其然也	孰知其所终	庄子人间世
11	即	女也	吾徐死耳	史记赵世家
12	即	天下有变	王何以市楚也	战国策秦策
13	即	宫车晏驾	非大王立当谁哉	史记魏其武安侯列传
14	有如	太后宫车即晏驾	大王尚谁攀乎	同上
15	有如	卒	子当代	史记绛侯世家
16	如有	马惊车败	陛下纵自轻奈高庙太后何	史记袁盎列传
17	如有	遇雾露行道死	陛下竟为以天下之大弗能容有杀弟之名奈何	同上

519

〔说明〕

1. "若"（"如""苟""为""苟为""即""有如""如有"）是连词，放在前分句之首。这种情况较常见。

2. 前分句表示假设，后分句表示结果或推论。

3. "若""如""苟""为""苟为""即""有如""如有"译作"如果""假如"。"若子死，将谁使代子？"可译为"如果您死了，将要让谁代替您？"

4. 适合本句型的连词有："若""如""苟""其""为""即""有""则""且""犹""既""厥""及""如令""如使""如其""若其""若苟""若使""若犹""若或""若万一""苟为""有如""如有"等。

句型4　　若辩其辞，|则恐人怀其文，忘其直。

〔结构式〕　"若"（"如""为""有如"）+前分句+"则"（"斯"）+后分句

〔例句〕

	"若"	前分句	"则"	后分句	引　书
1	若	辩其辞	则	恐人怀其文忘其直	韩非子外储说左上
2	若	备与彼协心上下齐同	则	宜抚安与结盟好	司马光赤壁之战
3	若	用子之言	则	是禁天下之行者也	墨子贵义
4	如	有能信之者	则	不远秦楚之路	孟子告子上
5	如	或知尔	则	何以哉	论语先进
6	如	有不嗜杀人者	则	天下之民皆引领而望之矣	孟子梁惠王上
7	如	致膰乎大夫	则	吾犹可以止	史记孔子世家
8	如	知其非义	斯	速已矣	孟子滕文公下
9	为	悦其言因任其身	则	焉得无失乎	韩非子显学
10	有如	两宫螫将军	则	妻子毋类矣	史记魏其武安侯列传

〔说明〕

1．"若"（"如""为""有如"）是连词，放在前分句之首，表示假设。"则"（"斯"）是连词，放在后分句之首，表示结果。

2．"若""如""为""有如"译作"如果""假如"，"则""斯"译作"就""那么""那么就"。"若辩其辞，则恐人怀其文忘其直"可译为"如果使文词漂亮动听，就恐怕人们只爱文词的华丽，而忘记了它的价值"。

3．适合前分句的连词有"若""如""苟""其""为""即""有""则""且""犹""既""厥""及""如令""如使""如其""若其""若苟""若使""若犹""若或""若方一""苟为""有如""如有"等。适合后分句的连词有："则""斯""故""当""枳""咫"等。

4．有关句型

为我死，王则封汝。（《列子说符》）

连词"则"放在后分句主语后面，其结构式为：

"为"（"若""如"）+前分句+后分句（主语+"则"+谓语）

句型5　　苟有险，｜余必下推车

〔结构式〕　　"苟"（"若""如""为""即""有"）+前分句+后分句（"主语+"必"+谓语中心及其他）

〔例句〕

"苟"	前分句	后分句			引书
		主语	"必"	谓语中心及其他	
1 苟	有险	余	必	下推车	左传成公二年
2 苟	为善	后世子孙	必	有王者矣	孟子梁惠王下
3 若	重赂与谋出晋君入重耳	事	必	就	史记晋世家
4 若	我出师		必	惧而归	左传文公十六年
5 如	我死		（则）必	无废斯爵也	礼记檀弓下
6 如	复见文者		必	唾其面而大辱之	史记孟尝君列传
7 为	我葬		必	以魏子为殉	战国策秦策
8 为	入		必	语从	战国策赵策
9 为	近王		必	掩口	韩非子内储说下
10 即	上以将军为丞相		必	让魏其	史记魏其武安侯列传
11 有	用	齐秦	必	轻君	史记孟尝君列传

〔说明〕

1. "苟"（"若""如""为""即""有"）是连词，放在前分句之首，表示假设。"必"是副词，放在后分句谓语中心前面，表示必定产生的结果或主观意志与决心。

2. 有的例句连词"则"可以和"必"连用（如例5）。

3. "苟""若""如""为""即""有"译作"如果""假如"，"必"译作"必定""一定"。"苟有险，余必下推车"可译为"如果有险路，我一定下去推车"。

句型6　　寡人若朝于薛，| 不敢与诸任齿。

〔结构式〕　前分句（主语+"若""苟""如""即""所"+谓语）+后分句
〔例句〕

	前分句		后分句	引　书
	主　语	"若"	谓　语		
1	寡人	若	朝于薛	不敢与诸任齿	左传隐公十一年
2	王	苟	以错不善	何不以闻	史记吴王濞列传
3	伯氏	苟	出而图吾君	申生受赐以至于死虽死何悔	国语晋语
4	士	如	归妻	迨冰未泮	诗经邶风匏有苦叶
5	君	即	百岁后	谁可代君	汉书萧何传
6	我	即	死	女能纳公乎	公羊传襄公二十七年
7	予	所	否者	天厌之	论语雍也
8		所	不与舅氏同心者	有如白水	左传僖公二十四年
9		所	不此报	无能涉河	左传宣公十七年

〔说明〕

1．"若"（"苟""如""即""所"）是连词，放在前分句主语后面。"苟""若"等放在主语后面的情况较少见。"所"字表示假设更为罕见，只用于宣誓、发誓。

2．前分句表示假设，后分句表示结果或推论。

3．"若""苟""如""即""所"译作"如果""假如"。"寡人若朝于薛，不敢与诸任齿"可译为"我如果到薛国朝见，就不敢和任姓诸国并列"。

句型7　　公子若反晋国，│则何以报不穀?

〔结构式〕　　前分句（主语+"若""如""为""则"+谓语）+ "则"+后分句

〔例句〕

	前分句			"则"	后分句	引书
	主语	"若"	谓语			
1	公子	若	反晋国	则	何以报不穀	左传僖公二十三年
2	王	若	隐其无罪而就死地	则	牛羊何择焉	孟子梁惠王上
3	王	如	知此	则	无望民之多于邻国也	同上
4	中国	为	有事于秦	则	秦且轻使重币而事君之国也	战国策秦策
5	彼	则	肆然而为帝过而遂正于天下	则	连有赴东海而死耳	战国策赵策

〔说明〕

1. "若"（"如""为""则"）是连词，放在前分句主语后面，这种情况较少见，其中尤以"则"放在前分句主语后面表示假设的情况更为罕见。"则"是连词，放在后分句之首。

2. 前分句表示假设，后分句表示结果或推论。

3. "若""如""为""则"译作"如果""假如"，"则"译作"就""那么""那么就"。"公子若反晋国，则何以报不穀?"可译为"公子如果回到晋国，那么用什么报答我?"

句型8　　我若获没，| 必属说与何忌于夫子。

〔结构式〕　前分句（主语+"若""苟""如""即""为""则"+谓语）+后分句（"必"+谓语中心及其他）

〔例句〕

	前分句			后分句		引　书
	主语	"若"	谓语	"必"	谓语中心及其他	
1	我	若	获没	必	属说与何忌于夫子	左传昭公七年
2	王	若	欲霸	必	亲中国而以为天下枢	战国策秦策
3	事	若	不成	（则）必	有人道之患	庄子人间世
4	事	若	成	（则）必	有阴阳之患	同上
5	秦兵	苟	退	（请）必	言子于卫君	史记樗里子列传
6	王	如	改诸	（则）必	反予	孟子公孙丑下
7	王	即	不听用鞅	必	杀之	史记商君列传
8	尔	即	死	必	于殽之嵚岩	公羊传僖公三十三年
9	秦	为	知之	必	不救也	战国策秦策
10	大寇	则	至			
			（使之持危城）	（则）必	畔	荀子议兵

〔说明〕

1．"若"（"苟""如""即""为""则"）是连词，放在前分句主语后面，表示假设。其中"则"放在前分句表示假设的用法很罕见。"必"是副词，放在后分句谓语中心前面，表示事情的必然结果，或表示某种主观意志、祈求及命令等。

2．有些例句连词"则"可以和"必"连用（如例3、4、6、10）。

3. "若""苟""如""即""为""则"译作"如果""假如","必"译作"必定""一定"。"我若获没,必属说与何忌于夫子"可译为"我如果得以善终,一定把说和何忌托给孔丘"。

句型9　　人而无恒,｜不可以作巫医。

〔结构式〕　前分句（主语+"而"+谓语）+后分句
〔例句〕

	前分句			后分句	引书
	主　语	"而"	谓　语		
1	人	而	无恒	不可以作巫医	论语子路
2	人	而	无信	不知其可也	论语为政
3	士	而	怀居	不足以为士矣	论语宪问
4	管氏	而	知礼	孰不知礼	论语八佾
5	子产	而	死	谁其嗣之	左传襄公三十年
6	君	而	不可	尚谁可者	汉书张安世传
7	父	而	赐子死	尚安复请	史记李斯列传
8	人	而	无仪	不死何为	诗经鄘风相鼠

〔说明〕

1. "而"是连词,放在前分句主语后面表示假设,兼表转折,含有"却"的意思。"而"不能放在前分句之首。后分句表示结果或推论。

2. "而"译作"如果""假如"。"人而无恒,不可以作巫医"可译为"人假若没有恒心,连巫医都做不了"。

句型10　　**使武安侯在者，|族矣。**

〔结构式〕　"使"（"向使""若使""令""假令""设""假设"）+前分句+后分句

〔例句〕

	"使"	前分句	后分句	引　书
1	使	武安侯在者	族矣	史记魏其武安侯列传
2	使	予也而有用	且得有此大也邪	庄子人间世
3	使	我得此人以自辅	岂有今日之劳乎	三国志诸葛亮传注
4	向使	主人听客之言	不费牛酒终无火患	说苑权谋
5	向使	四君却客而不内疏士而不用	是使国无富利之实而秦无强大之名也	史记李斯列传
6	若使	天下兼相爱爱人若爱其身	犹有不孝者乎	墨子兼爱
7	令	秦来年复攻	王得无割其内而媾乎	战国策赵策
8	令	我百岁后	皆鱼肉之矣	史记魏其武安侯列传
9	令	他马	固不败伤我乎	史记张释之列传
10	假令	愚民取长陵一抔土	陛下何以加其法乎	同上
11	设	以齐取鲁	曾不兴师徒以言而已矣	公羊传闵公二年
12	假设	陛下居齐桓之处	将不合诸侯而匡天下乎	汉书贾谊传

〔说明〕

1. "使"（"向使""若使""令""假令""设""假设"）是连词，"向使"中的"向"是表示过去的副词。"使"等放在前分句之首（一般不放在主语后面），表示假设，但仍有让某人做某事的意味。后分句表示结果或推论。

2．"使""若使""令""假令""设""假设"译作"如果""假如""假设","向使"译作"当初如果""当初假设"。"使武安侯在者,族矣"可译为"如果武安侯还活着的话,就要灭他的族了"。

3．适合本句型的连词有:"使""若使""借使""向使""乡使""令""向令""曩令""假令""设""试""假""假设""假使""假之""试使""设若","设使""设令""设其""借设""浸假"等。

4．有关句型:

如有周公之才之美,使骄且吝,其余不足观也已。(《论语泰伯》)

这里前两个分句分别有连词"如"和"使",并列在一起表示假设(重复假设)。其结构式为:

"如"("若")+第一分句+"使"("令")+第二分句+第三分句

句型11 使圣人预知微,能使良医得早从事,｜则疾可已,身可活也。

〔结构式〕 "使"("试使""向使""乡使")+前分句+"则"+后分句

〔例句〕

	"使"	前分句	"则"	后分句	引书
1	使	圣人预知微能使良医得早从事	则	疾可已身可活也	史记扁鹊仓公列传
2	试使	山东之国与陈涉度长絜大比权量力	则	不可同年而语矣	贾谊过秦论
3	向使	能瞻前顾后援镜自戒	则	何陷于凶患乎	后汉书张衡传
4	乡使	管子幽囚而不出身死而不反于齐	则	亦名不免为辱人贱行矣	史记鲁仲连邹阳列传

续表

5	乡使	曹子计不反顾议不还踵刎颈而死	则	亦名不免为败军禽将矣	同上

〔说明〕

1. "使"（"试使""向使""乡使"）是连词，"向使""乡使"中的"向""乡"是表示过去的副词。"使"等放在前分句之首（一般不放在主语后面），表示假设，但仍有让某人做某事的意味。"则"是连词，放在后分句之首，表示结果或推论。

2. "使""试使"译作"如果""假如""假设"，"向使""乡使"译作"当初如果""当初假设"，"则"译作"就""那么""那么就"。"使圣人预知微，能使良医得早从事，则疾可已，身可活也"可译为"如果君主事先知道隐患，能让高明医生早治疗，那么病就能治好，可以活命了"。

句型12　　使梁睹秦称帝之害，│则必助赵矣。

〔结构式〕　"使"（"若使""乡使"）+前分句+后分句（"必"+谓语中心及其他）

〔例句〕

	"使"	前分句	后分句		引　书
			"必"	谓语中心及其他	
1	使	梁睹秦称帝之害	（则）必	助赵矣	战国策赵策
2	若使	汤武不遇桀纣	（未）必	王也	吕氏春秋长攻
3	乡使	政诚知其姊无濡忍之志不重暴骸之难必绝险千里以列其名姊弟俱戮于韩市者	（亦未）必	敢以身许严仲子也	史记刺客列传

〔说明〕

1. "使"("若使""乡使")是连词,"乡使"中的"乡"是表示过去的副词。"使"等放在前分句之首(一般不放在主语后面),表示假设,但仍有让某人做某事的意味。"必"是副词,放在后分句谓语中心前面,表示事情的必然结果。

2. 有的例句连词"则"可以和"必"连用(如例1)。

3. "使""若使"译作"如果""假设""假如","乡使"译作"当初如果""当初假设","必"译作"必定""一定"。"使梁睹秦称帝之害,则必助赵矣"可译为假如魏国看到秦国称帝的危害,就一定会帮助赵国了"。

句型13　　倘能屈威,│诚副其所望。

〔结构式〕　前分句("倘""党""尚""当""倘或""脱""脱其""脱误"+谓语)+后分句

〔例句〕

	前分句		后分句	引　书
	"倘"	谓　语		
1	倘	能屈威	诚副其所望	资治通鉴汉纪献帝建安十三年
2	党	同文昭之德	岂不大哉	后汉书张奂传
3	尚	欲祖述尧舜禹汤之道	将不可以不尚贤	墨子尚贤
4	当	为之撞巨钟击鸣鼓弹琴瑟吹竽笙而扬干戚	民衣食之财将安可得乎	墨子非乐
5	倘或	可采	瑜死不朽矣	三国志鲁肃传
6	脱	有祸	固所不辞也	马中锡中山狼传
7	脱其	不胜	取笑于天下失权于天下矣	吴子励士
8	脱误	有功	富贵可致	三国志吕蒙传

〔说明〕

1．"倘"（"党""尚""当""倘或""脱""脱其""脱误"）是连词，放在前分句谓语前面。

2．前分句表示假设（包括可能性极小的假设），后分句表示结果。

3．"倘""党""尚""当""倘或""脱""脱其""脱误"译作"倘若""如果""万一"。"倘能屈威，诚副其所望"可译为"倘若〔刘备〕能够屈尊前来，实在是符合我的希望"。

4．适合本句型的连词有："倘""党""傥""当""尚"，"脱""或""倘使""倘若""倘或""傥使""当使""脱若""脱其""脱误""脱若万一"等。

5．有关句型：

①先祖当贤，后子孙必显。（《荀子君子》）

这里连词"当"放在前分句主语后面，副词"必"放在后分句谓语中心前面。"当"与"必"前后呼应。其结构式为：

前分句（主语+"当""倘""尚"+谓语）+后分句（主语+"必"+谓语中心及其他）

②当使虎豹失其爪牙，则人必制之矣。（《韩非子人主》）

这里连词"当使"放在前分句之首，连词"则"放在后分句之首。"当使"和"则"前后呼应。其结构式为：

"当"（"倘""当使"）+前分句+"则"+后分句

句型14　楚诚能绝齐，｜秦愿献商于之地六百里。

〔结构式〕　前分句（主语+"诚""审""果""必"+谓语中心及其他）+后分句

〔例句〕

	前分句			后分句	引书
	主语	"诚"	谓语中心及其他		
1	楚	诚	能绝齐	秦愿献商于之地六百里	史记屈原列传
2		诚	如是也	民归之由水之就下	孟子梁惠王上
3		(今)诚	以吾众诈自称公子扶苏项燕为天下唱	宜多应者	史记陈涉世家
4	足下	审	能骑龙弄凤翔嬉云间者	亦非狐兔燕雀所敢谋也	后汉书矫慎传
5	圣人	果	可以利其国	不一其用	史记赵世家
6		果	可以便其事	不同其礼	同上
7	〔虢〕	果	为乱弗诛	后遗子孙忧	史记晋世家
8	王	必	欲长王汉中	无所事信	史记淮阴侯列传
9		必	欲争天下	非信无所与计事者	同上
10	君	必	行之	妾自杀也	史记晋世家
11		必	欲求贤夫	从张耳	史记张耳陈余列传
12	大王	必	欲急臣	臣头今与璧俱碎于柱矣	史记廉颇蔺相如列传
13	王	必	无人	臣愿奉璧往使	同上
14		必		若此	吾将伏剑而死	战国策赵策

〔说明〕

1. "诚"("审""果""必")是副词,放在前分句主语后面。

2. 前分句表示假设,后分句表示结果。

3. 在本句型中,"诚"等常与能愿动词"能""得""可以""欲"相搭配。

4. "诚""审""果"译作"如果确实""如果真的","必"译作"如果一定"。"楚诚能绝齐,秦愿献商于之地六百里"可译为"楚国如果确实能与齐国绝交,秦国愿意把商、于之间的六百里土地奉献给楚国"。

5．适合本句型的副词有："诚""信""审""果""必"等。

6．有关句型：

信能行此五者，则邻国之民仰之若父母矣。(《孟子公孙丑上》)

这里连词"则"放在后分句之首，表示结果。"则"与前分句的"诚""信""果"等互相呼应。

其结构式为：

前分句（主语+"诚""信""果"+谓语中心及其他）+"则"+后分句

句型 15　　赵诚发使尊秦昭王为帝，| 秦必喜。

〔结构式〕　前分句（主语+"诚""果"+谓语中心及其他）+后分句（主语+"必"+谓语中心及其他）

〔例句〕

		前分句		后分句			
	主语	"诚"	谓语中心及其他	谓语	"必"	谓语中心及其他	引　书
1	赵	诚	发使尊秦昭王为帝	秦	必	喜	战国策赵策
2	王	诚	以一郡上太后为公主汤沐邑	太后	必	喜	史记吕太后本纪
3		诚	得樊将军首与燕督亢之地图奉献秦王	秦王	必	悦见臣	史记刺客列传

533

续表

4	（今）王	诚	杀丹献之秦王	秦王	必	解	同上
5	君	诚	能听臣	燕	必	致骄裘狗马之地	史记苏秦列传
6		果	遇		必	败	左传宣公十二年

〔说明〕

1. "诚"（"果"）是副词，放在前分句主语后面。"必"是副词，放在后分句主语后面。

2. 前分句表示假设，后分句表示结果。

3. "诚""果"译作"如果确实""如果真的"，"必"译作"一定""必定"。"赵诚发使尊秦昭王为帝，秦必喜"可译为："赵国如果确实派遣使者尊奉秦昭王称帝，秦国一定高兴。"

句型16 今王欲并诸侯，│非终为韩不为秦。

〔结构式〕 "今"+前分句+后分句

〔例句〕

	"今"	前分句	后分句	引书
1	今	王欲并诸侯	非终为韩不为秦	史记韩非列传
2	今	王不用久留而归	此自遗患也不如以过法诛之	同上
3	今	不急下	吾烹太公	史记项羽本纪
4	今	能入关破秦	大善	汉书项籍传
5	今	陛下以啬夫口辩超迁之	臣恐天下随风靡靡争为口辩而无其实	史记张释之列传

〔说明〕

1. "今"是时间名词,放在前分句之首,表示假设的现在。后分句表示结果。

2. "今"译作"假设""如果"。"今王欲并诸侯,非终为韩不为秦"可译为"如果王要吞并诸侯土地,韩非到底为韩国〔出力〕,不为秦国〔出力〕"。

3. 有关句型:
今王与百姓同乐,则王矣。(《孟子梁惠王上》)
连词"则"放在后分句之首。其结构式为:
"今"+前分句+"则"+后分句

句型17　蔡许之君一失其位,|不得列于诸侯。

〔结构式〕　前分句(主语+"一""壹""一旦"+谓语中心及其他)+后分句

〔例句〕

	前分句			后分句	引　书
	主　语	"一"	谓语中心及其他		
1	蔡许之君	一	失其位	不得列于诸侯	左传成公二年
2		一	闻人之过	终身不忘	庄子徐无鬼
3	岁	一	不登	民有饥色	汉书文帝纪
4	〔此鸟〕	一	飞	冲天	史记滑稽列传
5		一	鸣	惊人	同上
6		壹	败	涂地	史记高祖本纪
7	地制	壹	定	宗室子孙莫虑不王	贾谊集陈政事疏
8	(今)括	一旦	为将东向而朝	军吏无敢仰视之者	史记廉颇蔺相如列传
9		一旦	击之	所谓疾雷不及掩耳	三国志武帝纪

续表

| 10 | 一旦 | 不合上意 | 遣绣衣来责将军将军之身不能自保 | 汉书赵充国传 |

〔说明〕

1. "一"("壹""一旦")是副词,放在前分句主语后面,表示把假设的某种事实作为前提。后分句表示随即产生某种结果。

2. 例4-6是紧缩复句。

3. "一""壹""一旦"译作"一""一经""万一""一旦"。"蔡许之君一失其位,不得列于诸侯"可译为"蔡许两国国君,一失去身份,就不能列在诸侯之中"。

4. 适合本句型的副词有:"一""壹""一旦""一朝""一曙"等。

5. 有关句型:
彼一见秦王,秦王必相之。(《战国策秦策》)
副词"必"放在后分句主语后面,与"一"前后呼应。其结构式为:
前分句(主语+"一""壹""一旦"+谓语中心及其他)+后分句(主语+"必"+谓语中心及其他)

句型18　　所治愈下,│得车愈多。

〔结构式〕　前分句(主语+"愈""逾""兹""益""弥"+谓语中心及其他)+后分句(主语+"愈""逾""兹""益""弥"+谓语中心及其他)

〔例句〕

	前分句			后分句			引书
	主语	"愈"	谓语中心及其他	主语	"愈"	谓语中心及其他	
1	所治	愈	下	得车	愈	多	庄子列御寇
2	辞	愈	卑	礼	愈	尊	国语越语
3	国	逾	危	身	逾	辱	墨子所染
4	其乐	逾	繁（者）	其治	逾	寡	墨子三辩
5	其人	兹	众	其所谓义者	(亦)兹	众	墨子尚同
6	上	益	庄	丞相	益	畏	史记袁盎列传
7	其人	弥	众	其亏	弥	大矣	韩非子解老

〔说明〕

1. "愈"（"逾""兹""益""弥"）是副词，分别放在前后分句谓语中心前面，表示两件事情各自的程度成比例地变化。

2. 前分句表示假设，后分句表示结果。

3. 前后分句的谓语中心多数是形容词，也可以是表示心理活动的动词（如例 6 的"畏"）。

4. "愈（逾、兹、益、弥）……愈（逾、兹、益、弥）……"译作"越……越……"。"所治愈下，得车愈多"可译为"所医治的越卑下，可以得到的车辆〔就〕越多"。

5. 适合前后分句的副词有"俞""愈""逾""弥""益""兹""滋"等（前后分句可以用相同的字，也可以杂用不同的字）。

6. 有关句型

位滋尊而礼愈恭（《荀子尧问》）

这里连词"而"放在后分句之首。其结构式为：

前分句（主语+"愈""兹""益"+谓语中心及其他）+"而"+后分句（主语+"愈""兹""益"+谓语中心及其他）

句型 19   微子之言，｜吾亦疑之。

〔结构式〕   "微"（"讵非""自非"）+前分句+后分句
〔例句〕

	"微"	前分句	后分句	引 书
1	微	子之言	吾亦疑之	史记伍子胥列传
2	微	太子言	臣愿谒之	史记刺客列传
3	微	赵君	几为丞相所卖	史记李斯列传
4	微	陛下	臣等当虫出	史记田叔列传
5	微	夫人之力	不及此	左传僖公三十年
6	微	管仲	吾其被发左衽矣	论语宪问
7	微	禹	吾其鱼乎	左传昭公元年
8	微	二子者	楚不国矣	左传哀公十六年
9	微	斯人	吾谁与归	范仲淹岳阳楼记
10	微	樊哙奔入营谯让项羽	沛公事几殆	史记樊哙列传
11	讵非	圣人	必偏而后可	国语晋语
12	讵非	圣人	不有外患必有内忧	同上
13	自非	圣人	得志而不骄佚者未之有也	盐铁论论功
14	自非	圣人	外宁必有内忧	左传成公十六年

〔说明〕

    1．"微"是连词。"讵非""自非"是词组。其中"讵""自"是连词，"非"是副词。"微"等放在前分句之首，表示否定的假设或条件，略等于"若无"或"若非"。后分句表示结果。

    2．"微"译作"假如没有""假如不是"。"微子之言，吾亦疑之"可译为"假如没有你的话，我也怀疑他"。

句型20　　不有居者，|谁守社稷?

〔结构式〕　前分句("不"+"有"+宾语)+后分句
〔例句〕

	前分句			后分句	引书
	"不"	"有"	宾语		
1	不	有	居者	谁守社稷	左传僖公二十八年
2	不	有	行者	谁扞牧圉	同上
3	不	有	君子	其能国乎	左传文公十二年
4	不	有	废(也)	君何以兴	左传僖公十年
5	不	有	是事	其能终乎	左传昭公十六年
6	不	有	以国	其能久乎	左传昭公十七年

〔说明〕

　　1. "有"是动词，在前分句中作谓语中心。"不"是否定副词，放在谓语中心前面，表示假设性的否定。"不有"略等于"若无"。后分句表示反问。

　　2. 例4中的"也"是语气词，放在前分句句尾，表示顿宕。

　　3. "不有"译作"如果没有""假如没有"。"不有居者，谁守社稷?"可译为"如果没有留下的人，谁来守卫国家?"

句型21　　不|即立长。

〔结构式〕　前分句("不""不者""否")+后分句(主语+"即""即遂""则""将""且"+谓语中心及其他)
〔例句〕

	前分句	后分句			引 书
		主 语	"即"	谓语中心及其他	
1	不		即	立长	史记鲁世家
2	不		即	不见也	战国策秦策
3	不		即遂	南面称孤而有楚国	史记春申君列传
4	否		则	奉身而退	左传襄公二十六年
5	否		则	守钱房耳	后汉书马援传
6	不者		将	有火患	说苑权谋
7	不者		且	得罪	史记越王勾践世家
8	不者	若属	(皆)且	为所虏	史记项羽本纪
9	不		且	见屠	史记齐悼惠王世家

〔说明〕

1. 本句型多数是紧缩复句，前分句只有否定副词"不""不者"（"者"是语气词）、"否"等，用于否定上文叙述的情况。"即"（"即遂""则"）是连词，"将"（"且"）是副词。"即"等放在后分句谓语中心前面，用于承接或表示将来。

2. 前分句表示假设性的否定，后分句表示结果。

3. 后分句主语多数承上省略。

4. "不""否"译作"如果不""假若不""不然的话"，"即""即遂""则"译作"就"，"将""且"译作"将要"。"不即立长"可译为"如果不这样，就立那个年纪最大的儿子"。

5. 有关句型：

①不然，何忧之远也？（《左传襄公二十九年》）

这里前分句是"不然"，其中"然"是代词。也可以是"不如是""不如此"，"如是""如此"是动宾词组。"不然"等用于表示否定上文叙述的情况。其结构式为：

前分句（"不"+"然""如是""如此"）+后分句

②吾非至于子之门，则殆矣。（《庄子秋水》）

540

否定副词"非"放在前分句谓语中心前面，表示假设性的否定，略等于"若非"。连词"则"放在后分句之首，其结构式为：

前分句（主语+"非"+谓语中心及其他）+"则"+后分句

句型22　苟子之不欲，｜虽赏之不窃。

〔结构式〕　"苟"（"信如""假令"）+第一分句+第二分句（主语+"虽"+谓语）+第三分句

〔例句〕

	"苟"	第一分句	第二分句 主语	第二分句 虽	第二分句 谓语	第三分句	引书
1	苟	子之不欲		虽	赏之	不窃	论语颜渊
2	苟	仁义之类也		虽	在鸟兽之中	若别白黑	荀子儒效
3	苟	可以明君之义成君之高		虽	任恶名	不难受也	战国策燕策
4	信如	君不君臣不臣父不父子不子					
5	假令	晏子而在	余	虽	有粟为之执鞭	吾得而食诸所忻慕焉	论语颜渊 史记管晏列传

〔说明〕

1. 本句型和句型23中，第一分句是前分句，第二、三分句合在一起是后分句。

2. "苟""信如""假令"是连词，放在第一分句之首。"虽"是连词，放在第二分句谓语前面。

3. 第一分句表示假设；第二分句表示让步，即姑且承认某种假设情况；第三分句表示结果或推论。

4. "苟""信如""假令"译作"如果""假如""假设"，

"虽"译作"即使"。"苟子之不欲,虽赏之不窃"可译为"如果您不贪求财货,即使奖励他们〔去偷〕,〔他们也〕不会去偷"。

5. 适合第一分句的连词有:"苟""如""若""即""使""令""设""假""借""借使""假令""曩令""向使"等。适合第二分句的连词有:"虽""唯""惟""每"等。

句型 23　使其中有可欲者,｜虽锢南山犹有隙。

〔结构式〕　"使"("即")+第一分句+第二分句("虽"+谓语)+第三分句("犹""尚""又"+谓语中心及其他)

〔例句〕

	"使"	第一分句	第二分句		第三分句		引书
			"虽"	谓语	"犹"	谓语	
1	使	其中有可欲者	虽	锢南山	犹	有隙	史记张释之列传
2	使	其中无可欲者	虽	无石椁	又	何戚焉	同上
3	即	色衰爱弛后	虽	欲开一语	尚	可得乎	史记吕不韦列传

〔说明〕

1. "使"("即")是连词,放在第一分句之首。"虽"是连词,放在第二分句谓语前面。"犹"("尚""又")是副词,放在第三分句谓语中心前面。

2. 第一分句表示假设;第二分句表示让步,即姑且承认某种假设情况;第三分句表示结果或推论。

3. "使""即"译作"如果""假如""假设","虽"译作"即使","犹""尚"译作"还""还是""仍然"。"使其中有可欲者,虽锢南山犹有隙"可译为"如果它里面有可要的东西,即使把棺枢封锢在南山的下面，还是有缝隙可钻的"。

4. 适合第一分句的连词有："苟""如""若""即""使""令""设""假""借""借使""假令""曩令""向使"等。适合第二分句的连词有："虽""唯""惟""每"等。适合第三分句的副词有："犹""尚""且""又""亦"等。

5. 有关句型：

①果能此道也，虽愚必明，虽柔必强。（《礼记中庸》）

这里副词"果"放在第一分句谓语中心前面。

其结构式为：

第一分句（主语+"果""诚""信"+谓语中心及其他）+第二分句（"虽"+谓语）+第三分句（"必""犹""尚"+谓语中心及其他）

②借使秦王计上世之事，并殷周之迹，以制御其政，后虽有淫骄之主，而未有倾危之患也。（《史记秦始皇本纪》）

这里连词"而"放在第三分句之首。其结构式为：

"借使"（"使""令"）+第一分句+第二分句（"虽"+谓语）+"而"+第三分句

句型 24　　信能死，刺我；｜不能死，出我袴下。

〔结构式〕　第一分句+第二分句+第三分句+第四分句（正反假设关系）

〔例句〕

	第一分句	第二分句	第三分句	第四分句	引　书
1	信能死	刺我	不能死	出我袴下	史记淮阴侯列传
2	能用信	信即留	不能用	信终亡耳	同上

543

续表

3	后世贤	师吾俭	不贤	毋为势家所夺	史记萧相国世家
4	我之大贤与	于人何所不容	我之不贤与	人将拒我如之何其拒人也	论语子张
5	欲归燕	已有隙恐诛	欲降齐	所杀虏于齐甚众恐已降而后见辱	史记鲁仲连列传

〔说明〕

1. 本句型是二重复句。第一层：第一、二分句与第三、四分句，是并列关系，在意思上相对待。第二层：第一分句与第二分句，第三分句与第四分句，是假设关系。第一、三分句表示假设，第二、四分句表示结果，这就是正反假设复句，常用于对事情的各种不同可能性进行分析和议论。

2. 本句型在译成现代汉语时，可以在第一、三分句中加上"如果""假设"等。如"信能死，刺我；不能死，出我袴下"可译为"果真不怕死，就刺我一刀；如果怕死，就从我的两腿之间爬出去"。

句型25　　贤而多财，则损其志；｜愚而多财，则益其过。

〔结构式〕　　第一分句+"则"+第二分句+第三分句+"则"+第四分句（正反假设关系）

〔例句〕

	第一分句	"则"	第二分句	第三分句	"则"	第四分句	引书
1	贤而多财	则	损其志	愚而多财	则	益其过	汉书疏广传
2	与之	则	费难供	不与	则	失其心	后汉书班勇传

续表

3	君子得其时	则	驾	不得其时	则	蓬累而行	史记老子韩非列传
4	前日之不受是	则	今日之受非也	今日之受是	则	前日之不受非也	孟子公孙丑下
5	善用之	则	百里之国足以独立矣	不善用之	则	楚六千里而为仇人役	荀子仲尼

〔说明〕

1. 本句型是二重复句。第一层：第一、二分句与第三、四分句，是并列关系，在意思上相对待。第二层：第一分句与第二分句，第三分句与第四分句，是假设关系。第一、三分句表示假设，第二、四分句表示结果，这就是正反假设复句，常用于对事情的各种不同可能性进行分析和议论。

2. "则"是连词，分别放在第二、四分句之首。

3. "则"译作"就""那么就"。"贤而多财，则损其志；愚而多财，则益其过"可译为"贤能的人如果钱财很多，那么就损害了他的志气；愚蠢的人如果钱财很多，那么就增加了他的过错"。

4. 适合本句型的连词有："则""即""枳""咫"等

5. 有关句型：

欲与大叔，臣请事之；若弗与，则请除之。（《左传隐公元年》）

这种正反假设句只在第四分句之首加"则"（也可以加"即"），而第二分句之首不用连词。其结构式为：

第一分句+第二分句+第三分句+"则"（"即"）+第四分句（正反假设关系）

第九类　条件关系

句型1　　君仁，｜莫不仁

〔结构式〕　前分句+后分句（条件关系）
〔例句〕

	前分句	后分句	引　书
1	君仁	莫不仁	孟子离娄上
2	君义	莫不义	同上
3	君正	莫不正	同上
4	斧斤以时入山林	材木不可胜用也	孟子梁惠王上
5	臣疑其君	无不危国	史记李斯列传
6	妾疑其夫	无不危家	同上
7	蜚鸟尽	良弓藏	史记越王勾践世家
8	狡兔死	走狗烹	同上

〔说明〕

　　1. 这是意合法的条件复句。前分句表示事情赖以发生的条件，后分句表示结果，前后分句之间没有使用关联词语。

　　2. "君仁，莫不仁"可译为"君主仁，没有人不仁"。

句型2　　强本而节用，｜则天不能贫。

〔结构式〕　前分句+"则"（表结果与条件的相因）+后分句

〔例句〕

	前分句	"则"	后分句	引　书
1	强本而节用	则	天不能贫	荀子天论
2	养备而动时	则	天不能病	同上
3	循道而不贰	则	天不能祸	同上
4	桔生淮南	则	为桔	晏子春秋内篇杂下
5	木受绳	则	直	荀子劝学
6	金就砺	则	利	同上
7	足下为汉	则	汉胜	史记淮阴侯列传
8	与楚	则	楚胜	同上
9	三十日不还	则	请立太子为王	史记廉颇蔺相如列传

〔说明〕

1．"则"是连词。放在后分句之首。

2．前分句表示条件，后分句表示结果。

3．"则"译作"就""那么""那么就"。"强本而节用，则天不能贫"可译为"加强农业生产，节约开支，那么天就不能〔使人〕受穷"。

4．适合本句型的连词有："则""斯""而""此""故""悤""枳"等。

句型3　　岁寒，│然后知松柏之后雕也。

〔结构式〕　前分句+"然后"（"而后"）+后分句
〔例句〕

	前分句	"然后"	后分句	引书
1	岁寒	然后	知松柏之后雕也	论语子罕
2	国人皆曰贤	然后	察之	孟子梁惠王下
3	见贤焉	然后	用之	同上
4	学	然后	知不足	礼记学记
5	教	然后	知困	同上
6	权	然后	知轻重	孟子梁惠王上
7	度	然后	知长短	同上
8	夫大寒至霜雪降	然后	知松柏之茂也	淮南子俶真
9	夫人必自侮	然后	人侮之	孟子离娄上
10	家必自毁	而后	人毁之	同上
11	国必自伐	而后	人伐之	同上

〔说明〕

1．"然后"（"而后"）是连词，放在后分句之首。

2．前分句表示条件，后分句表示结果。本句型通常用于发表议论，阐述只有具备某种条件，才会有某种结果。

3．"然后"（"而后"）译作"之后"，或不译。"岁寒然后知松柏之后雕也"可译为"天气寒冷，然后才会知道松柏树是最后雕零的"。

4．适合本句型的连词有："然后""而后""乃后"等。

句型4　　然则，│吾将使秦王烹醢梁王。

〔结构式〕　前分句（"然则"）+后分句
〔例句〕

	前分句	后分句	引　书
1	然则	吾将使秦王烹醢梁王	战国策赵策
2	然则	小固不可以敌大寡固不可以敌众弱固不可以敌强	孟子梁惠王上
3	然则	君之所读者古人之糟粕已夫	庄子天道
4	然则	废衅钟欤	孟子梁惠王上
5	然则	德我乎	左传成公三年
6	然则	吾亡乎	新序刺奢
7	然则	管仲知礼乎	论语八佾
8	然则	仲尼之圣尧奈何	韩非子难一
9	然则	归乎	左传昭公十年
10	然则	子何为使乎	晏子春秋内篇杂下
11	然则	舜怨乎	孟子万章上
12	然则	今有美尧舜禹汤武之道于当今之世者必为新圣笑矣	韩非子五蠹
13	然则	一羽之不举为不用力焉舆薪之不见为不用明焉百姓之不见保为不用恩焉	孟子梁惠王上
14	然则	器生于工人之伪非故生于人之性也	荀子性恶

〔说明〕

　　1．本句型是紧缩复句，前分句只有"然则"，"然则"是词组。其中"然"是指示代词，指代上文所说的事实；"则"是连词。"然则"多用于对话或承接上文的议论，来表示确定前提。后分句表示推论，多数后分句是用反问的形式，来表达相反意思的推论。

　　2．"然则"译作"既然这样，那么""既然这样，就"。"然则吾将使秦王烹醢梁王"可译为"既然这样，那么我要让秦王把梁王剁成肉酱烹了"。

549

句型5　　必以长安君为质，|兵乃出。

〔结构式〕　前分句+后分句（主语+"乃"+谓语中心及其他）
〔例句〕

	前分句	后分句			引　书
		主语	"乃"	谓语中心及其他	
1	必以长安君为质	兵	乃	出	战国策赵策
2	举世混浊	清士	乃	见	史记伯夷列传
3	知彼知己	胜	乃	不殆	孙子兵法地形
4	知天知地	胜	乃	可全	同上
5	两刃相割	利钝	乃	知	论衡案书
6	二论相订	是非	乃	见	同上
7	绝圣弃智	大盗	乃	止	庄子胠箧

〔说明〕

　　1."乃"是副词，放在后分句主语后面，表示前后两事在情理上的顺承相因。

　　2. 前分句表示条件，后分句表示结果。

　　3."乃"译作"才""就"。"必以长安君为质，兵乃出"可译为"一定要用长安君作抵押，才能出兵"。

句型6　　圣人不死，|大盗不止。

〔结构式〕　前分句（主语+"不"+谓语中心及其他）+后分句（主语+"不""无"+谓语中心及其他）

〔例句〕

	前分句			后分句			引书
	主语	"不"	谓语中心及其他	主语	"不"	谓语中心及其他	
1	圣人	不	死	大盗	不	止	庄子胠箧
2	士卒	不	尽饮	广	不	近水	史记李将军列传
3	士卒	不	尽食	广	不	尝食	同上
4		不	入虎穴		不	得虎子	后汉书班超传
5	邢	不	亡	晋	不	敝	韩非子说林上
6	晋	不	敝	齐	不	重	同上
7		不	明察		不	能烛私	韩非子孤愤
8		不	劲直		不	能矫奸	同上
9		不	登高山		不	知天之高	荀子劝学
10		不	临深溪		不	知地之厚也	同上
11		不	闻先王之遗言		不	知学问之大也	同上
12		不	违农时	谷	不	可胜食也	孟子梁惠王上
13	数罟	不	入洿池	鱼鳖	不	可胜食也	同上
14		不	及黄泉		无	相见也	左传隐公元年

〔说明〕

1．句型 6 到句型 8 前后分句都分别有否定词。

2．"不"是否定副词，分别放在前后分句谓语中心前面。"无"是否定副词，表示禁阻，放在后分句谓语中心前面（如例 14）。

3．前分句表示唯独的条件，后分句表示结果。这种复句含有"只有……才……"的意思。

4．"不……不……"译作"如果不……〔就〕不……"，"不……无……"译作"如果不……〔就〕不要……"。"圣人不死，大盗不止"可译为"圣人如果不死，大盗就不会消灭"。

句型 7　　五十非帛｜不暖。

〔结构式〕　前分句（主语+"非"+宾语）+后分句（"不"+谓语中心及其他）

〔例句〕

	前分句			后分句		引　书
	主　语	"非"	宾　语	"不"	谓语中心及其他	
1	五十	非	帛	不	暖	孟子尽心上
2	七十	非	肉	不	饱	同上
3	民	非	水火	不	生活	同上
4	寡人	非	此二姬	（食）不	甘味	史记孙子列传
5		君	非	姬氏	（居）不	安	
				（食）不	饱	左传僖公四年

〔说明〕

1. "非"是动词，放在前分句主语后面，作谓语中心，表示假设性的否定，略等于"若无"。"不"是否定副词，放在后分句谓语中心前面。

2. 前分句表示唯独的条件，后分句表示结果。这种复句含有"只有……才……"的意思。

3. 例 4、5 的后分句本身又是个紧缩复句，"食""居"是表示时间的分句。

4. "非……不……"译作"如果没有……〔就〕不……"。"五十非帛不暖"可译为"五十岁以上的人如果没有丝棉，就穿不暖"。

5. 有关句型：

无舆马则无所见其能。（《荀子儒效》）

"无"是动词,分别在前后分句中作谓语中心。前分句中的"无"表示假设性的否定,等于"若无"。连词"则"放在后分句之首。其结构式为:

前分句("无"+宾语)+"则"+后分句("无"+宾语)

句型8　非梧桐｜不止。

〔结构式〕　前分句("非"+谓语中心)+后分句("不"+谓语中心)

〔例句〕

	前分句		后分句		引书
	"非"	谓语中心	"不"	谓语中心	
1	非	梧桐	不	止	庄子秋水
2	非	练实	不	食	同上
3	非	醴泉	不	饮	同上
4	非	其君	不	事	孟子公孙丑上
5	非	其民	不	使	同上
6	非	法	不	言	孝经卿大夫
7	非	道	不	行	同上

〔说明〕

1. "非"是否定副词,放在前分句谓语中心前面,表示假设性的否定,略等于"若非"。"不"是否定副词,放在后分句谓语中心前面。

2. 前分句表示唯独的条件,后分句表示结果,这种复句含有"只有……才……"的意思。

3. "非……不……"译作"如果不是……〔就〕不……"。

"非梧桐不止"可译为"如果不是梧桐树,〔就〕不停栖"。

4. 有关句型:

非其身之所种则不食。(《国语越语》)

连词"则"放在后分句之首。其结构式为:

前分句("非"+谓语中心)+"则"+后分句("不"+谓语中心)

句型9　　足下右投则汉王胜,｜左投则项王胜。

〔结构式〕　第一分句+"则"+第二分句+第三分句+"则"+第四分句(并列条件关系)

〔例句〕

	第一分句	"则"	第二分句	第三分句	"则"	第四分句	引　书
1	足下右投	则	汉王胜	左投	则	项王胜	史记淮阴侯列传
2	足下为汉	则	汉胜	与楚	则	楚胜	同上
3	人不乐生	则	人主不尊	不重死	则	令不行也	韩非子安危
4	狡兔尽	则	良犬烹	敌国灭	则	谋臣亡	韩非子内储说下
5	事智者众	则	法败	用力者寡	则	国贫	韩非子五蠹
6	木受绳	则	直	金就砺	则	利	荀子劝学
7	用之	则	行	舍之	则	藏	论语述而
8	得之	则	生	弗得	则	死	孟子告子上

〔说明〕

1. 本句型是二重复句。第一层:第一、二分句与第三、四分句,是并列关系,在意思上相对待。第二层:第一分句与第二分句,第三分句与第四分句是条件或因果关系。第一、三分句表示条件或原因,第二、四分句表示结果,这就是并列条件复句。

2．"则"是连词，分别放在第二、四分句之首。

3．"则"译作"就""那么就"。"足下右投则汉王胜，左投则项王胜"可译为"您投奔右边，那么汉王就取胜；您投奔左边，那么项王就取胜"。

4．适合本句型的连词有："则""枳""咫""则安"等。

句型10　　仁义修则见信，│见信则受事。

〔结构式〕　第一分句+"则"+第二分句+第三分句+"则"+第四分句（顶真条件关系）

〔例句〕

	第一分句	"则"	第二分句	第三分句	"则"	第四分句	引　书
1	仁义修	则	见信	见信	则	受事	韩非子五蠹
2	文学习	则	为明师	为明师	则	显荣	同上
3	魏攻中山而弗能取	则	魏必罢	罢	则	魏轻	
	魏轻	则	赵重				韩非子说林上
4	诚心守仁	则	形	形	则	神	
	神	则	能化矣				荀子不苟
5	自得之	则	居之安	居之安	则	资之深	
	资之深	则	取之左右逢其原				孟子离娄下
6	名不正	则	言不顺	言不顺	则	事不成	
	事不成	则	礼乐不兴	礼乐不兴	则	刑罚不中	
	刑罚不中	则	民无所措手足				论语子路

〔说明〕

555

1. 本句型是二重复句。第一层：第一、二分句与第三、四分句是并列关系。第二层：第一分句与第二分句，第三分句与第四分句，是条件关系。第一、三分句表示条件，第二、四分句表示结果。

2. "则"是连词，放在第二、四分句之首。

3. 本句型的特点是：第三分句在字面上与第二分句相同，即这个分句在前一复句中表示结果，而在后一复句中又表示条件。这种按照顶真续芒的形式向后延伸的复句叫做顶真条件句。按照这样形式延伸下去，使得分句的数目是不固定的。常见的是包含四个分句（如例1、2）、六个分句（如例3-5），偶尔也有包含十个分句的（如例6）。

4. "则"译作"就""那么""那么就"。"仁义修则见信，见信则受事"可译为"仁义讲求得好，就能受到君主信任，受到信任，就有官做"。

第十类　时间关系

句型　赤之适齐也，｜乘肥马，衣轻裘。

〔结构式〕　前分句（主语〈+"之"〉+谓语〈+"也"〉）+后分句
〔例句〕

	前分句				后分句	引书
	主　语	"之"	谓语	"也"		
1	赤	之	适齐	也	乘肥马衣轻裘	论语雍也
2	媪	之	送燕后	也	持其踵为之泣	战国策赵策

续表

3	昔桓公	之	霸	也	内事属鲍叔外事属管仲	韩非子外储说右下
4	晋公子重耳	之	及于难	也	晋人伐诸蒲城	左传僖公二十三年
5	尧	之	王天下	也	茅茨不翦采椽不斲	韩非子五蠹
6	禹	之	王天下	也	身执耒臿以为民先	同上
7	其		幼	也	敏而好学	说苑尊贤
8	其		壮	也	有勇而不屈	同上
9	其		老	也	有道而能以下人	同上
10	其		嗟	也	可去	礼记檀弓下
11	其		谢	也	可食	同上
12	令		初下		群臣进谏	战国策齐策

〔说明〕

1. 本句型的前分句用于表示时间。前分句的主语和谓语之间通常要加助词"之",来取消句子独立性;前分句句尾通常要加语气词"也",表示顿宕。但也有少数句子"之"和"也"都不加(如例 12)。

2. 例 7-11 中,前分句的主语是人称代词"其","其"等于"名词+'之'"。

3. "之""也"可不译。本句型在译成现代汉语时,要在前分句句尾加上"……的时候",如:"赤之适齐也,乘肥马衣轻裘"可译为"赤到齐国去的时候,坐着肥马驾的车,穿着轻的皮袍"。

4. 句型转换:

A. 及赤之适齐也,/乘/肥马……

⇌B. 赤之适齐也,乘肥马……(本句型例 1)

"及父卒,叔齐让伯夷"(第一编、Ⅱ、三十、句型表一例 1)是个单句,"及"字介词词组作状语,用于表示时间。"及赤之适齐也,乘肥马"与"及父卒,叔齐让伯夷"结构相同。如果删除"及"字,这样就转换成 B 句型:"赤之适齐也,乘肥马"。这是用删除介词的方法使单句转换成复句的。

A 类与 B 类句型转换的结构式是:

"及"+介词宾语+主语+及物动词+宾语
⇌ 前分句(主语〈+"之"〉+谓语〈+"也"〉)+后分句

主要参考书目

尚书（十三经注疏本）. 中华书局，1980.
杨伯峻注. 春秋左传注. 中华书局，1981.
上海师范大学古籍整理组校点. 国语. 上海古籍出版社，1978.
缪文远校注. 战国策. 巴蜀书社，1980.
杨伯峻译注. 论语译注. 中华书局，1958.
杨伯峻译注. 孟子译注. 中华书局，1960.
礼记（十三经注疏本）. 中华书局，1980.
孙诒让注. 墨子间诂. 中华书局，1975.
任继愈译注. 老子新译. 上海古籍出版社，1978.
郭庆藩撰. 庄子集释. 中华书局，1980.
章诗同注. 荀子简注. 上海人民出版社，1974.
陈奇猷校注. 韩非子集释. 上海人民出版社，1974.
山东大学《商子译注》编写组. 商子译注. 齐鲁书社，1982.
管子（诸子集成本）. 上海书店，1986.
杨伯峻撰. 列子集释. 中华书局，1979.
许维遹撰. 吕氏春秋集释. 中国书店，1985.
吴则虞撰. 晏子春秋集释. 中华书局，1962.
孙武. 孙子兵法（宋本《十一家注孙子》）. 中华书局上海编辑所，1961.
司马迁. 史记（中华书局校点本）. 中华书局，1959.
班固. 汉书（中华书局校点本）. 中华书局，1962.
范晔. 后汉书（中华书局校点本）. 中华书局，1965.

陈寿. 三国志（中华书局校点本）. 中华书局，1959.
卢元骏注译. 新序. 天津古籍出版社，1987.
赵善诒疏证. 说苑疏证. 华东师范大学出版社，1985.
淮南子（诸子集成本）. 上海书店，1986.
桓宽. 盐铁论. 上海人民出版社，1974.
王充. 论衡. 上海人民出版社，1974.
刘淇. 助字辨略. 中华书局，1954.
王引之. 经传释词. 商务印书馆，1931.
俞樾. 古书疑义举例. 中华书局，1954.
马建忠. 马氏文通. 中华书局，1954.
杨树达. 高等国文法. 商务印书馆，1955.
杨树达. 词诠. 中华书局，1965.
裴学海. 古书虚字集释. 中华书局，1954.
吕叔湘. 中国文法要略. 商务印书馆，1956.
杨伯峻. 文言文法. 北京出版社，1956.
杨伯峻. 古汉语虚词. 中华书局，1981.
王力. 汉语史稿. 中华书局，1980.
王力主编. 古代汉语. 中华书局，1962.
马汉麟. 古代汉语读本. 中州书画社，1982.
马汉麟. 古汉语语法提要. 陕西人民出版社，1980.
南开大学中文系古代汉语教研室. 古代汉语读本（修订本）. 天津人民出版社，1981.
郭锡良等. 古代汉语. 北京出版社，1981.
朱星主编. 古代汉语. 天津人民出版社，1980.
马忠. 古代汉语语法. 山东教育出版社，1983.
周法高. 中国古代语法. 台湾"中央研究院"历史语言研究所，1959.
廖振佑. 古代汉语特殊语法. 内蒙古人民出版社，1979.

何乐士等. 文言虚词浅释. 北京人民出版社，1979.
韩峥嵘. 古汉语虚词手册. 吉林人民出版社，1984.
黄江海等. 文言句式例析. 福建人民出版社，1981.
刘鉴平，邹联琰. 文言句式例谈. 天津人民出版社，1980.
邢公畹. 语言论集. 商务印书馆，1983.
赵元任. 汉语口语语法. 商务印书馆，1979.
吕叔湘. 汉语语法论文集. 商务印书馆，1984.
吕叔湘主编. 现代汉语八百词. 商务印书馆，1980.
丁声树等. 现代汉语语法讲话. 商务印书馆，1980.
胡裕树主编. 现代汉语. 上海教育出版社，1979.
张志公主编. 现代汉语. 人民教育出版社，1982.
黄伯荣，廖序东主编. 现代汉语. 甘肃人民出版社，1983.
刘月华等. 实用现代汉语语法. 外语教学与研究出版社，1983.
人民教育出版社中学语文室. 中学教学语法系统提要. 中学语文教学，1984（2）.
朱德熙. 现代汉语语法研究. 商务印书馆，1980.